이공계 합격생 38,487명 | 교육 브랜드 3년 연속 대상 | 이공계 특화 취업교육 1위

합격하면 최대 200% 환급

이공계 특화 취업교육 1위 렛유인

200% 환급 프리패스

이공계 합격생 38,487명이 증명하는 최종합격을 [illegible] 없는 선택!

2024 이공계 취업준비, 공[illegible] 가능!
가장 빠르고 정확하게 합격으[illegible]니다.

수강료 환급

수강료 부담 없이 합격에만 집중!
최대 200% 환급

*미션달성시/제세공과금 22% 본인부담/부가 혜택 및 교재비 제외 (하단 유의사항 필수 확인)

현직자 상담

이공계 대기업 현직자가 직접 해주는 개인맞춤 취업방향 설계, 직무 상담

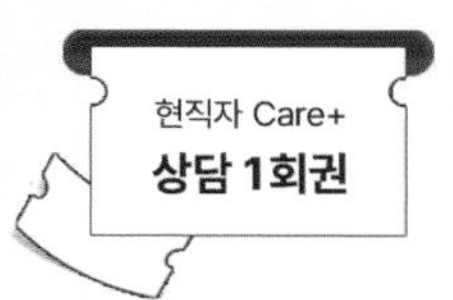

취업 도서 5종

자소서, 인적성, 면접, 전공 대비
이공계 취업 1위 필독서 5권

*12개월 200% 환급반, 6개월 100% 환급반 대상 (하단 유의사항 필수 확인)

NCS 수료증 발급

이력서, 자소서, 면접에서 직무역량 어필!
국가인증 NCS 수료증 발급

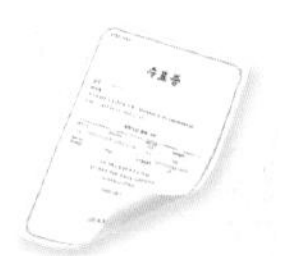

*NCS 강의 수료 시 발급 가능

무제한 수강

산업/기업/직무별, 취업 과정별 이공계 특화 강의 및 신규 강의 무제한 수강

라이브 방송

기업별 최신 채용공고를 반영한 라이브 방송 긴급점검 강의 무료 제공

취업 자료집 50종

원하는 기업 정보를 15장으로 압축!
기업개요,인재상 등 최신 업데이트
취업기업분석 자료집 50종 무제한 열람

GSAT 모의고사

GSAT 실전 감각 향상을 위한 온라인 인적성 모의고사 2회분 제공

*38,487명: 2015~2023년 서류, 인적성, 면접 누적 합격자 합계 수치
*3년 연속 대상: 3만여 명의 소비자가 뽑은 대한민국 교육 브랜드 기술 공학분야 3년 연속 대상 (2018년, 2019년, 2020년)
*이공계 특화 취업교육 1위: 이공계 특화 취업교육 부분 렛유인, N사/S사/E사 네이버 키워드 PC+모바일 검색량 비교 기준 (2019.11-2023.01 기준)

렛유인 <200% 환급 프리패스>는 렛유인 (www.letuin.com)에서 확인할 수 있습니다.

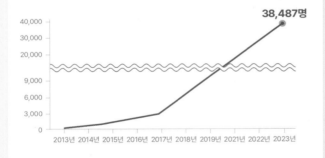

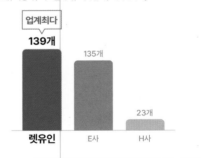

인적성 추리 완전정복
108번뇌 조건추리 LV.1

이 도서 속 조건추리 LV.1 문제에 대해 더 자세한 풀이법이 궁금하다면?
단, 한문제도 빠짐없이 총 108개의 모든 문항에 대한 실전풀이를 제시해드립니다.

인적성 강의 1년만에
온/오프 수강생 8,263명 기록
주영훈 선생님

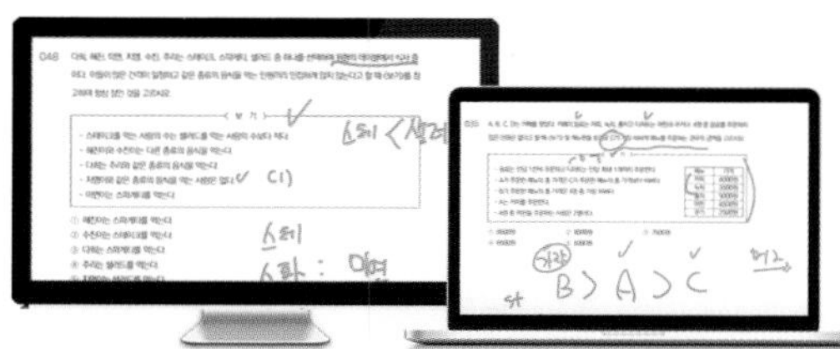

대기업 인적성에서 '시간 배분'이 핵심인 추리!
조건추리 풀이시간을 대폭 단축시킬 수 있는 실전스킬을 제시해드립니다.

조건추리 출제 유형별 **시간 단축 스킬 제시**	복잡한 도식은 이제 그만 **정답이 보이는 도식화 공개**	단, 한문제도 빠짐 없이 **조건추리 LV1. 108문항 풀이**

렛유인

대기업 인적성 & NCS 추리영역

108번뇌

조건추리 집중버전

주영훈, 렛유인연구소 지음

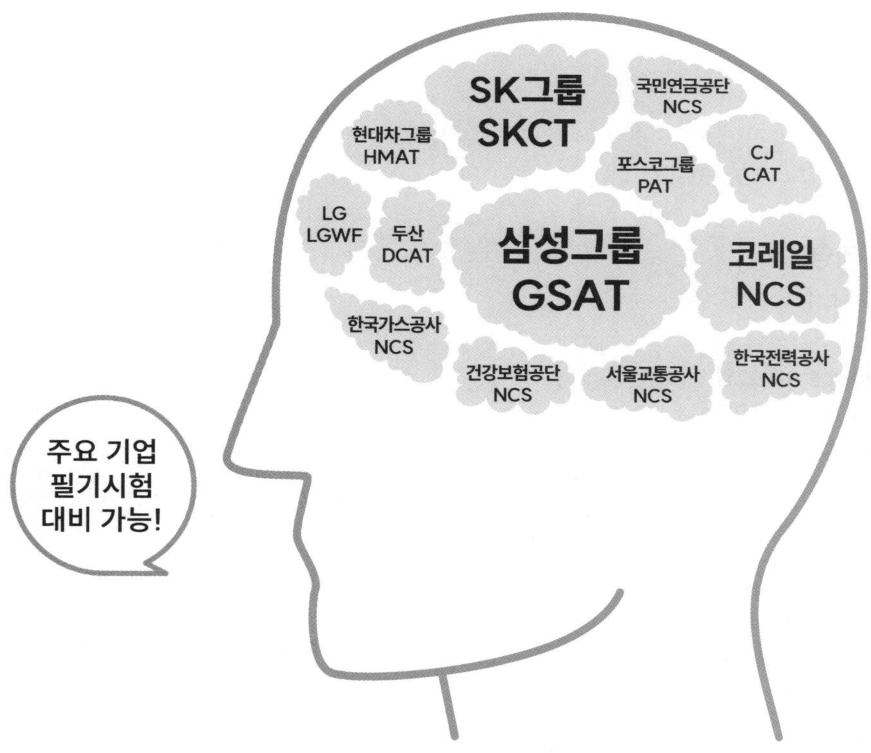

인적성&NCS 추리영역
108번뇌 조건추리 집중버전

2판 1쇄 발행 2024년 3월 27일
지 은 이 주영훈, 렛유인연구소
펴 낸 곳 렛유인북스

총 괄 송나령
편 집 김근동
표지디자인 감다정
홈 페 이 지 https://letuin.com
카 페 http://cafe.naver.com/letuin
유 튜 브 취업사이다
대 표 전 화 02-539-1779 **이메일** letuin@naver.com
I S B N 979-11-92388-42-7 13320

서문 PREFACE

시험을 준비하시는 분들이 느끼는 니즈와 저의 노하우를 담아 책으로 준비했습니다. 목표를 향해 나아가는 길에 108번뇌 '조건추리 집중' 교재로 조금이라도 도움이 되고 싶습니다.

[108번뇌 '조건추리 집중' 추천 대상자]

108번뇌 1권인 '조건추리 집중'은 초심자보다는 기본서와 모의고사 교재를 통해 인적성 추리를 어느 정도 익히신 분들을 대상으로 만들게 됐습니다. 시험을 준비하며 다음의 문제에 봉착하는 분들에게 108번뇌를 추천합니다.

1) 시중의 교재를 다 풀어 문제가 부족하신 분
2) 조건추리 실력을 집중하여 키우고 싶으신 분
3) 모의고사 교재에 제공되는 문제보다 많은 문제를 한 번에 접하고 싶으신 분
   - 모의고사에서 제공되는 조건추리와 진실게임을 합친 문제가 약 11문제 선

[108번뇌 '조건추리 집중'의 목표: 경험치 누적]

조건추리는 각 문제의 상황, 〈보기〉의 조건이 조금만 달라지더라도 접근하는 방법이 달라질 수 있기에 개인의 경험치가 중요합니다. 비슷한 유형의 문제를 풀며 문제의 상황, 〈보기〉의 조건, 변수의 수 등에 따라 다른 접근법을 고민하는 시간이었으면 좋겠습니다. 또한 어렵게 느껴지는 유형, 자주 하는 실수의 점검 등 108번의 번뇌를 통해 본인이 놓치고 있는 부분도 점검해볼 수 있었으면 합니다. 인적성은 주어진 시간 내에 많은 문제를 풀어야 하기에 조건추리 문제를 눈대중으로 봤을 때 난이도를 가늠할 수 있는 눈도 필요합니다. 이에 조건추리 Lv.1, 2, 3의 순서로 어렵게 배치했습니다. 조건추리 Lv.1의 모든 문제가 쉽고 조건추리 Lv.3의 모든 문제가 어렵지 않습니다. 어렵거나 복잡한 문제가 조건추리 Lv.3에 더 많이 있을 뿐입니다. 뒤로 갈수록 어려운 문제를 판별하는 힘도 키워보셨으면 합니다.

서문 PREFACE

[108번뇌 '조건추리 집중'의 학습 추천 방향]

1) 풀이 후 해설지를 참고하지 않는 분석

조건추리는 주어진 조건을 토대로 정보를 정리하고 추론하는 힘이 필요합니다. 문제를 풀이 후 해설지를 바로 보게 되면 추론하는 힘을 키울 기회가 적어집니다. 풀이 후 채점하신 후 왜 틀렸는지, 오래 걸렸는지 점검하셨으면 합니다. 해보시다가 정 안 될 때 해설지를 보셨으면 합니다.

2) 초심자라면 나눠서 풀기, 고수라면 한 번에 풀기

타임어택에 도전하실 분들은 한 번에 108문제 풀기에 도전해보셨으면 합니다. 각 챕터 앞에 최상위권, 상위권, 안정권의 시간 지표가 있습니다. 조건추리 Lv.2의 시간 지표는 조건추리 Lv.1의 학습을 완료하셨다는 가정하에, 조건추리 Lv.3의 시간 지표 역시 조건추리 Lv.1, 2의 학습을 완료하셨다는 가정하에 제시됐습니다.

단, 초심자의 경우 왜 틀렸는지, 어떤 실수가 있었는지 점검 없이 108문제를 푸는 건 시간과 체력적으로 비효율적이기에 24문제씩 또는 36문제씩 나누어 푼 후 점검하고 다음 문제로 넘어가는 방식으로 접근하셨으면 합니다.

3) 잊어질 쯤 회독하기

다시 한번 푸시며 풀이 속도와 정확도를 점검하는 시간이며 경험을 쌓는 시간이 됐으면 합니다. 얼마나 성장했는지 확인하시며 자신감도 얻으셨으면 합니다.

2022. 12.

주영훈

차례 CONTENTS

PART 01 108번뇌 문제풀이

PART 02 108번뇌 정답 및 해설

인적성 준비는 렛유인
WWW.LETUIN.COM

108번뇌 문제풀이

PART 01

인적성 준비는 렛유인
WWW.LETUIN.COM

PART 01
108번뇌 문제풀이

 문제 풀기 전

● 실력별 활용방법

1. 하수: 문제유형별 최적의 풀이방법 점검
2. 중수: 자주 실수하는 부분 점검 및 오래 걸리는 이유 체크
3. 고수: 3시간 이내 진입을 목표로 풀이

● 도전! 타임어택

1. 3시간 이내: 최상위권
2. 4시간 이내: 상위권
3. 5시간 이내: 안정권

※ 5시간을 초과하여 풀어도 시험 합격하는데 지장이 크지 않습니다.

● 조건추리 Lv.1의 구성

1. 도식화에 손이 많이 가서 시간이 오래 걸리는 문제
2. 도식화 방법에 따라 풀이시간 차이가 큰 문제
3. 유형별 기본 개념 숙지에 용이한 문제

※ 조건추리 Lv.1 → 조건추리 Lv.2 → 조건추리 Lv.3 순서로 어렵습니다.
(조건추리 Lv.3이 가장 어렵습니다.)

108번뇌
조건추리 Lv.1

해설 p.234

001 **A, B, C, D는 산, 들, 강, 바다를 주제로 시를 쓴다. 각자 2개의 주제를 고르고 주제별 고른 사람의 수는 2명씩이라 할 때 〈보기〉를 토대로 항상 참인 것을 고르시오.**

〈 보 기 〉

- C는 A가 고른 두 주제를 고르지 않는다.
- C는 강을 고르지 않는다.
- B가 고른 두 주제 중 한 주제가 A가 고른 주제와 같다.
- D가 고른 주제 중 하나는 강이다.
- B는 바다를 주제로 고르지 않는다.

① C가 고른 주제 중 하나는 바다이다.
② B가 고른 주제 중 하나는 강이다.
③ A가 고른 주제 중 하나는 산이다.
④ C가 고른 주제 중 하나는 들이다.
⑤ D가 고른 주제 중 하나는 산이다.

002 **A, B, C, D, E, F는 기차를 타고 출장을 간다. 이들이 앉은 좌석 번호가 1, 2, 3, 4, 5, 6이라 할 때 〈보기〉의 내용을 참고하여 F가 앉는 좌석번호를 고르시오.**

〈 보 기 〉

- B와 C가 앉은 좌석의 번호는 홀수이다.
- E는 4번 좌석에 앉는다.
- B와 C가 앉은 좌석 번호의 합은 A가 앉는 좌석 번호와 같다.
- F가 앉은 좌석의 번호는 짝수이다.

① 1번 좌석　② 2번 좌석　③ 3번 좌석
④ 5번 좌석　⑤ 6번 좌석

003 A, B, C, D, E, F는 원형의 테이블에 앉아 식사한다. A는 피자, B, C는 라자냐, D, E, F는 리조또를 먹는다고 할 때 〈보기〉를 참고하여 D와 마주 보고 식사하는 사람을 고르시오.

〈 보 기 〉

- 같은 음식을 먹는 사람끼리 인접하게 앉지 않는다.
- D가 앉은 자리와 인접한 오른쪽 자리에 B가 앉는다.
- C와 E는 인접하게 앉지 않는다.

테이블

① A ② B ③ C
④ E ⑤ F

004 A, B, C, D, E는 파트타임 근무자로 오전 또는 오후 중 한 타임만 출근한다. 이들은 월요일, 화요일, 수요일 중 하루만 출근하고 하루에 2타임을 모두 소화하는 인원은 없다. 오늘이 일요일이라 할 때 〈보기〉를 참고하여 항상 참인 것을 고르시오.

〈 보 기 〉

- 같은 타임에 2명 이상이 출근하는 경우는 없다.
- C와 D는 오전에 출근하지 않는다.
- C는 E보다 먼저 출근한다.
- A는 월요일에 출근한다.
- B는 화요일 오전에 출근한다.

① D가 월요일에 출근한다면 C는 수요일에 출근한다.
② A가 오전에 출근한다면 C는 화요일에 출근한다.
③ E가 화요일에 출근한다면 D는 수요일에 출근한다.
④ 월요일에 A만 출근한다면 E는 수요일 오후에 출근한다.
⑤ E가 오후에 출근한다면 D는 화요일에 출근한다.

005 원형의 테이블에 지우, 세라, 한빈, 다겸, 태린, 은결이가 모여 커피를 마신다. 이들이 앉은 간격이 일정하다고 할 때 한빈이와 마주 보고 커피를 마시는 인원을 고르시오.

〈 보 기 〉

- 지우와 세라는 마주 보고 커피를 마신다.
- 다겸이와 인접한 우측 자리에 은결이가 앉는다.
- 세라와 인접한 좌측 자리에는 태린이가 앉는다.

① 지우 ② 세라 ③ 다겸
④ 태린 ⑤ 은결

006 지오, 태형, 예빈, 아윤, 도진이는 뮤지컬 관람을 위해 일렬로 줄을 선다. 〈보기〉를 참고하여 항상 거짓인 것을 고르시오.

〈 보 기 〉

- 지오는 예빈이보다 먼저 줄을 선다.
- 도진이는 아윤이보다 먼저 줄을 선다.
- 태형이와 지오 사이에는 1명이 줄을 선다.
- 아윤이는 2번째 또는 4번째로 줄을 선다.

① 지오가 3번째로 줄을 선다면 도진이는 1번째로 줄을 선다.
② 예빈이는 5번째로 줄을 선다.
③ 도진이는 3번째로 줄을 설 수 있다.
④ 도진이는 2번째로 줄을 선다.
⑤ 아윤이가 4번째로 줄을 서는 경우는 2가지이다.

007 A, B, C, D, E, F는 1분단에 앉는다. 1분단은 3행씩 2열로 총 6개의 책걸상으로 이뤄졌고 F가 1행 1열에 앉는다고 할 때 〈보기〉를 참고하여 이들이 1분단에 앉을 수 있는 경우가 몇 가지인지 고르시오.

〈 보 기 〉

- B와 C는 같은 열에 앉는다.
- A는 E와 같은 열에 앉는다.
- E는 C와 같은 행에 앉는다.

	1열	2열
1행	F	
2행		
3행		

① 2가지　② 4가지　③ 6가지
④ 8가지　⑤ 10가지

008 1학년인 A와 B, 2학년인 C와 D, 3학년인 E, 4학년인 F, G는 제자리 멀리 뛰기를 하여 순위를 가렸다. 시상을 위해 1등부터 7등까지 일렬로 줄을 섰다고 할 때 〈보기〉를 참고하여 항상 참인 것을 고르시오.

〈 보 기 〉

- 7등은 2학년이다.
- A의 등수는 B와 D의 등수를 더한 값과 같다.
- 4학년인 2명의 등수는 1, 3등이다.

① 학년이 같은 인원의 등수는 인접하지 않는다.
② F가 1등이다.
③ 2등은 2학년이다.
④ E는 4등이다.
⑤ 1학년인 학생의 등수 합은 2학년인 학생의 등수 합과 같다.

009 A, B, C, D, E, F 6명이 원탁에 일정한 간격으로 앉아 맞은편에 앉은 사람, 양 옆 사람과 오목 승부를 한다. 일부 인원의 승패가 〈보기〉와 같을 때 반드시 거짓인 것을 고르시오.

〈 보 기 〉

- A는 2승 1패다.
- B는 1승 2패다.
- C는 0승 3패다.
- D는 2승 1패다.

① E는 1승 2패다.
② E는 2승 1패다.
③ E는 0승 3패다.
④ F는 3승 0패다.
⑤ F는 2승 1패다.

010 A, B, C, D, E는 3층의 빌라에 산다. 5명 모두 1개 층에서만 살고 아무도 살지 않는 층은 없다고 할 때 〈보기〉를 토대로 반드시 1층에 사는 사람을 고르시오.

〈 보 기 〉

- B가 사는 층보다 높은 층에 사는 모든 사람은 2명이다.
- C가 사는 층과 A가 사는 층 사이에 2명이 산다.
- D는 A가 사는 층보다 낮은 층에 산다.

① A ② B ③ C
④ D ⑤ E

011 지우, 진후, 민진, 성미, 익진이는 일렬로 줄을 선다. 이들이 신은 신발의 종류가 운동화와 구두라 할 때 〈보기〉를 참고하여 2번째로 줄을 서는 사람을 고르시오.

〈 보 기 〉

- 같은 종류의 신발을 신은 사람끼리는 인접하게 줄을 서지 않는다.
- 성미와 익진이가 신은 신발의 종류는 다르다.
- 민진이와 지우가 신은 신발의 종류는 같다.
- 구두를 신은 진후는 민진이와 성미보다 앞에 줄을 선다.

① 지우 ② 진후 ③ 민진
④ 성미 ⑤ 익진

012 5층의 건물에 A, B, C, D, E가 각 층에 거주한다. 이들은 통신망으로 Y사 또는 Z사의 망 중 하나만 사용한다고 할 때 〈보기〉를 토대로 반드시 거짓인 것을 고르시오.

〈 보 기 〉

- 같은 통신망을 사용하는 인원끼리 인접한 층에 거주하지 않는다.
- B는 C보다 높은 층에 거주한다.
- A는 D와 같은 통신망을 사용한다.
- E가 사는 층과 인접한 위층에 C가 거주한다.
- B는 Y사의 통신망을 사용한다.

① B는 4층에 거주한다.
② A는 1층에 거주한다.
③ D는 Y사의 망을 사용한다.
④ E는 Z사의 망을 사용한다.
⑤ C는 Y사의 망을 사용한다.

013 A, B, C, D, E, F, G 7명이 최대 4인이 앉을 수 있는 정사각형의 테이블 2개에 나눠 앉는다. 〈보기〉를 참고하여 항상 거짓인 것을 고르시오.

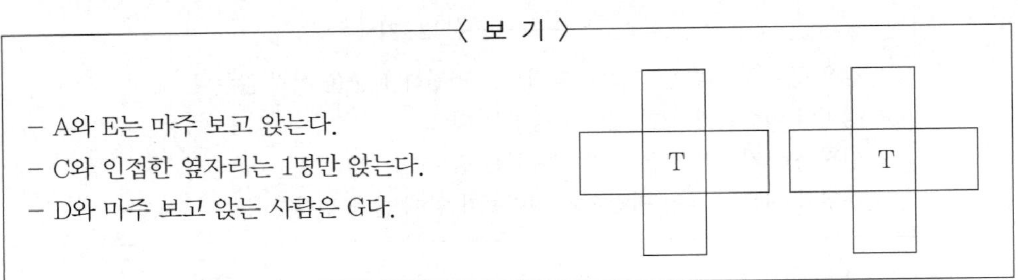
〈 보 기 〉

- A와 E는 마주 보고 앉는다.
- C와 인접한 옆자리는 1명만 앉는다.
- D와 마주 보고 앉는 사람은 G다.

① C와 F는 마주 보고 앉는다.
② D와 인접한 왼쪽 자리에 A가 앉는다.
③ F와 인접한 오른쪽 자리에 B가 앉는다.
④ B와 F는 마주 보고 앉을 수 있다.
⑤ G와 E는 같은 테이블에 앉는다.

014 체리, 시연, 동식, 소윤, 민아는 100미터 달리기를 했다. 선택지의 좌측부터 들어온 순서라 할 때 〈보기〉를 참고하여 이들이 들어온 순서로 적절한 것을 고르시오.

〈 보 기 〉

- 시연이는 동식이보다 늦게 도착했다.
- 체리와 민아의 순위는 인접하지 않다.
- 소윤이는 민아보다 먼저 도착했다.
- 민아는 4번째로 들어왔다.
- 동식이의 등수는 홀수가 아니다.

① 체리 – 동식 – 소윤 – 민아 – 시연
② 소윤 – 체리 – 동식 – 민아 – 시연
③ 소윤 – 동식 – 체리 – 민아 – 시연
④ 체리 – 소윤 – 동식 – 민아 – 시연
⑤ 동식 – 체리 – 소윤 – 민아 – 시연

015 A, B, C, D, E의 취미는 꽃꽂이, 댄스, 볼링, 자전거, 축구이다. 각자 취미는 하나이고 서로의 취미가 겹치지 않는다고 할 때 다음 중 항상 참인 것을 고르시오.

〈 보 기 〉

- C는 댄스 또는 볼링이 취미다.
- A의 취미는 꽃꽂이나 댄스 중 하나다.
- B의 취미는 댄스가 아니다.
- E의 취미는 축구와 꽃꽂이가 아니다.

① D의 취미가 꽃꽂이라면 E의 취미는 자전거다.
② A의 취미가 댄스라면 B의 취미는 축구다.
③ C의 취미가 볼링이라면 E의 취미는 자전거다.
④ E의 취미가 자전거라면 A의 취미는 꽃꽂이다.
⑤ B의 취미가 꽃꽂이라면 D의 취미는 자전거다.

016 A, B, C, D, E, F 중 일부는 고성과 프리미엄으로 보너스를 받는다. 〈보기〉를 참고하여 반드시 보너스를 받는 인원의 수를 구하시오.

〈 보 기 〉

- E 또는 F가 보너스를 받지 않는다면 B가 보너스를 받는다.
- D는 보너스를 받지 않는다.
- E가 보너스를 받는다면 A와 D도 보너스를 받는다.
- B가 보너스를 받는다면 C 또는 D 중 1명이 보너스를 받는다.

① 1명 ② 2명 ③ 3명
④ 4명 ⑤ 5명

017 지헌, 소영, 윤혁, 하윤, 보영, 정윤이는 3량으로 이뤄진 청룡열차에 탑승한다. 〈보기〉를 참고하여 항상 거짓인 것을 고르시오.

〈 보 기 〉

- 소영이는 1량에 탑승한다.
- 지헌이는 하윤이보다 앞의 량에 탑승한다.
- 보영이는 윤혁이보다 뒤의 량에 탑승한다.
- 정윤이와 소영이는 같은 량에 탑승하지 않는다.

앞

1량	2량	3량

① 윤혁이와 소영이가 같은 량에 탑승한다면 정윤이와 지헌이가 같은 량에 탑승한다.
② 정윤이와 윤혁이가 같은 량에 탑승한다면 하윤이와 보영이가 같은 량에 탑승한다.
③ 하윤이와 윤혁이가 같은 량에 탑승한다면 정윤이와 지헌이가 같은 량에 탑승한다.
④ 지헌이와 소영이가 같은 량에 탑승한다면 보영이와 정윤이가 같은 량에 탑승한다.
⑤ 하윤이와 정윤이가 같은 량에 탑승한다면 소영이와 윤혁이가 같은 량에 탑승한다.

018 수정이는 전구 점멸 실험을 위해 A, B, C, D 전구의 스위치를 누른다. 모든 전구는 꺼진 상태이고 꺼진 상태에서 스위치를 1번 누르면 켜지고, 켜진 상태에서 스위치를 1번 누르면 꺼진다. 각 전구의 이름을 따 스위치 A, 스위치 B, 스위치 C, 스위치 D라 칭한다고 할 때 〈보기〉의 내용을 모두 시행한 결과를 토대로 항상 참인 것을 고르시오.

〈 보 기 〉

시행1: 스위치 C와 D를 누른다.
시행2: 스위치 A 또는 D를 누른다.
시행3: 스위치 B를 제외한 나머지를 누른다.
시행4: 스위치 C와 D 중 한 스위치를 누른다.

① 모든 전구가 꺼진 경우는 없다.
② 한 전구만 켜진 경우는 1가지다.
③ 두 전구만 켜진 경우는 3가지다.
④ 세 전구만 켜진 경우는 2가지다.
⑤ 모든 전구가 켜진 경우는 없다.

019 **A, B, C, D는 수호신으로 청룡, 주작, 백호, 현무 중 하나를 택한다. 이들이 택한 수호신이 서로 겹치지 않는다고 할 때 〈보기〉를 참고하여 항상 참인 것을 고르시오.**

〈 보 기 〉

- C는 현무와 주작을 수호신으로 택하지 않았다.
- D가 현무를 수호신으로 택한다면 B는 백호를 수호신으로 택한다.
- A는 주작을 수호신으로 택하지 않았다.

① B는 백호를 수호신으로 택한다.
② D는 현무를 수호신으로 택하지 않았다.
③ A가 청룡을 수호신으로 택하는 경우는 2가지다.
④ 주작을 수호신으로 택할 수 있는 사람은 1명이다.
⑤ C가 백호를 수호신으로 택하는 경우는 2가지다.

020 **A, B, C, D는 머핀을 만든다. 각자 부재료로 초콜릿, 피넛, 건포도, 아몬드 중 한 가지 이상을 넣고 네 가지 모두 넣는 인원은 없다고 할 때 〈보기〉를 참고하여 항상 참인 것을 고르시오.**

〈 보 기 〉

- B는 C가 넣은 부재료를 모두 넣는다.
- D는 A가 넣은 부재료를 모두 넣는다.
- C는 부재료로 피넛과 건포도만 넣는다.
- 초콜릿, 피넛, 건포도, 아몬드를 넣는 사람은 각각 2명이다.

① A는 초콜릿만 넣는다.
② A는 초콜릿과 아몬드를 넣는다.
③ B는 아몬드를 넣는다.
④ B는 초콜릿과 건포도를 넣는다.
⑤ D는 초콜릿과 아몬드를 넣는다.

021 현빈, 은솔, 주하, 준하, 승주, 재희는 시험장에 입장하기 위해 일렬로 줄을 선다. 이들이 보는 시험은 컴퓨터활용능력 1급, 2급 중 하나이고 같은 급수의 시험을 응시하는 인원끼리 이웃하게 줄을 서지 않는다. 〈보기〉를 참고하여 항상 참인 것을 고르시오.

〈 보 기 〉

- 재희 바로 뒤에 주하가 줄을 선다.
- 준하와 은솔이는 이웃하게 줄을 서지 않는다.
- 은솔이는 3번째로 줄을 선다.
- 은솔이와 준하는 서로 다른 급수의 컴퓨터활용능력을 응시한다.

① 재희는 1번째로 줄을 선다.
② 승주는 2번째로 줄을 선다.
③ 현빈이는 4번째로 줄을 선다.
④ 주하는 5번째로 줄을 선다.
⑤ 준하는 6번째로 줄을 선다.

022 유인 문방구에서 월요일부터 일요일까지 일주일간 할인 행사를 한다. 할인하는 품목은 가위, 공책, 볼펜, 연필, 지우개, 풀, 형광펜이고 요일마다 하나의 품목만 할인한다. 〈보기〉를 참고하여 항상 참인 것을 고르시오.

〈 보 기 〉

- 공책을 할인한 날의 바로 전날과 다음날에는 풀을 할인하지 않는다.
- 수요일에 풀 또는 가위를 할인한다.
- 볼펜을 할인한 다음 날에 지우개를 할인한다.
- 연필은 월요일에 할인한다.
- 가위를 할인한 전날에는 형광펜을 할인한다.

① 토요일에 지우개를 할인한다.
② 목요일에 풀을 할인한다.
③ 금요일에 형광펜을 할인한다.
④ 일요일에 공책을 할인한다.
⑤ 화요일에 볼펜을 할인한다.

023 A, B, C, D, E, F는 일정을 마치고 숙소로 복귀했다. 이들의 숙소는 101호부터 203호까지이고 한 호실을 한 명씩 이용한다. 〈보기〉와 〈숙소 배치〉를 활용하여 항상 참인 것을 고르시오.

〈 보 기 〉

- B와 F가 이용하는 호실의 끝 번호는 같다.
- A가 이용하는 호실의 끝 번호는 홀수가 아니다.
- D는 2층의 호실을 이용하지 않는다.
- E와 C는 같은 층의 호실을 사용한다.
- F는 2층의 호실을 이용한다.

201호	202호	203호
101호	102호	103호

〈숙소 배치〉

① A는 102호를 이용한다.
② B는 103호를 이용한다.
③ C는 203호를 이용한다.
④ D는 101호를 이용한다.
⑤ E는 202호를 이용한다.

024 찬호, 경빈, 기현, 주현, 서경이의 학년은 2, 3, 4학년이다. 이들 중 2명은 공기업 취업을 목표로 하고 나머지 3명은 민간기업 취업을 목표로 한다. 〈보기〉를 토대로 반드시 거짓인 것을 고르시오.

〈 보 기 〉

- 2학년은 2명이며 서로 목표로 하는 기업이 다르다.
- 기현이는 유일한 4학년이며 민간기업 취업을 목표로 한다.
- 서경이와 경빈이는 목표로 하는 기업이 같다.

① 찬호가 3학년이라면 경빈이는 2학년이다.
② 주현이가 민간기업을 목표로 하면 서경이는 3학년이다.
③ 경빈이와 주현이는 목표로 하는 기업이 같다.
④ 기현이와 찬호는 목표로 하는 기업이 다르다.
⑤ 경빈이가 2학년이면 주현이는 3학년이다.

025 리하, 성우, 아민, 태건이는 탄산수, 에이드, 스무디, 커피 중 한 가지를 마신다. 아무도 마시지 않는 음료는 없고 4명 중 1명만 거짓말을 한다고 할 때 〈보기〉의 진술을 토대로 항상 참인 것을 고르시오.

〈 보 기 〉

리하: 성우는 에이드 또는 커피를 마신다.
성우: 태건이는 탄산수를 마신다.
아민: 나와 리하는 스무디를 마시지 않는다.
태건: 성우는 탄산수 또는 스무디를 마신다.

① 태건이는 에이드를 마신다.
② 성우는 스무디를 마신다.
③ 아민이는 커피를 마신다.
④ 리하는 탄산수를 마신다.
⑤ 아민이는 에이드를 마신다.

026 원형의 테이블에 다영, 루아, 진우, 윤제, 은수, 지석이가 일정한 간격으로 앉는다. 이들의 혈액형은 A형, B형, O형이고 혈액형별 최소 인원은 1명이다. 혈액형이 같은 사람끼리 이웃하게 앉지 않는다고 할 때 〈보기〉를 참고하여 항상 거짓인 것을 고르시오.

〈 보 기 〉

– 다영이와 인접한 오른쪽 자리에 윤제가 앉는다.
– 진우의 혈액형은 B형이고, 진우와 루아는 마주 보고 앉는다.
– 다영이의 혈액형은 6명 중 유일한 A형이다.
– 지석이는 진우와 이웃한 자리에 앉지 않는다.

① 지석이가 B형이라면 윤제는 O형이다.
② O형이 3명이라면 다영이는 루아와 이웃하게 앉는다.
③ 진우와 은수가 이웃하게 앉는다면 B형은 3명이다.
④ 지석이와 다영이가 마주 보고 앉는다면 윤제는 O형이다.
⑤ 루아와 윤제가 이웃하게 앉지 않는다면 B형은 2명이다.

027 3층의 호텔에 A, B, C, D, E, F, G가 각 호실에 묵는다. 동숙자는 없으며 호텔의 한 층에 3개의 객실이 있다고 할 때 〈보기〉 및 객실 배치를 참고하여 항상 참인 것을 고르시오.

〈 보 기 〉

- A가 묵는 층보다 한 층 아래이며 번호가 같은 호실은 공실이다.
- D와 E는 같은 층이며 이웃한 호실을 사용한다.
- F가 묵는 호실의 번호보다 낮은 번호의 호실을 C가 사용한다.
- F와 C는 같은 층의 호실을 이용하지 않는다.
- G는 2층 2호실을 사용하고 1층 1호실은 공실이다.
- B가 묵는 층보다 한 층 위이며 번호가 같은 호실을 D가 사용한다.

3층	1호	2호	3호
2층	1호	2호	3호
1층	1호	2호	3호

〈객실 배치〉

① A는 3층의 호실을 이용한다.
② F는 1층의 호실을 이용한다.
③ 공실은 모두 1층에 위치한다.
④ C가 이용하는 호실의 번호는 2호다.
⑤ B가 이용하는 호실의 번호는 1호다.

028 A, B, C, D는 물리, 심리, 추리, 수리 과목 중 1가지 또는 2가지 과목을 들었다. 각 과목의 성적 우수자는 1명이고 A, B, C, D 모두 성적 우수자로 1회씩 선정되었다고 할 때 〈보기〉를 토대로 항상 참인 것을 고르시오.

〈 보 기 〉

- A는 C가 수강한 과목을 듣지 않았다.
- C와 D는 추리를 들었다.
- 물리 과목의 성적 우수자는 C이다.
- 수리 과목을 들은 사람은 B뿐이다.

① D는 심리 과목을 듣지 않았다.
② B는 추리 과목의 성적 우수자다.
③ A는 심리 과목의 성적 우수자다.
④ B는 추리 과목을 듣는다.
⑤ D는 물리 과목을 듣지 않았다.

029 정원, 태형, 지혁, 소연, 현우는 고양이를 1마리씩 키운다. 이들이 키우는 고양이는 흰 고양이와 검은 고양이라 할 때 〈보기〉를 참고하여 항상 참인 것을 고르시오.

〈 보 기 〉

- 정원이와 소연이가 키우는 고양이의 털색은 다르다.
- 현우와 태형이가 키우는 고양이의 털색은 같다.
- 지혁이와 태형이가 키우는 고양이의 털색은 다르다.

① 3명이 흰 고양이를 키운다면 소연이는 검은 고양이를 키운다.
② 정원이가 흰 고양이를 키운다면 지혁이는 검은 고양이를 키운다.
③ 2명이 흰 고양이를 키운다면 현우는 검은 고양이를 키운다.
④ 2명이 검은 고양이를 키운다면 정원이는 검은 고양이를 키운다.
⑤ 소연이가 흰 고양이를 키운다면 태형이는 검은 고양이를 키운다.

030 A, B, C는 1부터 5까지 적힌 5개의 구슬 중 3개의 구슬을 택한다. 다른 사람이 선택한 구슬을 동시에 택할 수 있다고 할 때 〈보기〉를 참고하여 C가 택할 수 없는 구슬에 적힌 숫자를 고르시오.

〈 보 기 〉

- 각자 택한 구슬에 적힌 숫자의 합은 A, B, C의 순서로 크고 합이 같은 경우는 없다. (A 〉 B 〉 C)
- B가 택한 구슬에 적힌 숫자는 모두 홀수다.
- C가 택한 구슬과 A가 택한 구슬 중 2개 구슬이 같다.
- A가 택한 구슬과 B가 택한 구슬 중 1개 구슬이 같다.

① 1　② 2　③ 3
④ 4　⑤ 5

031 A, B, C, D, E는 소설, 시, 수필, 자서전, 희곡을 읽었다. 각자 한 종류의 문학작품을 읽었고 같은 종류의 문학 작품을 읽은 사람은 없다. 5명 중 1명이 거짓을 말한다고 할 때 〈보기〉를 참고하여 항상 참인 것을 고르시오.

〈 보 기 〉

A: B는 소설과 수필을 읽지 않았다.
B: C는 자서전을 읽었다.
C: E는 시와 희곡을 읽지 않았다.
D: B는 수필 또는 소설을 읽었다.
E: 나는 소설을 읽지 않았다.

① A는 시를 읽었다.
② B는 소설을 읽었다.
③ C는 희곡을 읽었다.
④ D는 자서전을 읽었다.
⑤ E는 수필을 읽었다.

032 A, B, C, D, E는 남아프리카 공화국, 사우디아라비아, 폴란드, 이집트 중 한 국가로 출장을 간다. 폴란드로 출장을 가는 인원은 2명이고 나머지 국가로 출장을 가는 인원은 1명이다. 〈보기〉를 참고하여 이들이 출장을 가는 경우의 가짓수를 구하시오.

〈 보 기 〉

– C와 D는 같은 국가로 출장을 가지 않는다.
– A는 사우디아라비아로 출장을 간다.
– E는 남아프리카 공화국 또는 이집트로 출장을 간다.
– B가 폴란드로 출장을 간다면 D는 이집트로 출장을 간다.

① 5가지 ② 4가지 ③ 3가지
④ 2가지 ⑤ 1가지

033 A, B, C, D, E는 월요일부터 금요일까지 중 1일만 현장답사를 나서고 같은 날에 현장답사를 나서는 사람은 없다. 〈보기〉를 바탕으로 반드시 화요일에 현장답사를 하지 않는 사람을 모두 짝지은 것을 고르시오.

〈 보 기 〉

- A와 B의 답사 일정은 최소 2일이 차이난다.
- E는 C보다 먼저 현장을 답사한다.
- A는 목요일에 현장을 답사한다.

① A ② A, B ③ A, C
④ A, D ⑤ A, E

034 A, B, C, D, E, F는 3층으로 이뤄진 사물함 중 한 칸을 사용한다. 사물함의 각 층은 2개 칸으로 이루어졌다고 할 때 〈보기〉를 참고하여 항상 참인 것을 고르시오.

〈 보 기 〉

- B와 C는 같은 층의 사물함을 사용한다.
- A와 D는 같은 열의 사물함을 사용하지 않는다.
- D가 사용하는 사물함보다 한 층 위의 사물함을 F가 사용한다.
- E는 1열의 사물함을 사용한다.

	1열	2열
3층		
2층		
1층		

〈사물함 배치〉

① E가 2층 1열의 사물함을 사용하면 F는 2층 2열의 사물함을 사용한다.
② D가 1층 2열의 사물함을 사용하면 C는 3층 2열의 사물함을 사용한다.
③ F가 3층 2열의 사물함을 사용하면 A는 2층 1열의 사물함을 사용한다.
④ A가 1층 2열의 사물함을 사용하면 D는 1층 1열의 사물함을 사용한다.
⑤ B가 3층 1열의 사물함을 사용하면 E는 2층 1열의 사물함을 사용한다.

035 A, B, C, D는 카페를 찾았다. 카페의 음료는 커피, 녹차, 홍차고 디저트는 머핀과 쿠키다. 4명 중 음료를 주문하지 않은 인원은 없다고 할 때 〈보기〉 및 메뉴판을 토대로 C가 가장 비싸게 메뉴를 주문하는 경우의 금액을 고르시오.

〈 보 기 〉

- 음료는 인당 1잔씩 주문하고 디저트는 인당 최대 1개까지 주문한다.
- A가 주문한 메뉴의 총 가격은 C가 주문한 메뉴의 총 가격보다 비싸다.
- B가 주문한 메뉴의 총 가격은 4명 중 가장 비싸다.
- A는 커피를 주문한다.
- 4명 중 머핀을 주문하는 사람은 2명이다.

메뉴	가격
커피	4000원
녹차	3500원
홍차	5000원
머핀	4500원
쿠키	2500원

① 8500원 ② 8000원 ③ 7500원
④ 6500원 ⑤ 6000원

036 A, B, C, D, E는 미국, 베트남, 독일, 헝가리로 출장을 간다. 인당 한 곳씩 출장을 간다고 할 때 〈보기〉를 참고하여 이들 중 미국으로 출장을 가는 인원을 고르시오.

〈 보 기 〉

- E는 A 또는 B와 함께 출장을 간다.
- C는 헝가리로 출장을 간다.
- 베트남으로 출장을 가는 인원은 2명이다.
- D가 독일로 출장을 간다면 B는 헝가리로 출장을 간다.

① A ② B ③ C
④ D ⑤ E

037 **여자인 A, B, C, D와 남자인 E, F, G, H는 극장에서 연극을 보고 있다. 같은 성끼리는 인접하지 않게 앉았다고 할 때 〈보기〉를 참고하여 항상 참이 아닌 것을 고르시오.**

〈 보 기 〉

– E는 B와 인접한 자리에 앉지 않았다.
– C는 1행 1열의 자리에 앉았다.
– D와 H는 같은 열에 앉았다.
– A와 B는 같은 행에 앉았다.
– G는 C와 인접한 자리에 앉지 않았다.

	1열	2열	3열	4열
1행				
2행				

〈좌석 배치〉

*인접한 자리는 앞, 뒤, 좌, 우로 붙은 자리를 말한다.

① A는 2열에 앉았다.
② B는 4열에 앉았다.
③ D는 3열에 앉았다.
④ F는 1행에 앉았다.
⑤ G는 1행에 앉았다.

038 **A, B, C, D, E는 버스를 타기 위해 일렬로 줄을 선다. 선택지의 왼쪽부터 1번째라 할 때 〈보기〉를 참고하여 이들이 줄을 설 수 있는 경우로 적절한 것을 고르시오.**

〈 보 기 〉

– A와 D 사이에 1명이 줄을 선다.
– C 바로 앞에 E가 줄을 선다.
– B는 2번째 또는 4번째로 줄을 선다.

① A – C – D – E – B
② B – C – A – E – D
③ D – B – A – C – E
④ E – C – A – B – D
⑤ C – E – D – B – A

039 회사원인 A, B, C, D는 각각 출근시간과 퇴근시간이 다르다. 이들의 출근시간은 7시, 8시, 9시, 10시 중 하나이고 퇴근시간은 15시, 16시, 17시, 18시 중 하나다. 출근시간이 같은 사람은 없고, 퇴근시간이 같은 사람도 없다고 할 때 〈보기〉를 참고하여 항상 참인 것을 고르시오.

〈 보 기 〉

- A는 D보다 근무시간이 길다.
- B는 7시에 출근하여 15시에 퇴근한다.
- C가 16시에 퇴근한다면 A는 10시간 동안 근무한다.
- C는 7시간 이하로 근무한다.

*참고: 점심시간은 따로 없다. 8시에 출근하여 17시에 퇴근하면 9시간을 근무했다고 본다.

① A의 출근시간은 8시다.
② A의 퇴근시간은 18시다.
③ C의 퇴근시간은 16시다.
④ D의 출근시간은 9시다.
⑤ D의 퇴근시간은 17시다.

040 A, B, C, D, E는 토너먼트로 치러진 테니스 단식 대회에 참석하여 우승자를 가렸다. 우승자는 토너먼트에서 3승을 거뒀다고 할 때 〈보기〉와 〈대진표〉를 토대로 우승자를 고르시오.

〈 보 기 〉

- D는 시드3을 받았다.
- B는 A와의 경기에서 이겼다.
- C는 E와의 경기에서 졌다.
- A는 시드5를 받지 않았다.

〈대진표〉

시드1 시드2 시드3 시드4 시드5

① A ② B ③ C
④ D ⑤ E

041 A, B, C, D, E, F는 원형의 테이블에 일정한 간격으로 앉아 회의 중이다. 이들의 소속팀이 자금팀, 회계팀, 교육팀이라 할 때 〈보기〉를 참고하여 항상 참인 것을 고르시오.

〈 보 기 〉

- 소속팀이 같은 인원끼리 붙어 앉지 않는다.
- 3개 팀 중 교육팀의 인원수가 가장 많다.
- 교육팀인 A와 회계팀인 C는 마주 보는 자리에 앉는다.
- F와 B는 마주 보는 자리에 앉는다.
- E는 자금팀이다.

① B는 교육팀이다.
② F는 자금팀이다.
③ B는 회계팀이다.
④ D는 교육팀이다.
⑤ B는 자금팀이다.

042 사각 테이블 2개에 A, B, C, D, E, F, G, H 8명이 앉아 있다. 다음 그림에서 A는 1번, B는 5번, D는 8번 자리에 앉는다고 할 때 〈보기〉를 참고하여 다음 중 반드시 거짓인 것을 고르시오.

〈 보 기 〉

- C는 2번 또는 3번 자리에 앉았다.
- E와 B는 마주 보는 자리에 앉았다.
- B와 H는 다른 테이블에 앉았다.
- G는 C 또는 D와 마주 보고 앉았다.

	A				B	
2	T	4		6	T	D
	3				7	

① H는 A와 인접한 자리에 앉았다.
② D와 F는 다른 테이블에 앉았다.
③ F와 H는 같은 테이블에 앉았다.
④ F와 G는 같은 테이블에 앉았다.
⑤ E와 H는 다른 테이블에 앉았다.

043 A, B, C, D는 쇼핑몰에서 모자, 셔츠, 청바지 중 하나를 샀으며 아무도 구입하지 않은 옷가지는 없다. 교통수단으로 이들 중 2명은 지하철을 이용했고 나머지 2명은 버스를 이용했다고 할 때 〈보기〉를 참고하여 항상 참인 것을 고르시오.

〈 보 기 〉

- C는 A가 산 옷가지를 사지 않았다.
- A와 B가 이용한 교통수단은 다르다.
- B는 청바지를 샀고 지하철을 탔다.
- 버스를 이용한 사람은 모자를 샀다.

① A는 모자를 샀고 지하철을 탔다.
② C는 청바지를 샀고 지하철을 탔다.
③ D는 셔츠를 샀고 버스를 탔다.
④ C는 셔츠를 샀고 지하철을 탔다.
⑤ D는 셔츠를 샀고 지하철을 탔다.

044 A, B, C, D, E, F는 정육각의 테이블의 한 변에 일정한 간격으로 앉는다. 6명의 직급이 L1, L2, L3이고 직급이 같은 직원끼리 인접하게 앉지 않는다고 할 때 〈보기〉를 바탕으로 항상 거짓인 것을 고르시오.

〈 보 기 〉

- D와 인접한 두 자리 중 한 곳에만 L1 직급의 직원이 앉는다.
- 직급이 L3인 직원은 E와 B뿐이다.
- C의 직급은 L2이고 D와 마주 보고 앉는다.

① A와 F는 마주 보고 앉지 않는다.
② C와 E는 인접한 자리에 앉는다.
③ B와 F는 마주 보고 앉지 않는다.
④ D와 A는 인접한 자리에 앉는다.
⑤ E와 B는 마주 보고 앉는다.

045 재작년 대회와 작년 대회의 결승전 진출자인 A, B, C, D를 초빙하여 탁구 단식 친선경기를 가졌다. 리그전 형태로 서로 1번씩 경기를 치르고 무승부는 없다고 할 때 〈보기〉를 참고하여 반드시 거짓인 것을 고르시오.

〈 보 기 〉

- A는 B와의 경기에서 승리했다.
- D는 A와의 경기에서 패배했다.
- C는 B와의 경기에서 승리했다.
- B의 경기 결과는 1승 2패다.

① A가 3승 0패라면 C는 2승 1패다.
② A가 2승 1패라면 D는 1승 2패다.
③ C가 1승 2패라면 A는 2승 1패다.
④ C가 3승 0패라면 D는 0승 3패다.
⑤ D가 0승 3패라면 A는 2승 1패다.

046 A, B, C, D, E, F는 원탁에 앉는다. 서로 앉는 간격이 동일하다고 할 때 〈보기〉를 참고하여 1번 자리에 앉을 수 있는 인원으로 짝지은 것을 고르시오.

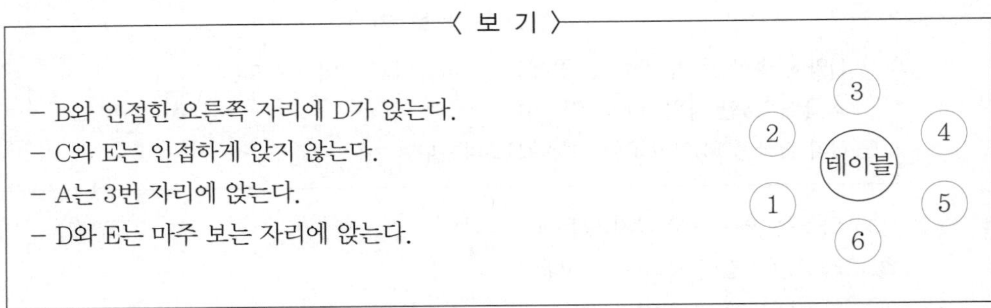
〈 보 기 〉

- B와 인접한 오른쪽 자리에 D가 앉는다.
- C와 E는 인접하게 앉지 않는다.
- A는 3번 자리에 앉는다.
- D와 E는 마주 보는 자리에 앉는다.

① B, C ② C, D ③ D, E
④ D, F ⑤ E, F

047 A, B, C, D, E는 지질조사를 위해 강원도, 경상도, 전라도, 충청도를 찾을 예정이다. 각자 1곳씩 방문하고 강원도를 찾는 인원이 2명이라 할 때 〈보기〉를 참고하여 항상 참인 것을 고르시오.

〈 보 기 〉

- A와 B가 찾는 곳은 다르다.
- C는 경상도 또는 전라도를 찾는다.
- D는 강원도 또는 충청도를 찾는다.
- E는 강원도를 찾지 않는다.

① A는 강원도를 찾는다.
② B는 전라도를 찾는다.
③ C는 경상도를 찾는다.
④ D는 강원도를 찾는다.
⑤ E는 충청도를 찾는다.

048 다희, 혜진, 미연, 지영, 수진, 주리는 스테이크, 스파게티, 샐러드 중 하나를 선택하여 원형의 테이블에서 식사 중이다. 이들이 앉은 간격이 일정하고 같은 종류의 음식을 먹는 인원끼리 인접하게 앉지 않는다고 할 때 〈보기〉를 참고하여 항상 참인 것을 고르시오.

〈 보 기 〉

- 스테이크를 먹는 사람의 수는 샐러드를 먹는 사람의 수보다 적다.
- 혜진이와 수진이는 다른 종류의 음식을 먹는다.
- 다희는 주리와 같은 종류의 음식을 먹는다.
- 지영이와 같은 종류의 음식을 먹는 사람은 없다.
- 미연이는 스파게티를 먹는다.

① 혜진이는 스파게티를 먹는다.
② 수진이는 스테이크를 먹는다.
③ 다희는 스파게티를 먹는다.
④ 주리는 샐러드를 먹는다.
⑤ 지영이는 샐러드를 먹는다.

049 여자인 A, B, C, D와 남자인 E, F, G, H는 1, 2, 3, 4가 적힌 제비 중 한 장을 고르고 같은 숫자를 뽑은 사람끼리 조를 이뤘다. 조별 인원은 2명이고 동성(性)으로 구성된 조는 없다고 할 때 〈보기〉를 참고하여 항상 참인 것을 고르시오.

〈 보 기 〉

- B와 G는 3을 뽑지 않았다.
- C와 H는 같은 조다.
- A는 2를 뽑았고 F는 1을 뽑았다.

① B가 1을 뽑았다면 D는 3을 뽑았다.
② C가 4를 뽑았다면 E는 3을 뽑았다.
③ G가 2를 뽑았다면 H는 3을 뽑았다.
④ D가 4를 뽑았다면 G는 3을 뽑았다.
⑤ E가 4를 뽑았다면 B도 4를 뽑았다.

050 A, B, C, D, E는 본인 차량번호의 끝자리가 해당되는 요일에 차량을 운행하지 않는 차량요일제를 한다. A, B, C의 차량번호 끝자리는 홀수이고 D, E의 차량번호의 끝자리는 짝수다. 〈보기〉를 참고하여 D의 차량번호 끝자리를 고르시오.

〈 보 기 〉

- 숫자 0은 짝수다.
- 각 요일에 운전을 쉬는 인원은 1명씩이다.
- B의 차량번호 끝자리는 3이다.
- E의 차량번호 끝자리는 C보다 크고 D보다 작다.

	운전 쉬는 날
월	1, 6
화	2, 7
수	3, 8
목	4, 9
금	5, 0

① 2　② 4　③ 6
④ 8　⑤ 0

051 A, B, C, D는 4개의 플랜으로 출장을 간다. 이들은 각자 플랜1(대전, 부산), 플랜2(울산, 부산), 플랜3(대전, 대구), 플랜4(광주, 인천) 중 하나씩 수행하고 서로의 플랜은 겹치지 않는다고 할 때 〈보기〉를 참고하여 항상 거짓인 것을 고르시오.

〈 보 기 〉

- B는 광주와 울산으로 출장을 가지 않는다.
- C가 가는 두 출장지와 D가 가는 두 출장지 중 한 곳이 겹친다.
- D는 대전으로 출장을 간다.

① D는 부산으로 출장을 간다.
② C는 울산으로 출장을 간다.
③ B는 부산으로 출장을 간다.
④ A는 인천으로 출장을 간다.
⑤ C는 부산으로 출장을 간다.

052 A, B, C, D, E는 3행 2열로 이뤄진 주차장의 한 칸에 차량을 한 대씩 주차한다. 〈보기〉를 참고하여 항상 참인 것을 고르시오.

〈 보 기 〉

- B와 E는 같은 열에 주차하지 않는다.
- C는 A와 같은 열에 주차한다.
- 2행 1열에 주차하는 사람은 없다.

	1열	2열
1행		
2행	×	
3행		

① A는 1행에 주차한다.
② B는 2열에 주차한다.
③ C는 1열에 주차한다.
④ D는 1열에 주차한다.
⑤ E는 3행에 주차한다.

053 A, B, C, D, E, F는 육각형의 테이블에 앉아 회의를 할 예정이다. 〈보기〉의 조건과 자리 번호를 참고하여 D가 앉는 자리 번호를 고르시오.

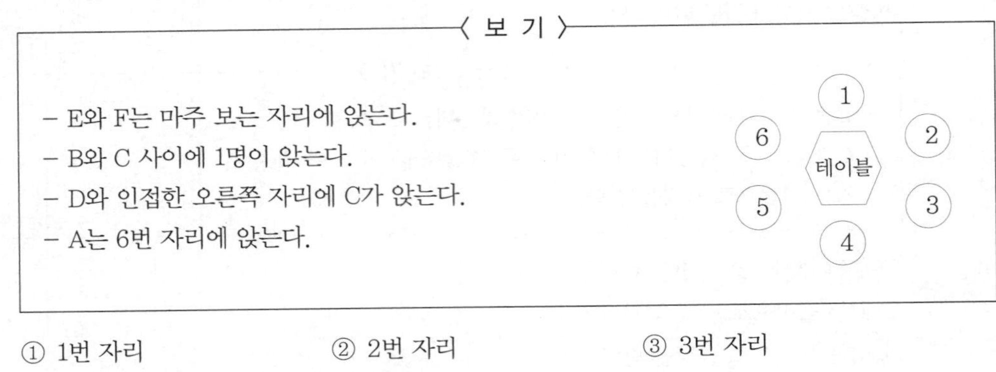
〈 보 기 〉

– E와 F는 마주 보는 자리에 앉는다.
– B와 C 사이에 1명이 앉는다.
– D와 인접한 오른쪽 자리에 C가 앉는다.
– A는 6번 자리에 앉는다.

① 1번 자리 ② 2번 자리 ③ 3번 자리
④ 4번 자리 ⑤ 5번 자리

054 A, B, C, D, E는 4층의 건물에 거주한다. 아무도 거주하지 않는 층은 없다고 할 때 〈보기〉를 참고하여 항상 참이라고 할 수 없는 것을 고르시오.

〈 보 기 〉

– C가 거주하는 층보다 아래에 거주하는 인원은 총 2명이다.
– E와 D 사이에는 1명이 거주한다.
– A가 거주하는 층과 C가 거주하는 층의 층수 차이는 1이 아니다.

① A는 2층에 거주할 수 있다.
② B는 1층에 거주할 수 있다.
③ C는 3층에 거주할 수 있다.
④ D는 4층에 거주할 수 있다.
⑤ E는 2층에 거주할 수 있다.

055 A, B, C, D, E, F, G, H 8명은 8층의 빌딩 각 층에서 근무한다. 이들이 서로 다른 층에서 근무한다고 할 때 〈보기〉를 참고하여 항상 거짓인 것을 고르시오.

〈 보 기 〉

- D가 근무하는 층보다 위의 층에 근무하는 인원은 2명이다.
- A와 H가 근무하는 층은 인접하다.
- E가 근무하는 층은 C가 근무하는 층보다 낮다.
- B가 근무하는 층과 C가 근무하는 층 사이에 1명이 근무한다.
- F는 2층에서 근무한다.
- G가 근무하는 층은 H가 근무하는 층보다 높다.

① A는 4층에서 근무한다.
② B는 5층에서 근무한다.
③ E는 1층에서 근무한다.
④ G는 7층에서 근무한다.
⑤ H는 3층에서 근무한다.

056 하늘, 시후, 호영, 지윤이는 4일간 하루에 1권씩 인적성 문제집을 풀기로 했다. 이들은 L사, H사, W사, E사의 문제집을 풀었고 같은 날에 같은 회사의 문제집을 푼 사람은 없다고 할 때 〈보기〉를 참고하여 다음 중 항상 거짓인 것을 고르시오.

〈 보 기 〉

- 4일간 4명 모두 4회사의 문제집을 풀었다.
- 하늘이는 2일차에 H사의 문제집을 풀었다.
- 지윤이는 하늘이보다 늦게 W사의 문제집을 풀었다.
- 호영이가 E사의 문제집을 푼 다음 날 시후가 H사의 문제집을 풀었다.
- 4명 중 시후가 제일 먼저 W사의 문제집을 풀었다.

① 1일차에 H사의 문제를 푸는 사람은 호영이다.
② 2일차에 E사의 문제를 푸는 사람은 시후이다.
③ 4일차에 L사의 문제를 푸는 사람은 하늘이다.
④ 4일차에 H사의 문제를 푸는 사람은 시후이다.
⑤ 3일차에 W사의 문제를 푸는 사람은 하늘이다.

057 A, B, C, D, E, F는 대형차를 타고 이동 중이다. 이들이 앉는 자리의 번호가 다음과 같다고 할 때 〈보기〉를 참고하여 항상 참인 것을 고르시오.

〈 보 기 〉

- A가 앉는 자리 왼쪽에 F가 앉는다.
- C는 맨 뒷자리에 앉는다.
- B는 1번 자리에 앉는다.
- E는 C의 옆 자리에 앉지 않는다.

	1	2	3
앞	4	5	6

〈자리 번호〉

① C의 자리번호는 E의 자리번호보다 작다.
② D의 자리번호는 A의 자리번호보다 작다.
③ A의 자리번호는 D의 자리번호보다 작다.
④ F의 자리번호는 D의 자리번호보다 작다.
⑤ E의 자리번호는 C의 자리번호보다 작다.

058 커피전문점에서 근무하는 A, B, C, D, E는 월요일부터 금요일 중 4일만 출근한다. 〈보기〉를 참고하여 항상 참인 것을 고르시오.

〈 보 기 〉

- 커피전문점에 매일 4명씩 출근한다.
- A의 휴일과 C의 휴일은 3일이 차이난다.
- B와 E의 휴일은 3일이 차이난다.

① A는 화요일에 쉰다.
② B는 목요일에 쉰다.
③ C는 월요일에 쉰다.
④ D는 수요일에 쉰다.
⑤ E는 금요일에 쉰다.

059 A, B, C, D, E, F, G, H의 취미는 축구, 야구, 농구, 배구 중 하나다. 축구, 야구, 농구, 배구를 취미로 하는 인원이 2명씩이라 할 때 〈보기〉를 참고하여 반드시 거짓인 것을 고르시오.

〈 보 기 〉

- B와 E의 취미는 같다.
- F의 취미는 야구다.
- D와 C의 취미는 같다.
- G와 H의 취미는 다르다.

① A의 취미는 야구다.
② B의 취미는 농구다.
③ D의 취미는 배구다.
④ G의 취미는 축구다.
⑤ H의 취미는 배구다.

060 A, B, C, D, E, F는 서울에서 부산까지 이동한다. 이들의 교통수단은 버스, 기차, 비행기이고 교통수단별로 2명씩 이용한다고 할 때 〈보기〉를 참고하여 항상 참인 것을 고르시오.

〈 보 기 〉

- A와 C는 같은 교통수단을 이용한다.
- B와 F는 같은 교통수단을 이용하지 않는다.
- E는 기차를 타지 않는다.
- A가 비행기를 타지 않는다면 D는 버스를 탄다.

① A는 비행기를 탄다.
② B는 버스를 탄다.
③ E는 버스를 탄다.
④ D는 비행기를 타지 않는다.
⑤ F는 비행기를 타지 않는다.

061 A, B, C, D, E는 딸기맛, 메론맛, 수박맛, 키위맛, 체리맛 아이스크림 중 하나를 고른다. 이들이 고른 아이스크림의 맛이 같은 사람은 없고 5명 중 1명만 거짓을 말하고 나머지는 진실을 말한다. 〈보기〉를 토대로 항상 참인 것을 고르시오.

〈 보 기 〉

A: C는 메론맛 아이스크림을 고른다.
B: 체리맛 아이스크림을 고르는 사람은 A 또는 D이다.
C: E는 수박맛 아이스크림 또는 키위맛 아이스크림을 고른다.
D: 나는 딸기맛 아이스크림을 고른다.
E: 나는 체리맛 아이스크림을 고른다.

① A는 체리맛 아이스크림을 고른다.
② B는 딸기맛 아이스크림을 고른다.
③ C는 수박맛 아이스크림을 고른다.
④ D는 체리맛 아이스크림을 고른다.
⑤ E는 키위맛 아이스크림을 고른다.

062 A, B, C, D는 3발씩 쏴서 획득한 점수를 합산하는 방식인 양궁대회에 참석했다. 이들이 쏜 12발에서 10점이 3번, 9점이 6번, 8점이 2번, 7점이 1번 나왔다. 4명 모두 9점을 최소 1번 이상 받았다고 할 때 〈보기〉를 참고하여 3발의 점수 합이 높은 사람부터 나열한 것을 고르시오. (가장 왼쪽에 있는 사람이 3발의 점수 합이 제일 높은 사람이다.)

〈 보 기 〉

– C가 쏜 3발은 모두 점수가 같다.
– B가 쏜 3발의 점수 합은 C가 쏜 3발의 점수 합보다 낮다.
– D가 쏜 3발의 점수 합은 26점이다.

① C – A – B – D
② A – C – D – B
③ A – C – B – D
④ C – B – A – D
⑤ B – C – D – A

063 A, B, C, D, E는 5층의 건물 각 층에 입주한 사장님이다. 한 층에 1명씩 입주하였고 나이가 같은 사장님은 없다고 할 때 〈보기〉를 참고하여 항상 참인 것을 고르시오.

〈 보 기 〉

- D는 2층에 입주했으며 나이는 3번째로 많다.
- A의 나이는 C보다는 많고 B보다는 적다.
- A와 B는 인접한 층에 입주했다.
- 1층에 입주한 사장님의 나이가 가장 많다.
- B는 C보다 낮은 층에 입주했다.

① 5층에 입주한 사장님의 나이가 가장 어리다.
② 4층에 입주한 사장님의 나이는 4번째로 많다.
③ 5명 중 나이가 가장 많은 사람은 B다.
④ A는 D보다 나이가 많다.
⑤ E는 B보다 나이가 적다.

064 A, B, C, D, E, F는 원형의 테이블에 일정한 간격으로 앉아 회의한다. 이들의 소속은 재무팀, 인사팀, 홍보팀 중 하나이고 세 팀의 회의 참석자는 최소 1명이다. 〈보기〉를 참고하여 반드시 인사팀 소속인 인원을 모두 짝지은 것을 고르시오.

〈 보 기 〉

- 팀이 같은 인원끼리 인접하게 앉지 않는다.
- B와 D의 팀은 같다.
- 회의 참석자 중 인사팀은 3명이다.
- F는 홍보팀이다.
- D와 A는 마주 보고 앉는다.
- C와 E의 팀은 다르다.

테이블

① A　　② A, C　　③ A, E
④ B, D　　⑤ B, D, E

065 A, B, C, D, E, F, G는 SUV를 타고 이동한다. 운전석 옆 자리에 아무도 앉지 않는다고 할 때 〈보기〉와 자리 배치를 참고하여 항상 거짓인 것을 고르시오.

〈 보 기 〉

- 2행의 우측 자리(2열)에 C가 앉는다.
- A는 B보다 앞에 앉는다.
- E와 F는 같은 열에 앉는다.
- G는 D와 같은 열이며 D의 바로 뒷자리에 앉는다.
- 운전을 할 수 있는 사람은 D와 F뿐이다.

앞

1행	운전석	╳
2행		
3행		
4행		

① D가 운전석에 앉는다면 E는 4행에 앉는다.
② A가 2열에 앉는다면 F는 3행에 앉는다.
③ E가 2행에 앉는다면 D는 3행에 앉는다.
④ F가 운전석에 앉는다면 E는 2행에 앉는다.
⑤ E가 2열에 앉는다면 B는 3행에 앉는다.

066 영화평론동호회 일정으로 영화관 8자리를 예매했다. 그런데 일원 중 1명이 불참하여 A, B, C, D, E, F, G만 영화를 감상한다. 〈보기〉 및 영화관 자리배치를 토대로 항상 거짓인 것을 고르시오.

〈 보 기 〉

- B 뒤에 A가 앉고 B와 A의 자리번호는 같다.
- C 앞에 D가 앉고 C와 D의 자리번호는 같다.
- E의 자리번호는 A의 자리번호보다 크다.
- G의 자리번호는 짝수가 아니다.
- F와 인접한 오른쪽 자리는 불참자의 자리다.
- B의 자리번호는 D의 자리번호보다 작다.

SCREEN

K열	6번	7번	8번	9번
L열	6번	7번	8번	9번

〈영화관 자리배치〉

① G와 인접한 왼쪽 자리에 E가 앉는다.
② D와 인접한 왼쪽 자리에 B가 앉는다.
③ E와 인접한 오른쪽 자리에 C가 앉는다.
④ G와 인접한 오른쪽 자리에 F가 앉는다.
⑤ A와 인접한 오른쪽 자리에 G가 앉는다.

067 진성, 단우, 수혁, 유민, 다율, 지오는 주니어 간담회에 참석하여 원형의 테이블에 일정한 간격으로 앉는다. 〈보기〉를 참고하여 항상 참인 것을 고르시오.

〈 보 기 〉

- 진성이와 수혁이 사이에 1명이 앉는다.
- 유민이와 다율이 사이에 1명이 앉는다.
- 지오와 인접한 오른쪽 자리에 단우가 앉는다.

① 수혁이와 유민이가 마주 보고 앉는다면 지오와 진성이도 마주 보고 앉는다.
② 지오와 인접한 왼쪽 자리에 진성이가 앉는다면 다율이와 단우는 마주 보고 앉는다.
③ 진성이와 다율이가 인접하게 앉는다면 유민이는 단우와 마주 보고 앉는다.
④ 단우와 인접한 오른쪽 자리에 다율이가 앉는다면 유민이와 수혁이는 인접하게 앉는다.
⑤ 지오와 진성이가 마주 보고 앉는다면 다율이와 인접한 왼쪽 자리에 단우가 앉는다.

068 A, B, C, D, E, F, G는 7층의 건물 각 층에 1명씩 입주하는 사장님이다. 〈보기〉를 참고하여 다음 중 반드시 거짓인 것을 고르시오.

〈 보 기 〉

- E와 F 사이에 1명이 위치한다.
- A의 바로 위층에는 C가 위치한다.
- G와 D는 1층에 위치하지 않는다.
- B는 3층에 위치한다.
- E와 D는 서로 인접한 층에 위치하지 않는다.

① F와 G는 서로 인접한 층에 위치한다.
② A가 1층에 위치한다면 D는 4층에 위치한다.
③ 4층에 위치할 수 있는 사람은 3명이다.
④ E보다 높은 층에 위치하는 사람은 없다.
⑤ D가 4층에 위치한다면 C는 2층에 위치한다.

069 A, B, C, D는 대전, 광주, 부산으로 출장 갈 예정이다. 4명 모두 출장지 3곳 중 2곳을 선정했다고 할 때 〈보기〉를 참고하여 항상 참인 것을 고르시오.

〈 보 기 〉

- 부산으로 출장을 가는 인원은 1명이다.
- D의 출장지 중 1곳은 B도 출장을 가는 곳이다.
- A가 대전으로 출장을 간다면 D는 부산으로 출장을 가지 않는다.

① A의 출장지와 D의 출장지는 1곳이 겹친다.
② 대전으로 출장을 가는 인원은 3명이다.
③ C의 출장지와 B의 출장지는 1곳이 겹친다.
④ 광주로 출장을 가는 인원은 3명이다.
⑤ C는 부산으로 출장을 간다.

070 달리기 시합에 품질팀에서 1명이 출전했고 생산팀, 개발팀, 기술팀에서는 2명씩 출전하여 1등부터 7등까지 순위를 가렸다. 〈보기〉를 참고하여 다음 중 항상 참인 것을 고르시오.

〈 보 기 〉

- 3등과 5등은 생산팀이다.
- 기술팀 인원의 등수 사이에 1명이 있다.
- 품질팀 소속의 사람은 개발팀 소속의 2명보다 먼저 결승점에 들어왔다.

① 1등인 사람의 소속은 기술팀이다.
② 2등인 사람의 소속은 개발팀이다.
③ 4등인 사람의 소속은 품질팀이다.
④ 6등인 사람의 소속은 개발팀이다.
⑤ 7등인 사람의 소속은 개발팀이다.

071 A, B, C, D, E는 다음의 자리에 앉아 강연을 듣는다. 〈보기〉와 자리배치를 참고하여 다음 중 좌측부터 앉는 자리번호가 작은 사람을 나열한 것을 고르시오.

〈 보 기 〉

- D는 A와 같은 열이며 A보다 앞자리에서 강연을 듣는다.
- B와 E의 자리번호의 차이는 2이다.
- C의 자리 번호는 짝수가 아니고 E의 자리번호보다 크다.
- E와 D는 같은 행에 앉는다.

강단(앞)

1번	2번	3번
4번	5번	6번

〈자리 배치〉

① E – D – B – C – A
② D – C – B – A – E
③ C – D – E – A – B
④ C – E – D – B – A
⑤ D – B – A – E – C

072 A, B, C, D, E, F는 원형의 테이블에 앉아 식사를 한다. 1인 1메뉴를 먹으며 이들이 먹는 메뉴는 국수, 덮밥, 국밥이라 할 때 〈보기〉를 참고하여 항상 참인 것을 고르시오.

〈 보 기 〉

- 국수를 먹는 인원은 덮밥을 먹는 인원보다 많다.
- C와 같은 메뉴를 먹는 사람은 없다.
- 같은 메뉴를 먹는 사람끼리 인접하게 앉지 않았다.
- F는 국수를, D는 덮밥을 먹는다.

① A는 국수를 먹는다.
② A와 B가 같은 메뉴를 먹는다면 E는 덮밥을 먹는다.
③ B가 국수를 먹는다면 A는 덮밥을 먹는다.
④ F와 E가 같은 메뉴를 먹는다면 B는 덮밥을 먹는다.
⑤ 덮밥을 먹을 수 있는 인원은 3명이다.

073 사원인 정민, 희성, 경미와 대리인 소미, 초희, 그리고 과장인 여진이가 생산라인의 예상 리스크 요인을 조사 후 상부에 보고했다. 조별로 2개의 라인을 조사했고, 한 조에 2명씩 배정했다. 이들이 조사한 라인은 1~6번 라인이고 번호순으로 나란히 이웃한다. 〈보기〉를 참고하여 항상 거짓인 것을 고르시오.

〈 보 기 〉

- 대리끼리는 같은 라인을 조사하지 않았다.
- 경미는 1번 라인을 조사했고 여진이는 5번 라인을 조사했다.
- 3번 라인을 조사한 사원은 없다.
- 초희는 정민이와 함께 예상 리스크 요인을 조사했다.
- 라인을 이웃하게 조사한 조는 없다.

① 여진이는 소미와 같은 조다.
② 초희는 2번 라인을 조사했다.
③ 정민이는 3번 라인을 조사했다.
④ 희성이는 4번 라인을 조사했다.
⑤ 소미는 5번 라인을 조사했다.

074 A, B, C, D, E는 음식점을 찾아 돈가스, 파스타, 비빔밥, 라복이, 김밥을 주문했다. 서로 주문한 메뉴는 다르고 인당 한 메뉴만 주문했다고 할 때 〈보기〉 및 〈가격표〉를 참고하여 B가 주문하는 메뉴를 고르시오.

〈 보 기 〉

- A가 주문한 메뉴의 가격은 B, C가 주문한 메뉴의 가격의 합과 같다.
- E가 주문한 메뉴의 가격은 D가 주문한 메뉴의 가격보다 싸다.
- E가 주문한 메뉴의 가격은 C가 주문한 메뉴의 가격보다 비싸다.
- D와 E가 주문한 메뉴의 가격을 더해도 20,000원을 초과하지 않는다.

메뉴	가격
돈가스	14,000원
파스타	10,000원
비빔밥	8,000원
라볶이	6,000원
김밥	4,000원

〈가격표〉

① 돈가스 ② 파스타 ③ 비빔밥
④ 라볶이 ⑤ 김밥

075 A, B, C, D, E 5명은 시장조사를 위해 칠레, 멕시코, 아르헨티나, 브라질로 떠난다. 1인당 1곳으로만 시장조사를 가고 멕시코를 조사하는 인원이 2명이라 할 때 〈보기〉를 참고하여 항상 참이 아닌 것을 고르시오.

〈 보 기 〉

- B는 멕시코 또는 아르헨티나를 조사한다.
- D가 칠레를 조사하면 A는 브라질을 조사한다.
- C는 브라질을 조사한다.

① E가 아르헨티나를 조사한다면 D는 멕시코를 조사한다.
② A가 칠레를 조사한다면 E는 멕시코를 조사한다.
③ A가 아르헨티나를 조사한다면 B는 멕시코를 조사한다.
④ D가 아르헨티나를 조사한다면 B는 멕시코를 조사한다.
⑤ B가 아르헨티나를 조사한다면 D는 멕시코를 조사한다.

076 A, B, C, D, E는 6층 건물의 관리인이다. 이들 중 1명은 이웃한 2개 층을 관리하고 나머지 인원은 1개 층을 관리한다고 할 때 〈보기〉를 참고하여 항상 참인 것을 고르시오.

〈 보 기 〉

- A는 3층을 관리하지 않는다.
- C는 B보다 아래쪽에 위치한 층을 관리한다.
- E가 관리하는 층의 바로 아래층을 D가 관리한다.
- 2층을 관리하는 사람은 B다.

① E가 4층을 관리하면 A는 5층을 관리한다.
② B가 3층을 관리하면 E는 5층을 관리한다.
③ A가 6층을 관리하면 D는 4층을 관리한다.
④ D가 3층을 관리하면 A는 5층을 관리한다.
⑤ E가 6층을 관리하면 B는 3층을 관리한다.

077 A, B, C, D, E, F 중 일부 인원이 아산과 청주로 출장을 간다. A, B는 재무팀이고 C, D, E는 기술팀이며 F는 영업팀이라 할 때 〈보기〉를 참고하여 항상 참인 것을 고르시오.

〈 보 기 〉

- 출장을 보내지 않는 팀은 없다.
- 기술팀은 아산, 청주에 1명씩 출장을 보낸다.
- 아산으로 출장을 보내는 팀은 두 팀이다.
- 청주로 출장을 보내는 팀은 두 팀이다.

① D가 출장을 가지 않는다면 A도 출장을 가지 않는다.
② B가 청주로 출장 간다면 E는 아산으로 출장 간다.
③ A가 아산으로 출장 간다면 F는 청주로 출장 간다.
④ E가 청주로 출장 간다면 D는 출장을 가지 않는다.
⑤ F가 아산으로 출장 간다면 C는 청주로 출장 간다.

078 A, B, C, D, E, F는 사업부장과 1:1 면담에 참석한다. 면담은 1시간씩 진행하고 면담 시작 시간은 9, 10, 11, 13, 14, 15시다. 〈보기〉를 참고하여 항상 거짓인 것을 고르시오.

〈 보 기 〉

- C와 D의 면담 사이에 두 명이 면담한다.
- A와 B의 면담 사이에 한 명이 면담한다.
- E는 C보다 먼저 면담한다.
- B는 F보다 뒤에 면담한다.

① A가 13시에 면담한다면 C는 14시에 면담한다.
② D가 10시에 면담한다면 F는 9시에 면담한다.
③ F가 9시에 면담한다면 E는 14시에 면담한다.
④ C가 15시에 면담한다면 E는 9시에 면담한다.
⑤ E가 9시에 면담한다면 B는 13시에 면담한다.

079 A, B, C, D, E, F, G, H는 4명이 앉을 수 있는 사각형의 테이블에 앉는다. 〈보기〉와 자리 배치를 참고하여 다음 중 항상 참인 것을 고르시오.

〈 보 기 〉

- A는 1번 자리, H는 8번 자리에 앉는다.
- E와 G는 같은 테이블에 앉지 않는다.
- B와 붙어있는 오른쪽 자리에 F가 앉는다.
- G가 앉는 자리의 번호는 홀수다.
- D는 H와 마주 보는 자리에 앉는다.

	1				5	
2	T	4	6	T		8
	3			7		

〈자리 배치〉

① A와 마주 보고 앉는 사람은 F다.
② H와 인접한 자리에 E가 앉는다.
③ C와 마주 보고 앉는 사람은 G다.
④ E와 마주 보고 앉는 사람은 F다.
⑤ A와 인접한 자리에 C가 앉는다.

080 지예, 상철, 명훈, 민준, 희민이는 진급자 교육을 듣기 위해 창조관을 찾았다. 1인 1실로 101호부터 105호까지 배정받았다고 할 때 〈보기〉를 참고하여 다음 중 항상 참인 것을 고르시오.

〈 보 기 〉

- 5명의 직급은 선임과 책임이다.
- 책임 진급자는 104호와 105호를 배정받았다.
- 민준이는 101호를 배정받았다.
- 희민이와 상철이의 직급은 다르다.
- 명훈이와 지예의 방 번호는 1이 차이 난다.

① 희민이가 102호를 배정받았다면 지예는 104호를 배정받았다.
② 명훈이가 103호를 배정받았다면 상철이는 102호를 배정받았다.
③ 지예가 104호를 배정받았다면 희민이는 102호를 배정받았다.
④ 상철이와 지예의 방 번호 차이가 1이라면 희민이와 명훈이의 방 번호 차이는 1이다.
⑤ 희민이와 지예의 방 번호 차이가 2라면 상철이와 지예의 방 번호 차이는 2이다.

081 A, B, C, D, E, F, G, H는 사각형의 테이블 한 변에 2명씩 앉는다. 의자의 간격이 동일하여 서로 누군가와 마주 보고 앉는다고 할 때 〈보기〉를 참고하여 항상 참인 것을 고르시오.

〈 보 기 〉

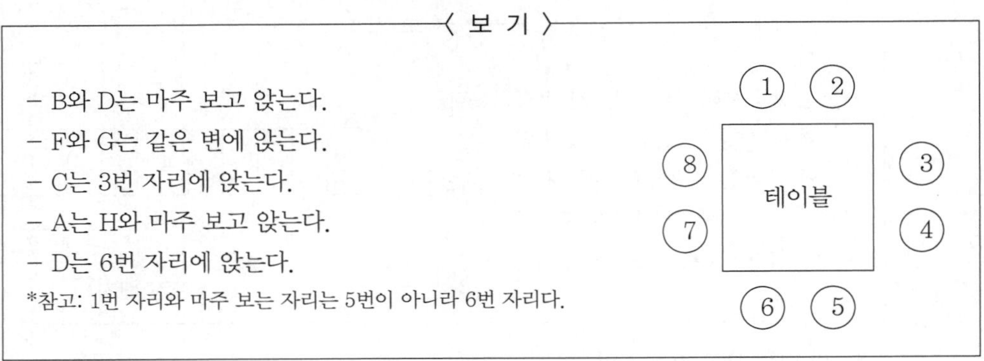

- B와 D는 마주 보고 앉는다.
- F와 G는 같은 변에 앉는다.
- C는 3번 자리에 앉는다.
- A는 H와 마주 보고 앉는다.
- D는 6번 자리에 앉는다.

*참고: 1번 자리와 마주 보는 자리는 5번이 아니라 6번 자리다.

① A는 7번 자리에 앉는다.
② B는 2번 자리에 앉는다.
③ E는 4번 자리에 앉는다.
④ F는 8번 자리에 앉는다.
⑤ H는 5번 자리에 앉는다.

082 A, B, C, D, E, F, G, H 8명은 3개의 테이블에 나누어 앉는다. 3명이 앉는 테이블이 2개, 2명이 앉는 테이블이 1개라고 할 때 〈보기〉를 참고하여 다음 중 항상 거짓인 것을 고르시오.

〈 보 기 〉

- B는 F와 같은 테이블에 앉는다.
- A와 C는 같은 테이블에 앉는다.
- F와 G는 3명이 앉는 테이블에 앉는다.
- H는 2명이 앉는 테이블에 앉는다.

① D는 2명이 앉는 테이블에 앉을 수 있다.
② E와 D는 같은 테이블에 앉을 수 있다.
③ F와 G는 다른 테이블에 앉을 수 있다.
④ G와 B는 다른 테이블에 앉을 수 있다.
⑤ E는 3명이 앉는 테이블에 앉을 수 있다.

083 A, B, C, D, E, F, G는 월요일을 시작으로 월요일부터 일요일까지 돌아가며 하루에 1번씩 철야 근무를 한다. 〈보기〉를 참고하여 항상 참인 것을 고르시오.

〈 보 기 〉

- D는 C보다 이틀 먼저 철야 근무를 한다.
- B가 철야 근무를 한 다음 날 G가 철야 근무를 한다.
- D와 E 사이에 2명이 철야 근무를 한다.
- A는 월요일에 철야 근무를 한다.

① B가 수요일에 철야 근무를 한다면 C는 일요일에 철야 근무를 한다.
② C가 토요일에 철야 근무를 한다면 E는 화요일에 철야 근무를 한다.
③ D가 화요일에 철야 근무를 한다면 G는 수요일에 철야 근무를 한다.
④ E가 일요일에 철야 근무를 한다면 B는 금요일에 철야 근무를 한다.
⑤ F가 토요일에 철야 근무를 한다면 D는 수요일에 철야 근무를 한다.

084 A, B, C, D, E, F는 사업계획안을 발표할 예정이다. 6명은 나란히 놓인 6개의 의자에 발표 순서대로 앉는다. 〈보기〉의 내용을 바탕으로 항상 참이 아닌 것을 고르시오.

〈 보 기 〉

- A와 F가 앉는 의자 사이에는 2명이 앉는다.
- E의 발표 순서는 맨 처음과 마지막이 아니다.
- B와 C의 발표 순서는 인접하지 않다.
- D는 4번째로 발표한다.

① C는 1번째로 발표할 수 있다.
② B는 2번째로 발표할 수 있다.
③ E는 3번째로 발표할 수 있다.
④ F는 5번째로 발표할 수 있다.
⑤ A는 6번째로 발표할 수 있다.

085 A, B, C, D, E는 한 량에 최대 2명이 탈 수 있는 네 량의 청룡열차를 탄다. 아무도 타지 않는 량은 없다고 할 때 〈보기〉를 토대로 항상 참인 것을 고르시오.

〈 보 기 〉

- B가 탄 량보다 앞쪽의 량에 총 2명이 탄다.
- A는 C보다 앞쪽의 량에 탄다.
- E가 탄 량은 2명이 탄다.
- D는 B보다 뒤쪽의 량에 탄다.

	1량	2량	3량	4량
앞				

① A는 1량에 탄다.
② B는 3량에 탄다.
③ C는 2량에 탄다.
④ D는 4량에 탄다.
⑤ E는 4량에 탄다.

086 지아, 태희, 가연, 재인이는 올해의 한자어로 비(飛), 성(成), 청(靑), 진(進)을 골랐다. 인당 하나의 한자어를 골랐고 서로 같은 한자어를 고른 사람은 없다고 할 때 〈보기〉를 참고하여 항상 참인 것을 고르시오.

〈 보 기 〉

- 지아는 성(成) 또는 진(進)을 골랐다.
- 가연이가 비(飛)를 골랐다면 재인이는 진(進)을 골랐다.
- 태희가 청(靑)을 골랐다면 지아는 진(進)을 골랐다.
- 재인이는 청(靑)을 고르지 않았다.

① 가연이는 청(靑)을 고른다.
② 비(飛)를 고를 수 있는 인원은 2명이다.
③ 진(進)을 고를 수 있는 인원은 2명이다.
④ 가연이가 청(靑)을 고른다면 지아는 성(成)을 고른다.
⑤ 태희가 비(飛)를 고른다면 지아는 진(進)을 고른다.

087 A, B, C, D는 갑, 을, 병, 정으로 출장을 간다. 이들은 각자 1일부터 4일까지 4일간 하루에 1곳씩 출장을 가고 같은 일차에 같은 장소로 출장을 가는 사람은 없다고 할 때 〈보기〉를 참고하여 항상 참인 것을 고르시오.

〈 보 기 〉

- 4명 모두 4곳(갑, 을, 병, 정)으로 출장을 간다.
- B는 3일에 병으로, C는 1일에 갑으로 출장을 간다.
- C가 을로 출장을 간 다음 날 D가 병으로 출장을 간다.

① A는 4일에 갑으로 출장을 간다.
② C는 2일에 을로 출장을 간다.
③ D는 1일에 정으로 출장을 간다.
④ B는 2일에 을로 출장을 간다.
⑤ C는 4일에 정으로 출장을 간다.

088 정민, 세령, 송현, 동연, 아율, 진영이는 3:3으로 나누어 야구게임을 즐겼다. 6명 중 1명만 홈런을 쳤다고 했을 때 〈보기〉를 참고하여 항상 거짓인 것을 고르시오.

〈 보 기 〉

- 동연이가 속한 팀의 팀원은 홈런을 치지 못했다.
- 진영이는 세령이와 다른 팀이다.
- 송현이와 아율이는 홈런을 치지 못했다.
- 정민이는 세령이와 같은 팀이다.

① 동연이와 정민이가 같은 팀이라면 진영이는 홈런을 치지 못했다.
② 세령이와 아율이가 다른 팀이라면 정민이는 홈런을 치지 못했다.
③ 송현이와 동연이가 다른 팀이라면 진영이는 홈런을 치지 못했다.
④ 진영이와 아율이가 다른 팀이라면 송현이는 홈런을 치지 못했다.
⑤ 아율이가 송현이와 같은 팀이라면 세령이는 홈런을 치지 못했다.

089 혜지, 현석, 승인, 진원, 숭겸이는 클라이밍을 취미로 하고 있다. 이들이 오를 수 있는 코스는 A, B, C이고 각자 하나의 코스를 선택해 올랐다. 〈보기〉를 토대로 다음 중 항상 참인 것을 고르시오.

〈 보 기 〉

- 5명이 선택한 코스는 A, B, C이다.
- A코스를 오른 인원의 수는 B코스를 오른 인원의 수보다 많다.
- 숭겸이는 C코스를 올랐고 승인이는 진원이와 다른 코스를 올랐다.

① 현석이가 B코스를 올랐다면 승인이는 A코스를 올랐다.
② 숭겸이와 승인이가 다른 코스를 올랐다면 승인이는 B코스를 올랐다.
③ 승인이와 혜지가 같은 코스를 올랐다면 진원이는 B코스를 올랐다.
④ 혜지와 숭겸이가 같은 코스를 올랐다면 현석이는 A코스를 올랐다.
⑤ 현석이가 C코스를 올랐다면 승인이는 B코스를 올랐다.

090 A, B, C, D, E는 입사가 빠른 사람부터 일렬로 줄을 선다. 이들 중 입사년차가 가장 적은 사람이 2년차라고 할 때 〈보기〉를 참고하여 반드시 입사한지 5년 이상인 사람으로 짝지은 것을 고르시오.

〈 보 기 〉

- 이들의 연차는 1~2년씩 차이나고 입사년도가 같은 인원은 없다.
- E는 맨 앞과 맨 뒤에 줄을 서지 않는다.
- B는 D보다 먼저 입사했다.
- A는 입사한지 3년차이다.
- B는 A보다 2년 전에 입사했다.

① B ② B, C ③ B, E
④ B, C, E ⑤ C, E

091 영훈이는 서로 각기 다른 숫자 4자리로 도어락 비밀번호를 만든다. 〈보기〉를 참고하여 영훈이의 비밀번호로 적절한 것을 고르시오.

〈 보 기 〉

- 비밀번호를 이루는 숫자가 클수록 자릿수도 크다.
- 비밀번호에 2, 4, 6, 8 중 숫자 2개를 사용한다.
- 천의 자리와 백의 자리의 숫자 중 짝수는 하나다.
- 각 자리 숫자의 합은 13이다.
- 천의 자리의 숫자는 백의 자리의 숫자와 십의 자리 숫자의 합보다 작다.

1	2	3
4	5	6
7	8	9
*	0	#

① 6430
② 6520
③ 7420
④ 8320
⑤ 8410

092 A, B, C, D, E는 기계식 키보드를 구매했다. 이들이 구매한 기계식 키보드 축의 종류는 청축, 갈축, 적축, 흑축, 백축이고 서로 다른 종류인 축의 키보드를 구매했다. 5명 중 1명만 거짓을 말한다고 할 때 〈보기〉를 참고하여 항상 참인 것을 고르시오.

〈 보 기 〉

A: C가 구입한 키보드는 청축이다.
B: 적축인 키보드를 구입한 사람은 E다.
C: D가 구입한 키보드는 갈축 혹은 적축이다.
D: B는 흑축 또는 청축인 키보드를 구입했다.
E: A는 청축인 키보드를 구입했다.

① A는 백축인 키보드를 구입했다.
② B는 흑축인 키보드를 구입했다.
③ C는 청축인 키보드를 구입했다.
④ D는 적축인 키보드를 구입했다.
⑤ E는 갈축인 키보드를 구입했다.

093 A, B, C는 회사 체육대회 중 50m, 100m, 200m 달리기 경주에 참여하였다. 각 경기마다 1등, 2등, 3등을 가렸고 1등은 2점, 2등은 1점, 3등은 0점으로 승점을 부여했다. 〈보기〉를 참고하여 반드시 거짓인 것을 고르시오.

〈 보 기 〉

- A는 모든 달리기 경주에서 B보다 빨리 들어왔다.
- B는 50m에서 2등을 했다.
- A의 승점은 5점 이상이다.

① B는 2점을 얻었다.
② A는 6점을 얻었다.
③ C는 4점을 얻었다.
④ B는 1점을 얻었다.
⑤ C는 3점을 얻었다.

094 올림픽 메달리스트인 창현, 윤희, 예나, 해성, 빛나, 재아 총 6명은 대통령 표창을 받기 위해 일렬로 줄을 서고 있다. 이들이 획득한 메달은 금메달, 은메달, 동메달 중 하나라 할 때 〈보기〉를 토대로 항상 참인 것을 고르시오.

〈 보 기 〉

- 이들이 메달을 획득한 대회는 파리올림픽과 LA올림픽이다.
- 같은 종류의 메달을 받은 인원은 인접하게 줄을 서지 않는다.
- 금메달리스트의 수는 은메달리스트와 동메달리스트의 합과 동일하다.
- 메달을 획득한 올림픽이 같은 인원끼리 인접하게 줄을 서지 않는다.
- 윤희만 동메달리스트이고 빛나와 재아는 금메달리스트다.
- 제일 마지막에 줄을 선 인원은 파리올림픽에서 은메달을 거머쥐었다.

① 은메달은 모두 LA올림픽에서 획득했다.
② 4번째로 줄을 선 사람은 금메달리스트다.
③ 해성이가 윤희와 이웃하게 줄을 섰다면 창현이는 금메달리스트다.
④ 예나가 금메달리스트라면 창현이는 파리올림픽에서 메달을 획득했다.
⑤ 창현이가 파리올림픽에서 메달을 획득했다면 해성이는 금메달리스트다.

095 4층인 건물의 각 층에 2개씩 호가 있다. A, B, C, D, E, F, G 7명이 각 호에 거주하고 4층의 한 호가 비었을 때 〈보기〉를 참고하여 항상 참인 것을 고르시오.

〈 보 기 〉

- C와 G는 같은 열에 산다.
- G는 F보다 높은 층에 산다.
- D는 301호에 산다.
- E는 빈 방과 가장 가까운 대각선 위치에 산다.
- B, F는 같은 열에 살지 않고 같은 층에도 살지 않는다.

401호	402호
301호	302호
201호	202호
101호	102호

① A가 2층에 산다면 B도 2층에 산다.
② F가 1층에 산다면 C는 2층에 산다.
③ G가 4층에 산다면 F는 1층에 산다.
④ C가 2층에 산다면 A는 1층에 산다.
⑤ B가 4층에 산다면 C는 2층에 산다.

096 A, B, C, D, E, F, G, H, I(9명)가 한식, 중식, 양식을 먹는다. 각 메뉴당 3명씩 먹고 인당 하나의 메뉴만 먹는다고 할 때 〈보기〉를 참고하여 항상 참인 것을 고르시오.

〈 보 기 〉

- H는 중식 또는 양식을 먹는다.
- A와 B는 같은 메뉴를 먹는다.
- D와 I는 한식을 먹지 않는다.
- E와 G는 양식을 먹는다.

① C와 F는 다른 메뉴를 먹는다.
② I와 E는 다른 메뉴를 먹는다.
③ D와 H는 다른 메뉴를 먹는다.
④ I와 A는 같은 메뉴를 먹는다.
⑤ G와 D는 같은 메뉴를 먹는다.

097 6자리 숫자로 구성된 사번을 만들 예정이다. 앞의 두 자리가 20으로 시작하고 왼쪽부터 1번째 자리라고 할 때 〈보기〉를 참고하여 다음 중 사번으로 적절하지 않은 것을 고르시오.

〈 보 기 〉

- 사번에 사용한 숫자의 합은 9다.
- 사번에 사용한 전체 숫자는 4가지다.
- 3번째 자리의 숫자는 6번째 자리의 숫자와 같다.

① 200160
② 201051
③ 201141
④ 202302
⑤ 203013

098 L사의 신입사원인 A, B, C, D는 공정팀, 설비팀, 설계팀, 개발팀에 1명씩 배치됐다. 〈보기〉를 참고하여 항상 참인 것을 고르시오.

〈 보 기 〉

- A는 설비팀이 아니다.
- C가 공정팀이라면 B는 개발팀이다.
- D는 설계팀이다.

① C가 배치될 수 있는 팀은 3개 팀이다.
② A가 공정팀이라면 B는 개발팀이다.
③ C가 설비팀이라면 B는 공정팀이다.
④ B가 설비팀이라면 C는 공정팀이다.
⑤ B가 배치될 수 있는 팀은 3개 팀이다.

099 A, B, C, D, E, F, G, H는 가왕 선발 토너먼트 8강전에 올랐다. 매 경기는 단판이고 1:1로 경기하며 경기 결과는 승과 패만 있다고 할 때 〈보기〉를 토대로 우승자를 고르시오.

〈 보 기 〉

- A는 G와 경기에서 만나지 않는다.
- C는 B와의 경기에서 패배한다.
- H의 전적은 2승 1패다.
- G와 A의 전적은 1승 1패다.

① B ② C ③ D
④ E ⑤ F

100 A, B, C, D는 참나물무침, 취나물무침, 콩나물무침, 톳나물무침을 만든다. 각자 2가지 이상의 요리를 만들고 4가지 요리를 다 만든 인원은 없다고 할 때 〈보기〉를 참고하여 항상 참인 것을 고르시오.

〈 보 기 〉

- A는 C가 만드는 요리를 모두 만든다.
- 콩나물무침을 만드는 인원은 1명이다.
- 취나물무침을 만드는 사람은 B와 D 뿐이다.

① A는 콩나물무침을 만들지 않는다.
② B는 톳나물무침을 만들지 않는다.
③ C는 톳나물무침을 만든다.
④ D는 참나물무침을 만든다.
⑤ A는 취나물무침을 만든다.

101 복싱 동호회인 나현, 시원, 재이, 다솜이는 모든 사람과 1:1로 경기하는 리그전을 치렀다. 경기는 단판이며 무승부는 없다고 할 때 〈보기〉를 참고하여 항상 거짓인 것을 고르시오.

〈 보 기 〉

- 나현이는 시원이에게 이겼다.
- 재이는 다솜이에게 이겼다.
- 시원이는 2승 1패다.

① 나현이는 3승 0패다.
② 재이는 1승 2패다.
③ 다솜이는 2승 1패다.
④ 나현이는 1승 2패다.
⑤ 재이는 2승 1패다.

102 A, B, C, D, E는 나란하게 위치한 101호, 102호, 103호, 104호 중 한 곳에 거주한다. 아무도 살지 않는 호실은 없다고 할 때 〈보기〉를 참고하여 항상 참인 것을 고르시오.

〈 보 기 〉

- A는 혼자 거주한다.
- B는 102호 또는 103호에 거주한다.
- C와 E는 2명이 거주하는 호실에 살지 않는다.
- A와 E는 인접한 호실에 거주한다.

101호	102호	103호	104호

① A와 B는 항상 이웃한 호실에 거주한다.
② B는 E와 이웃한 호실에 항상 거주한다.
③ C는 항상 D와 이웃한 호실에 거주한다.
④ D는 B와 항상 이웃한 호실에 거주한다.
⑤ 항상 E와 C는 이웃한 호실에 거주한다.

103 A, B, C, D는 사내 교육의 일환으로 '성희롱 예방', '하도급법 준수', '내부고객 존중'을 듣는다. 각자 3개의 프로그램 중 2개의 프로그램을 듣는다고 할 때 〈보기〉를 참고하여 항상 참인 것을 고르시오.

〈 보 기 〉

- 하도급법 준수를 듣는 인원은 2명이고 성희롱 예방을 듣는 인원은 4명이다.
- C가 듣는 프로그램과 D가 듣는 프로그램 중 1개 프로그램이 겹친다.
- B는 성희롱 예방 프로그램과 내부 고객 존중 프로그램을 듣는다.
- A가 듣는 프로그램과 D가 듣는 프로그램 중 1개 프로그램이 겹친다.

① A가 듣는 프로그램과 B가 듣는 프로그램 중 2개 프로그램이 겹친다.
② A가 듣는 프로그램과 C가 듣는 프로그램 중 2개 프로그램이 겹친다.
③ B가 듣는 프로그램과 C가 듣는 프로그램 중 2개 프로그램이 겹친다.
④ B가 듣는 프로그램과 D가 듣는 프로그램 중 1개 프로그램이 겹친다.
⑤ C가 듣는 프로그램은 성희롱 예방과 내부고객 존중이다.

104 A, B, C, D, E는 계곡, 바다, 강, 산 중 한 곳으로 바캉스를 떠난다. 산을 가는 사람이 2명이고 계곡, 바다, 강은 각각 1명이 간다고 할 때 〈보기〉를 참고하여 항상 거짓인 것을 고르시오.

〈 보 기 〉

- B는 강으로 바캉스를 가지 않는다.
- C와 D의 바캉스 장소는 다르다.
- E는 계곡으로 바캉스를 가지 않는다.
- A는 바다로 바캉스를 간다.

① 계곡을 갈 수 있는 사람은 3명이다.
② 산을 갈 수 있는 사람은 4명이다.
③ C가 갈 수 있는 바캉스 장소는 3곳이다.
④ D가 갈 수 있는 바캉스 장소는 2곳이다.
⑤ 강을 갈 수 있는 사람은 3명이다.

105 A, B, C, D, E, F는 원형의 테이블에 앉아 식사한다. 이들이 앉은 간격은 동일하고 이들이 먹는 메뉴가 한식, 중식, 양식이라 할 때 〈보기〉를 참고하여 B와 인접하게 앉을 수 있는 인원은 몇 명인지 고르시오.

〈 보 기 〉

- 같은 메뉴를 먹는 인원끼리 인접하게 앉지 않았다.
- 양식을 먹는 사람은 B뿐이다.
- B와 D는 마주 보고 앉는다.
- 한식을 먹는 인원은 중식을 먹는 인원보다 많다.
- E는 중식을 먹는다.

테이블

① 1명　② 2명　③ 3명
④ 4명　⑤ 5명

106 A, B, C, D, E의 근무평가 결과가 발표됐다. 5명의 평가 점수가 각기 다르다고 할 때 〈보기〉의 내용을 토대로 평가점수가 가장 높은 사람부터 나열한 것을 고르시오. (가장 왼쪽의 사람은 평가 점수가 제일 높은 사람이다.)

〈 보 기 〉

- C는 E보다 평가점수가 높다.
- B는 D보다 평가점수가 높지 않다.
- E보다 평가점수가 낮은 사람은 최소 1명이다.
- A의 평가점수 보다 낮고 C의 평가점수 보다 높은 사람은 1명이다.

① A – C – E – D – B
② A – D – C – E – B
③ D – A – E – C – B
④ E – C – A – B – D
⑤ A – B – C – D – E

107 A, B, C, D, E, F는 주차장에 주차한다. 1라인 4열은 빈 공간이라 할 때 〈보기〉를 토대로 다음 중 항상 거짓인 것을 고르시오.

〈 보 기 〉

– A와 B는 같은 라인에 주차한다.
– D와 E는 같은 열에 주차한다.
– F가 주차한 곳과 같은 라인에 빈 공간은 없다.

	1열	2열	3열	4열
1라인				X
2라인				

① A는 2라인 1열에 주차한다.
② B는 2라인에 주차한다.
③ C는 2라인에 주차한다.
④ D는 1라인에 주차한다.
⑤ E는 2라인 3열에 주차한다.

108 A, B, C, D, E, F, G는 승합차를 타고 이동 중이다. 〈보기〉 및 자리배치를 참고하여 다음 중 항상 참인 것을 고르시오.

〈 보 기 〉

– X표시인 2행 2열과 3행 1열 자리에는 아무도 앉지 않는다.
– G 바로 앞에 B가 앉는다.
– D와 E는 같은 행이며 인접한 자리에 앉는다.
– A와 F는 같은 열에 앉는다.

앞

1, 1	1, 2	1, 3
2, 1	X	2, 3
X	3, 2	3, 3

〈자리배치〉

① C는 1행에 앉는다.
② C는 2행에 앉는다.
③ C는 3행에 앉는다.
④ C는 1열에 앉는다.
⑤ C는 2열에 앉는다.

PART 01
108번뇌 문제풀이

 문제 풀기 전

● 실력별 활용방법

1. 하수: 기본 풀이 개념, 접근 방법 점검
2. 중수: 다양한 문제의 풀이방법, 도식화방법 점검
3. 고수: 3시간 이내 진입을 목표로 풀이

● 도전! 타임어택

1. 3시간 이내: 최상위권
2. 4시간 이내: 상위권
3. 5시간 이내: 안정권

※ 조건추리 Lv.1을 학습했다는 가정하에 제시하는 시간입니다.
※ 5시간을 초과하여 풀어도 시험 합격하는 데 지장이 크지 않습니다.

● 조건추리 Lv.2의 구성

1. 선택지 소거를 통해 시간을 단축할 수 있는 문제
2. 가지치기 방식을 통해 간편하게 풀 수 있는 문제
3. 도식화방법에 따라 풀이시간이 달라지는 문제
4. 다소 복잡하거나 어려운 문제

※ 조건추리 Lv.1 → 조건추리 Lv.2 → 조건추리 Lv.3 순서로 어렵습니다.
(조건추리 Lv.3이 가장 어렵습니다.)

108번뇌
조건추리 Lv.2

해설 p.274

001 A, B, C, D의 전공은 물리학, 화학, 생물학, 경영학이다. 각자 전공이 하나이고 서로 전공이 같은 인원은 없다고 할 때 〈보기〉를 참고하여 항상 참인 것을 고르시오.

〈 보 기 〉

- A는 경영학 전공이 아니다.
- C는 생물학 또는 물리학 전공이다.
- A가 화학을 전공한다면 D는 물리학을 전공한다.

① A가 물리학을 전공한다면 D는 화학을 전공한다.
② 이들의 전공을 정할 수 있는 모든 경우는 4가지다.
③ C가 물리학을 전공한다면 B는 화학을 전공한다.
④ A는 화학을 전공하지 않는다.
⑤ D가 물리학을 전공한다면 C는 생물학을 전공한다.

002 성현, 효주, 희서, 태형이의 생일은 1월, 2월, 3월, 4월 중 하나이다. 생일이 같은 달인 사람은 없다고 할 때 〈보기〉를 참고하여 항상 거짓인 것을 고르시오.

〈 보 기 〉

- 성현이의 생일은 1월 또는 3월이다.
- 희서의 생일은 2월과 3월이 아니다.
- 태형이의 생일은 4월이 아니다.

① 이들의 생일을 정할 수 있는 모든 경우는 5가지이다.
② 태형이의 생일이 2월이라면 성현이의 생일은 1월이다.
③ 3월이 생일일 수 있는 인원은 3명이다.
④ 효주의 생일이 3월이라면 희서의 생일은 4월이다.
⑤ 1월이 생일일 수 있는 인원은 2명이다.

003 A, B, C, D, E, F는 같은 상가에 입점한 사장이다. 상가 건물은 2층이고 한 층에 3개의 점포가 입점한다고 할 때 〈보기〉를 참고하여 3호에 입점할 수 있는 사장을 올바르게 짝지은 것을 고르시오.

〈 보 기 〉

- 같은 점포에 입주한 사장은 없다.
- B의 점포 바로 위에 E의 점포가 있다.
- C와 A의 점포는 같은 층에 있다.
- F의 점포는 1호에 위치한다.

4호	5호	6호
1호	2호	3호

〈상가 위치〉

① A, C　② A, D　③ B, C
④ B, D　⑤ D, E

004 A, B, C, D, E, F는 회의를 위해 원형의 테이블에 앉는다. 이들이 앉는 간격이 같다고 할 때 〈보기〉를 참고하여 E가 앉을 수 있는 자리 번호를 모두 짝지은 것을 고르시오.

〈 보 기 〉

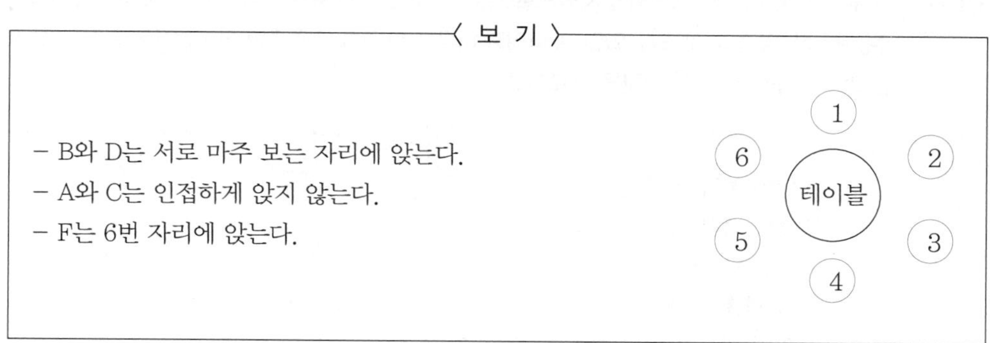

- B와 D는 서로 마주 보는 자리에 앉는다.
- A와 C는 인접하게 앉지 않는다.
- F는 6번 자리에 앉는다.

① 1번, 2번　② 1번, 3번　③ 2번, 5번
④ 2번, 3번, 4번　⑤ 3번, 4번, 5번

005 진주, 은성, 현승, 민설, 소정이는 인기가수 A의 싸인을 받기 위해 일렬로 줄을 섰다. 좌측부터 줄의 앞쪽이라 할 때 〈보기〉를 참고하여 가능한 경우를 고르시오.

〈 보 기 〉

- 진주는 소정이와 인접하게 줄을 서지 않았다.
- 은성이는 민설이보다 앞 쪽에 줄을 섰다.
- 소정이와 현승이 사이에는 2명이 줄을 섰다.

① 진주 – 현승 – 은성 – 민설 – 소정
② 소정 – 은성 – 민설 – 진주 – 현승
③ 은성 – 현승 – 민설 – 진주 – 소정
④ 현승 – 진주 – 민설 – 소정 – 은성
⑤ 소정 – 은성 – 현승 – 진주 – 민설

006 주류회사 '뽕'에서는 월요일을 시작으로 7일간 주류 판촉행사를 한다. 이들이 판촉하는 주류는 소주, 맥주, 위스키, 막걸리, 보드카, 와인, 꼬냑이고 하루에 한 종류의 주류만 판촉행사를 한다고 할 때 〈보기〉를 참고하여 항상 참이 아닌 것을 고르시오.

〈 보 기 〉

- 금요일에 꼬냑을 판촉한다.
- 소주를 판촉한 다음 날 보드카를 판촉한다.
- 막걸리는 화요일 또는 수요일에 판촉한다.
- 꼬냑을 판촉한 다음 날 와인과 소주를 판촉하지 않는다.
- 월요일에 위스키 또는 맥주를 판촉한다.

① 소주는 수요일에 판촉한다.
② 맥주를 판촉한 다음날 와인을 판촉한다.
③ 막걸리를 화요일에 판촉한다.
④ 위스키를 와인보다 먼저 판촉한다.
⑤ 보드카를 판촉한 다음날 꼬냑을 판촉한다.

007 A, B, C, D, E는 3층의 빌라에 거주한다. 아무도 살지 않는 층은 없다고 할 때 〈보기〉를 참고하여 항상 거짓인 것을 고르시오.

〈 보 기 〉

- B와 D는 같은 층에 거주한다.
- C가 거주하는 층보다 1층 아래에 A가 거주한다.
- E와 같은 층에 거주하는 사람은 없다.

① D는 2층에 거주한다.
② B는 1층에 거주한다.
③ E는 2층에 거주한다.
④ C는 3층에 거주한다.
⑤ A는 1층에 거주한다.

008 민철, 찬희, 명진, 태화, 상아, 도선, 채안이는 7층의 군인 아파트 각 층에 1명씩 거주한다. 민철이와 찬희는 하사, 명진이와 태화는 중사, 상아와 도선이는 상사, 채안이는 원사 계급이라 할 때 〈보기〉를 참고하여 7층에 거주하는 인물을 고르시오.

〈 보 기 〉

- 계급이 같은 인원끼리는 인접한 층에 거주하지 않는다.
- 3층에 거주하는 인원의 계급은 하사다.
- 찬희와 채안이 사이에 1명이 거주한다.
- 도선이가 거주하는 층보다 위의 층에 2명이 거주한다.
- 상아는 태화보다 높은 층에 거주한다.
- 원사는 1층에 거주하지 않는다.

① 찬희 ② 명진 ③ 상아
④ 도선 ⑤ 채안

009 배구 조별 리그전에서 A, B, C, D팀의 순위를 가렸다. 각 팀의 유니폼 색은 핑크, 옐로우, 화이트, 블루이고 유니폼 색이 같은 팀은 없다고 할 때 〈보기〉를 토대로 항상 참인 것을 고르시오.

〈 보 기 〉

- B팀는 C팀보다 순위가 높다.
- D팀은 4등이고 D팀의 유니폼 색상은 블루가 아니다.
- 1등인 팀의 유니폼 색상은 핑크다.
- A팀의 유니폼 색상은 옐로우다.

① A팀의 등수는 2등이고 유니폼 색상은 옐로우다.
② B팀의 등수는 2등이고 유니폼 색상은 블루다.
③ B팀의 등수는 1등이고 유니폼 색상은 핑크다.
④ C팀의 등수는 2등이고 유니폼 색상은 화이트다.
⑤ C팀의 등수는 3등이고 유니폼 색상은 블루다.

010 지인, 윤모, 시아는 애완동물로 강아지, 고양이, 앵무새를 키운다. 인당 한 종류 이상의 동물을 키운다고 할 때 〈보기〉의 내용을 참고하여 항상 참인 것을 고르시오.

〈 보 기 〉

- 지인이가 키우는 동물은 시아도 키운다.
- 윤모만 앵무새를 키운다.
- 강아지, 고양이, 앵무새 모두를 키우는 사람은 없다.
- 고양이를 키우는 사람은 1명이다.

① 시아가 고양이를 키운다면 윤모는 강아지를 키운다.
② 윤모가 강아지를 키운다면 시아는 고양이를 키운다.
③ 지인이가 강아지를 키운다면 윤모는 고양이를 키운다.
④ 윤모가 고양이를 키운다면 강아지를 키우는 사람은 3명이다.
⑤ 시아가 강아지를 키운다면 윤모는 고양이를 키운다.

011 시훈, 윤서, 우준, 가현, 지오, 새봄이의 직업은 회사원, 경비원, 미화원이다. 각 직업별 인원수가 2명이고 6명 모두 하나의 직업을 지녔다고 할 때 〈보기〉를 참고하여 항상 참인 것을 고르시오.

〈 보 기 〉

- 시훈이와 가현이의 직업은 다르다.
- 새봄이와 지오의 직업은 같다.
- 윤서의 직업은 미화원이다.
- 가현이와 우준이의 직업은 다르다.

① 시훈이의 직업은 미화원이다.
② 우준이의 직업은 회사원이다.
③ 가현이의 직업은 미화원이다.
④ 지오의 직업은 경비원이다.
⑤ 새봄이의 직업은 회사원이다.

012 여자인 A, B와 남자인 C, D, E는 취업 강의를 듣는다. 이들이 수강하는 강의명이 '나정주'와 '108번뇌'라 할 때 〈보기〉를 참고하여 항상 참인 것을 고르시오.

〈 보 기 〉

- 강의를 듣지 않는 인원은 없으며 3명만이 2개 강의를 모두 수강한다.
- 108번뇌 강의를 듣는 인원 중 남자는 2명이다.
- A는 1개 강의만 듣는다.
- 나정주를 듣는 인원수는 108번뇌를 듣는 인원수보다 많다.
- D와 E는 108번뇌 강의를 듣는다.

① A는 108번뇌 강의만 듣는다.
② B는 나정주 강의만 듣는다.
③ C는 나정주, 108번뇌 강의를 듣는다.
④ D는 나정주, 108번뇌 강의를 듣는다.
⑤ E는 108번뇌 강의만 듣는다.

013 과일을 재배하는 건수, 진석, 현정, 빈우는 음료 전문점에서 인당 하나씩 스무디를 주문했다. 이들이 주문한 스무디는 딸기 스무디, 망고 스무디, 키위 스무디, 복숭아 스무디이고 본인이 재배하는 작물로 만든 스무디는 먹지 않았다. 〈보기〉를 참고하여 항상 참인 것을 고르시오.

〈 보 기 〉

- 네 명이 각자 재배하는 과일은 딸기, 망고, 키위, 복숭아 중 하나이다.
- 네 명이 재배하는 과일은 서로 다르고 주문한 스무디도 서로 다르다.
- 진석이는 망고 스무디를 먹지 않았다.
- 빈우는 복숭아 스무디를 먹었다.
- 건수는 키위를 재배하고 현정이는 딸기를 재배한다.

① 진석이가 키위 스무디를 먹었다면 건수는 망고 스무디를 먹었다.
② 현정이는 키위 스무디를 먹었다.
③ 건수가 망고 스무디를 먹었다면 현정이는 키위 스무디를 먹었다.
④ 건수는 딸기 스무디를 먹었다.
⑤ 진석이가 딸기 스무디를 먹었다면 현정이는 망고 스무디를 먹었다.

014 가민, 해준, 현욱, 태건이는 모두 돼지고기의 2가지 부위를 좋아한다. 이들이 좋아하는 부위는 목살, 항정살, 앞다리살, 삼겹살이고 각 부위별로 좋아하는 인원이 2명이라 할 때 〈보기〉를 참고하여 항상 참인 것을 고르시오.

〈 보 기 〉

- 해준이는 항정살을 좋아하지 않는다.
- 가민이와 태건이가 좋아하는 부위는 겹치지 않는다.
- 현욱이는 목살을 좋아한다.
- 해준이와 가민이는 삼겹살을 좋아한다.
- 태건이가 항정살을 좋아하지 않는다면 해준이는 항정살을 좋아한다.

① 가민이는 삼겹살과 앞다리살을 좋아한다.
② 해준이는 앞다리살과 삼겹살을 좋아한다.
③ 현욱이는 목살과 앞다리살을 좋아한다.
④ 태건이는 목살과 항정살을 좋아한다.
⑤ 가민이는 삼겹살과 목살을 좋아한다.

015 누리, 선율, 규림, 유은이는 지, 덕, 체를 주제로 연구하는 사람이다. 이들은 각자 2가지 주제를 연구한다고 할 때 〈보기〉를 참고하여 항상 참이 아닌 것을 고르시오.

〈 보 기 〉

- 지를 연구하는 사람은 덕을 연구하는 사람보다 많다.
- 누리가 연구하는 주제 중 한 가지 주제를 규림이도 연구한다.
- 체를 연구하는 사람은 1명뿐이다.

① 선율이는 덕을 연구한다.
② 규림이는 지를 연구한다.
③ 유은이는 덕을 연구한다.
④ 누리는 체를 연구한다.
⑤ 선율이는 지를 연구한다.

016 A, B, C, D, E, F는 퇴근카드를 찍기 위해 일렬로 줄을 선다. 같은 성(性)끼리는 인접하게 줄을 서지 않는다고 할 때 〈보기〉를 토대로 첫 번째로 줄을 서는 사람을 고르시오.

〈 보 기 〉

- 세 번째로 줄을 서는 사람은 C다.
- D 바로 뒤에 A가 줄을 선다.
- B와 F는 남자다.
- E는 C보다 앞에 줄을 선다.

① A　② B　③ D
④ E　⑤ F

017 진혁, 은비, 라온, 재형, 민건이는 고속의 카트인 '솔리드'를 1대씩 보유하고 있다. 이들이 보유한 솔리드의 컬러는 노랑, 빨강, 초록, 파랑이고 빨간 색의 솔리드가 2대라 할 때 〈보기〉를 참고하여 반드시 거짓인 것을 고르시오.

〈 보 기 〉

- 진혁이의 솔리드 색상은 초록이 아니다.
- 은비 또는 재형이가 보유한 솔리드의 색상은 파랑이다.
- 라온이와 민건이가 각각 보유한 솔리드의 색상은 다르다.
- 재형이가 보유한 솔리드의 색상은 초록 또는 노랑이다.

① 이들이 보유한 솔리드의 색상으로 가능한 모든 경우는 5가지다.
② 진혁이가 보유한 솔리드의 색상은 빨강이다.
③ 초록색의 솔리드를 보유할 수 있는 사람은 3명이다.
④ 라온이의 솔리드 색상과 진혁이의 솔리드 색상은 다르다.
⑤ 재형이가 초록색의 솔리드를 보유하는 경우는 2가지다.

018 남자인 A, B, C, D와 여자인 E, F, G, H는 남자와 여자 1명씩 2인 1조로 댄스스포츠 수업을 듣는다. 이들이 속한 조가 1, 2, 3, 4조라 할 때 〈보기〉를 참고하여 항상 참인 것을 고르시오.

〈 보 기 〉

- B는 1조가 아니다.
- G와 D는 같은 조다.
- A와 F는 같은 조가 아니다.
- C는 3조이고 H는 2조이다.

① 이들이 조를 구성하는 경우는 3가지이다.
② A와 E는 같은 조다.
③ B가 2조라면 A는 1조이다.
④ 3조가 될 수 있는 인원은 3명이다.
⑤ C와 F는 같은 조다.

019 A, B, C, D, E, F, G, H, I, J는 최대 6명이 앉을 수 있는 원형 테이블 2곳에 나누어 앉는다. 각 테이블에 배치된 의자의 간격이 모두 같다고 할 때 〈보기〉를 참고하여 다음 인물 중 반드시 I와 같은 테이블에 앉는 인원을 고르시오.

〈 보 기 〉

- A와 C는 다른 테이블에 앉는다.
- H와 F는 마주 보는 자리에 앉는다.
- I와 인접한 양 옆 자리에는 아무도 앉지 않는다.
- J와 B는 같은 테이블에 앉고 서로 앉은 자리가 인접하다.
- G는 I와 마주 보는 자리에 앉는다.
- E가 앉는 테이블의 인원은 6명이다.

① A ② B ③ C
④ D ⑤ E

020 4층의 아파트에 여자인 A, B, C, D와 남자인 E, F, G, H가 거주한다. 각 층에 여자 1명, 남자 1명씩 거주한다고 할 때 〈보기〉를 참고하여 D와 거주할 수 있는 사람을 고르시오.

〈 보 기 〉

- B와 E는 같은 층에 거주한다.
- C가 거주하는 층보다 한 층 위에 H가 거주한다.
- A는 3층에 거주한다.
- D는 1층에 거주하지 않는다.

① H ② F, H ③ F, G
④ G, H ⑤ F, G, H

021 선임급인 두랑, 재민과 책임급인 자원, 혜민, 수석급인 본우, 진우는 월요일부터 토요일까지 2인이 조를 이뤄 당직근무를 선다. 각 조가 2회씩 당직근무를 선다고 할 때 〈보기〉를 참고하여 항상 참인 것을 고르시오.

〈 보 기 〉

- 3개 조 모두 서로 다른 직급인 2명이 1개 조를 이룬다.
- 진우는 화요일과 금요일에 당직근무를 서지 않는다.
- 자원이는 월요일과 수요일에 당직근무를 선다.
- 재민이는 목요일에 당직근무를 선다.
- 수석급은 월요일에 당직근무를 서지 않는다.

① 혜민이는 진우와 같이 당직근무를 선다.
② 재민이는 금요일과 토요일에 당직을 서지 않는다.
③ 두랑이는 본우와 같이 당직근무를 선다.
④ 본우는 토요일에 당직근무를 선다.
⑤ 혜민이는 화요일에 당직근무를 선다.

022 A, B, C, D는 같은 동아리 소속의 선후배 관계이다. 〈보기〉를 참고하여 다음 중 항상 참인 것을 고르시오.

〈 보 기 〉

- A, B, C, D는 각각 1학년에서 4학년 중 하나이며 같은 학년은 없다.
- 네 명의 전공은 모두 다르며 기계공학과, 법학과, 토목학과, 컴퓨터공학과 중 하나이다.
- 컴퓨터공학을 전공하는 사람은 토목학을 전공한 사람보다 한 학년이 낮다.
- 법학을 전공한 사람은 기계공학을 전공한 사람보다 바로 한 학년이 높지만 D보다는 학년이 낮다.
- C는 1학년은 아니지만 A보다는 낮은 학년이다.
- C와 D의 학년 차이는 2년 이상이다.

① A는 법학과 학생이다.
② C는 기계공학과 학생이다.
③ 컴퓨터공학을 전공하는 사람의 학년이 가장 낮다.
④ B는 A보다 학년이 높다.
⑤ D는 토목학과 학생이다.

023 연말 회식을 생산팀, 물류팀, 영업팀, 재무팀이 같은 중국집에서 진행한다. 중국집에는 회식을 할 수 있는 방이 1호실부터 4호실까지 있으며 각 팀마다 방을 하나씩 예약하였다. 〈보기〉를 참고하여 항상 참인 것을 고르시오.

〈 보 기 〉

- 중국집의 코스 메뉴명은 매, 란, 국, 죽이며 각 팀은 서로 다른 메뉴를 하나씩 선택한다.
- 영업팀은 국 코스를 선택한다.
- 재무팀은 영업팀보다 큰 번호의 방에서 회식한다.
- 1호실에서 회식을 하는 팀은 죽 코스를 선택한다.
- 생산팀은 란 코스를 선택했으며 영업팀보다 작은 숫자의 방에서 회식한다.

① 1호실에서 회식을 하는 팀은 생산팀이다.
② 2호실에서 회식을 하는 팀은 물류팀이다.
③ 3호실에서 회식을 하는 팀은 영업팀이다.
④ 물류팀이 선택한 메뉴는 매 코스이다.
⑤ 재무팀이 선택한 메뉴는 죽 코스이다.

024 A, B, C, D, E, F는 원탁에 앉아 토의한다. 〈보기〉를 참고하여 다음 중 항상 참인 것을 고르시오.

〈 보 기 〉

- 이들이 앉는 간격은 일정하다.
- B와 A는 인접하게 앉는다.
- C는 F와 마주 보는 자리에 앉는다.
- E는 C와 인접한 자리에 앉지 않는다.

테이블

① A와 D는 서로 마주 보는 자리에 앉는다.
② D는 C와 인접한 자리에 앉는다.
③ F는 B와 인접한 자리에 앉는다.
④ B와 E는 서로 마주 보는 자리에 앉는다.
⑤ E는 A와 마주 보는 자리에 앉는다.

[025~026]

신입사원 최종 면접에 1그룹에서 3명(A, B, C), 2그룹에서 3명(D, E, F), 3그룹에서 3명(G, H, I)으로 총 9명의 지원자가 남아 있다. 이들 중 5명이 채용된다고 한다. 〈보기〉를 참고하여 다음의 문제를 풀이하시오.

〈 보 기 〉

- 1그룹에서는 2명까지 채용될 수 있다.
- 2그룹은 1명만 채용된다.
- F가 채용되지 않으면 A도 채용되지 않는다.
- I가 채용되면 A는 채용되지 않는다.
- E와 G가 모두 채용되면 B는 채용되지 않는다.
- C 또는 D가 채용되지 못하면 H는 채용되지 않는다.

025 위의 조건에 맞게 채용될 수 있는 1그룹과 3그룹 지원자를 모두 고르시오.

① A, B, G, H　② B, G, H, I　③ A, B, C, I
④ C, G, H, I　⑤ A, C, I, G

026 F가 채용된다면 함께 채용되는 지원자를 모두 고르시오.

① A, G, H, I　② B, G, H, I　③ A, C, G, I
④ B, C, G, I　⑤ C, G, H, I

027 A, B, C, D, E, F, G는 1500미터 달리기 경기를 통해 먼저 들어온 순서대로 1등부터 7등까지 순위를 정했다. A, B는 갑 팀, C, D는 을 팀, E는 병 팀, F, G는 정 팀이라 할 때 〈보기〉를 참고하여 항상 참인 것을 고르시오.

〈 보 기 〉

- 3등은 정 팀이다.
- 갑 팀인 인원 2명의 순위는 인접하다.
- 7등은 을 팀이 아니다.
- D는 6등이다.
- E는 B보다 달리기 기록이 빠르다.

① 2등은 을 팀이다.
② 7등은 정 팀이다.
③ G는 3등이다.
④ C는 2등이다.
⑤ B는 5등이다.

028 '가', '나', '다', '라', '마'는 점심 메뉴로 한식, 중식, 양식, 일식 중 하나를 선택한다. 한식을 먹는 인원이 2명이고 중식, 양식, 일식을 먹는 인원은 각각 1명이라고 할 때 〈보기〉를 참고하여 항상 참인 것을 고르시오.

〈 보 기 〉

- '가'는 양식을 먹지 않는다.
- '라'는 일식을 먹는다.
- '마'는 중식 또는 한식을 먹는다.
- '가'가 한식을 먹는다면 '다'는 중식을 먹는다.

① 이들이 메뉴를 선택하는 모든 경우는 4가지다.
② 다는 한식을 먹지 않는다.
③ 나는 중식을 먹지 않는다.
④ 마가 먹을 수 있는 메뉴는 2가지다.
⑤ 다가 먹을 수 있는 메뉴는 2가지다.

029 유인고등학교 학생인 도운, 다민, 환희, 세현, 소율이는 각자 백팀 또는 청팀 중 한 팀으로 운동회에 참석했다. 이들의 학년이 1, 2, 3학년이라 할 때 〈보기〉를 참고하여 항상 참인 것을 고르시오.

〈 보 기 〉

- 2학년인 학생은 1학년인 학생보다 많다.
- 청팀의 인원은 3명이며 이들의 학년 모두 다르다.
- 다민이만 3학년이다.
- 도운이와 환희는 같은 학년이다.

① 소율이가 백팀이라면 세현이는 1학년이다.
② 다민이는 백팀이다.
③ 도운이와 환희는 같은 팀이다.
④ 세현이가 1학년이라면 소율이는 청팀이다.
⑤ 환희는 청팀이다.

030 만월대학교 학생인 A, B, C, D의 학년은 1, 2, 3, 4학년이다. 이들 중 2명의 전공은 국어국문학이고 나머지 2명의 전공은 국제통상학일 때 〈보기〉를 토대로 ⓐ, ⓑ, ⓒ 중 항상 참인 명제를 모두 포함한 것을 고르시오.

〈 보 기 〉

- D와 B는 같은 전공이다.
- 2학년 학생은 국어국문학을 전공한다.
- A는 D보다 한 학년이 높다.
- C는 3학년이다.

ⓐ B는 4학년이다.
ⓑ D는 국제통상학을 전공한다.
ⓒ C는 국어국문학을 전공한다.

① ⓐ ② ⓑ ③ ⓐ, ⓑ
④ ⓑ, ⓒ ⑤ ⓐ, ⓑ, ⓒ

031 여자인 A, B, C, D와 남자인 E, F, G, H는 건강 검진을 위해 2인 1조를 이뤘다. 예시와 같이 1조부터 4조까지 조 순서대로 줄을 섰다고 할 때 〈보기〉를 참고하여 항상 참인 것을 고르시오.

〈 보 기 〉

- 조원의 성(性)이 같은 조는 없다.
- B가 속한 조는 E가 속한 조보다 앞쪽에 줄을 섰다.
- G가 속한 조 바로 뒤에 D가 속한 조가 줄을 섰다.
- H는 맨 앞에 줄을 서지 않았다.
- C는 3조이고 F는 4조이다.

앞

1조	2조	3조	4조

〈줄 서기 예시〉

① D가 2조라면 E는 3조이다.
② 이들이 조를 이루는 모든 경우는 3가지이다.
③ C와 같은 조를 할 수 있는 인원은 2명이다.
④ H는 D와 같은 조이다.
⑤ 1조가 될 수 있는 인원은 3명이다.

032 A, B, C, D, E, F, G, H 8명이 원형의 테이블에 일정한 간격으로 앉는다. 〈보기〉를 참고하여 A와 인접한 양옆 자리에 앉을 수 있는 사람의 수를 고르시오.

〈 보 기 〉

- D와 H는 마주 보고 앉는다.
- G와 인접한 왼쪽 자리에 F가 앉는다.
- C와 E는 마주 보고 앉는다.
- H와 인접한 오른쪽 자리에 B가 앉는다.

① 1명 ② 2명 ③ 3명
④ 4명 ⑤ 5명

033 주영, 윤찬, 혜영이는 7월부터 10월까지 한 달에 한 곳씩 기흥, 탕정, 평택, 화성 총 네 곳으로 출장을 간다. 〈보기〉를 참고하여 항상 참이 아닌 것을 고르시오.

〈 보 기 〉

– 같은 달에 같은 곳으로 출장을 가는 인원은 없다.
– 출장 예정지를 기준으로 3명 모두 방문한다.
– 주영이는 10월에 탕정, 8월에 기흥으로 출장을 간다.
– 혜영이는 8월에 화성으로 출장을 간다.
– 7월에 평택으로 출장을 가는 인원은 없으며 10월에 화성으로 출장을 가는 인원도 없다.

① 혜영이는 9월에 기흥으로 출장을 간다.
② 주영이는 7월에 화성으로 출장을 간다.
③ 윤찬이는 9월에 화성으로 출장을 간다.
④ 혜영이는 10월에 평택으로 출장을 간다.
⑤ 탕정으로 8월에 출장을 가는 인원은 없다.

034 준수, 인영, 해성, 제이, 시은이가 함께 들은 경영학원론 과목의 성적이 발표됐다. 이들의 성적은 A^+, B^+, C^+, D^+, F이고 성적이 같은 사람은 아무도 없다. 이들 중 1명만 거짓을 말한다고 할 때 해성이의 성적으로 알맞은 것을 고르시오.

〈 보 기 〉

준수: 인영이는 A^+ 또는 D^+를 받았다.
인영: 해성이는 B^+ 또는 D^+를 받았다.
해성: 인영이는 F를 받았다.
제이: 시은이는 B^+를 받았다.
시은: 준수가 하는 말은 거짓이다.

① A^+　② B^+　③ C^+
④ D^+　⑤ F

035 다은, 희원, 민준, 아인, 준성이는 콘서트 입장을 위해 일렬로 줄을 선다. 5명 모두 응원봉과 카메라 중 하나만 가져왔다고 할 때 〈보기〉를 참고하여 반드시 카메라를 가져오는 사람을 고르시오.

〈 보 기 〉

- 카메라를 가져온 인원은 응원봉을 가져온 인원보다 많다.
- 카메라를 가져온 인원끼리 인접하게 줄을 서지 않는다.
- 다은이는 아인이보다 앞에 줄을 선다.
- 준성이 바로 뒤에는 희원이가 줄을 선다.
- 민준이는 2번째로 줄을 선다.

① 다은, 아인　② 희원, 준성　③ 다은, 희원
④ 아인, 준성　⑤ 준성, 다은

036 A, B, C, D는 빵집에서 팥빵, 슈크림빵, 소보로빵, 피자빵을 구입했다. 4명 중 빵을 사지 않은 인원은 없다고 할 때 〈보기〉를 참고하여 항상 거짓인 것을 고르시오.

〈 보 기 〉

- 소보로빵을 구입한 사람은 2명이다.
- 4종류의 빵을 모두 구입한 사람은 1명이다.
- 슈크림 빵을 구입한 사람은 A, D뿐이다.
- B는 A가 산 빵을 구입하지 않았다.
- C는 소보로빵을 구입했다.

① B는 2종류의 빵을 구입했다.
② 팥빵을 구입했을 수 있는 사람은 4명이다.
③ A는 소보로빵을 구입하지 않았다.
④ D는 피자빵을 구입했다.
⑤ A는 3종류의 빵을 구입했다.

037 A, B, C, D, E, F는 4명이 앉는 사각의 테이블에 2팀으로 나누어 앉는다. 〈보기〉를 참고하여 항상 참이 아닌 것을 고르시오.

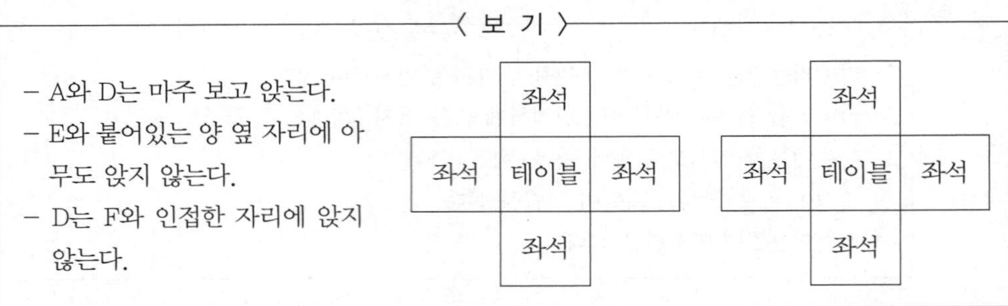

〈 보 기 〉

- A와 D는 마주 보고 앉는다.
- E와 붙어있는 양 옆 자리에 아무도 앉지 않는다.
- D는 F와 인접한 자리에 앉지 않는다.

① E와 같은 테이블에 앉을 수 있는 인원은 1명이다.

② B는 A와 인접한 자리에 앉는다.

③ F와 C는 같은 테이블에 앉지 않는다.

④ D와 붙어있는 우측 자리에는 B가 앉는다.

⑤ B와 마주 보는 자리에 앉을 수 있는 인원은 1명이다.

038 1에서 7까지 번호가 붙어 있는 일곱 개의 구슬이 있다. 이 중에서 여섯 개의 구슬은 무게가 같고 나머지 하나는 무게가 다르다. 구슬들을 양팔저울에 올려놓고 무게를 비교한 결과가 〈보기〉와 같을 때 무게가 다른 구슬의 번호를 고르시오.

〈 보 기 〉

- 1, 2, 3 구슬 무게의 합은 4, 5, 6 구슬 무게의 합보다 무겁다.
- 1, 4, 6 구슬 무게의 합은 3, 5, 7 구슬 무게의 합보다 무겁다.
- 1 구슬과 7 구슬의 무게는 같다.

① 2 ② 3 ③ 4

④ 5 ⑤ 6

039 A, B, C, D, E, F는 일정한 간격으로 원형의 식탁에 앉는다. 〈보기〉를 토대로 B와 마주 보는 자리에 앉는 인원을 고르시오.

〈 보 기 〉

- B는 A와 마주 보는 자리에 앉지 않는다.
- D와 E 사이에 1명이 앉는다.
- B와 인접한 오른쪽 자리에 C가 앉는다.
- F는 E와 인접한 자리에 앉지 않는다.

테이블

① A ② C ③ D
④ E ⑤ F

040 일렬로 줄을 서는 A, B, C, D, E는 1조와 2조 중 한 조에 속해있다. 조원이 없는 조는 없고 1조의 조원이 모두 줄을 선 후 2조의 조원이 줄을 선다. 각 조별로 키가 작은 조원부터 앞에 줄을 선다고 할 때 〈보기〉를 참고하여 항상 참인 것을 고르시오.

〈 보 기 〉

- B와 C는 키는 같지만 조는 다르다.
- 1조의 인원보다 2조의 인원이 많다.
- D와 E는 조가 같고 D는 E보다 키가 크다.
- A의 키는 5명 중 가장 작다.
- E는 C보다 키가 작다.

① A는 1등으로 줄을 선다.
② B는 2등으로 줄을 선다.
③ C는 4등으로 줄을 선다.
④ D는 5등으로 줄을 선다.
⑤ E는 3등으로 줄을 선다.

041 은수, 진희, 해솔, 유이는 1일부터 4일까지 A사, B사, C사, D사의 면접을 본다. 하루에 한 회사의 면접을 보고 같은 날에 같은 회사의 면접을 본 사람은 없다고 할 때 〈보기〉를 참고하여 항상 거짓인 것을 고르시오.

〈 보 기 〉

- 4명 모두 면접을 4번 응시한다.
- C사를 제외하고 진희는 해솔이보다 각 회사의 면접을 먼저 본다.
- B사의 면접을 가장 먼저 응시하는 사람은 은수다.
- 진희는 3일에 D사의 면접을 본다.

① 은수는 3일에 A사의 면접을 본다.
② 유이는 4일에 B사의 면접을 본다.
③ 해솔이는 1일에 C사의 면접을 본다.
④ 진희는 2일에 B사의 면접을 본다.
⑤ 은수는 2일에 D사의 면접을 본다.

042 보호자인 A, B, C, D와 유아인 E, F, G, H는 대형 벤을 타고 이동한다. 〈자리 배치〉에서 '❀'로 표기한 자리가 베이비시트가 설치된 자리고 유아는 베이비시트에만 앉는다고 할 때 〈보기〉를 참고하여 항상 참이 아닌 것을 고르시오.

〈 보 기 〉

- C는 D보다 앞에 앉는다.
- E 바로 앞에 A가 앉는다.
- G와 B는 같은 행에 앉는다.
- H는 3행에 앉는다.

	1행	2행	3행	4행
앞	❀		❀	
		❀		❀

〈자리 배치〉

① B가 1행에 앉는다면 D는 4행에 앉는다.
② A가 3행에 앉는다면 D는 4행에 앉는다.
③ C가 2행에 앉는다면 G는 4행에 앉는다.
④ G가 2행에 앉는다면 F는 1행에 앉는다.
⑤ B가 4행에 앉는다면 E는 2행에 앉는다.

043 지웅, 한결, 재희, 유신, 정선, 은지는 중화요리를 시키기 전에 각자의 의견을 피력하고 있다. 이들 중 2명의 의견만 받아들여졌다고 할 때 〈보기〉를 참고하여 이들이 주문하는 메뉴를 고르시오.

〈 보 기 〉

지웅: 깐풍기와 탕수육 중 적어도 한 가지 이상은 시키자.
한결: 깐풍기를 시키거나 새우마요를 시키지 말자.
재희: 탕수육을 시키거나 깐풍기를 시키지 말자.
유신: 새우마요를 시키고 탕수육을 시키지 말자.
정선: 새우마요를 시키자.
은지: 탕수육과 새우마요를 시키자.

① 깐풍기
② 깐풍기, 탕수육
③ 탕수육
④ 탕수육, 새우마요
⑤ 깐풍기, 탕수육, 새우마요

044 정신, 훈민, 수양, 유인, 정음이는 시조 낭독회에 참여하기 위해 일렬로 줄을 선다. 〈보기〉를 참고하여 항상 참인 것을 고르시오.

〈 보 기 〉

– 훈민이와 정음이 사이에는 1명이 줄을 선다.
– 유인이가 4번째로 줄을 선다.
– 정신이는 수양이보다 먼저 줄을 선다.

① 유인이는 훈민이와 인접하게 줄을 선다.
② 정신이와 수양이는 인접하게 줄을 선다.
③ 정음이가 3번째로 줄을 선다면 정신이는 1번째로 줄을 선다.
④ 수양이가 2번째로 줄을 선다면 정음이는 5번째로 줄을 선다.
⑤ 훈민이가 1번째로 줄을 선다면 수양이는 5번째로 줄을 선다.

045 A는 월요일부터 일요일까지 매일 다른 색의 티셔츠를 하루에 한 벌씩 입는다. A가 일주일간 입는 티셔츠의 색이 빨간색, 주황색, 노란색, 초록색, 파란색, 남색, 보라색이라고 할 때 〈보기〉를 참고하여 항상 참인 것을 고르시오.

〈 보 기 〉

- 노란색 티셔츠는 목요일 또는 토요일에 입는다.
- 보라색 티셔츠를 입은 다음 날 주황색 티셔츠를 입는다.
- 수요일에 초록색 티셔츠를 입는다.
- 빨간색 티셔츠를 입은 날과 남색의 티셔츠를 입은 날은 이틀이 차이가 난다.
  (월요일에 남색 티셔츠를 입으면 수요일에 빨간색 티셔츠를 입는다.)

① 월요일에 보라색 티셔츠를 입는다.
② 목요일에 파란색 티셔츠를 입는다.
③ 금요일에 빨간색 티셔츠를 입는다.
④ 토요일에 남색 티셔츠를 입는다.
⑤ 일요일에 주황색 티셔츠를 입는다.

046 A, B, C, D, E, F는 육각형의 테이블에 앉는다. 이들이 앉은 간격이 같다고 할 때 〈보기〉를 참고하여 다음 중 항상 거짓인 것을 고르시오.

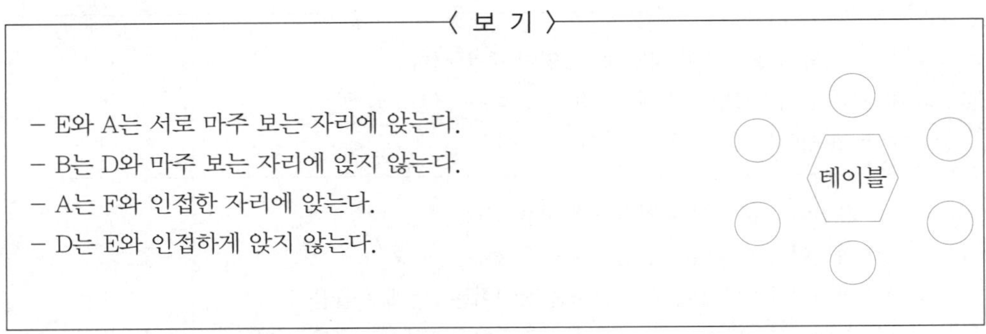

〈 보 기 〉

- E와 A는 서로 마주 보는 자리에 앉는다.
- B는 D와 마주 보는 자리에 앉지 않는다.
- A는 F와 인접한 자리에 앉는다.
- D는 E와 인접하게 앉지 않는다.

① B와 D는 인접하게 앉는다.
② A와 D는 인접하게 앉는다.
③ B는 F와 마주 보는 자리에 앉는다.
④ C는 A와 인접한 자리에 앉는다.
⑤ F는 C와 인접한 자리에 앉는다.

047 갑, 을, 병, 정, 무는 올해 회사에 입사하는 신입사원이다. 이들이 입사하는 회사가 A, B, C, D, E이고 각자 입사한 회사가 다르다고 할 때 〈보기〉를 참고하여 이들이 회사에 입사하는 모든 경우가 몇 가지인지 고르시오.

〈 보 기 〉

- 갑은 B사에 입사하지 않는다.
- 을은 C사 또는 E사에 입사한다.
- 병은 D사, E사에 입사하지 않는다.
- 정은 C사에 입사한다.

① 1가지 ② 2가지 ③ 3가지
④ 4가지 ⑤ 5가지

048 성호, 서빈, 재아, 재용, 민기는 외국어 능력자다. 이들이 할 수 있는 외국어는 프랑스어, 러시아어, 스페인어, 아랍어, 독일어이고 각자 하나의 외국어만 구사한다고 할 때 〈보기〉를 참고하여 항상 거짓인 것을 고르시오.

〈 보 기 〉

- 이들이 구사할 수 있는 외국어는 서로 다르다.
- 재용이는 스페인어 또는 독일어를 한다.
- 성호는 러시아어와 아랍어를 하지 않는다.
- 재아 또는 민기는 스페인어를 한다.

① 성호가 구사하는 외국어로 가능한 외국어는 1가지다.
② 재아가 구사하는 외국어로 가능한 외국어는 3가지다.
③ 조건을 만족하는 모든 경우는 4가지다.
④ 아랍어를 구사할 가능성이 있는 사람은 2명이다.
⑤ 러시아어를 구사할 가능성이 있는 사람은 3명이다.

049 A, B, C, D, E, F는 최대 2명까지 탈 수 있는 자전거 4대를 이용하여 약속장소로 이동한다. 4대의 자전거를 모두 이용하고, 자전거를 혼자 탄 사람들은 자전거를 함께 탄 사람들보다 먼저 약속장소에 도착한다고 할 때 〈보기〉를 참고하여 항상 참인 것을 고르시오.

〈 보 기 〉

– 약속장소에 도착하는 순서는 자전거를 기준으로 1, 2, 3, 4등이다.
– B는 누군가와 함께 자전거를 탄다.
– F는 혼자 자전거를 탄다.
– E는 D와 함께 자전거를 탄다.
– B는 D보다 먼저 약속장소에 도착한다.

① D가 4번째로 도착한다면 C는 2번째로 도착한다.
② F가 2번째로 도착한다면 A는 1번째로 도착한다.
③ B가 3번째로 도착한다면 C도 3번째로 도착한다.
④ A가 3번째로 도착한다면 F는 1번째로 도착한다.
⑤ C가 1번째로 도착한다면 A는 3번째로 도착한다.

050 귀진, 재원, 대근, 정구, 은희는 대구, 부산, 진주, 순천, 천안의 시장을 5일간 탐방하기로 했다. 이들은 바쁜 일정으로 인해 하루에 하나의 도시를 방문하며 5개의 도시 모두 방문하기로 했다. 5명 모두 같은 일자에 서로 다른 시장을 방문한다고 할 때 〈보기〉를 토대로 항상 참이 아닌 것을 고르시오.

〈 보 기 〉

– 귀진이는 재원이보다 먼저 천안을 방문했다.
– 제일 먼저 대구를 방문한 사람은 대근이다.
– 은희를 제외한 4명은 순천보다 진주를 먼저 방문했다.
– 정구는 2일차에 순천을 방문했다.

① 정구는 1일차에 진주를 방문했다.
② 대근이는 5일차에 부산을 방문했다.
③ 귀진이는 1일차에 천안을 방문했다.
④ 재원이는 1일차에 부산을 방문했다.
⑤ 은희는 5일차에 진주를 방문했다.

[051~052]

A, B, C, D, E, F 6명이 아래 그림과 같은 원모양의 식탁에서 식사를 한다. 모두 여섯 자리가 있고, 모든 자리의 간격은 일정해 누군가를 마주 보고 앉게 된다. 〈보기〉를 참고하여 질문에 답하시오.

〈 보 기 〉

- 직원 중 양식은 3명, 한식은 2명, 일식은 1명이 먹는다.
- 같은 음식을 먹는 사람끼리는 나란히 앉지 않는다.
- C와 D는 같은 음식을 먹는다.
- 일식은 E만 먹는다.
- A와 D는 마주 보고 앉는다.

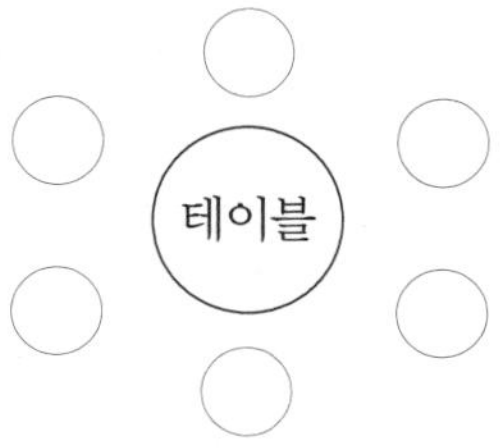

테이블

051 **6명이 음식을 주문할 수 있는 경우의 수를 고르시오.**

① 2가지 ② 3가지 ③ 4가지
④ 5가지 ⑤ 6가지

052 **A와 B가 서로 다른 음식을 선택할 때, 다음 중 항상 참이 아닌 것을 고르시오.**

① F는 한식을 먹는다.
② B는 양식을 먹는다.
③ A와 C는 나란히 앉는다.
④ E의 바로 옆에는 D가 앉는다.
⑤ C와 E가 마주 보고 앉는다.

053 **5층짜리 건물의 소유주는 각 층에 특별한 별칭을 지었다. 별칭이 소망, 열망, 민망, 절망, 희망이라 할 때 1층의 별칭을 고르시오.**

〈 보 기 〉

– 별칭이 소망인 층과 열망인 층의 층수 차이는 별칭이 민망, 절망인 층의 층수 차이와 같다.
– 별칭이 희망인 층은 별칭이 절망인 층보다 낮은 층이다.
– 1층의 별칭은 민망과 희망이 아니다.
– 별칭이 열망인 층은 별칭이 소망인 층보다 높은 층이다.

① 소망　② 열망　③ 민망
④ 절망　⑤ 희망

054 **남자인 A, B, C와 여자인 D, E, F의 소속은 영업팀 또는 생산팀이다. 소속원이 없는 팀은 없고, 각자 한 팀에만 속한다. 각 팀에서 2명씩 승진한다고 할 때 〈보기〉를 참고하여 항상 참인 것을 고르시오.**

〈 보 기 〉

– 영업팀의 직원 수는 생산팀의 직원 수보다 많다.
– 승진한 4명의 인원 중 2명은 남자다.
– 생산팀의 남자 직원 수는 영업팀의 남자 직원 수보다 많다.
– A와 E는 같은 팀이다.

① A는 승진하지 않는다.
② B는 승진하지 않는다.
③ D가 승진한다.
④ E가 승진한다.
⑤ F는 승진하지 않는다.

055 A, B, C, D, E, F, G는 다음의 그림과 같이 T1, T2 총 2개 테이블에 나누어 앉는다. 〈보기〉와 그림의 자리 번호를 참고하여 항상 참이라고 할 수 없는 것을 고르시오.

〈 보 기 〉

- B는 G와 마주 보는 자리에 앉는다.
- C와 인접한 2자리 중 1자리는 빈자리다.
- A와 인접한 왼쪽 자리에 F가 앉는다.
- E는 7번 자리에 앉는다.
- D는 T2에 앉는다.

	1			5		
2	T1	4	6	T2	8	
	3			7		

① A는 T1에 앉는다.
② B는 T2에 앉는다.
③ C는 1번 자리에 앉는다.
④ D는 5번 자리에 앉는다.
⑤ A와 C는 서로 마주 보고 앉을 수 있다.

056 A, B, C, D, E, F, G 7명은 카페의 7자리 좌석에 1자리씩 앉는다. 〈보기〉를 참고하여 항상 참인 것을 고르시오.

〈 보 기 〉

- 좌석은 출입구부터 창가까지 7자리가 일렬로 놓여 있다.
- C는 E보다 출입구에 가까우며 F는 D보다 출입구에 가깝다.
- C와 A는 바로 옆자리에 있으며 E와 F도 바로 옆자리에 있다.
- B는 출입구에서 세 번째이고 G는 네 번째에 위치한다.

① F는 출입구에 가장 가까운 좌석에 앉을 수 있다.
② C와 가장 먼 자리에 앉는 사람은 E이다.
③ B 옆에 E가 앉을 수 있다.
④ G 옆에 C가 앉을 수 있다.
⑤ D의 자리는 창가 바로 옆에 위치한다.

057 소연, 가을, 준휘, 나희는 신분증을 재발급받기 위해 일렬로 줄을 섰다. 〈보기〉를 참고하여 항상 참인 것을 고르시오.

〈 보 기 〉

– 소연이는 1번째로 줄을 서지 않았다.
– 준휘는 2번째 또는 3번째로 줄을 섰다.
– 소연이가 4번째로 줄을 섰다면 나희는 1번째로 줄을 섰다.

① 가을이가 1번째로 줄을 섰다면 준희는 2번째로 줄을 섰다.
② 나희가 4번째로 줄을 섰다면 소연이는 3번째로 줄을 섰다.
③ 준휘가 2번째로 줄을 섰다면 나희는 1번째로 줄을 섰다.
④ 가을이가 2번째로 줄을 섰다면 소연이는 4번째로 줄을 섰다.
⑤ 준휘가 3번째로 줄을 섰다면 소연이는 2번째로 줄을 섰다.

058 무사고등학교에 다니는 가인, 경민, 우진, 동원, 다영이의 학년은 1, 2, 3학년이다. 이들 중 3명은 A동에 살고 2명은 B동에 산다고 할 때 〈보기〉를 참고하여 ⓐ~ⓔ 중 항상 참인 내용은 몇 가지인지 고르시오.

〈 보 기 〉

– 1학년인 학생의 수와 3학년인 학생의 수는 같다.
– B동에 사는 학생의 학년은 같다.
– 우진이와 동원이는 학년도 같고 사는 곳도 같다.
– 다영이는 1학년이고 경민이는 A동에 살지 않는다.

ⓐ 경민이는 1학년이다.
ⓑ 가인이는 A동에 산다.
ⓒ 우진이는 A동에 산다.
ⓓ 다영이는 B동에 산다.
ⓔ 동원이는 2학년이다.

① 1가지
② 2가지
③ 3가지
④ 4가지
⑤ 5가지

059 가국 사람인 A, B, C, D와 나국 사람인 E, F, G, H가 문화교류행사장을 찾았다. 각자 1부터 8까지 적힌 제비를 하나씩 뽑아 2인 1조로 4개조를 구성한다. 서로 뽑은 제비가 다르다고 할 때 〈보기〉를 참고하여 항상 거짓인 것을 고르시오.

〈 보 기 〉

- 4개조 중 조원의 국적이 같은 조는 없다.
- 각 조의 조원이 뽑은 숫자의 합은 9이다.
- D는 2를 뽑지 않았다.
- F와 B는 같은 조이다.
- G는 7을 뽑았고 A는 1을 뽑았다.

① A는 E와 같은 조이다.
② B는 3을 뽑았다.
③ E가 뽑을 수 있는 숫자는 4가지이다.
④ D는 E와 다른 조이다.
⑤ F는 4를 뽑았다.

060 선재, 동주, 지안, 건영이는 회전 초밥집을 찾았다. 이들이 먹는 초밥은 광어초밥, 연어초밥, 장어초밥이고 인당 한 종류 이상의 초밥을 먹는다고 할 때 〈보기〉를 참고하여 항상 참이 아닌 것을 고르시오.

〈 보 기 〉

- 3가지 종류의 초밥을 다 먹는 사람은 없다.
- 선재만이 유일하게 연어초밥을 먹는다.
- 지안이와 건영이가 먹는 초밥의 종류는 다르다.
- 장어초밥을 먹는 인원은 3명이다.

① 광어초밥을 먹는 인원은 항상 2명이다.
② 지안이는 항상 1종류의 초밥만 먹는다.
③ 선재는 광어초밥을 먹지 않는다.
④ 광어초밥을 먹을 수 있는 인원은 3명이다.
⑤ 건영이가 장어초밥을 먹는다면 지안이는 광어초밥을 먹는다.

061 7층의 건물에 A, B, C, D, E, F, G가 각 층에 입주한다. 〈보기〉를 참고하여 층별로 입주할 수 있는 인원을 모두 고른 것을 찾으시오.

〈 보 기 〉

- B가 입주하는 층은 G가 입주하는 층보다 낮다.
- D와 G 사이에 2명이 입주한다.
- C는 F가 입주한 층보다 2층이 높은 층에 입주한다.
- E는 3층에 입주한다.

① 1층: B, D, G ② 2층: B, D, G, F ③ 4층: F, G
④ 5층: D, F ⑤ 6층: A

062 A, B, C, D, E, F는 제자리 멀리 뛰기 기록을 측정하여 가장 멀리 뛴 사람을 1등으로 6등까지 순위를 정했다. 공동 등수는 없고 이들 중 1명만 거짓을 말한다고 할 때 이들의 등수로 가능한 경우를 고르시오. (왼쪽부터 1등이다.)

〈 보 기 〉

A: C보다 멀리 뛴 사람은 2명 이하다.
B: B는 D보다 멀리 뛰었다.
C: A는 3등이고 나는 5등이다.
D: 나는 2등이다.
E: F는 B보다 멀리 뛰지 못했다.
F: A 바로 뒤의 등수는 F다.

① B – D – E – C – A – F
② E – D – A – F – C – B
③ A – F – E – C – B – D
④ B – D – A – F – C – E
⑤ B – D – E – A – F – C

063 A, B, C, D, E, F는 냉장고등학교 학생이다. 이들의 학년이 1, 2, 3학년이고 아무도 없는 학년은 없다고 할 때 〈보기〉를 참고하여 ⓐ, ⓑ, ⓒ, ⓓ 중 항상 참이 아닌 내용이 몇 가지인지 구하시오.

〈 보 기 〉

- 3학년 학생은 1학년 학생보다 많다.
- D와 E는 같은 학년이다.
- F는 A보다 한 학년이 높다.
- C는 2학년이고 B는 1학년이다.

ⓐ F는 E와 학년이 같다.　ⓑ A는 C와 학년이 다르다.
ⓒ B와 A는 학년이 같다.　ⓓ F는 B보다 한 학년이 높다.

① 없음　② 1가지　③ 2가지
④ 3가지　⑤ 4가지

064 동원, 윤석, 가을, 도영이는 줄넘기, 달리기, 팔굽혀펴기, 윗몸일으키기 중 한 가지 운동을 한다. 이들이 하는 운동은 서로 다르다고 할 때 〈보기〉를 참고하여 항상 거짓인 것을 고르시오.

〈 보 기 〉

- 윤석이는 줄넘기와 윗몸일으키기를 하지 않는다.
- 가을이가 윗몸일으키기를 하면 도영이는 달리기를 한다.
- 가을이가 줄넘기를 하면 동원이는 팔굽혀펴기를 한다.

① 가을이가 줄넘기를 하는 경우는 1가지다.
② 도영이가 달리기를 하는 경우는 1가지다.
③ 동원이가 팔굽혀펴기를 하는 경우는 1가지다.
④ 도영이가 줄넘기를 하는 경우는 3가지다.
⑤ 동원이가 윗몸일으키기를 하는 경우는 2가지다.

065 **방식이는 이번 주 월요일부터 금요일까지 실시되는 A~G 기업의 면접을 하루도 빠짐없이 보았다. 방식이의 기업 선호도는 E〉G〉B〉F〉A〉C〉D이고, 방식이가 〈보기〉의 조건에 따라 면접을 본다고 할 때, 다음 중 항상 거짓인 것을 고르시오.**

〈 보 기 〉

- 같은 날에 면접이 겹칠 경우 선호도에 따라 순서대로 면접을 보았다.
- C기업의 면접을 본 날은 D기업의 면접을 본 날의 전날이다.
- E기업의 면접을 본 날은 F기업의 면접의 본 날의 이틀 전이다.
- 화요일에 면접 본 기업은 E기업뿐이다.
- G기업의 면접을 가장 마지막에 봤다.
- A기업의 면접은 B기업보다 사흘 앞서 보았다.

*참고: 사흘은 3일을 의미한다.

① 월요일에는 A기업만 본다.
② 금요일에는 2개 기업의 면접을 본다.
③ 목요일에는 3개 기업의 면접을 본다.
④ 수요일에는 C기업만 본다.
⑤ D기업을 G기업보다 먼저 본다.

066 **건영, 아현, 여진, 도윤, 소유가 인적성 특강을 듣기 위해 선착순으로 줄을 서고 있다. 다음 중 5번째로 줄을 서고 있는 사람을 고르시오.**

〈 보 기 〉

- 도윤이와 여진이 사이에 2명이 줄을 서고 있다.
- 건영이는 도윤이보다 먼저 줄을 서고 있다.
- 소유와 아현이는 인접하게 줄을 서고 있다.
- 아현이는 여진이보다 먼저 줄을 서고 있다.

① 건영　② 아현　③ 여진
④ 도윤　⑤ 소유

067 A, B, C, D는 도서관에서 언어, 수리, 추리, 시각을 공부한다. 이들은 각자 하나의 과목만 공부하고 서로 다른 과목을 공부한다고 할 때 다음을 참고하여 항상 참인 것을 고르시오.

〈 보 기 〉

- C가 언어를 공부한다면 A는 수리를 공부한다.
- B는 추리를 공부하지 않는다.
- C는 시각 또는 언어를 공부한다.

① D가 시각을 공부하는 경우는 1가지이다.
② B가 언어를 공부하는 경우는 3가지이다.
③ 〈보기〉를 만족하는 모든 경우는 4가지이다.
④ A가 수리를 공부하는 경우는 3가지이다.
⑤ 추리를 공부할 수 있는 인원은 2명이다.

068 A, B, C, D는 탕정, 온양, 송도, 거제로 출장을 간다. 각자 4일간 하루에 한 곳씩 방문하여 4곳을 모두 방문한다고 할 때 〈보기〉를 참고하여 항상 참이 아닌 것을 고르시오.

〈 보 기 〉

- 같은 날에 같은 장소를 방문한 인원은 없다.
- A는 3일차에 송도로 출장을 간다.
- C는 1일차에 탕정, 2일차에 송도로 출장을 간다.
- D는 B보다 먼저 탕정으로 출장을 간다.
- 온양으로 B가 제일 먼저 출장을 간다.

① A, B, C, D가 출장을 가는 경우는 2가지이다.
② B는 3일차에 탕정으로 출장을 간다.
③ A는 2일차에 온양으로 출장을 간다.
④ D는 1일차에 송도로 출장을 간다.
⑤ C는 3일차에 거제로 출장을 간다.

069 유인고등학교 학생인 세만, 창진, 원섭, 소영, 원우는 CA활동으로 영화를 감상했다. 〈보기〉를 참고하여 이들 중 2명이 멜로영화를 보고 나머지는 액션영화를 봤을 때 항상 거짓인 것을 고르시오.

〈 보 기 〉

- 이들의 학년은 1학년, 2학년, 3학년이다.
- 1학년인 세만이는 멜로영화를 보지 않았다.
- 3학년 중에는 멜로영화를 본 학생도 액션영화를 본 학생도 있다.
- 원우와 소영이는 액션영화를 보지 않았다.

① 원우가 2학년이라면 소영이는 3학년이다.
② 창진이가 1학년이라면 원우는 3학년이다.
③ 2학년이 2명이라면 소영이는 1학년이다.
④ 소영이와 창진이가 다른 학년이라면 원우는 1학년이다.
⑤ 세만이와 원섭이가 같은 학년이라면 창진이는 3학년이다.

070 지희, 소정, 수애, 희민, 진혁은 5층빌라의 각 층에 살고 있다. 〈보기〉의 내용을 토대로 다음 중 1층에 거주하는 사람을 고르시오.

〈 보 기 〉

- 각 층에는 1명씩 거주한다.
- 수애와 진혁이는 인접한 층에 거주한다.
- 소정이는 2층에 거주한다.
- 지희는 희민이보다 아래층에 거주한다.

① 지희 ② 소정 ③ 수애
④ 희민 ⑤ 진혁

071 **상훈, 지효, 설형, 장미, 민하 5명은 콘서트 티켓을 구매하기 위해 일렬로 줄을 선다. 동성(性)끼리는 서로 이웃하여 줄을 서지 않는다고 할 때 〈보기〉를 토대로 1번째로 줄을 서는 사람을 고르시오.**

〈 보 기 〉

- 상훈이는 장미와 민하 사이에 줄을 선다.
- 지효가 설형이보다 먼저 줄을 선다.
- 설형이와 민하는 인접하게 줄을 선다.
- 장미는 남성이고 민하는 여성이다.
- 3번째 자리는 여성이 줄을 선다.

① 상훈 ② 지효 ③ 설형
④ 장미 ⑤ 민하

072 **연희, 성국, 준영, 용훈, 찬수는 보물찾기 놀이를 하고 있다. 이들의 탐색 방향은 동, 서, 남, 북 중 하나이고 아무도 탐색하지 않은 방향이 없다고 할 때 〈보기〉를 참고하여 다음 중 항상 참인 것을 고르시오.**

〈 보 기 〉

- 성국이는 준영이와 정반대 방향을 탐색한다.
- 찬수는 혼자 탐색한다.
- 용훈이는 연희와 같은 방향을 탐색한다.

① 성국이가 동쪽을 탐색한다면 찬수는 남쪽을 탐색한다.
② 준영이가 북쪽을 탐색한다면 연희는 동쪽을 탐색한다.
③ 연희가 서쪽을 탐색한다면 성국이는 북쪽을 탐색한다.
④ 찬수가 남쪽을 탐색한다면 용훈이는 북쪽을 탐색한다.
⑤ 용훈이가 남쪽을 탐색한다면 준영이는 서쪽을 탐색한다.

073 A, B, C, D는 강남역에서 만나기로 했다. 이들의 이동수단은 버스, 지하철, 자전거 중 하나이고 아무도 이용하지 않은 이동수단은 없다고 할 때 〈보기〉를 참고하여 항상 거짓인 것을 고르시오.

〈 보 기 〉

- C는 자전거를 탄다.
- A와 C의 이동수단은 다르다.
- B와 D의 이동수단은 다르다.
- A와 D의 이동수단은 다르다.
- D는 버스를 타지 않는다.

① D는 자전거를 타지 않는다.
② B가 지하철을 탄다면 A는 버스를 탄다.
③ D가 지하철을 탄다면 A는 버스를 탄다.
④ A가 지하철을 탄다면 B는 버스를 탄다.
⑤ A가 버스를 타는 경우는 2가지이다.

074 A는 6주에 걸쳐 인천, 대전, 대구, 부산으로 출장을 다녀왔다. 〈보기〉를 참고하여 다음 중 항상 참인 것을 고르시오.

〈 보 기 〉

- A는 한 주에 한 곳씩 방문했다.
- 부산은 4, 5, 6주차에 방문하지 않았다.
- 인천과 대구는 2번씩 방문했다.
- 같은 지역을 연달아 방문하지 않았다.
- 부산을 방문한 다음 주에 대구를 방문했다.

① 인천을 2주차에 방문했다면 6주차에 대구를 방문했다.
② 대전을 3주차에 방문했다면 5주차에 인천을 방문했다.
③ 대전을 6주차에 방문했다면 5주차에 인천을 방문했다.
④ 대구를 5주차에 방문했다면 6주차에 대전을 방문하지 않았다.
⑤ 인천을 6주차에 방문했다면 2주차에 대전을 방문하지 않았다.

075 A, B, C, D, E는 4층으로 이뤄진 빌라의 입주민이다. 아무도 살지 않는 층은 없다고 할 때 〈보기〉를 참고하여 항상 참이 아닌 것을 고르시오.

〈 보 기 〉

- E가 거주하는 층보다 높은 층에 2명이 거주한다.
- A의 바로 아래층에는 D가 거주한다.

① 3층에 거주할 수 있는 인원은 5명이다.
② E와 같은 층을 쓸 수 있는 사람은 4명이다.
③ 4층에 거주할 수 있는 인원은 3명이다.
④ A가 4층에 거주한다면 E는 2층에 거주한다.
⑤ B가 4층에 거주한다면 C는 3층에 거주한다.

076 재민, 예인, 아라, 지온, 준희, 혜나는 원형의 테이블에 같은 간격으로 앉아 주스를 마신다. 이들이 마시는 음료가 오렌지 주스와 알로에 주스이고 1인당 한 종류의 주스만 마신다고 할 때 〈보기〉를 참고하여 항상 거짓인 것을 고르시오.

〈 보 기 〉

- 같은 주스를 마시는 사람끼리 인접하게 앉지 않는다.
- 아라의 바로 오른쪽 자리에는 준희가 앉는다.
- 지온이와 혜나는 다른 주스를 마신다.
- 재민이와 아라는 서로 마주 보는 자리에 앉는다.
- 예인이는 오렌지 주스를 마신다.

① 재민이는 알로에 주스를 마시지 않는다.
② 아라와 지온이가 마시는 주스가 다르다면 혜나는 오렌지 주스를 마신다.
③ 지온이와 혜나 중 1명은 예인이와 인접한 자리에 앉는다.
④ 지온이와 준희는 서로 마주 보는 자리에 앉는다.
⑤ 혜나는 지온이와 인접한 자리에 앉는다.

077 A, B, C, D, E, F, G, H, I, J는 최대 6명이 앉을 수 있는 2개의 테이블에 6명, 4명으로 나눠 앉는다. 테이블에 놓인 의자의 간격이 일정하다고 할 때 〈보기〉를 참고하여 항상 4명이 앉는 테이블에 앉는 인원으로 짝지은 것을 고르시오.

〈 보 기 〉

- D와 F는 서로 마주 보는 자리에 앉는다.
- B와 C는 다른 테이블에 앉는다.
- I는 E와 인접한 자리에 앉는다.
- G와 H는 서로 마주 보는 자리에 앉는다.
- J와 인접한 양쪽 자리는 빈자리다.

① A, E, I, J
② B, G, H, J
③ C, E, I, J
④ D, F, J
⑤ E, I, J

078 A, B, C, D의 통학수단은 기차, 버스, 지하철, 트램 중 하나다. 서로의 통학수단이 겹치지 않는다고 할 때 〈보기〉를 참고하여 항상 참인 것을 고르시오.

〈 보 기 〉

- A는 기차를 이용하지 않는다.
- D는 버스 또는 지하철을 이용한다.
- B는 트램을 이용하지 않는다.

① A가 트램을 이용하는 경우는 3가지다.
② B가 기차를 이용하는 경우는 2가지다.
③ C가 버스를 이용하는 경우는 1가지다.
④ A가 지하철을 이용하는 경우는 없다.
⑤ B가 버스를 이용하는 경우는 2가지다.

079 지섭, 재이, 현진, 수현이는 마카롱 가게를 찾아 각자 하나 이상씩 마카롱을 구입한다. 이들이 구매한 마카롱의 맛은 흑임자, 인절미, 아몬드라 할 때 〈보기〉를 참고하여 항상 참인 것을 고르시오.

〈 보 기 〉

- 재이와 현진이는 같은 맛의 마카롱을 구입하지 않는다.
- 수현이는 지섭이가 구입한 마카롱을 모두 구입한다.
- 재이와 수현이만 인절미맛 마카롱을 구입한다.
- 아몬드맛 마카롱을 구입한 사람은 2명이다.

① 수현이는 아몬드맛 마카롱을 구입한다.
② 재이는 아몬드맛 마카롱을 구입한다.
③ 지섭이는 흑임자맛 마카롱을 구입한다.
④ 현진이는 흑임자맛 마카롱을 구입한다.
⑤ 지섭이는 아몬드맛 마카롱을 구입한다.

080 10층의 기숙사 건물에 남학생(갑, 을, 병, 정, 무)과 여학생(A, B, C, D, E)이 한 층에 한 명씩 거주하고 있다. 다음의 〈보기〉을 고려하여 항상 거짓인 것을 고르시오.

〈 보 기 〉

- 같은 성별의 학생은 인접한 층에 거주하지 않는다.
- 갑은 4층에 거주한다.
- 정이 거주하는 층과 C가 거주하는 층 사이에 층이 4개가 있다.
- A와 B는 을과 인접한 층에 거주한다.
- 10명 중 가장 멀리 떨어져 거주하는 학생은 병과 D다.

① E는 9층에 거주한다.
② 정은 8층에 거주한다.
③ C는 을보다 낮은 층에 거주한다.
④ 정은 B보다 낮은 층에 거주한다.
⑤ 무는 남학생 중에 가장 낮은 층에 거주한다.

081 **종석, 도균, 도식, 호섭, 세혁, 민수, 준호까지 7명의 학생이 전공시험을 치렀다. 이 학생들의 점수에 대한 정보가 다음 〈보기〉와 같을 때 항상 참인 것을 고르시오.**

〈 보 기 〉

- 점수가 같은 인원은 아무도 없다.
- 종석이는 도균이보다 높은 점수를 받았다.
- 도균이는 세혁이보다 높은 점수를 받았다.
- 세혁이는 준호보다 높은 점수를 받았다.
- 도식이는 도균이와 민수보다 높은 점수를 받았지만 호섭이보다는 낮은 점수를 받았다.
- 민수는 가장 낮은 점수를 받지 않았다.

① 세혁이는 5등 안에 들었다.
② 도식이의 등수는 3등이다.
③ 호섭이는 세혁이보다 높은 점수를 받았고 민수는 준호보다 높은 점수를 받았다.
④ 도식이와 민수의 점수가 가장 근접하다면 이들의 등수를 확정할 수 있다.
⑤ 종석이 바로 앞 등수가 도식이라면 5명의 학생의 등수를 확정할 수 있다.

082 **운동회에 참석한 경빈, 가율, 태연, 은찬, 지헌이는 청팀, 백팀, 홍팀 중 한 팀에 속한다. 5명이 참석한 경기는 높이뛰기와 멀리뛰기이고 하나의 경기에만 참여한다고 할 때 〈보기〉를 참고하여 항상 참인 것을 고르시오.**

〈 보 기 〉

- 아무도 속하지 않은 팀은 없다.
- 높이뛰기에 참여하지 않은 팀은 없다.
- 백팀의 인원수는 청팀의 인원수보다 많다.
- 경빈이와 가율이는 홍팀이다.
- 지헌이는 멀리뛰기에 참여한다.

① 경빈이는 높이뛰기에 참여한다.
② 지헌이는 청팀이다.
③ 은찬이는 백팀이다.
④ 가율이는 멀리뛰기에 참여한다.
⑤ 태연이는 높이뛰기에 참여한다.

083 지민, 채이, 지후, 예진, 하음이는 과제로 영어단어를 하나씩 제출했다. 이들이 제출한 영어단어는 safe, ever, nice, zeus, mail이다. 〈보기〉의 대화를 토대로 항상 참인 것을 고르시오.

〈 보 기 〉

지민: 나는 s가 들어간 단어를 제출했다.
채이: 나는 e가 들어간 단어를 제출했다.
지후: 나는 a가 들어간 단어를 제출했다.
예진: 나는 i가 들어간 단어를 제출했다.
하음: 나는 n 또는 m이 들어간 단어를 제출했다.

① 지민이는 safe를 제출했다.
② 채이는 ever를 제출했다.
③ 지후는 mail을 제출했다.
④ 예진이는 nice를 제출했다.
⑤ 하음이는 mail을 제출했다.

084 A, B, C, D는 프레젠테이션 기법을 수강 중이다. 2명이 한 팀이 되어 발표를 하고 한번 같은 팀이었던 인원은 다시 팀을 이루지 않는다. 각 팀의 발표 주제는 발성, PPT작성법, 퍼실리테이션, 문서작성이고 발표 주제가 겹치지 않는다고 할 때 〈보기〉를 참고하여 항상 참이 아닌 것을 고르시오.

〈 보 기 〉

– 4명 모두 2번 발표를 한다.
– A는 '발성'을 주제로 발표한다.
– C와 B는 같은 팀을 이루지 않는다.
– D는 'PPT작성법'과 '문서작성'을 주제로 발표한다.
– B는 '퍼실리테이션'을 주제로 발표한다.

① A와 D는 같은 팀을 이루지 않는다.
② A는 퍼실리테이션을 발표한다.
③ B는 PPT작성법을 발표한다.
④ C는 발성을 발표한다.
⑤ C는 퍼실리테이션을 발표하지 않는다.

085 절도사건의 용의자인 A, B, C, D, E가 취조를 받는다. 이들은 취조 중 응답하거나 무응답으로 임한다. 응답의 경우 참 또는 거짓을 말한다고 할 때 〈보기〉를 참고하여 항상 거짓인 것을 고르시오.

〈 보 기 〉

- A와 D는 무응답으로 임하지 않는다.
- 거짓으로 응답하는 사람은 2명이다.
- E와 C 중 1명이 무응답으로 임한다.
- B는 참으로 응답한다.

① A가 참으로 응답하는 경우는 2가지다.
② C가 거짓으로 응답하는 경우는 2가지다.
③ E가 참으로 응답하는 경우는 1가지다.
④ D가 거짓으로 응답하는 경우는 3가지다.
⑤ C가 무응답으로 임하는 경우는 3가지다.

086 A, B, C, D, E는 108번뇌 강의 참석자다. 5명 모두 조건추리와 삼단논법 중 한 가지만 푼다고 할 때 〈보기〉를 참고하여 반드시 조건추리를 푸는 인원을 고르시오.

〈 보 기 〉

- 삼단논법을 푸는 인원은 3명이다.
- A 또는 D 중에 1명이 조건추리를 푼다.
- C가 조건추리를 푼다면 A는 삼단논법을 푼다.
- B와 C가 푸는 문제는 같지 않다.
- E가 삼단논법을 푼다면 D는 삼단논법을 푼다.

① A, B ② A, C ③ B, D
④ C, D ⑤ D, E

087 예원, 유라는 경영지원팀, 하윤, 이현이는 기술영업팀, 동우, 라희는 연구개발팀이다. 6명 중 4명이 반차를 쓴다고 할 때 〈보기〉를 참고하여 항상 참인 것을 고르시오.

〈 보 기 〉

- 반차를 쓴 인원이 없는 팀은 없다.
- 예원이가 반차를 쓰면 이현이도 반차를 쓴다.
- 동우와 하윤이는 반차를 둘 다 쓰거나 둘 다 쓰지 않는다.
- 기술영업팀의 팀원 중 1명만 반차를 쓴다.

① 경영지원팀 팀원은 모두 반차를 쓴다.
② 하윤이가 반차를 쓴다면 라희도 반차를 쓴다.
③ 이현이가 반차를 쓴다면 유라는 반차를 쓰지 않는다.
④ 예원이가 반차를 쓴다면 동우는 반차를 쓴다.
⑤ 연구개발팀 팀원은 모두 반차를 쓴다.

088 아이돌 그룹 '영지버섯'의 싸인회에 A, B, C, D, E, F, G가 참석한다. 싸인회는 영지버섯의 멤버인 영훈이의 싸인을 원하는 사람은 영훈이 앞에, 지성이의 싸인을 원하는 사람은 지성이 앞에 일렬로 줄을 선다. 각자 1명의 싸인만 받는다고 할 때 〈보기〉를 참고하여 반드시 지성이의 싸인을 받는 인물을 고르시오.

〈 보 기 〉

- 지성이의 싸인을 원하는 사람은 4명이다.
- C와 G사이에 1명이 줄을 선다.
- B 바로 뒤에는 D가 줄을 선다.
- F 뒤에 2명이 줄을 선다.
- E와 A가 싸인을 원하는 사람은 같지 않다.

① A ② C ③ D
④ E ⑤ F

089 꽃병 A, B, C에 라일락, 수국, 백합, 팬지, 안개꽃을 꽂는다. 각 꽃은 한 병에만 꽂고 꽃병에 여러 꽃을 꽂을 수 있다고 할 때 〈보기〉를 참고하여 꽃병 C에 꽂을 수 있는 꽃을 모두 포함한 것을 고르시오.

〈 보 기 〉

- 꽃병 A에 백합 또는 안개꽃을 꽂는다.
- 꽃병 B에 백합을 꽂는다.
- 꽃병 C에 라일락 또는 안개꽃을 꽂는다.

① 라일락 ② 라일락, 수국 ③ 라일락, 안개꽃
④ 수국, 팬지 ⑤ 라일락, 수국, 팬지

090 5층인 회사건물의 각 층에 갑팀, 을팀, 병팀, 정팀, 무팀이 위치한다. 각 팀의 팀장은 1명이고 팀장 중 3명의 직급이 상무고 2명은 전무다. 〈보기〉를 참고하여 항상 참인 것을 고르시오.

〈 보 기 〉

- 팀장의 직급이 같은 팀끼리 인접한 층에 위치하지 않는다.
- 정팀과 무팀 사이에 1개 팀이 위치한다.
- 을팀 바로 아래층에 병팀이 위치한다.

① 갑팀은 4층에 위치한다.
② 무팀 팀장의 직급은 상무다.
③ 을팀 팀장의 직급은 전무다.
④ 정팀은 3층에 위치한다.
⑤ 병팀은 4층에 위치한다.

091 원형의 테이블에 모여 A, B, C는 치킨을 D, E는 피자를 F는 햄버거를 먹는다. 〈보기〉를 참고하여 다음 중 반드시 거짓인 것을 고르시오.

〈 보 기 〉

- 같은 종류의 음식을 먹는 인원끼리 인접하게 앉지 않는다.
- 이들이 앉는 자리의 간격은 같다.
- E는 C와 마주 보며 식사한다.
- B와 F는 인접한 자리에 앉지 않는다.

테이블

① A는 D와 마주 보고 앉을 수 없다.
② A의 왼쪽 자리에 E가 앉는다.
③ D는 C와 인접한 자리에 앉는다.
④ F는 D와 마주 보고 앉을 수 없다.
⑤ C와 인접한 자리에 F가 앉는다.

092 A, B, C, D는 일반기계기사, 전기기사, 정보처리기사, 화공기사 자격증 중 2개씩 취득한다. 〈보기〉를 참고하여 이들이 자격증을 취득하는 모든 경우는 몇 가지인지 고르시오.

〈 보 기 〉

- A가 취득한 자격증을 B도 취득한다.
- A와 C는 정보처리기사 자격증을 취득한다.
- C가 취득한 자격증을 D는 취득하지 않는다.
- D와 B는 일반기계기사 자격증을 취득한다.

① 1가지 ② 2가지 ③ 3가지
④ 4가지 ⑤ 5가지

093 4층의 건물에 A, B, C, D, E가 거주한다. 아무도 거주하지 않는 층은 없다고 할 때 〈보기〉를 참고하여 항상 참인 것을 고르시오.

〈 보 기 〉

- B가 사는 층보다 낮은 층에 사는 인원은 3명이다.
- E 바로 아래층에 D가 산다.
- C는 A보다 높은 층에 산다.

① A가 1층에 거주한다면 C는 4층에 거주한다.
② B와 같은 층에 거주할 수 있는 인원은 C뿐이다.
③ A가 3층에 거주한다면 D는 1층에 거주한다.
④ E가 2층에 거주한다면 B는 3층에 거주한다.
⑤ A와 같은 층에 거주할 수 있는 인원은 E뿐이다.

094 A, B, C, D, E, F, G, H는 9인승 보트를 타고 이동한다. 한 좌석에 1명씩 앉는다고 할 때 〈보기〉 및 보트의 좌석을 참고하여 항상 참이 아닌 것을 고르시오.

〈 보 기 〉

- B와 같은 행이며 바로 왼쪽자리에 F가 앉는다.
- G와 E 사이에 빈 좌석이 있다.
- H는 나-2에 앉고 A는 가-1에 앉는다.
- D는 F보다 왼쪽 자리에 앉는다.

	가열	나열	다열	
왼	가-1	나-1	다-1	1행
	가-2	나-2	다-2	2행
쪽	가-3	나-3	다-3	3행

〈보트의 좌석〉

① D와 C는 같은 행의 좌석에 앉는다.
② C와 G는 같은 열의 좌석에 앉는다.
③ F와 H는 같은 열의 좌석에 앉는다.
④ A와 D는 같은 열의 좌석에 앉는다.
⑤ B와 A는 같은 행의 좌석에 앉는다.

095 5층의 회사건물에 A사업부, B사업부, C사업부, D사업부, E사업부가 각 층에 위치한다. 〈보기〉를 참고하여 항상 참인 것을 고르시오.

〈 보 기 〉

- A사업부와 B사업부의 층수 차이는 C사업부와 D사업부의 층수 차이와 같다.
- A사업부는 5층에 있고 C사업부는 1층에 있다.
- E사업부는 D사업부보다 더 높은 층에 있다.

① A사업부와 E사업부는 인접한 층에 위치한다.
② B사업부는 4층에 위치할 수 없다.
③ E사업부는 3층에 위치한다.
④ D사업부는 2층에 위치할 수 없다.
⑤ D사업부와 B사업부는 인접한 층에 위치한다.

096 A~G 7명은 하프마라톤을 뛰어 1등부터 7등까지 순위를 가렸다. A, B의 고향은 강원도이고 C, D의 고향은 경기도, E의 고향은 경상도, F, G의 고향은 충청도라 할 때 〈보기〉를 모두 만족하는 경우의 수로 적절한 것을 고르시오.

〈 보 기 〉

- 고향이 같은 인원끼리는 순위가 인접하지 않다.
- 4등인 사람은 고향이 충청도이고 E는 3등이다.
- A는 C보다 등수가 높다.(=A는 C보다 기록이 빠르다.)
- 고향이 강원도인 두 사람의 등수 차이는 2이다.

① 1가지 ② 2가지 ③ 3가지
④ 4가지 ⑤ 5가지

097 A, B, C, D, E 5명의 학생이 주말농장 체험을 하러 갔다. 이들은 오이 2개, 양파 2개, 당근 2개의 씨 중에서 하나만 선택하여 심을 수 있다. 〈보기〉를 참고하여 항상 참이 아닌 것을 고르시오.

〈 보 기 〉

- A는 양파를 심지 않는다.
- B는 당근을 심는다.
- D는 오이를 심지 않는다.
- C와 E는 같은 종류의 채소를 심는다.

① A가 당근을 심는다면 C는 오이를 심는다.
② A가 오이를 심는다면 C는 양파를 심는다.
③ A가 당근을 심는다면 D는 양파를 심는다.
④ D가 양파를 심는다면 A는 오이를 심는다.
⑤ E는 당근을 심을 수 없다.

098 A, B, C, D, E, F, G 7명은 티켓 판매소에 도착한 순서대로 줄을 섰다. 이들 중 A, B, C는 여성이고 D, E, F, G는 남성이라고 할 때 〈보기〉를 참고하여 항상 참인 것을 고르시오.

〈 보 기 〉

- 서로 같은 성(性)인 사람은 연속으로 이웃하지 않았다.
- B는 C보다 먼저 줄을 섰지만 D보다는 늦게 줄을 섰다.
- F는 E보다 먼저 줄을 섰다.
- A와 G는 이웃하여 줄을 섰다.
- D는 가장 먼저 줄을 선 사람이 아니다.

① E는 C보다 늦게 도착했다.
② 가장 마지막으로 온 사람은 G이다.
③ F는 B보다 먼저 도착했다.
④ 가장 먼저 온 사람은 F이다.
⑤ 남자 중에 두 번째로 도착한 사람은 G이다.

099 상급생인 A, B, C, D와 하급생인 E, F, G가 점심식사를 한다. 이들이 먹는 음식은 한식, 중식, 양식, 일식이고 인당 하나의 메뉴만 먹는다고 할 때 〈보기〉를 참고하여 항상 거짓인 것을 고르시오.

〈 보 기 〉

- 같은 메뉴를 먹는 상급생은 없고 같은 메뉴를 먹는 하급생도 없다.
- B와 F는 같은 음식을 먹는다.
- 양식은 1명만 먹는다.
- A가 먹는 메뉴는 1명만 먹지 않는다.
- D는 일식을 먹는다.

① A는 중식을 먹는다.
② B는 한식을 먹는다.
③ A와 E는 같은 음식을 먹는다.
④ D는 G와 같은 음식을 먹는다.
⑤ C는 E와 같은 음식을 먹는다.

100 A, B, C, D는 점심으로 덮밥, 국밥, 비빔밥, 볶음밥 중 하나를 먹었다. 서로 먹은 음식이 다르고 이들 중 1명만 거짓을 말한다고 할 때 이들 중 인물과 인물이 반드시 먹는 음식을 올바르게 짝지은 것을 고르시오.

〈 보 기 〉

A: 나는 국밥을 먹지 않았다.
B: C는 덮밥 또는 비빔밥을 먹었다.
C: 나는 볶음밥을 먹었다.
D: B는 볶음밥 또는 비빔밥을 먹는다.

① A: 덮밥　② B: 비빔밥　③ C: 볶음밥
④ D: 국밥　⑤ 알 수 없음

101 찬우, 보영, 아라는 갑, 을, 병, 정으로 4일간 하루에 한 곳씩 출장을 간다. 같은 일차에 같은 장소를 가는 인원은 없다고 할 때 〈보기〉를 참고하여 항상 참이 아닌 것을 고르시오.

〈 보 기 〉

- 4곳 모두로 출장을 가지 않는 사람은 없다.
- 찬우는 3일차에 병으로 출장을 간다.
- 아라는 2일차에 을로 출장을 간다.
- 1일차에 갑으로 출장을 가는 인원은 없다.
- 4일차에 병으로 출장을 가는 인원은 없다.

① 아라는 1일차에 병으로 출장을 간다.
② 보영이는 4일차에 갑으로 출장을 간다.
③ 찬우는 2일차에 갑으로 출장을 간다.
④ 3일차에 을로 출장을 가는 인원은 없다.
⑤ 2일차에 정으로 출장을 가는 인원은 없다.

102 A, B, C, D는 스포츠대회에 참석했다. 이들이 참여한 종목은 육상, 스키, 수영, 사격이고 4명 모두 하나 이상의 종목에 참석했다. 4명 모두 1개 종목에서만 메달을 획득했고 종목별 메달은 1개씩이라고 할 때 〈보기〉를 참고하여 항상 참이 아닌 것을 고르시오.

〈 보 기 〉

- 종목별로 참여한 인원은 2명이다.
- A는 2개 종목에 참여했다.
- B는 육상과 스키 종목에 참여했다.
- C는 수영만 참여했다.
- A는 B가 참여한 종목에 참여하지 않았다.

① B는 스키 종목에서 메달을 획득했다.
② D는 육상 종목에 참석했다.
③ A는 사격 종목에서 메달을 획득했다.
④ D는 사격 종목에 참석했다.
⑤ C는 수영 종목에서 메달을 획득했다.

103 셀장인 A와 B, 파트장인 C와 D, 그룹장인 E와 F, 팀장인 G는 사업부장 면담을 위해 일렬로 줄을 선다. 직책이 같은 인원끼리 인접하게 줄을 서지 않는다고 할 때 〈보기〉를 참고하여 항상 참이 아닌 것을 고르시오.

〈 보 기 〉

- 2번째로 줄을 서는 사람은 그룹장이다.
- G는 D보다 앞에 줄을 선다.
- D와 F사이에 2명이 줄을 선다.
- C는 6번째로 줄을 선다.
- B는 A보다 뒤에 줄을 선다.

① A는 1번째로 줄을 선다.
② B는 5번째로 줄을 선다.
③ D는 4번째로 줄을 선다.
④ E는 2번째로 줄을 선다.
⑤ F는 7번째로 줄을 선다.

104 A, B, C, D, E, F는 원탁에 같은 간격으로 앉아 한식, 중식, 양식 중 1종류씩 선택하여 식사한다. 〈보기〉를 참고하여 반드시 양식을 먹는 인원을 모두 포함한 것을 고르시오.

〈 보 기 〉

- 같은 음식을 먹는 인원끼리 인접하게 앉지 않는다.
- E는 한식을 먹는다.
- C와 F는 같은 음식을 먹는다.
- D와 E가 먹는 음식은 다르다.
- A만 유일하게 중식을 먹는다.
- B와 E는 마주 보고 식사한다.

테이블

① B
② B, C, F
③ B, D
④ C, E, F
⑤ C, F

105 A, B, C, D는 돌솥비빔밥을 먹기 위해 재료를 선택한다. 이들이 선택한 재료는 콩나물, 무, 당근, 버섯이고 각자 재료를 2개씩 택한다고 할 때 〈보기〉를 참고하여 항상 참인 것을 고르시오.

〈 보 기 〉

- 아무도 선택하지 않은 재료는 없다.
- B는 콩나물과 무 중 적어도 한 가지를 선택한다.
- C는 D가 선택한 재료를 선택하지 않는다.
- A와 C는 버섯을 선택한다.
- 당근을 선택한 사람은 3명이다.

① A는 콩나물을 선택한다.
② B는 버섯을 선택하지 않는다.
③ C는 무를 선택한다.
④ D는 당근을 선택하지 않는다.
⑤ 콩나물을 선택하는 사람은 1명이다.

106 A, B, C, D, E, F, G는 불닭 전문점 입장을 위해 일렬로 줄을 서서 기다리고 있다. 7명은 순한맛, 보통맛, 매운맛 중 한 가지를 고르고 아무도 고르지 않은 맵기 정도는 없다. 선택한 맵기 정도가 같은 인원끼리 인접하게 줄을 서지 않았다고 할 때 〈보기〉를 참고하여 항상 참인 것을 고르시오.

〈 보 기 〉

- 매운맛을 고른 사람은 보통맛을 고른 사람보다 많다.
- 보통맛을 고른 사람은 순한 맛을 고른 사람보다 많지 않다.
- 매운맛을 고른 사람은 짝수번째로 줄을 섰다.
- A는 3번째로 줄을 섰고 순한맛을 고른다.
- E는 5번째로 줄을 섰고 보통맛을 고른다.
- G 바로 뒤에 D가 줄을 섰다.
- G와 B사이에 1명이 줄을 섰다.

① C와 E는 같은 맛을 고른다.
② G와 B는 같은 맛을 고른다.
③ F와 D는 같은 맛을 고른다.
④ E와 C는 같은 맛을 고른다.
⑤ B와 A는 같은 맛을 고른다.

107 **하랑, 지안, 민찬, 주영이는 화요일부터 금요일까지 4일 동안 언어, 수리, 추리, 시각을 공부한다. 이들은 하루에 한 과목만 공부하고 4개 과목을 모두 공부한다고 할 때 〈보기〉를 참고하여 항상 참이 아닌 것을 고르시오.**

〈 보 기 〉

- 지안이와 주영이는 같은 요일에 같은 과목을 공부하지 않는다.
- 하랑이가 언어를 공부한 다음 날 민찬이가 언어를 공부한다.
- 목요일에 추리를 공부하는 사람은 주영이 뿐이다.
- 지안이는 화요일에 시각을 공부한다.
- 민찬이와 주영이만 금요일에 수리를 공부한다.
- 수요일에 언어를 공부하는 사람은 2명이다.

① 민찬, 지안이가 같은 요일에 같은 과목을 공부하지 않는다면 민찬이는 수요일에 시각을 공부한다.
② 하랑, 주영이가 같은 요일에 같은 과목을 공부하지 않는다면 하랑이는 화요일에 수리를 공부한다.
③ 목요일에 언어를 공부하는 사람이 없다면 하랑이는 화요일에 언어를 공부한다.
④ 수요일에 수리를 공부하는 사람이 1명이라면 민찬이는 목요일에 시각을 공부한다.
⑤ 화요일에 시각을 공부하는 사람이 1명이라면 민찬이는 화요일에 추리를 공부한다.

108 **육각형의 테이블에 A, B, C, D, E, F가 동일한 간격으로 앉았다. 이들의 학년은 1, 2, 3학년이고 학년별 최소 인원이 1명이라 할 때 〈보기〉를 참고하여 항상 거짓인 것을 고르시오.**

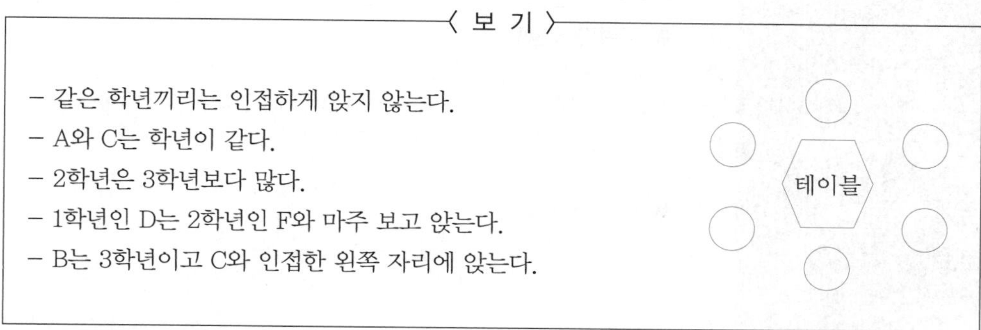
〈 보 기 〉

- 같은 학년끼리는 인접하게 앉지 않는다.
- A와 C는 학년이 같다.
- 2학년은 3학년보다 많다.
- 1학년인 D는 2학년인 F와 마주 보고 앉는다.
- B는 3학년이고 C와 인접한 왼쪽 자리에 앉는다.

① E는 1학년 또는 2학년만 가능하다.
② A는 D와 인접한 자리에 앉는다.
③ C는 1학년일 수 있다.
④ B는 D와 인접한 자리에 앉는다.
⑤ A는 1학년 또는 2학년이다.

PART 01
108번뇌 문제풀이

 문제 풀기 전

● 실력별 활용방법

1. 하수: 실제 시험에서 만난다면 넘어갈 문제 점검
2. 중수: 자주 실수하는 부분 점검 및 오래 걸리는 이유 체크
3. 고수: 4시간 이내 진입을 목표로 풀이

● 도전! 타임어택

1. 4시간 이내: 최상위권
2. 5시간 이내: 상위권
3. 6시간 이내: 안정권

※ 6시간을 초과하여 풀어도 시험 합격하는데 지장이 크지 않습니다.

● 조건추리 Lv.3의 구성

1. 도식을 충분히 완성하지 못하면 풀기 어려운 문제
2. 변수의 종류가 3가지 이상으로 복잡한 문제
3. 선택지를 '~라면'의 형식으로 제시하여 오래걸리는 문제

※ 조건추리 Lv.1 → 조건추리 Lv.2 → 조건추리 Lv.3 순서로 어렵습니다.
(조건추리 Lv.3이 가장 어렵습니다.)

108번뇌
조건추리 Lv.3

해설 p.307

001 **가희, 정무, 상지, 민주, 교진이는 굿즈를 사기 위해 일렬로 줄을 섰다. 〈보기〉를 참고하여 항상 거짓인 것을 고르시오.**

〈 보 기 〉

- 상지는 민주와 인접하게 줄을 섰다.
- 가희와 교진이는 맨 끝에 줄을 서지 않았다.
- 정무와 인접하게 줄을 서는 인원은 1명이다.
- 민주가 가희 보다 먼저 줄을 섰다.

① 가희는 4번째로 줄을 섰다.
② 상지가 2번째로 줄을 섰다면 교진이는 3번째로 줄을 섰다.
③ 교진이가 4번째로 줄을 섰다면 민주는 3번째로 줄을 섰다.
④ 교진이와 상지가 인접하게 줄을 섰다면 가희는 4번째로 줄을 섰다.
⑤ 가희가 정무와 인접하게 줄을 섰다면 민주는 교진이와 인접하게 줄을 섰다.

002 **정희, 연수, 현아, 지민이는 10일부터 13일까지 4일간 지리 정보 탐색에 나섰다. 이들이 탐색하는 장소는 서울, 청주, 나주, 부산이고 각자 하루에 1곳만 탐색했다고 할 때 〈보기〉를 참고하여 항상 참인 것을 고르시오.**

〈 보 기 〉

- 4명 모두 4곳의 지역을 탐색했다.
- 같은 날 같은 장소를 탐색한 인원은 없다.
- 현아와 지민이는 12일에 부산을 탐색하지 않았다.
- 나주를 제일 마지막에 방문한 인원은 지민이다.
- 정희는 10일에 청주를, 연수는 12일에 서울을 탐색했다.
- 현아와 지민이는 연달아 서울을 방문했다.

① 현아는 11일에 나주를 방문했다.
② 지민이는 10일에 서울을 방문했다.
③ 연수는 10일에 나주를 방문했다.
④ 연수는 13일에 부산을 방문했다.
⑤ 현아는 13일에 서울을 방문했다.

003 **4층짜리 빌라에 수로, 동건, 인성, 민수, 성재가 살고 있고 아무도 살지 않는 층은 없다. 〈보기〉의 조건을 참고하여 항상 거짓인 것을 고르시오.**

〈 보 기 〉

- 동건이 아래에는 2명이 살고 있다.
- 성재는 다른 인원과 같은 층에 살고 있다.
- 인성이는 동건이가 살고 있는 층보다 아래에 살고 있다.
- 수로와 민수는 인접하게 살고 있다.

① 성재는 1층에 살고 있다.
② 수로는 3층에 살고 있다.
③ 인성이는 1층에 살고 있다.
④ 동건이는 3층에 살고 있다.
⑤ 민수는 4층에 살고 있다.

004 **카트 경주 대회가 열려 장희, 성문, 명수, 건희, 종수가 참여했다. 다음의 〈보기〉를 참고하여 좌측부터 결승점에 들어온 순서대로 나열한 것을 고르시오.**

〈 보 기 〉

- 성문이는 결승점에 4번째로 들어왔다.
- 장희는 명수보다 결승점에 늦게 들어왔다.
- 건희의 도착시간과 가장 가까운 사람은 성문이다.
- 종수는 건희보다 늦게 결승점에 도달했다.

① 명수 – 장희 – 건희 – 성문 – 종수
② 종수 – 명수 – 건희 – 성문 – 장희
③ 명수 – 장희 – 종수 – 성문 – 건희
④ 장희 – 명수 – 건희 – 성문 – 종수
⑤ 건희 – 명수 – 종수 – 성문 – 장희

005 의자의 간격이 동일한 원형의 테이블에 앉아 연수, 미주, 정미, 라희, 소미, 희민이가 대화를 나누고 있다. 〈보기〉를 참고하여 정미의 왼쪽에 앉은 인원을 고르시오.

〈 보 기 〉

- 연수와 미주는 마주 보고 앉았다.
- 소미와 희민이 사이에는 1명이 앉았다.
- 미주의 바로 왼쪽에는 라희가 앉았다.

① 연수 ② 미주 ③ 라희
④ 소미 ⑤ 희민

006 대성, 지성, 관호, 종민, 민호는 만 30살이 되어 건강검진을 받기 위해 일렬로 줄을 선다. 이들의 직급이 주임과 선임이라고 할 때 〈보기〉를 참고하여 네 번째로 줄을 선 인물을 고르시오.

〈 보 기 〉

- 같은 직급끼리는 이웃하게 줄을 서지 않는다.
- 선임인 종민이는 다섯 번째로 줄을 선다.
- 지성이와 민호 사이에는 1명이 위치한다.
- 대성이는 주임이다.
- 관호는 민호보다 앞에 줄을 선다.

① 대성 ② 지성 ③ 관호
④ 종민 ⑤ 민호

007 **원진, 민후, 지수, 영훈, 도진이는 비비고등학교 학생이다. 이들의 학년이 1, 2, 3학년이라 할 때 〈보기〉를 참고하여 항상 참인 것을 고르시오.**

〈 보 기 〉

- 1학년인 학생의 수는 3학년인 학생의 수보다 적다.
- 영훈이는 민후보다 학년이 낮다.
- 도진이와 학년이 같은 인물은 없다.

① 지수는 3학년이다.
② 민후는 3학년이다.
③ 영훈이는 2학년이다.
④ 원진이는 2학년이다.
⑤ 도진이는 1학년이다.

008 **경진, 희라, 은혜, 희정, 수경이는 기흥, 동탄, 화성, 구미, 송도로 출장을 갔다. 5명 모두 한 곳 이상을 방문하고 한번 방문한 곳은 다시 방문하지 않는다고 한다. 각 장소를 방문한 사람은 1명 이상이라고 할 때 〈보기〉를 참고하여 항상 참인 것을 고르시오.**

〈 보 기 〉

- 인당 출장 장소는 최대 2곳이다.
- 동탄으로 출장을 간 인원은 3명이다.
- 은혜와 희라가 출장을 간 장소는 다르다.
- 수경이는 기흥으로만 출장을 다녀왔다.
- 경진이가 방문한 장소는 은혜도 방문한다.
- 송도를 방문한 인원은 희정이 뿐이다.

① 경진이가 화성을 방문한다면 희라는 구미를 방문한다.
② 희라가 구미를 방문한다면 은혜는 기흥을 방문한다.
③ 화성을 방문한 인원이 2명이라면 희라는 화성을 방문한다.
④ 희라는 기흥을 방문한다.
⑤ 희라가 기흥을 방문한다면 경진이는 화성을 방문한다.

009 고등학생인 근우, 태환, 왕진, 민경, 성미, 연희는 2학년이 되어 제2외국어를 하나씩 선택하여 듣는다. 이들이 택한 제2외국어가 독어와 중어일 때 〈보기〉를 참고하여 항상 참인 것을 고르시오.

〈 보 기 〉

– 근우와 태환이가 택한 제2외국어는 다르다.
– 연희와 왕진이가 택한 제2외국어는 같다.
– 독어를 선택한 학생의 수는 4명이다.

① 민경이가 중어를 선택한다면 근우는 독어를 선택한다.
② 왕진이와 근우가 선택한 제2외국어가 같다면 민경이는 독어를 선택한다.
③ 민경이와 태환이가 선택한 제2외국어가 같다면 근우는 중어를 선택한다.
④ 연희와 민경이가 선택한 제2외국어가 같다면 성미는 중어를 선택한다.
⑤ 성미와 민경이가 선택한 제2외국어가 다르다면 태환이는 독어를 선택한다.

010 김 선임, 나 선임, 박 선임, 이 책임, 하 책임, 소 수석이 원형의 테이블에 둘러 앉아 회의를 한다. 좌석의 간격은 모두 동일하다고 할 때 〈보기〉를 참고하여 항상 거짓인 것을 고르시오.

〈 보 기 〉

– 같은 직급끼리는 인접하게 앉지 않는다.
– 이 책임과 박 선임은 마주 보고 앉는다.
– 하 책임의 바로 왼쪽 자리에는 김 선임이 앉는다.

① 소 수석의 바로 왼쪽 자리에는 박 선임이 앉는다.
② 나 선임의 바로 오른쪽 자리에는 이 책임이 앉는다.
③ 나 선임과 인접한 왼쪽 자리에는 하 책임이 앉는다.
④ 김 선임과 소 수석은 마주 보고 앉는다.
⑤ 하 책임과 나 선임은 마주 보고 앉는다.

011 도연, 다운, 슬기, 다슬, 창근이는 1부터 6까지 적혀있는 주사위를 굴려 각자 하나의 숫자를 받았다. 〈보기〉를 참고하여 항상 참인 것을 고르시오.

〈 보 기 〉

- 다운이와 다슬이가 받은 번호의 합은 나머지 인원의 합보다 크다.
- 5명이 받은 번호는 각기 다르다.
- 도연이와 슬기가 받은 번호의 합은 다슬이가 받은 번호와 같다.
- 창근이가 받은 번호는 '5'이다.

① 다운이와 도연이가 받은 숫자의 합은 다슬이와 창근이 받은 숫자의 합보다 크다.
② 창근이가 받은 숫자는 다슬이가 받은 숫자보다 작다.
③ 슬기와 다슬이가 받은 숫자의 합은 다운이가 받은 숫자보다 작다.
④ 도연이가 받은 숫자가 가장 작다.
⑤ 5명이 받은 숫자의 합은 16보다 크다.

012 주희, 진희, 민희, 신희, 소희, 초희, 정희 7명은 영화를 감상한다. 좌석을 앞쪽부터 A행, B행이라 부르고 좌측부터 1열부터 4열까지로 칭한다. 〈보기〉를 참고하여 'A-4' 좌석에 앉는 인원을 고르시오.

〈 보 기 〉

- B-4자리는 공석이다.
- 주희와 초희는 2열에 앉는다.
- 소희와 정희는 사이에는 1명이 앉는다.
- 초희와 민희는 A행에 앉지 않는다.
- 신희는 A행에 앉는다.

앞

A-1	A-2	A-3	A-4
B-1	B-2	B-3	

〈영화관 좌석〉

① 진희　② 민희　③ 신희
④ 소희　⑤ 정희

013 연우, 수현, 시현, 주윤, 하람이는 돈까스 맛집에서 식사를 하기 위해 일렬로 줄을 선다. 이들의 성별(性別)이 남자와 여자라고 할 때 〈보기〉를 참고하여 같은 성(性)끼리 모인 인원을 고르시오.

〈 보 기 〉

- 같은 성(性)끼리는 인접하게 줄을 서지 않는다.
- 하람이와 연우의 성(性)은 동일하다.
- 수현이와 주윤이는 인접하게 줄을 선다.
- 시현이와 주윤이의 성(性)은 다르다.

① 하람, 수현　② 연우, 시현　③ 주윤, 하람
④ 수현, 주윤　⑤ 시현, 연우

014 민준, 서준, 예준, 도윤, 주원은 번지점프를 하기 위해 일렬로 줄을 서고 있고 맨 앞부터 순차적으로 번지점프를 하기로 했다. 〈보기〉를 참고하여 4번째로 번지점프를 하는 인원으로 고르시오.

〈 보 기 〉

- 예준이와 주원이 사이에는 1명이 있다.
- 민준이와 서준이는 인접하다.
- 서준이보다 도윤이가 뒤에 줄을 섰다.

① 민준　② 서준　③ 예준
④ 도윤　⑤ 주원

015 커피전문점의 원형 테이블에 둘러 앉아 담소를 나누는 서연, 하은, 채원, 지윤, 은서, 수아가 있다. 이들이 주문한 음료는 라떼와 잎차이고 1인 1메뉴를 주문했다고 할 때 〈보기〉를 참고하여 항상 참이 아닌 것을 고르시오.

〈 보 기 〉

- 같은 음료를 시킨 인원끼리는 인접하게 앉지 않았다.
- 잎차를 시킨 은서는 수아와 마주 보고 앉지 않았다.
- 채원이와 지윤이가 시킨 음료는 같다.
- 서연이와 하은이 사이에는 1명이 앉았다.
- 수아와 인접한 오른쪽에는 하은이가 앉았다.

① 채원이는 수아와 같은 음료를 마신다.
② 서연이와 채원이는 인접하게 앉았다.
③ 은서와 지윤이는 마주 보고 앉았다.
④ 수아와 하은이는 인접하게 앉았다.
⑤ 서연이와 은서는 같은 음료를 마신다.

016 환경오염 측정을 위해 예은, 수빈, 유나, 지아는 4일간 A, B, C, D구역의 오염도를 측정했다. 4명 모두 하루에 한 구역씩만 오염도를 측정하여 모든 구역을 측정하였다고 할 때 〈보기〉를 참고하여 항상 참이 아닌 것을 고르시오.

〈 보 기 〉

- 같은 날, 같은 장소를 측정한 인원은 없다.
- 지아를 제외한 나머지 인원은 C구역보다 A구역을 먼저 측정했다.
- 유나가 1일차에 B구역을 측정했다면 수빈이는 4일차에 A구역을 측정했다.
- D구역을 수빈이는 1일차에, 지아는 3일차에 측정했다.
- 유나는 D구역을 마지막으로 측정했다.

① 수빈이는 3일차에 A구역을 측정했다.
② 유나는 2일차에 C구역을 측정했다.
③ 수빈이는 4일차에 B구역을 측정했다.
④ 지아는 1일차에 C구역을 측정했다.
⑤ 예은이는 1일차에 B구역을 측정했다.

017 효진, 유성, 지우, 성회, 미지는 일렬로 줄지어 승마를 즐긴다. 4마리의 말 중 사람이 타지 않는 말은 없으며 한 마리의 말은 2명이 탔다고 할 때 〈보기〉를 참고하여 항상 거짓인 것을 고르시오.

〈 보 기 〉

- 유성이 앞에는 2명이 말을 탄다.
- 지우는 혼자 말을 타지 않는다.
- 효진이는 성회보다 앞에서 말을 탄다.
- 미지는 혼자 말을 타며 유성이보다 뒤에 있다.

① 미지는 4번째 말을 탄다.
② 성회는 3번째 말을 탄다.
③ 유성이는 2번째 말을 탄다.
④ 지우는 4번째 말을 탄다.
⑤ 효진이는 1번째 말을 탄다.

018 건우, 승우, 정우, 윤우, 준우는 전자출석을 하기 위해 일렬로 줄을 섰다. 이들 중 일부는 버스로 통학하고 나머지는 지하철로 통학한다. 이들의 전공이 전자공학, 정보통신공학, 산업공학이라 할 때 〈보기〉를 바탕으로 항상 참이 아닌 것을 고르시오.

〈 보 기 〉

- 통학수단이 같은 학생끼리는 인접하게 줄을 서지 않았다.
- 전공이 같은 학생끼리는 인접하게 줄을 서지 않았다.
- 윤우는 산업공학을 전공한다.
- 정보통신공학을 전공하는 학생의 수는 산업공학을 전공하는 학생의 수와 동일하다.
- 전자공학을 전공하는 승우는 4번째로 줄을 섰다.
- 1번째로 줄을 서는 학생은 지하철을 타고 통학한다.
- 건우와 준우는 전공과 통학수단이 같다.

① 승우가 버스를 타고 통학한다면 준우는 지하철을 타고 통학한다.
② 윤우가 버스를 타고 통학한다면 정우는 지하철을 타고 통학한다.
③ 정우가 버스를 타고 통학한다면 건우는 3번째로 줄을 섰다.
④ 윤우와 승우가 인접하게 줄을 섰다면 정우는 버스를 타고 통학한다.
⑤ 승우와 정우의 통학수단이 같다면 윤우는 5번째로 줄을 섰다.

019 **정후는 매일 학교 가는 버스 안에서 항상 같은 자리 앉아있는 그녀들을 보았다. 〈보기〉를 참고하여 항상 참인 것을 고르시오.**

〈 보 기 〉

- 세희와 한나는 같은 열에 앉았다.
- 진영이는 맨 앞에 앉지 않았다.
- 현진이는 은별이와 앞뒤로 인접하게 앉았다.
- 수진이는 맨 앞과 맨 뒤에 앉지 않았다.

앞		
좌석		좌석
좌석		좌석
좌석		좌석

〈버스 좌석〉

① 세희 뒤에는 수진이가 앉았다.
② 은별이 뒤에는 현진이가 앉았다.
③ 진영이는 은별이와 앞 또는 뒤로 인접하게 앉았다.
④ 수진이는 세희와 앞 또는 뒤로 인접하게 앉았다.
⑤ 수진이는 세희와 같은 열에 앉지 않았다.

020 **중훈, 성기, 근영, 청아, 민종은 푸드코트를 찾았다. 기본 반찬 외 추가로 담을 수 있는 반찬이 오이무침, 오징어 튀김, 닭볶음탕, 동파육이고 5명 모두 추가 반찬을 담았다고 할 때 〈보기〉를 참고하여 항상 거짓인 것을 고르시오.**

〈 보 기 〉

- 추가 반찬 4가지를 다 담은 인원은 없다.
- 근영이와 성기가 추가로 담은 반찬은 다르다.
- 중훈이가 추가로 담은 반찬을 민종이도 담았다.
- 오이무침을 추가 반찬으로 선택한 인원은 1명이다.
- 청아와 민종이만 오징어 튀김을 추가로 담았다.
- 근영이만 추가 반찬을 1가지 담았다.

① 중훈이가 담은 음식을 성기도 담았다고 할 때 청아는 닭볶음탕을 담았다.
② 성기가 닭볶음탕을 담지 않았다고 할 때 청아는 오이무침을 담았다.
③ 근영이가 담은 음식을 청아도 담았다고 할 때 성기는 동파육을 담았다.
④ 동파육을 담은 인원이 4명이라고 할 때 근영이는 오이무침을 담았다.
⑤ 청아가 닭볶음탕을 담았다면 성기는 오이무침을 담았다.

021 **건장한 국군 선발대회에서 민호, 승준, 원빈, 칠현, 계상이 입상했다. 이들이 받은 상이 금상, 은상, 동상, 장려상이라 할 때 〈보기〉를 참고하여 항상 거짓인 것을 고르시오.**

〈 보 기 〉

- 이들의 소속은 육군, 공군, 해군이며 아무도 소속되지 않은 군은 없다.
- 민호와 칠현이가 장려상을 받았다.
- 육군인 군인의 수는 해군인 군인의 수보다 많다.
- 은상을 받은 인물의 소속은 다른 상(금상, 동상, 장려상)을 받은 인물의 소속과 다르다.
- 해군인 승준이는 동상을 받았다.

① 민호는 육군이다.
② 육군은 3명이다.
③ 원빈이는 육군이다.
④ 계상이는 금상을 받았다.
⑤ 칠현이는 해군이다.

022 **간 주임, 홍 선임, 양 선임, 연 책임, 곽 책임, 채 수석은 사무실을 이전하여 자리를 새로 배치했다. 하위의 그림과 같이 새로 배치된 자리(책상)에 1 ~ 6의 번호를 부여하였다고 할 때 〈보기〉를 참고하여 3번 책상에 앉는 인원을 고르시오.**

〈 보 기 〉

- 〈좌석 배치표〉와 같이 복도를 향해 3쌍의 책상이 마주 보고 있다.
- 같은 직급끼리는 바로 옆에 붙어 앉지 않는다.
- 간 주임의 왼쪽이며 인접한 자리에 양 선임이 앉는다.
- 홍 선임은 연 책임과 마주 보는 자리에 앉는다.
- 채 수석은 4, 5, 6번 책상 중 한 자리에 앉는다.
- 1번 자리에는 선임 또는 책임만 앉는다.

<table>
<tr><td>책상
(1)</td><td>책상
(2)</td><td>책상
(3)</td></tr>
<tr><td colspan="3">복도</td></tr>
<tr><td>책상
(4)</td><td>책상
(5)</td><td>책상
(6)</td></tr>
</table>

〈좌석 배치표〉

① 간 주임　　② 홍 선임　　③ 양 선임
④ 연 책임　　⑤ 곽 책임

023 1, 2, 3, 4가 적힌 제비를 하나, 채림, 강훈, 광수, 윤애가 뽑았다. 이들 중 같은 숫자를 뽑은 인원이 2명이고 나머지 인원이 뽑은 숫자는 모두 다르다고 할 때 〈보기〉를 참고하여 이들이 뽑은 숫자의 총 합이 될 수 있는 숫자를 모두 짝지은 것을 고르시오.

〈 보 기 〉

- 하나와 채림이 뽑은 숫자의 합은 강훈, 광수, 윤애가 뽑은 숫자의 합과 동일하다.
- 강훈이는 2를 뽑았다.
- 하나가 뽑은 숫자는 윤애가 뽑은 숫자보다 작다.

① 14, 12 ② 14, 13 ③ 13, 11
④ 13, 12 ⑤ 12, 11

024 최대 6인이 앉을 수 있는 원형의 테이블만 있는 식당을 A, B, C, D, E, F, G, H, I, J 10명이 찾았다. 의자의 간격이 동일하고 이들이 2개의 테이블에 나눠 앉았다고 할 때 〈보기〉를 참고하여 항상 참인 것을 고르시오.

〈 보 기 〉

- A와 C는 같은 테이블에 앉지 않았다.
- E와 인접한 왼쪽에는 H가 앉았다.
- D, F, I는 같은 테이블에 앉았으며 서로 인접하지 않게 앉았다.
- B와 G 사이에는 1명이 앉았다.
- E와 J는 서로 마주 보고 앉았다.
- D와 인접한 자리에는 아무도 앉지 않았다.

① A가 D와 마주 보고 앉았다면 C는 B와 마주 보고 앉았다.
② B와 A가 인접하게 앉았다면 I는 C와 인접하게 앉았다.
③ H와 B가 인접하게 앉았다면 C는 E와 인접하게 앉았다.
④ G가 H와 마주 보고 앉았다면 B는 A와 마주 보고 앉았다.
⑤ C와 F가 인접하게 앉았다면 G는 A와 마주 보고 앉았다.

025 아나고등학교 학생인 소민, 재석, 지효, 석진, 동훈이는 뮤지컬을 보았다. 이들의 학년은 1학년, 2학년, 3학년이라고 할 때 〈보기〉를 참고하여 항상 참인 것을 고르시오.

〈 보 기 〉

– 5명 모두 뮤지컬 1편을 봤고 이들이 관람한 뮤지컬은 '캣츠'와 '오페라의 유령'이다.
– 소민이와 재석이의 학년은 같다.
– '오페라의 유령'을 본 학생의 학년은 1, 2, 3학년이다.
– 석진이는 5명 중 유일한 1학년이다.
– 지효와 동훈이는 같은 뮤지컬을 보았다.

① 소민이와 재석이가 같은 뮤지컬을 봤다면 지효는 2학년이다.
② 재석이만 '캣츠'를 봤다면 소민이는 3학년이다.
③ 지효와 동훈이의 학년이 같다면 '캣츠'를 본 학생은 1명이다.
④ 동훈이가 3학년이라면 지효와 재석이가 본 뮤지컬은 다르다.
⑤ 2명이 '캣츠'를 봤다면 재석이는 '오페라의 유령'을 봤다.

026 5층짜리 건물에 진실, 진희, 진수, 진성, 진기, 진호가 거주한다. 6명 중 2명은 같은 층에 거주하고 나머지 인원은 모두 한 층에 한 명씩 거주한다고 할 때 〈보기〉를 참고하여 2층에 거주할 수 있는 인물을 고르시오.

〈 보 기 〉

– 진실이와 진희 사이에는 1명이 거주한다.
– 진성이는 다른 한 명과 같은 층에 거주한다.
– 진기 위에는 3명이 거주한다.
– 진수는 진호의 바로 위층에 거주한다.

① 진실　② 진희　③ 진수
④ 진기　⑤ 진호

027 **출장 중 2층으로 이뤄진 호텔에 기 대리, 문 대리, 성 대리, 방 과장, 차 과장, 주 차장이 묵기로 했다. 각 층은 3개의 호실로 이뤄져 있으며 좌측부터 1호실, 2호실, 3호실이다. 각 호실을 1명씩 사용한다고 할 때 〈보기〉를 참고하여 항상 참인 것을 고르시오.**

〈 보 기 〉

- 같은 직급의 인원끼리는 상하좌우로 인접한 호실을 사용하지 않는다.
- 방 과장이 묵는 호실과 기 대리가 묵는 호실은 상하로 인접하다.
- 주 차장이 묵는 호실의 바로 오른쪽 호실을 성 대리가 사용한다.

① 성 대리가 1층에 묵는다면 2층 3호실을 차 과장이 사용한다.
② 방 과장과 차 과장이 같은 층에 묵는다면 문 대리가 1층에 묵는다.
③ 차장과 과장이 묵는 층이 다르다면 차 과장의 좌측 호실에 문 대리가 묵는다.
④ 차 과장이 2호실을 사용한다면 주 차장은 1층에 묵는다.
⑤ 기 대리의 바로 우측 호실에 차 과장이 묵는다.

028 **창업 경진대회에 A, B, C, D, E 팀이 참여했다. 〈보기〉를 참고하여 반드시 창업지원금을 받았다고 확정할 수 있는 팀의 수를 고르시오.**

〈 보 기 〉

- C팀이 창업 지원금을 받았다면 E팀은 창업지원금을 받지 못했다.
- C팀 또는 D팀 중 한 팀만 창업지원금을 받았다.
- B팀은 창업지원금을 받지 못했다.
- D팀이 창업지원금을 받았다면 A팀과 B팀은 창업지원금을 받았다.

① 0팀　② 1팀　③ 2팀
④ 3팀　⑤ 4팀

029 현아, 진현, 주연, 송희, 성화는 월드IT쇼의 입장권을 구매하기 위해 일렬로 줄을 서서 대기 중이다. 선택지에서 왼쪽부터 먼저 온 사람이라 할 때 〈보기〉를 참고하여 이들이 줄을 서고 있는 경우로 적절한 것을 고르시오.

〈 보 기 〉

- 송희와 성화 사이에는 1명이 줄을 서고 있다.
- 현아는 성화보다 뒤에 줄을 서고 있다.
- 진현이와 주연이 사이에는 2명이 줄을 서고 있다.
- 송희는 진현이보다 앞에 줄을 서고 있다.

① 성화 – 진현 – 송희 – 현아 – 주연
② 송희 – 현아 – 성화 – 주연 – 진현
③ 송희 – 진현 – 현아 – 성화 – 주연
④ 성화 – 주연 – 송희 – 현아 – 진현
⑤ 성화 – 송희 – 주연 – 현아 – 진현

030 연아, 수현, 정미, 민정, 진우는 800미터 달리기 대회에 출전하여 들어온 순서대로 금메달, 은메달, 동메달을 받았다. 이들의 소속팀이 경기도청, 강원도청, 충청도청이라 할 때 〈보기〉를 참고하여 항상 참인 것을 고르시오.

〈 보 기 〉

- 각 메달은 1명씩 받았고 각 팀은 최대 2명의 선수를 출전시켰다.
- 메달리스트를 배출하지 못한 팀은 없다.
- 연아와 수현이는 같은 팀이다.
- 정미는 은메달을 받았다.
- 충청도청 소속 선수가 금메달을 받았다.
- 민정이는 강원도청 소속이다.

① 수현이가 충청도청 소속이라면 진우는 메달을 받지 못했다.
② 연아가 금메달을 받았다면 민정이는 동메달을 받았다.
③ 진우가 동메달을 받았다면 민정이는 메달을 받지 못했다.
④ 민정이가 메달을 받지 못했다면 정미는 경기도청 소속이다.
⑤ 진우가 경기도청 소속이라면 진우는 동메달을 받았다.

031 A팀 소속인 정수, 민수, 상수와 B팀 소속인 현우, 성우, 시우와 C팀 소속인 소희, 지희, 미희 중 6명이 퇴사했다. 〈보기〉를 참고하여 항상 참이 아닌 것을 고르시오.

〈 보 기 〉

- A팀 소속의 퇴사자는 C팀 소속의 퇴사자보다 많다.
- 시우가 퇴사하지 않았다면 상수도 퇴사하지 않았다.
- 퇴사자가 없는 팀은 없다.
- 성우는 퇴사하지 않았다.
- 민수가 퇴사했다면 지희도 퇴사했다.

① 소희가 퇴사하지 않았다면 현우도 퇴사하지 않았다.
② B팀의 퇴사자가 2명이라면 소희는 퇴사하지 않았다.
③ C팀에서 지희만 퇴사했다면 현우는 퇴사했다.
④ 현우가 퇴사했다면 미희는 퇴사하지 않았다.
⑤ 성우 또는 시우가 퇴사했다면 지희도 퇴사했다.

032 예림, 승우, 태식, 병찬, 미주는 해바라기 식당을 찾았다. 이들이 주문한 메뉴가 오므라이스와 돈까스정식이라 할 때 〈보기〉를 참고하여 항상 거짓인 것을 고르시오.

〈 보 기 〉

- 5명 모두 하나의 메뉴를 시켰다.
- 태식이 또는 승우가 돈까스정식을 시켰다면 예림이는 오므라이스를 시켰다.
- 병찬이가 오므라이스를 시켰다면 태식이와 미주는 오므라이스를 시켰다.
- 태식이와 승우 중 1명만 오므라이스를 시켰다.
- 미주가 오므라이스를 시켰다면 예림이는 돈까스정식을 시켰다.

① 돈까스정식은 3명이 시켰다.
② 미주는 돈까스정식을 시켰다.
③ 승우는 오므라이스를 시켰다.
④ 병찬이는 오므라이스를 시켰다.
⑤ 태식이는 미주와 같은 메뉴를 시켰다.

033 **가연, 남희, 달수는 1일부터 3일까지 걸쳐 환승역 유동인구를 조사했다. 이들이 조사한 역이 강남역, 신도림역, 왕십리역이라 할 때 〈보기〉를 참고하여 항상 참이 아닌 것을 고르시오.**

〈 보 기 〉

- 3명 모두 3개의 역을 모두 조사했으며 하루에 1개의 역씩 조사했다.
- 같은 날에 같은 역을 조사한 인원은 없다.
- 남희는 2일차에 신도림역을 조사했다.

① 가연이가 3일에 강남역을 조사했다면 달수는 1일에 왕십리역을 조사했다.
② 달수가 2일에 왕십리역을 조사했다면 남희는 1일에 강남역을 조사했다.
③ 달수가 1일에 강남역을 조사했다면 가연이는 1일에 신도림역을 조사했다.
④ 남희와 가연이가 3일에 왕십리역을 조사하지 않았다면 달수는 2일에 강남역을 조사했다.
⑤ 달수와 남희가 1일에 강남역을 조사하지 않았다면 남희는 3일에 강남역을 조사했다.

034 **기수, 수현, 현숙, 숙희, 희주는 3층으로 이뤄진 기숙사에 거주한다. 각 층에 거주하지 않는 인원이 없다고 할 때 〈보기〉를 참고하여 반드시 2층에 거주하는 인물을 고르시오.**

〈 보 기 〉

- 기수보다 위층에 현숙이가 거주한다.
- 희주는 수현이 바로 아래층에 거주한다.
- 숙희는 현숙이와 같은 층에 거주한다.
- 한 층에 3명이 거주하는 경우는 없다.

① 기수 ② 수현 ③ 현숙
④ 숙희 ⑤ 희주

035 차훈, 민창, 정혁, 연태, 우준이는 볼링을 치러 갔다. 이들 중 볼링 에버리지(=점수)가 같은 사람이 아무도 없다고 할 때 〈보기〉를 참고하여 에버리지가 2번째로 높은 사람을 고르시오.

〈 보 기 〉

- 점수로 등수를 가렸을 때 민창이와 우준이의 등수 사이에는 1명이 있다.
- 연태는 정혁이와 점수 차이가 가장 적다.
- 차훈이는 정혁이보다 점수가 높다.

① 차훈 ② 민창 ③ 정혁
④ 연태 ⑤ 우준

036 가람, 서안, 주빈, 선민, 리우, 유담이는 패스트푸드점의 장난감세트를 사기 위해 일렬로 줄을 섰다. 동성끼리 인접하지 않게 섰다고 할 때 〈보기〉를 참고하여 항상 참이 아닌 것을 고르시오.

〈 보 기 〉

- 주빈이와 리우는 인접하게 줄을 섰다.
- 가람이와 리우 사이에 1명만 줄을 섰다.
- 유담이 또는 선민이 중 1명만 여성이다.
- 서안이는 4번째로 줄을 섰으며 남성이다.
- 유담이는 서안이보다 뒤에 줄을 섰다.
- 선민이는 주빈이 보다 앞에 줄을 섰다.

① 선민이와 주빈의 성별은 다르다.
② 유담이와 서안이의 성별은 같다.
③ 리우는 서안이는 인접하게 줄을 섰다.
④ 서안이와 가람이는 인접하게 줄을 섰다.
⑤ 리우와 가람이 사이에는 주빈이가 있다.

037 A, B, C, D, E, F, G, H 8명이 회의실을 찾았다. 회의실 테이블은 원형으로 최대 6인이 앉을 수 있으며 의자의 간격은 동일하다. 이들이 인원을 나누어 테이블에 앉았다고 할 때 〈보기〉를 참고하여 D와 같은 테이블에 앉은 인원수를 고르시오. (인원수를 셀 때 D도 포함한다.)

〈 보 기 〉

- A와 C는 마주 보고 앉았다.
- E와 인접한 양측 자리에는 F와 B가 앉았다.
- D와 인접한 좌측, 우측 자리는 비어있다.
- H와 A 사이에는 1자리가 비었다.
- G는 E와 마주 보고 앉았다.

① 1　② 2　③ 3　④ 4　⑤ 5

038 세원, 서형, 규연, 시유는 설악산, 북한산, 지리산, 주왕산, 한라산을 올랐다. 각자 1월부터 4월까지 매달 1개의 산을 올랐고 한번 올랐던 산은 오르지 않았다고 할 때 〈보기〉를 참고하여 서형이가 반드시 오르는 산을 고르시오.

〈 보 기 〉

- 아무도 오르지 않은 산은 없다.
- 주왕산을 오른 인원은 2명이다.
- 규연이는 한라산을 오르지 않았다.
- 시유와 세원이는 같은 산을 올랐다.

① 설악산　② 북한산　③ 지리산　④ 주왕산　⑤ 한라산

039 준범, 성빈, 라온, 윤재, 현준이는 자동차 레이싱 동호회 회원이다. 레이싱 경주를 통해 1등부터 5등까지 순위가 가려졌다고 할 때 〈보기〉를 참고하여 항상 참인 것을 고르시오.

〈 보 기 〉

- 이들의 자동차 색상은 검정, 빨강, 파랑이다.
- 검정색의 자동차 수는 빨간색의 자동차 수보다 많다.
- 같은 색상의 자동차를 보유한 회원의 등수는 인접하지 않는다.
- 현준이와 라온이의 등수 사이에는 2명이 존재한다.
- 윤재는 4등으로 들어왔으며 파란색의 자동차를 보유한다.

① 현준이와 라온이의 자동차 색상은 동일하다.
② 라온이와 준범이의 자동차 색상이 같다면 현준이는 2등이다.
③ 성빈이가 1등으로 들어왔다면 현준이는 5등이다.
④ 라온이의 자동차 색상이 빨간 색이라면 준범이는 3등이다.
⑤ 성빈이와 라온이의 자동차 색상은 다르다.

040 민진, 현재, 승범, 연준, 유희, 상훈이는 원탁에 앉아 회의 중이다. 의자의 간격이 동일하다고 할 때 〈보기〉를 참고하여 항상 거짓인 것을 고르시오.

〈 보 기 〉

- 현재의 바로 옆 자리에는 승범이가 앉았다.
- 유희의 바로 양측 자리에는 연준이가 앉지 않았다.
- 민진이를 기준으로 인접한 왼쪽 자리에는 상훈이가 앉았다.

① 상훈이와 승범이가 마주 보고 앉았다면 유희와 현재는 인접하게 앉았다.
② 연준이와 민진이가 인접하게 앉았다면 승범이는 유희와 인접하게 앉았다.
③ 연준이와 인접한 우측자리에 현재가 앉았다면 승범이와 상훈이는 마주 보고 앉았다.
④ 상훈이가 연준이와 인접하다면 민진이는 승범이와 마주 보고 앉았다.
⑤ 유희와 연준이는 서로 마주 보고 앉았다.

041 **성찬, 시후, 윤혁, 예담, 연지는 종이공작 수업에 참여했다. 이들이 가져온 준비물이 색종이, 가위, 풀, 칼, 자이고 개인당 2종류씩 준비해왔다고 할 때 〈보기〉를 참고하여 항상 거짓인 것을 고르시오.**

〈 보 기 〉

- 색종이를 가져온 인원은 2명이고 자를 가져온 인원은 1명이다.
- 윤혁이가 가져온 준비물과 예담이가 가져온 준비물은 다르다.
- 예담이가 칼을 가져왔다면 시후는 색종이를 가져오지 않았다.
- 성찬이는 가위와 풀을 가져왔다.
- 시후와 연지가 가져온 준비물은 동일하다.

① 시후는 색종이를 가져왔다.
② 예담이는 자를 가져왔다.
③ 연지는 풀을 가져왔다.
④ 예담이는 자를 가져오지 않았다.
⑤ 윤혁이는 칼을 가져오지 않았다.

042 **우주, 승원, 해인, 유하는 마곡, 창원, 구미, 파주로 출장을 간다. 4명 모두 4일간 하루에 한 곳씩 방문한다고 할 때 〈보기〉를 참고하여 항상 참이 아닌 것을 고르시오.**

〈 보 기 〉

- 4명은 4군데를 모두 방문하며 같은 날에 같은 곳을 방문한 인원은 없다.
- 승원이는 1일차에 창원을 방문하고 우주는 2일차에 파주를 방문한다.
- 유하는 4일차에 마곡을 방문한다.
- 해인이가 1일차에 구미를 방문하지 않는다면 우주는 2일차에 파주를 방문하지 않는다.
- 승원이는 해인이보다 마곡을 먼저 방문한다.

① 우주는 1일차에 마곡을 방문한다.
② 유하는 1일차에 파주를 방문한다.
③ 해인이는 2일차에 창원을 방문한다.
④ 우주는 4일차에 창원을 방문한다.
⑤ 승원이는 3일차에 구미를 방문한다.

043 규민, 재우, 아인, 대현, 도운, 유진, 영재, 지현이는 2인 1조로 공포체험을 하기 위해 줄을 섰다. 조 순서대로 줄을 섰다고 할 때 〈보기〉를 참고하여 항상 참인 것을 고르시오.

〈 보 기 〉

- 규민이와 아인이는 같은 조다.
- 대현이네 조는 3번째로 줄을 섰다.
- 영재 바로 뒤에는 도운이가 줄을 섰다.
- 유진이는 맨 앞에 줄을 섰다.

	1조	2조	3조	4조
앞				

〈줄 서기 예시〉

① 영재와 대현이가 같은 조라면 지현이는 4조이다.
② 규민이와 아인이가 4조라면 도운이는 3조이다.
③ 유진이 다음 조가 규민이라면 재우는 1조이다.
④ 유진이와 재우가 같은 조라면 지현이는 2조이다.
⑤ 대현이와 지현이가 같은 조라면 재우는 2조이다.

044 대학생인 수경, 로운, 상훈, 재빈이의 학교 소재지는 강서구, 관악구, 광진구, 중랑구이다. 이들의 거주지도 강서구, 관악구, 광진구, 중랑구이다. 학교도 한 곳, 사는 곳도 한 곳이라 할 때 〈보기〉를 참고하여 항상 참인 것을 고르시오.

〈 보 기 〉

- 4명의 학교 소재지는 서로 다르며 거주지도 서로 다르다.
- 거주지와 학교 소재지가 같은 사람은 없다.
- 수경이의 거주지는 관악구이고 로운이의 학교는 중랑구에 있다.
- 로운이의 거주지가 광진구라면 상훈이의 학교 소재지는 광진구다.
- 재빈이는 강서구에 거주한다.

① 재빈이의 학교 소재지는 관악구이고 거주지는 강서구이다.
② 수경이의 학교 소재지는 강서구이고 거주지는 중랑구이다.
③ 로운이의 학교 소재지는 광진구이고 거주지는 중랑구이다.
④ 수경이의 학교 소재지는 관악구이고 거주지는 강서구이다.
⑤ 상훈이의 학교 소재지는 중랑구이고 거주지는 광진구이다.

045 유빈, 세윤, 희선, 인서, 소예는 뜨개질을 한다. 이들이 뜨개질하는 작품은 목도리, 조끼, 모자이고 인당 하나의 작품만 만든다고 할 때 〈보기〉를 참고하여 뜨개질하는 인물과 작품을 알맞게 연결한 것을 고르시오.

〈 보 기 〉

– 같은 작품을 만드는 인원은 최대 2명이다.
– 유빈이와 소예는 같은 작품을 만든다.
– 희선이와 인서가 만드는 작품은 다르다.
– 세윤이는 목도리를 만든다.
– 유빈이와 희선이가 만드는 작품이 다르다면 인서는 모자를 만든다.

① 유빈 – 조끼　② 세윤 – 조끼　③ 희선 – 조끼
④ 인서 – 목도리　⑤ 소예 – 목도리

046 정현, 동민, 병성, 영훈이는 낚시를 떠났다. 이들이 낚은 물고기의 종류가 우럭, 놀래미, 볼락, 자리돔이고 4명 모두 물고기를 잡았다고 할 때 〈보기〉를 참고하여 항상 참인 것을 고르시오.

〈 보 기 〉

– 정현이는 동민이가 잡은 물고기를 잡지 않았다.
– 정현이와 영훈이만 놀래미를 잡았다.
– 병성이는 볼락을 잡지 않았다.

① 자리돔을 잡은 사람이 2명이라면 동민이는 우럭을 잡았다.
② 영훈이가 동민이가 잡은 물고기를 잡지 않았다면 동민이는 볼락을 잡았다.
③ 정현이가 볼락을 잡았다면 영훈이는 우럭을 잡았다.
④ 볼락을 잡은 사람이 2명이라면 영훈이는 볼락을 잡았다.
⑤ 동민이가 영훈이가 잡은 물고기를 잡지 않았다면 정현이는 우럭을 잡았다.

047 영진이는 모의고사로 언어, 수리, 추리, 시각, 상식을 본 후 점수가 높은 과목부터 SNS에 점수를 공개했다. 각 과목의 점수가 다르다고 할 때 〈보기〉를 참고하여 항상 참인 것을 고르시오.

〈 보 기 〉

- 과목별 점수 차가 가장 큰 과목은 언어와 수리이다.
- 추리 점수는 언어 점수보다 낮다.
- 시각 점수는 상식 점수보다 높다.

① 언어 바로 뒤에 시각 점수를 공개했다면 3번째로 공개하는 과목은 상식이다.
② 수리 점수를 가장 먼저 공개했다.
③ 4번째로 공개하는 과목이 상식이라면 3번째로 공개하는 과목은 시각이다.
④ 추리를 공개한 후 바로 뒤에 상식을 공개했다.
⑤ 추리와 시각을 공개하는 순서가 인접하다면 4번째로 공개하는 과목은 상식이다.

048 인서, 도윤, 나원, 은아, 채민은 윷 던지기를 해보았다. 윷을 던져 도, 개, 걸, 윷, 모 중 하나의 점수를 받았으며 인당 2번씩 던졌다고 한다. 같은 점수를 2번 받은 인원은 없다고 할 때 〈보기〉를 참고하여 항상 거짓인 것을 고르시오.

〈 보 기 〉

- 나원이와 도윤이만 개를 받았다.
- 은아가 받은 점수 중 윷이 있으며 은아가 받은 각각의 점수는 다른 누구와도 같지 않다.
- 도윤이는 모를 받지 않았다.
- 모를 받은 인원수와 걸을 받은 인원수는 같다.
- 인서와 채민이가 받은 각각의 점수는 같다.

① 인서는 걸을 받았다.
② 도윤이는 도를 받지 않았다.
③ 나원이는 모를 받지 않았다.
④ 은아는 도를 받았다.
⑤ 채민이는 모를 받았다.

049 다원, 창민, 시우, 정환, 인영, 정원이는 로봇 만들기 대회에 참여하여 1인당 하나의 로봇만을 만들었다. 이들이 각자 만든 로봇의 종류는 산업용 로봇, 가정용 로봇, 의료용 로봇이다. 〈보기〉를 참고하여 항상 참인 것을 고르시오.

〈 보 기 〉

– 산업용 로봇을 만든 인원의 수는 의료용 로봇을 만든 인원의 수보다 많다.
– 다원이와 정환이가 만든 로봇의 종류는 같다.
– 같은 종류의 로봇을 만드는 인원은 최대 3명이다.
– 시우와 인영이가 만든 로봇의 종류는 다르다.
– 창민이가 만든 로봇과 같은 종류의 로봇을 만든 인원은 없다.

① 시우는 산업용 로봇을 만든다.
② 다원이와 인영이가 만든 로봇의 종류가 같다.
③ 정원이와 정환이가 만든 로봇의 종류가 다르다.
④ 창민이는 가정용 로봇을 만든다.
⑤ 시우와 정원이가 만든 로봇의 종류가 다르다.

050 태빈, 재환, 찬우, 규원, 지호는 각자 농구, 축구, 야구, 배구, 정구 종목의 선수이다. 이들의 취미 역시 농구, 축구, 야구, 배구, 정구 중 하나이고 서로 취미로 삼는 종목은 같지 않다. 선수로 뛰는 종목과 취미로 즐기는 종목이 같지 않다고 할 때 〈보기〉를 참고하여 항상 참인 것을 고르시오.

〈 보 기 〉

– 태빈이는 정구를 취미로 하고 규원이는 농구를 취미로 한다.
– 찬우는 축구 선수이고 지호는 야구선수이다.
– 재환이의 취미는 규원이가 선수로 뛰는 종목이다.

① 태빈이는 배구선수이며 정구를 취미로 한다.
② 재환이는 농구선수이며 배구를 취미로 한다.
③ 찬우는 축구선수이며 배구를 취미로 한다.
④ 규원이는 배구선수이며 농구를 취미로 한다.
⑤ 지호는 야구선수이며 배구를 취미로 한다.

051 **우석, 지희, 채영, 영재, 가희는 삼단논법 문제를 풀었다. 삼단논법의 문제가 '어모어', '모모어', '모모모'이고 3문제 모두 맞힌 사람과 3문제 모두 틀린 사람이 없다고 할 때 〈보기〉를 참고하여 항상 참이 아닌 것을 고르시오.**

〈 보 기 〉

- 우석이와 영재가 틀린 문제는 동일하다.
- 가희와 지희가 맞힌 문제는 동일하다.
- 모모어 문제의 정답을 맞힌 사람은 1명이다.
- 모모모를 문제의 정답을 맞힌 사람은 2명이다.
- 어모어 문제를 틀린 사람은 1명이다.

① 우석이가 모모모 문제를 맞췄다면 영재도 모모모 문제를 맞혔다.
② 영재가 1문제만 맞혔다면 가희는 모모모 문제를 맞혔다.
③ 채영이와 가희가 맞힌 문제의 수가 같다.
④ 채영이는 모모모 문제를 맞히지 못했다.
⑤ 지희와 우석이가 맞힌 문제의 수는 다르다.

052 **효원, 동규, 지안, 찬서, 우혁이는 물놀이를 떠났다. 이들이 가져온 수영 도구는 물안경, 물갈퀴, 수영복이라 할 때 〈보기〉를 참고하여 항상 참인 것을 고르시오.**

〈 보 기 〉

- 이들이 가져온 물안경의 개수와 물갈퀴의 개수의 합은 수영복 개수의 합과 동일하다.
- 찬서가 가져온 수영 도구를 효원이는 가져오지 않았다.
- 지안이는 물안경과 수영복만 가져왔다.
- 찬서는 2개의 수영 도구를 가져왔다.
- 3개의 도구를 다 가져온 인물은 동규가 유일하다.

① 물안경을 가져온 인원은 2명이다.
② 물갈퀴를 가져온 인원은 2명이다.
③ 수영 도구 가져오지 않은 인원은 2명이다.
④ 1개의 수영 도구를 가져온 인원은 2명이다.
⑤ 2개의 수영 도구를 가져온 인원은 2명이다.

053 **게임동아리인 준현, 재경, 효원, 성빈, 동욱, 초원이는 1학년과 2학년이다. 이들이 스타크래프트를 하며 종족을 프로토스, 저그, 테란 중 하나를 골랐다고 할 때 〈보기〉를 참고하여 항상 참인 것을 고르시오.**

〈 보 기 〉

- 2학년인 학생은 테란을 고르지 않았다.
- 프로토스를 고른 사람의 수는 저그 또는 테란을 고른 사람의 수와 같다.
- 준현이와 성빈이는 1학년이고 같은 종족을 골랐다.
- 동욱이는 프로토스를, 재경이는 테란을 골랐다.
- 1학년 학생은 2학년 학생보다 많다.
- 효원이와 초원이의 종족은 다르다.

① 1학년이 4명이라면 효원이는 테란을 골랐다.
② 동욱이가 1학년이라면 초원이는 저그를 골랐다.
③ 효원이가 2학년이라면 초원이는 테란을 골랐다.
④ 동욱이와 효원이의 학년이 같다면 초원이는 저그를 골랐다.
⑤ 재경이와 효원이의 학년이 같다면 초원이는 테란을 골랐다.

054 **상진, 정호, 민주, 지수, 중성이는 추리 문제 풀기 대결을 하였다. 많이 맞힌 사람 순서대로 등수를 가렸다고 할 때 〈보기〉를 참고하여 항상 참인 것을 고르시오.**

〈 보 기 〉

- 맞힌 문제의 수가 동일한 인원은 2명뿐이다.
- 민주와 지수가 맞힌 문제 수의 평균보다 중성이가 맞힌 문제가 많다.
- 민주의 등수 뒤에는 2명이 있다.
- 정호가 맞힌 문제의 수와 동일한 인물은 없으며 정호는 1등이 아니다.
- 상진이가 맞힌 문제의 수와 동일한 인물은 없다.

*참고: 공동 1등이 2명이 있다면 1등 뒤의 등수는 2등이 아닌 3등이다.

① 정호가 5등이라면 상진이는 4등이다.
② 중성이가 1등이라면 상진이는 4등이다.
③ 상진이가 4등이라면 지수는 2등이다.
④ 정호가 4등이라면 민주는 2등이다.
⑤ 지수가 4등이라면 상진이는 1등이다.

055 한나, 예윤, 정현, 태하, 다원 중 2명은 콩국수를 먹을 때 설탕을 넣어서 먹고 나머지 3명은 소금을 넣어서 먹는다. 이들의 출신이 전라도, 충청도, 경상도라 할 때 〈보기〉를 참고하여 이들이 넣는 첨가물과 출신지를 바르게 짝지은 것을 고르시오.

〈 보 기 〉

- 예윤이와 다원이가 넣는 첨가물은 다르다.
- 한나와 정현이의 출신은 같다.
- 전라도 출신의 인원은 경상도 출신의 인원보다 많다.
- 출신이 같은 인원이 넣어 먹는 첨가물은 같다.
- 태하는 전라도 출신이다.

*참고: 첨가물은 소금 또는 설탕을 의미

① 한나 – 설탕 – 충청도
② 예윤 – 설탕 – 경상도
③ 정현 – 소금 – 충청도
④ 태하 – 소금 – 전라도
⑤ 다원 – 소금 – 전라도

056 기획팀, 감사팀, 법무팀, 홍보팀, 재무팀이 주간회의를 위해 각 팀별로 1시간씩 회의실을 사용하며 13시부터 18시까지 회의실을 예약했다. 그런데 갑자기 14시부터 1시간 동안 사장님과 신입사원의 간담회가 잡혀 한 팀의 회의가 취소됐다. 〈보기〉를 참고하여 회의가 취소된 팀을 고르시오.

〈 보 기 〉

- 법무팀 바로 뒤에 홍보팀이 회의실을 예약했다.
- 재무팀의 회의 시작 예정시간은 기획팀의 회의 시작 예정시간보다 2시간 빠르다.
- 감사팀의 회의 시작 예정시간은 홍보팀의 회의 시작 예정시간보다 빠르다.

① 기획팀　② 감사팀　③ 법무팀
④ 홍보팀　⑤ 재무팀

057 원준, 유라, 연주, 상민, 지웅, 재율이는 할인된 가전제품을 사기 위해 일렬로 줄을 섰다. 이들이 구매하고자 하는 가전제품은 청소기와 에어컨이고 제품의 제조사는 S사와 L사이다. 6명 모두 하나의 제품만 구매를 희망한다고 할 때 〈보기〉를 참고하여 항상 참인 것을 고르시오.

〈 보 기 〉

- 원준이와 유라가 구매하고자 하는 가전제품의 제조사는 다르다.
- 구매를 희망하는 제조사가 같은 인원은 인접하게 줄을 서지 않았다.
- 상민이와 지웅이는 줄을 인접하게 섰으며 구매를 희망하는 가전제품은 다르다.
- L사의 제품 중 청소기는 없다.
- 연주는 4번째로 줄을 섰으며 S사의 에어컨 구매를 희망한다.
- 원준이는 2번째로 줄을 섰다.

① 유라와 재율이가 구매를 희망하는 가전제품은 같다.
② 지웅이와 원준이가 구매를 희망하는 가전제품은 같다.
③ 재율이와 지웅이가 구매를 희망하는 가전제품은 같다.
④ 상민이와 유라가 구매를 희망하는 가전제품은 같다.
⑤ 유라와 원준이가 구매를 희망하는 가전제품은 같다.

058 서영, 윤설, 시율, 다예가 좋아하는 색은 빨강, 노랑, 파랑 중 하나이다. 이들의 학과가 통계학, 화학, 경제학이고 하나의 전공만 이수한다고 할 때 〈보기〉를 참고하여 항상 참이 아닌 것을 고르시오.

〈 보 기 〉

- 서영이가 경제학과라면 다예는 통계학과이다.
- 화학과 학생은 빨강을 좋아하지 않는다.
- 시율이가 좋아하는 색은 파랑이다.
- 윤설이와 서영이는 같은 학과지만 좋아하는 색은 다르다.
- 시율이가 좋아하는 색이 파랑이면 윤설이는 빨강을 좋아한다.
- 빨강을 좋아하는 사람은 2명이고 노랑을 좋아하는 사람은 1명이다.

① 다예가 좋아하는 색은 빨강이다.
② 시율이의 전공은 화학이다.
③ 다예의 전공은 통계학이다.
④ 나올 수 있는 경우의 수는 2가지이다.
⑤ 서영이가 가능한 전공은 2가지이다.

059 **찬빈, 승후, 우빈, 유준이는 축구, 배구, 야구, 농구를 한다. 이들은 각자 하나의 운동만 하고 같은 운동을 하는 사람은 없다고 할 때 〈보기〉를 참고하여 항상 참인 것을 고르시오.**

〈 보 기 〉

- 찬빈이는 축구를 하지 않는다.
- 승후는 농구 또는 야구를 한다.
- 승후가 야구를 한다면 유준이는 배구를 한다.

① 조건에 따라 성립이 가능한 경우는 6가지이다.
② 농구가 가능한 사람은 3명이다.
③ 우빈이가 할 수 있는 운동은 2가지이다.
④ 우빈이는 축구를 한다면 승후는 농구를 한다.
⑤ 유준이가 배구를 하는 경우는 2가지이다.

060 **도준, 지온, 지민, 시연, 윤설이는 북한산을 오른다. 북한산은 등반할 수 있는 코스가 A, B, C이고 각자 하나의 코스를 선택한다고 할 때 〈보기〉를 참고하여 항상 참인 것을 고르시오.**

〈 보 기 〉

- 한 코스를 오를 수 있는 최대 인원은 2명이다.
- 시연이와 지온이는 다른 코스를 선택한다.
- 지민이와 도준이는 같은 코스를 오른다.
- 윤설이는 B코스를 오르지 않는다.
- 시연이는 A코스를 오르지 않는다.

① 이들이 북한산을 오르는 방법은 4가지다.
② 지온이가 오르는 코스는 아무도 선택하지 않는다.
③ 지민이가 A코스를 오르는 경우는 2가지다.
④ 윤설이와 시연이는 같은 코스를 오르지 않는다.
⑤ 시연이가 C코스를 오르는 경우는 2가지다.

061 A, B, C, D, E는 기흥, 화성, 평택으로 출장을 간다. 월요일부터 토요일 사이에 출장을 가며 한 장소당 연속하여 2일을 방문한다고 할 때 〈보기〉를 참고하여 인원, 방문 장소, 방문 요일을 올바르게 짝지은 것을 고르시오.

〈 보 기 〉

– 같은 장소를 같은 날에 방문한 인원은 없다.
– 모든 인원은 하루에 1곳만 방문한다.
– D를 제외한 인원은 2곳씩 출장을 간다.
– E는 화성을 방문하지 않는다.
– A는 목요일에 평택을 방문하고 C는 화요일에 화성을 방문한다.
– B는 월요일과 화요일에 기흥을, E는 토요일에 평택을 방문한다.

① A – 평택 – 금요일
② B – 화성 – 목요일
③ C – 기흥 – 수요일
④ D – 기흥 – 토요일
⑤ E – 기흥 – 금요일

062 시언, 환희, 수빈, 주연이는 4일간 상권조사를 위해 A, B, C, D 지역을 방문했다. 이들 모두 하루에 1곳씩 방문하여 4곳을 다 조사했다고 할 때 〈보기〉를 참고하여 항상 거짓인 것을 고르시오.

〈 보 기 〉

– 같은 일차에 조사지역이 같은 인원은 없다.
– 환희는 1일차에 A지역을, 수빈이는 2일차에 C지역을 조사했다.
– 주연이는 1일차에 D지역을 조사했다.
– 시언이가 B지역을 조사한 2일 뒤 환희가 B지역을 조사했다.

① 시언이는 3일차에 D지역을 방문했다.
② 수빈이는 4일차에 A지역을 방문했다.
③ 주연이는 2일차에 A지역을 방문했다.
④ 주연이는 4일차에 B지역을 조사했다.
⑤ 환희는 4일차에 B지역을 조사했다.

063 남자인 A, B, C, D는 여자인 E, F, G, H와 2인 1조로 조별 과제를 하기로 했다. 빨강, 주황, 노랑, 초록 구슬을 뽑아 같은 색의 구슬을 뽑은 남/여가 한 조를 이루기로 했고 총 4팀이 구성됐다고 할 때 〈보기〉를 참고하여 항상 참이 아닌 것을 고르시오.

〈 보 기 〉

- F와 G는 빨강 구슬을 뽑지 않았다.
- B는 H와 같은 조가 됐다.
- C는 주황 구슬을 뽑았고 E는 노랑 구슬을 뽑았다.
- D는 빨강 구슬 또는 초록 구슬을 뽑았다.

① B는 빨강 구슬을 뽑았다.
② A는 노랑 구슬을 뽑았다.
③ D는 초록 구슬을 뽑았다.
④ F는 C와 다른 조다.
⑤ E와 A는 같은 조다.

064 길중, 상민, 혁건, 경호, 완규는 공연을 위해 곡을 골랐다. 이들이 고른 곡은 '사랑했지만', 'Blood', '형', '질풍가도', 'You'이고 1인당 하나의 곡만 골랐다고 할 때 〈보기〉를 참고하여 항상 참이 아닌 것을 고르시오.

〈 보 기 〉

- 혁건이는 '사랑했지만'을 골랐다.
- 경호가 '질풍가도'를 골랐다면 상민이는 'Blood'를 골랐다.
- 길중이 또는 상민이는 'Blood'를 골랐다.
- 완규는 'You' 또는 '사랑했지만'을 골랐다.

① 경호는 '형'을 골랐다.
② 길중이가 고를 수 있는 곡은 3가지다.
③ '질풍가도'를 고를 수 있는 인물은 상민, 경호, 길중이다.
④ 길중이가 'Blood'를 골랐다면 상민이는 '질풍가도'를 골랐다.
⑤ 완규는 'You'를 골랐다.

065 다율, 규진, 세영, 은결, 선우는 표창장을 받기 위해 일렬로 줄을 선다. 동성(同性)끼리는 이웃하게 줄을 서지 않는다고 할 때 〈보기〉를 참고하여 항상 참인 것을 고르시오.

〈 보 기 〉

- 다율이와 규진이의 성(性)은 다르다.
- 선우와 세영이의 성(性)은 같다.
- 은결이 바로 뒤에는 선우가 줄을 선다.

① 다율이가 1번째로 줄을 선다면 세영이는 3번째로 줄을 선다.
② 나올 수 있는 경우의 수는 4가지이다.
③ 규진이 바로 뒤에 세영이가 줄을 선다면 다율이는 1번째로 줄을 선다.
④ 선우가 3번째로 줄을 선다면 나올 수 있는 경우의 수는 2가지이다.
⑤ 선우는 1번째로 줄을 설 수 있다.

066 영희, 영수, 영민, 영지, 영호 5명이 놀이기구를 타기 위해 일렬로 줄을 선다. 줄을 서는 사람 중 2명이 어른이고 3명이 아이라 할 때 〈보기〉를 참고하여 항상 참인 것을 고르시오.

〈 보 기 〉

- 아이끼리 인접하게 줄을 서지 않는다.
- 영호는 어른이 아니다.
- 영희가 영지보다 먼저 줄을 선다.
- 영호와 영수는 인접하게 줄을 선다.

① 영지가 4번째로 줄을 선다면 영수가 제일 먼저 놀이기구를 탄다.
② 영민이가 어른이라면 영호는 제일 먼저 놀이기구를 탈 수 없다.
③ 영호가 3번째로 줄을 선다면 영희가 제일 먼저 놀이기구를 탄다.
④ 영지가 4번째로 줄을 선다면 영민이는 제일 먼저 놀이기구를 탈 수 없다.
⑤ 영희가 어른이라면 영호가 제일 먼저 놀이기구를 탄다.

067 **초희, 도희, 미희, 진희, 정희는 5층짜리 빌라에 모여 거주한다. 한 층에 한 명씩 거주한다고 할 때 〈보기〉를 참고하여 반드시 1층에 거주하는 사람을 고르시오.**

〈 보 기 〉

- 초희는 미희보다 아래층에 거주한다.
- 진희와 도희는 인접한 층에 거주한다.
- 정희는 2층에 거주한다.

① 초희 ② 도희 ③ 미희
④ 진희 ⑤ 정희

068 **민정, 민희, 희정, 정규, 소민, 재철은 원탁에서 회의한다. 〈보기〉를 참고하여 다음 중 항상 참인 것을 고르시오.**

〈 보 기 〉

- 모든 인원은 테이블을 정면으로 바라보고 앉는다.
- 모든 인원이 앉은 의자의 간격은 동일하다.
- 민정이와 소민이는 인접하게 앉는다.
- 희정이는 정규와 인접하게 앉지 않는다.
- 재철이와 인접한 우측 자리에 민희가 앉는다.

① 민희와 민정이가 마주 보고 앉는다면 소민이는 희정이와 인접하게 앉는다.
② 정규와 소민이가 인접하게 앉는다면 재철이와 희정이가 인접하게 앉는다.
③ 민정이와 민희가 마주 보고 앉는다면 재철이와 소민이가 마주 보고 앉는다.
④ 재철이와 소민이가 마주 보고 앉는다면 민희와 희정이가 마주 보고 앉는다.
⑤ 희정이와 민희가 인접하게 앉는다면 정규와 민정이는 인접하게 앉는다.

069 효민, 순영, 진호, 영훈은 매년 해외여행을 간다. 2015년부터 2019년까지 5년간 한 번도 쉬지 않고 여행을 갔다. 1년에 1번 여행을 가며 각자 매년 방문한 여행지는 다르다. 〈보기〉를 참고하여 2018년에 순영이가 방문한 여행지를 고르시오.

〈 보 기 〉

- 4명은 2015년부터 2019년 동안 호주, 칠레, 태국, 러시아, 프랑스를 방문했다.
- 효민이는 2016년에, 진호는 2018년에 프랑스를 방문했다.
- 진호가 러시아를 방문한 다음 해에 영훈이가 러시아를 방문했다.
- 태국을 영훈, 효민, 진호의 순서로 연달아 방문했다.
- 2017년에 러시아를 방문한 사람은 없다.

① 호주 ② 칠레 ③ 태국
④ 러시아 ⑤ 프랑스

070 규만, 민성, 주희, 재빈, 수현이 중 1명이 모임에 지각을 했고, 동시에 도착한 사람은 없다. 〈보기〉를 참고하여 항상 참이 아닌 것을 고르시오.

〈 보 기 〉

- 규만이는 주희보다 먼저 도착하지 않았다.
- 민성이가 1등으로 도착했다면 규만이는 수현이보다 늦게 도착했다.
- 재빈이가 3번째로 도착했다.
- 민성이는 규만이보다 먼저 도착했다.

① 주희는 지각자가 아니다.
② 민성이가 재빈이보다 먼저 도착했다.
③ 규만이가 4번째로 도착했다면 수현이가 지각자다.
④ 수현이가 4번째로 도착했다면 주희는 재빈이보다 먼저 도착했다.
⑤ 민성이가 1등으로 도착하는 경우는 2가지이다.

071 남자인 윤수, 제훈, 민호와 여자인 민서, 다희는 영화 티켓을 예매하기 위해 일렬로 줄을 선다. 남자와 여자는 서로 이웃하여 서 있을 때 〈보기〉를 토대로 2번째로 줄을 서는 사람을 고르시오.

〈 보 기 〉

- 제훈이는 윤수보다 먼저 줄을 선다.
- 민서와 제훈이는 인접하게 줄을 선다.
- 민호는 제훈이보다 먼저 줄을 선다.

① 윤수 ② 제훈 ③ 민호
④ 민서 ⑤ 다희

072 김 대리, 정 대리, 고 과장, 민 차장, 임 부장 다섯 명이 연수를 떠났다. 연수를 위해 예약한 숙소는 3층이고 각 층은 2명까지 사용할 수 있었다. 〈보기〉를 참고하여 다음 중 모든 인원이 사용한 층을 확정할 수 있는 조건을 찾으시오.

〈 보 기 〉

- 대리끼리는 같은 층을 사용하지 않았다.
- 부장은 제일 높은 층을 사용하지 않았다.
- 2층은 1명이 사용했다.
- 고 과장은 정 대리보다 높은 층을 사용했다.

① 민 차장이 2층을 사용했다.
② 임 부장이 1층을 사용했다.
③ 김 대리가 3층을 사용했다.
④ 민 차장이 3층을 사용했다.
⑤ 고 과장이 3층을 사용했다.

073 주민, 태희, 성준, 원빈, 영서, 수빈, 정배, 윤수는 탐험을 떠났다. 탐험의 방향은 동, 서, 남, 북 4가지 방향이며 한 방향에 2명이 팀을 이루었다. 〈보기〉를 참고하여 태희와 같은 방향을 탐험한 인물을 고르시오.

〈 보 기 〉

- 태희와 영서는 정반대의 방향으로 탐험을 떠났다.
- 성준이는 동쪽을 탐험했다.
- 정배와 원빈이는 성준이와 반대 방향으로 탐험을 떠났다.
- 영서와 윤수는 같은 팀이다.
- 주민이는 남쪽으로 탐험을 나섰다.

① 주민 ② 성준 ③ 원빈
④ 수빈 ⑤ 정배

074 수지, 수경, 희정, 희라는 독서동아리 회원이다. 4명 모두 겨울 방학인 4주간 동아리 방에 있는 도서 중에서 햄릿, 춘향전, 백년의 고독, 삼국지연의를 읽었다. 독서동아리에서 각 도서를 1권씩 보유하고 있고 4명 모두 일주일에 1권씩 읽었다고 한다. 〈보기〉를 참고하여 항상 참이 아닌 것을 고르시오.

〈 보 기 〉

- 수경이는 수지보다 먼저 백년의 고독을 읽었다.
- 희정이는 2주차에 삼국지연의를 읽었다.
- 4명 중 수지가 햄릿을 마지막으로 읽었다.

① 희라가 3주차에 햄릿을 읽었다면 수경이가 2주차에 햄릿을 읽었다.
② 수경이가 3주차에 햄릿을 읽었다면 희정이가 1주차에 햄릿을 읽었다.
③ 희라가 2주차에 백년의 고독을 읽었다면 희정이가 4주차에 백년의 고독을 읽었다.
④ 수경이가 2주차에 백년의 고독을 읽었다면 수지가 1주차에 춘향전을 읽었다.
⑤ 수지와 수경이가 1주차에 삼국지연의를 읽지 않았다면 희라가 1주차에 삼국지연의를 읽었다.

075 **철민, 상민, 정민, 규민, 성민은 L그룹에 서류를 접수하였다. 개인당 지원할 수 있는 회사는 총 3개까지였고 이들이 지원한 회사는 L전자, L디스플레이, L화학, L건설이다. 〈보기〉를 참고하여 다음 중 항상 참인 것을 고르시오.**

〈 보 기 〉

- 5명 모두 1개의 회사에서만 서류전형을 통과했다.
- 철민이와 상민이만 L디스플레이를 지원했고 L디스플레이의 서류전형을 통과했다.
- 상민이와 규민이는 L화학을 지원했다.
- 5명 모두 L전자를 지원했고 서류전형에 통과한 사람은 1명이다.
- L건설을 지원한 사람은 오직 1명이다.
- 상민이와 성민이만 3개의 회사에 지원하였고 나머지 3명은 2개의 회사에 지원하였다.

① L화학을 지원한 지원자는 2명이다.
② L건설의 서류전형을 통과한 사람은 없다.
③ 정민이가 L화학의 서류전형을 통과했다면 규민이는 L화학을 통과했다.
④ 규민이가 L전자의 서류전형을 통과했다면 정민이는 L화학을 통과했다.
⑤ 규민이가 L전자의 서류전형을 통과다면 성민이는 L화학을 통과했다.

076 **수정, 설화, 주리, 세융, 찬용, 조은이 원형테이블에 앉아 식사를 한다. 〈보기〉를 참고하여 주리와 마주 보고 식사하는 사람을 고르시오.**

〈 보 기 〉

- 모든 인원이 앉는 간격은 동일하다.
- 설화와 세융이는 인접하게 앉는다.
- 찬용이는 세융이와 마주 보고 식사를 한다.
- 설화는 조은이 옆에 앉는다.
- 수정이는 찬용이와 인접하게 앉지 않는다.

① 수정　② 설화　③ 세융
④ 찬용　⑤ 조은

077 **보미, 예나, 초은, 재린은 매주 영어스터디에 참여한다. 〈보기〉를 참고하여 항상 참인 것을 고르시오.**

〈 보 기 〉

- 매 스터디에 예나와 초은이 중 적어도 한 명은 반드시 참석한다.
- 지난 주 스터디에서 예나는 재린이를 만났다.
- 스터디에 보미가 참석할 때면 재린이도 반드시 참석한다.
- 이번 주 스터디에서 예나와 재린이는 둘 다 참석하지 않았다.

① 지난 주 스터디에 보미가 참석하였다.
② 이번 주 스터디에 보미가 참석하였다.
③ 지난 주 스터디에 초은이가 참석하였다.
④ 이번 주 스터디에 초은이가 참석하였다.
⑤ 재린이가 스터디에 참석하지 않으면 보미는 스터디에 참석한다.

078 **7층 건물에 재석, 광희, 명수, 지용, 덕만, 홍철, 영석 7명이 각 층에 한 명씩 입주할 예정이다. 〈보기〉를 참고하여 항상 참인 것을 고르시오.**

〈 보 기 〉

- 덕만이는 5층에 입주한다.
- 명수는 1층에 입주하지 않는다.
- 재석이는 덕만이보다 위층에 입주한다.
- 광희의 바로 위층은 지용이가 입주한다.
- 명수의 세 층 위에는 영석이가 입주한다.

① 영석이는 6층에 입주한다.
② 명수는 홍철이와 이웃한 층에 산다.
③ 재석이는 덕만이와 이웃한 층에 산다.
④ 광희, 지용이만 2층에 입주할 수 있다.
⑤ 이들이 입주하는 모든 경우는 2가지다.

079 예진, 진제, 정원, 주현, 세진, 병수는 롤러코스터 앞 쪽의 3칸에 탑승 예정이다. 롤러코스터는 1칸에 2자리씩 배석되어 있다. 〈보기〉를 참고하여 다음 중 항상 참인 것을 고르시오.

〈 보 기 〉

- 진제는 맨 앞에 탑승한다.
- 세진이는 예진이와 같은 칸에 탑승하지 않는다.
- 정원이는 병수보다 앞 칸에 탄다.

	1칸	2칸	3칸
앞			

〈롤러코스터〉

① 나올 수 있는 모든 경우의 수는 5가지이다.
② 병수와 주현이는 함께 탑승할 수 없다.
③ 예진이와 주현이가 함께 탑승한다면 세진이는 병수와 함께 탑승한다.
④ 진제와 정원이가 함께 탑승할 때 나올 수 있는 경우의 수는 2가지이다.
⑤ 세진이가 정원이와 함께 탑승한다면 예진이는 진제와 함께 탑승한다.

080 효진, 충희, 엘리아, 진솔은 5일 일정으로 여행을 떠났다. 이들이 여행한 도시는 서울, 춘천, 전주, 부산, 충주다. 하루에 한 도시를 방문했고 4명 모두 모든 도시를 방문했다고 할 때 〈보기〉를 참고하여 충희가 1일차에 방문한 도시를 고르시오.

〈 보 기 〉

- 충희와 진솔은 3일차에 전주에서 우연히 만났다.
- 부산을 마지막으로 여행한 사람은 진솔과 효진뿐이다.
- 여행 첫 날 엘리아와 효진만이 춘천을 찾았다.
- 1일차에 적어도 1명은 부산을 방문했다.

① 서울 ② 춘천 ③ 전주
④ 부산 ⑤ 충주

081 A, B, C, D, E 5개의 구슬이 들어있는 주머니에서 구슬을 뽑은 순서대로 일렬로 정렬했다. 〈보기〉를 참고하여 제일 먼저 뽑은 구슬을 고르시오.

〈 보 기 〉

- 정렬한 결과 C구슬과 B구슬은 인접해 있다.
- C구슬과 E구슬은 제일 먼저 뽑히지 않았다.
- D구슬은 B구슬보다 늦게 뽑혔다.
- 정렬한 결과 A구슬과 D구슬은 인접해 있다.
- D구슬을 제일 먼저 뽑지 않았다면 A구슬과 E구슬이 인접해 있다.

① A ② B ③ C
④ D ⑤ E

082 5층의 건물에 지원팀, 운영팀, 개발1팀, 개발2팀, 영업팀이 있다. 각 층에 하나의 팀만 들어간다고 할 때 〈보기〉를 참고하여 항상 참인 것을 고르시오.

〈 보 기 〉

- 지원팀과 운영팀 사이에는 개발팀이 최소 1팀이 있다.
- 영업팀은 고객의 접근성을 높이기 위해 1층에 위치한다.

① 지원팀이 2층에 위치한다면 운영팀은 5층에 위치한다.
② 개발1팀이 3층에 위치한다면 지원팀은 5층에 위치한다.
③ 개발2팀이 5층에 위치한다면 개발1팀은 3층에 위치한다.
④ 운영팀이 3층에 위치한다면 지원팀은 5층에 있을 수 없다.
⑤ 운영팀이 지원팀보다 위의 층에 있다면 개발2팀은 4층에 위치한다.

083 한솔, 미정, 정연, 주미, 소희는 일렬로 앉아서 영화를 관람했다. 5명의 자리는 붙어있고 좌측의 자리부터 1번째라고 할 때 〈보기〉를 참고하여 항상 참이 아닌 것을 고르시오.

〈 보 기 〉

- 한솔이는 미정이보다 오른쪽의 자리에 앉았다.
- 한솔이와 주미는 인접하게 앉았다.
- 소희는 한솔이보다 왼쪽에 앉았다.
- 주미와 미정이 사이에는 1명이 앉았다.

① 미정이가 2번째 자리에 앉았을 때 이들이 앉은 방법은 3가지이다.
② 소희가 2번째 자리에 앉았을 때 이들이 앉은 방법은 1가지이다.
③ 정연이가 2번째 자리에 앉았을 때 이들이 앉은 방법은 1가지이다.
④ 한솔이가 5번째로 앉았을 때 이들이 앉은 방법은 2가지이다.
⑤ 주미가 3번째로 앉았을 때 이들이 앉은 방법은 1가지이다.

084 혜미, 상민, 종민, 영현, 경애, 수호가 원형테이블에 앉아 식사를 하고 있다. 이들이 앉은 간격이 동일하다고 할 때 〈보기〉를 참고하여 종민과 마주 보고 식사하는 사람을 고르시오.

〈 보 기 〉

- 혜미와 수호 사이에 앉은 사람은 경애 1명이다.
- 상민이와 영현이는 인접하게 앉았다.
- 상민이는 수호 바로 옆에 앉았다.

① 혜미 ② 상민 ③ 영현
④ 경애 ⑤ 수호

085 결승선을 통과하는 순서대로 금메달, 은메달, 동메달을 수여하는 100미터 달리기 결승전에 종석, 민수, 하루, 재형, 지성 5명이 출전했다. 〈보기〉를 참고하여 금메달을 받는 사람을 고르시오.

〈 보 기 〉

- 종석이는 4등이다.
- 재형이는 민수보다 먼저 도착했다.
- 지성이가 금메달을 따지 못했다면 하루가 은메달을 땄다.
- 종석이의 달리기 기록과 지성이의 달리기 기록의 차이가 가장 근소하다.

① 종석 ② 민수 ③ 하루
④ 재형 ⑤ 지성

086 초아, 수아, 민아, 지아 네 명의 여학생과 정서, 영웅, 관호, 지호 네 명의 남학생이 미팅을 했다. 사탕을 주며 2명까지 호감을 표시할 수 있고 이성에게 호감을 표시하지 않은 학생은 없다. 여학생, 남학생이 서로 호감을 표시한 경우 커플로 선정되었다. 〈보기〉를 참고하여 반드시 성사되는 커플의 수를 구하시오.

〈 보 기 〉

- 초아는 영웅이에게 사탕을 주었다.
- 수아와 민아는 영웅, 관호가 마음에 들지 않았다.
- 영웅이와 관호는 수아에게 사탕을 주었다.
- 정서는 초아, 수아에게 사탕을 주었다.
- 지호는 사탕을 받지 못했다.

① 1 커플 ② 2 커플 ③ 3 커플
④ 4 커플 ⑤ 커플이 성사되지 않았음

087 D전자에서 신입사원 3명을 새로 채용하였다. 〈보기〉를 참고하여 항상 참인 것을 고르시오.

〈 보 기 〉

- 신입사원의 성(姓)은 각각 김, 이, 박이며 이들의 출신은 서울, 부산, 인천이다.
- 신입사원이 배치된 곳은 A사업부, B사업부, C사업부이다.
- 김씨 성을 가진 신입사원의 출신은 서울이 아니며 입사 순서는 두 번째이다.
- 부산 출신의 신입사원은 가장 먼저 입사하였다.
- 이씨 성을 가진 신입사원은 C사업부로 배치되었다.

① 김씨 성을 가진 신입사원은 B사업부로 배치됐다.
② 부산 출신 신입사원은 C사업부로 배치됐다.
③ 박씨 성을 가진 신입사원은 A사업부에 배치됐고 서울 출신이다.
④ 마지막으로 입사한 신입사원은 A사업부 또는 B사업부에만 배치됐다.
⑤ 이씨 성을 가진 신입사원이 부산 출신이라면 박씨 성을 가진 사원이 마지막으로 입사했다.

088 황희, 이이, 정철, 몽주 4명은 '언어', '수리', '추리', '도형' 시험에 응시한다. 시험시간은 1시간씩 4교시로 진행되고, 시험을 보기 위해 4명이 나란히 붙어있는 4개의 책상에 앉았다. 〈보기〉를 참고하여 반드시 3교시에 '수리'를 푸는 사람을 모두 언급한 것을 고르시오.

〈 보 기 〉

- 훔쳐보기를 방지하기 위해 옆 사람과는 다른 과목을 푼다.
- 황희와 몽주의 자리는 붙어있지 않고 황희가 몽주보다 좌측에 앉았다.
- 정철과 이이의 자리는 붙어있지 않으며 4명 중 이이는 제일 우측 자리에 앉았다.
- 4명은 4과목에 모두 응시한다.
- 정철은 1교시에 '추리'를 응시한다.
- 황희는 2교시에 '수리'를 응시한다.
- 이이와 정철은 4교시에 '도형'을 응시한다.
- 몽주는 '추리'를 '언어'보다 먼저 응시하고 4교시에 언어를 응시하지 않는다.

① 정철 ② 몽주 ③ 이이, 정철
④ 정철, 몽주 ⑤ 이이, 정철, 몽주

089 **프로그래머인 아중, 종채, 준영, 수정은 본인이 주업으로 삼고 있는 프로그래밍 언어와 취미로 공부하는 프로그래밍 언어가 다르다. 〈보기〉를 참고하여 항상 참이 아닌 것을 고르시오.**

〈 보 기 〉

- 4명이 주업으로 삼고 있는 프로그래밍 외국어는 서로 다르고 각자 1개의 언어를 주업으로 한다.
- 4명이 취미로 공부하는 프로그래밍 외국어는 서로 다르고 각자 1개의 언어를 취미로 한다.
- 4명의 주업 또는 취미로 하는 외국어는 Python, C, ABAP, Java 4가지다.
- 아중은 ABAP을 주업으로 삼고 있다.
- 종채는 취미로 Java를 하고 수정이는 취미로 C를 한다.
- 종채가 주업으로 삼는 외국어는 ABAP을 주업으로 하고 있는 사람의 취미인 언어와 같다.

① 준영이의 취미는 ABAP이다.
② 아중이의 취미는 Python이다.
③ 종채의 주업은 Python이다.
④ 수정이의 주업은 C이다.
⑤ 준영이의 주업은 Python이 아니다.

090 **K사 본사 안에 인사처, 재무처, 기획처, 대외협력처, 영업처, 감사처 사무실이 복도를 사이에 두고 왼쪽과 오른쪽에 각각 세 개씩 있다. 본사는 1층 건물이고 1층에 6개의 사무실이 있다고 할 때 〈보기〉를 참고하여 항상 참인 것을 고르시오.**

〈 보 기 〉

- 인사처와 대외협력처는 같은 쪽에 있지만 재무처와는 반대쪽에 있다.
- 영업처와 기획처는 같은 쪽에 있다.
- 재무처의 사무실은 입구와 가장 가까운 왼쪽에 위치한다.
- 영업처와 감사처는 복도를 사이에 두고 가로로 나란하다.

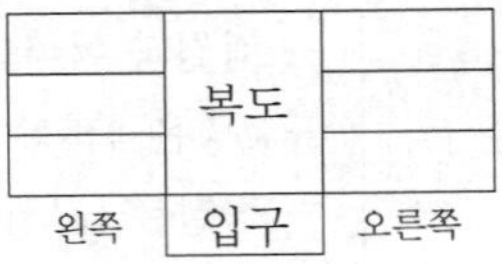

	복도	
왼쪽	입구	오른쪽

① 기획처와 인사처는 복도를 두고 마주 보고 있다.
② 대외협력처는 감사처 바로 옆에 있다.
③ 영업처와 인사처는 바로 옆에 있다.
④ 가능한 사무실 배치는 총 4가지이다.
⑤ 기획처와 재무처는 바로 옆에 있다.

091 해외 봉사단에서 한국 문화 알리기 행사의 일환으로 팀을 이루어 각지에 인원을 파견했다. 파견지역은 미주, 구주, 아시아, 남미이며 미주와 구주는 1팀씩, 아시아와 남미는 한류열풍으로 인해 2팀씩 파견하기로 했다. 이들이 소개할 프로그램은 사물놀이, 윷놀이, 제기차기, 판소리이며 각 팀에서 1개의 프로그램을 선택한다. 〈보기〉를 참고하여 항상 참인 것을 고르시오.

〈 보 기 〉

- 구주팀이 선정한 프로그램을 아시아팀 중 하나가 선택한다.
- 하나의 프로그램을 최대 2개의 팀이 선택할 수 있다.
- 판소리는 명장을 초청해야 하기 때문에 1개 팀만 파견하는 지역에서만 선택한다.
- 구주팀은 사물놀이를 선택하지 않는다.
- 같은 지역으로 파견하는 팀은 동일한 프로그램을 선택하지 않는다.

① 구주팀이 제기차기를 선택한다면 남미팀도 제기차기를 선택한다.
② 구주팀은 윷놀이를 선택한다.
③ 남미팀 중 하나는 제기차기를 선택한다.
④ 아시아팀 중 하나가 제기차기를 선택한다면 구주팀은 제기차기를 선택한다.
⑤ 남미팀 중 하나가 윷놀이를 선택한다면 구주팀은 제기차기를 선택한다.

092 5층 건물에 소라, 영은, 대훈, 남희, 승재 5명이 거주한다. 한 층에 한 명씩 거주한다고 할 때 〈보기〉를 참고하여 4층에 거주하는 사람을 고르시오.

〈 보 기 〉

- 소라는 영은이보다 높은 층에 거주한다.
- 대훈이와 승재는 인접한 층에 거주한다.
- 남희는 3층에 거주한다.
- 대훈이는 영은이보다 낮은 층에 거주한다.

① 소라 ② 영은 ③ 대훈
④ 남희 ⑤ 승재

093 7층의 건물에 A, B, C, D, E, F, G 매장이 각 층에 입주한다. 한 층에 하나의 매장이 입주한다고 할 때 〈보기〉를 참고하여 다음 중 항상 참인 것을 고르시오.

〈 보 기 〉

- A매장은 3층 이하에 입주한다.
- C매장과 F매장 사이에 적어도 1개 이상의 매장이 입주한다.
- B매장은 옥상과 제일 가까운 층에 입주한다.
- D매장과 G매장이 입주한 층은 인접하다.
- D매장은 6층에 입주한다.
- C매장은 1층에 입주하지 않는다.

① C매장이 4층에 입주할 수 있는 경우는 4가지이다.
② 4층에 입주할 수 있는 매장은 C, F매장뿐이다.
③ 3층에 입주할 수 있는 매장은 E매장뿐이다.
④ 1층에 입주할 수 있는 매장은 A, F매장뿐이다.
⑤ A매장과 C매장만 2층에 입주할 수 있다.

094 승현, 영훈, 도희, 광석, 서정, 유주, 은지는 청팀, 백팀, 홍팀의 소속으로 윷놀이를 한다. 승현, 영훈이 같은 팀일 때 〈보기〉를 참고하여 유주와 팀을 이룰 수 있는 인원을 고르시오.

〈 보 기 〉

- 한 팀에 최대 3명을 배치할 수 있다.
- 도희와 광석이는 같은 팀이다.
- 유주가 속한 팀의 팀원은 유주를 포함하여 2명이다.

① 도희, 광석 ② 도희, 서정 ③ 광석, 서정
④ 광석, 은지 ⑤ 서정, 은지

095 성균, 승길, 지훈, 상무, 도혁 5명은 객실을 1명씩 이용할 수 있는 렛유인 호텔에 투숙했다. 투숙할 수 있는 객실은 201~206호가 있고 한 층에 나란히 위치하고 있다. 201호부터 204호까지는 바다전망이고, 205호와 206호는 건물에 가려져 바다가 보이지 않는다고 한다. 〈보기〉를 참고하여 항상 참인 것을 고르시오.

〈 보 기 〉

- 바다가 보이는 객실 중 한 곳과 바다가 보이지 않는 객실 중 한 곳에 금고를 설치했다.
- 흡연이 가능한 객실은 한 곳이며 바다가 보이지 않는다.
- 테라스는 바다전망의 객실에 있고 테라스가 있는 객실은 세 곳이 있다.
- 승길이는 202호에 투숙하며 테라스가 있다.
- 지훈이는 5명 중 유일한 흡연자이고 흡연이 가능한 객실을 이용한다.
- 성균이와 상무 둘 중 한 명이 201호에 투숙한다.
- 도혁이가 투숙하는 객실은 금고와 테라스가 있다.

① 지훈이가 투숙하는 객실에는 금고가 있다.
② 201호에는 테라스가 없다.
③ 승길이가 투숙한 객실이 성균, 상무가 사용한 객실과 인접해 있다면 204호에 금고가 있다.
④ 도혁이가 투숙한 객실과 인접한 객실 중 하나라도 테라스가 없다면 201호에 테라스가 있다.
⑤ 상무가 금고가 없는 객실에 투숙한다면 바다가 보이지 않는 객실에는 1명이 투숙한다.

096 5층의 오피스텔 각 층에 A, B, C, D, E가 거주한다. 〈보기〉를 참고하여 5층에 거주하는 사람을 고르시오.

〈 보 기 〉

- 한 층에는 한 명만 거주한다.
- C가 2층에 거주하지 않는다면 B는 4층에 거주한다.
- A와 E는 인접한 층에 거주한다.
- C는 3층에 거주한다.

① A　② B　③ C
④ D　⑤ E

097 **본석, 진석, 수석, 민석, 정석이는 피자를 주문하기 위해 도착한 순서에 따라 일렬로 줄을 선다. 〈보기〉를 참고하여 2번째로 줄을 서는 사람을 고르시오.**

〈 보 기 〉

- 피자가게에 먼저 도착한 순서대로 줄을 서고 동시에 도착한 사람은 없다.
- 진석이는 수석이보다 먼저 도착하지 않았다.
- 본석이와 민석이 사이에는 2명이 줄을 선다.
- 정석이는 수석이 바로 다음으로 도착했다.

① 본석 ② 진석 ③ 수석
④ 민석 ⑤ 정석

098 **남성인 병익, 하승, 의성과 여성인 차영, 예지는 오페라 티켓을 구매하기 위해 일렬로 줄을 섰다. 먼저 온 순서대로 줄을 섰다고 했을 때 〈보기〉를 참고하여 항상 참인 것을 고르시오.**

〈 보 기 〉

- 동성(性)끼리는 이웃하여 줄을 서지 않았다.
- 차영이는 예지보다 먼저 도착하지 않았다.

① 병익이가 3번째로 도착했다면 의성이가 제일 먼저 도착했다.
② 하승이가 차영이와 이웃하게 줄을 섰다면 병익이가 제일 먼저 도착했다.
③ 의성이가 예지와 이웃하게 줄을 섰다면 하승이가 제일 먼저 도착했다.
④ 예지 바로 앞에 의성이가 줄을 섰다면 하승이는 차영이와 이웃하게 줄을 섰다.
⑤ 차영이와 인접하게 병익이가 줄을 섰다면 하승이는 예지와 인접하게 줄을 섰다.

099 **기술사업부의 신사업 T/F의 후보로 과장인 정연, 성훈, 준호와 대리인 희영, 한근이 추천을 받았다. 추천을 받은 5명 중 2명이 최종적으로 신사업 T/F의 일원으로 선정되었다. 〈보기〉를 바탕으로 다음 중 항상 거짓인 것을 고르시오.**

〈 보 기 〉

- 기술사업부는 A기술팀, B기술팀, C기술팀으로 이루어져 있다.
- 기술사업부 내 과장직급의 후보를 배출하지 못한 팀은 없다.
- T/F 일원의 소속팀은 같지 않다.
- C기술팀은 A기술팀, B기술팀보다 많이 후보를 배출했다.

① T/F의 일원 중 대리가 있다면 성훈이는 T/F에 참여하지 못했다.
② 희영이와 한근이가 T/F에 참여했다.
③ T/F 구성원 중 C기술팀 소속이 없다면 T/F 일원은 모두 과장이다.
④ 희영이가 T/F의 일원으로 선정되었다면 B기술팀은 T/F 구성원을 배출하지 못했다.
⑤ 성훈이와 준호가 T/F에 참여했다.

100 **S대학교 학생인 다민, 하늘, 다영, 명진, 미숙이는 동양사의 이해 수업의 성적을 확인했다. 5명 중 2명만 A^+ 점수를 받았다고 할 때 〈보기〉를 참고하여 항상 참인 것을 고르시오.**

〈 보 기 〉

- A^+를 받은 학생 중 최소 1명은 경영학 전공이다.
- 물리학 전공자는 A^+를 받지 못했다.
- 5명의 전공은 경영학, 물리학, 전자공학이다.
- 경영학을 전공하는 학생의 수와 물리학을 전공하는 학생의 수는 동일하다.
- 미숙이는 물리학을 전공이고 명진이와 다영이의 전공은 다르다.

① 다영이만 전자공학을 전공한다면 하늘이는 경영학과 학생이 아니다.
② 하늘이와 명진이가 전자공학을 전공한다면 다영이는 A^+를 받았다.
③ 명진이가 A^+를 받았다면 다영이는 A^+를 받지 못했다.
④ 다민이와 다영이가 경영학을 전공한다면 하늘이는 전자공학을 전공한다.
⑤ 하늘이와 명진이가 A^+를 받았다면 다민이는 다영이와 전공은 동일하다.

101 구내식당의 원탁에서 민지, 정혜, 민정, 수민, 성수, 혜정이가 식사를 했다. 이들이 식사한 메뉴는 한식, 중식, 양식이다. 〈보기〉를 참고하여 항상 거짓인 것을 고르시오.

〈 보 기 〉

- 중식을 먹은 인원의 수는 한식을 먹은 인원의 수보다 많다.
- 한식을 먹은 인원의 수는 양식을 먹은 인원의 수보다 많지 않다.
- 정혜와 수민이는 같은 메뉴를 먹었다.
- 성수가 먹은 메뉴는 아무도 선택하지 않았다.
- 같은 메뉴를 고른 인원은 옆자리에 이웃하게 앉지 않았다.
- 민정이와 혜정이는 서로 다른 메뉴를 먹었다.

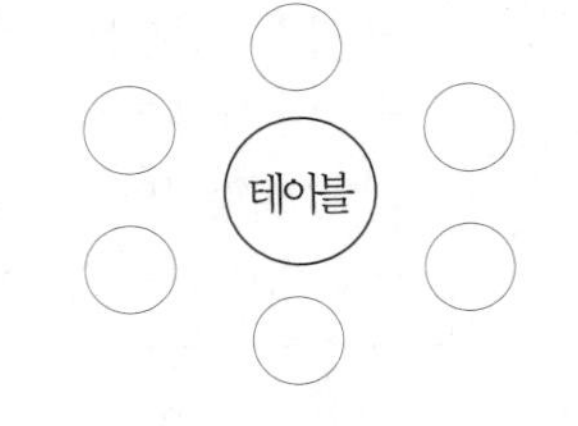

① 정혜와 민지는 같은 메뉴를 선택했다.
② 혜정이와 정혜는 같은 메뉴를 선택했다.
③ 성수와 수민이는 마주 보고 식사를 했다.
④ 민지는 수민이와 다른 메뉴를 선택했다.
⑤ 성수와 민정이는 옆자리에 이웃하게 앉았다.

102 미니카 경주 대회가 막이 내렸다. 5등 안에 든 5대의 미니카가 명예의 전당에 올랐다. 5대의 미니카 중 2대는 이륜구동이고 나머지는 사륜구동이다. 〈보기〉를 참고하여 항상 참인 것을 고르시오.

〈 보 기 〉

- 명예의 전당에 오른 미니카의 색상은 빨강, 검정, 노랑이다.
- 같은 색상의 미니카의 등수는 인접하지 않았다.
- 1등, 5등으로 도착한 미니카는 사륜구동이다.
- 이륜구동 미니카는 모두 노란색이다.
- 3등으로 도착한 미니카의 색상은 5등으로 도착한 미니카와 다르다.

① 검정색의 미니카는 2등으로 도착하지 않았다.
② 1등으로 도착한 미니카의 색상은 검정색이다.
③ 5등으로 도착한 미니카가 빨간색이라면 검정색의 미니카는 2대이다.
④ 1등으로 도착한 미니카와 5등으로 도착한 미니카의 색상은 다르다.
⑤ 빨간색의 미니카 개수와 노란색의 미니카 개수는 동일하다.

103 홍보부 직원인 8명은 부서 내 문화체험의 날로 영화를 감상했다. 예매한 자리는 E열과 F열이다. 〈보기〉를 참고하여 항상 참인 것을 고르시오.

〈 보 기 〉

- F열에 예약한 자리는 E열에 예약한 자리보다 많다.
- 8명의 직급은 대리, 과장, 차장, 부장이다.
- 과장인 직원의 수는 대리인 직원의 수보다 많다.
- 차장과 부장인 직원의 수의 합은 과장인 직원의 수와 동일하다.
- 대리는 모두 E열에 앉았다.

① 차장 직급의 인원 모두는 F열에 앉았다.
② 직급이 차장인 인원의 수는 부장인 직원의 수보다 많다.
③ 직급이 부장인 인원 모두가 E열에 앉지 않았다.
④ 과장인 직급의 인원 모두가 F열에 앉았다면 E열에는 대리만 앉았다.
⑤ E열에 앉은 인원 중 과장 직급이 있다면 차장 직급의 인원은 F열에 앉았다.

104 인사팀, 홍보팀, 감사팀으로 이뤄진 경영지원본부에서 신입사원으로 성익, 형진, 지애를 채용했다. 채용된 3명을 각 팀으로 1명씩 배정했다고 할 때 〈보기〉를 참고하여 항상 참인 것을 고르시오.

〈 보 기 〉

- 3명의 전공은 법학, 경영학, 회계학이다.
- 법학을 전공한 신입사원은 홍보팀으로 채용되지 않았다.
- 지애는 감사팀에 들어가게 되었다.
- 형진이는 회계학을 전공했다.

① 지애가 법학을 전공했다면 형진이는 홍보팀이다.
② 성익이가 홍보팀이라면 지애는 법학을 전공했다.
③ 형진이가 인사팀이 아니라면 성익이는 법학을 전공했다.
④ 성익이가 법학을 전공했다면 형진이는 인사팀이다.
⑤ 지애가 경영학을 전공했다면 형진이는 인사팀이다.

105 4층의 빌라에 승연, 대진, 지수, 만성이가 거주한다. 〈보기〉를 참고하여 항상 거짓인 것을 고르시오.

〈 보 기 〉

- 빌라에 사람이 거주하지 않는 층은 없다.
- 애완견을 키우는 사람은 홀수 층에 거주한다.
- 만성이는 지수보다 아래층에 거주한다.
- 승연이와 대진이 사이에는 1명이 거주한다.

① 만성이가 애완견을 키운다면 지수도 애완견을 키운다.
② 대진이가 4층에 거주한다면 승연이는 애완견을 키운다.
③ 2층에 거주하는 사람이 만성이라면 대진이는 애완견을 키운다.
④ 승연이가 애완견을 키운다면 만성이는 애완견을 키우지 않는다.
⑤ 1층에 거주하는 사람이 애완견을 키운다면 지수는 애완견을 키우지 않는다.

106 지숙, 민율, 상지, 상미는 4일 연속으로 상권 조사를 나섰다. 이들이 방문한 장소는 강남, 종로, 건대, 홍대이다. 4명 모두 하루에 한 곳씩 방문하여 4군데를 답사했다고 했을 때 〈보기〉를 참고하여 항상 참인 것을 고르시오.

〈 보 기 〉

- 같은 일차에 같은 장소를 방문한 인원은 없다.
- 홍대를 상지가 1일차에 방문했다면 지숙이는 2일차에 홍대를 방문했다.
- 상미는 2일차에 홍대를, 4일차에 종로를 방문했다.
- 민율이와 상미는 3일차에 강남을 방문하지 않았다.
- 지숙이는 민율이보다 건대를 늦게 방문했다.

① 지숙이가 3일차에 홍대를 방문했다면 상지는 1일차에 홍대를 방문했다.
② 민율이가 1일차에 종로를 방문했다면 지숙이는 3일차에 종로를 방문했다.
③ 지숙이가 1일차에 홍대를 방문했다면 민율이는 2일차에 종로를 방문했다.
④ 상지가 2일차에 종로를 방문했다면 지숙이가 4일차에 건대를 방문했다.
⑤ 상지가 4일차에 강남을 방문했다면 민율이는 2일차에 종로를 방문했다.

[107~108]

A, B, C, D, E가 구내식당에서 식사를 한다. 밥과 국을 제외한 반찬은 본인이 선택해서 먹는 형태이고 선택할 수 있는 메뉴는 제육볶음, 조기구이, 돈가스, 볶음김치 네 가지이다. 〈보기〉의 조건을 참고하여 물음에 답하시오.

〈 보 기 〉

- 모든 메뉴를 선택해서 먹는 사람이 한 명만 있다.
- A가 선택하는 메뉴는 모두 C도 먹는다.
- D는 볶음김치를 안 먹는다.
- E는 조기구이를 먹고 돈가스는 안 먹는다.
- B는 제육볶음과 조기구이를 먹고 추가로 하나의 메뉴만 더 선택한다.

107 모든 사람이 적어도 세 가지 메뉴를 먹었다고 할 때 다음 중 항상 참인 것을 고르시오.

① 세 명이 제육볶음을 먹는다.
② 적어도 네 명이 제육볶음을 먹는다.
③ 세 명이 돈가스를 먹는다.
④ 적어도 네 명이 돈가스를 먹는다.
⑤ 세 명이 볶음김치를 먹는다.

108 조기구이를 먹는 사람은 볶음김치도 먹는다고 할 때 다음 중 항상 거짓인 것을 고르시오.

① A는 조기구이를 먹는다.
② B는 돈가스를 먹는다.
③ C는 볶음김치를 먹는다.
④ D는 제육볶음을 먹는다.
⑤ E는 제육볶음을 먹는다.

PART 01
108번뇌 문제풀이

 문제 풀기 전

● 실력별 활용방법

1. 하수: 모순관계, 동일관계를 활용한 정답 찾기 연습
2. 중수: 선택지 소거를 활용한 정답 찾기 연습
3. 고수: 1시간 45분 이내 진입을 목표로 풀이

※ 표 그리기로 방법으로만 풀어도 빠르지만 진술관계 파악 및 활용을 연습했으면 합니다. 쉽게 출제될 경우 진술관계를 활용하는 풀이방법이 훨씬 빠릅니다.

● 도전! 타임어택

1. 1시간 45분 이내: 최상위권
2. 2시간 10분 이내: 상위권
3. 2시간 30분 이내: 안정권

● 진실게임의 구성

1. 1명이 참, 2명이 참, 1명이 거짓, 2명이 거짓으로 제시한 문제
2. 참/거짓을 말하는 인물 또는 Action을 취한 대상자를 찾는 문제
3. '～라면'의 형식으로 선택지를 제시한 문제

108번뇌
진실게임

해설 p.341

001 A, B, C, D, E 5명 중 1명이 물건을 훔치고 1명만 거짓을 말한다고 할 때 물건을 훔친 사람을 고르시오.

〈 보 기 〉

A: E의 말은 거짓이다.
B: D는 물건을 훔치지 않았다.
C: A의 말은 사실이다.
D: A가 물건을 훔쳤다.
E: C가 물건을 훔쳤다.

① A ② B ③ C
④ D ⑤ E

002 A, B, C, D, E 5명 중 1명이 물건을 훔치고 1명만 거짓을 말한다고 할 때 거짓을 말하는 사람을 고르시오.

〈 보 기 〉

A: C 또는 E가 물건을 훔쳤다.
B: 나와 D는 물건을 훔치지 않았다.
C: A와 B는 물건을 훔친 사람이 아니다.
D: A가 물건을 훔쳤다.
E: B와 C는 물건을 훔치지 않았다.

① A ② B ③ C
④ D ⑤ E

003 A, B, C, D, E 5명 중 1명이 물건을 훔치고 1명만 참을 말한다고 할 때 물건을 훔친 사람을 고르시오.

〈 보 기 〉

A: B와 E는 물건을 훔친 사람이 아니다.
B: 나와 D는 물건을 훔치지 않았다.
C: A가 하는 말은 참이다.
D: C의 말이 거짓이다.
E: B, C는 물건을 훔치지 않았다.

① A　② B　③ C
④ D　⑤ E

004 A, B, C, D, E 5명 중 1명이 물건을 훔쳤다. 이들 중 2명이 거짓을 말하고 나머지는 참을 말할 때 물건을 훔친 사람을 고르시오.

〈 보 기 〉

A: 나는 물건을 훔치지 않았다.
B: C는 물건을 훔친 사람이 아니다.
C: B와 D는 물건을 훔치지 않았다.
D: C가 하는 말은 거짓이다.
E: D는 거짓을 말하는 사람이 아니다.

① A　② B　③ C
④ D　⑤ E

005 A, B, C, D, E 5명 중 1명이 물건을 훔치고 1명만 참을 말한다고 할 때 참을 말하는 사람을 고르시오.

〈 보 기 〉

A: C가 물건을 훔쳤다.
B: 나와 A는 물건을 훔치지 않았다.
C: 나와 E는 물건을 훔치지 않았다.
D: B와 E는 물건을 훔친 사람이 아니다.
E: 나는 물건을 훔치지 않았다.

① A ② B ③ C
④ D ⑤ E

006 A, B, C, D, E 5명 중 1명이 물건을 훔치고 1명만 거짓을 말한다고 할 때 물건을 훔친 사람을 고르시오.

〈 보 기 〉

A: B의 말은 참이다.
B: D가 물건을 훔쳤다.
C: A가 물건을 훔친 사람이다.
D: B는 물건을 훔치지 않았다.
E: A는 거짓을 말하는 사람이 아니다.

① A ② B ③ C
④ D ⑤ E

007 A, B, C, D, E 5명 중 1명이 물건을 훔치고 1명만 참을 말한다고 할 때 물건을 훔친 사람을 고르시오.

〈 보 기 〉

A: D가 하는 말은 사실이다.
B: D는 물건을 훔쳤다.
C: A와 D는 물건을 훔치지 않았다.
D: 나와 B는 물건을 훔치지 않았다.
E: B는 물건을 훔친 사람이 아니다.

① A ② B ③ C
④ D ⑤ E

008 A, B, C, D, E 5명 중 1명이 물건을 훔쳤다. 이들 중 2명은 거짓을 말하고 나머지는 참을 말한다고 할 때 거짓말을 하는 사람을 고르시오.

〈 보 기 〉

A: C가 물건을 훔쳤다.
B: 물건을 훔친 사람은 A이다.
C: E가 하는 말은 거짓이다.
D: C의 말은 거짓이다.
E: A는 물건을 훔치지 않았다.

① A, B ② A, C ③ B, C
④ C, D ⑤ D, E

009 A, B, C, D, E 5명 중 1명이 물건을 훔쳤다. 이들 중 2명은 거짓을 말하고 나머지는 참을 말한다고 할 때 물건을 훔친 사람을 고르시오.

〈 보 기 〉

A: 나는 물건을 훔치지 않았다.
B: A의 말은 거짓이다.
C: E는 물건을 훔치지 않았다.
D: E가 하는 말은 참이다.
E: C가 하는 말은 참이 아니다.

① A ② B ③ C
④ D ⑤ E

010 A, B, C, D, E 5명 중 1명이 물건을 훔치고 1명만 거짓을 말한다고 할 때 물건을 훔친 사람을 고르시오.

〈 보 기 〉

A: E가 물건을 훔쳤다.
B: E가 하는 말은 거짓이 아니다.
C: D는 물건을 훔치지 않았다.
D: B는 물건을 훔친 사람이 아니다.
E: A는 물건을 훔치지 않았다.

① A ② B ③ C
④ D ⑤ E

011 A, B, C, D, E 5명 중 1명이 물건을 훔치고 1명만 거짓을 말한다고 할 때 거짓을 말하는 사람을 고르시오.

〈 보 기 〉

A: E가 물건을 훔쳤다.
B: D는 거짓말한다.
C: E의 말은 사실이다.
D: B는 물건을 훔치지 않았다.
E: D는 거짓을 말하는 사람이 아니다.

① A ② B ③ C
④ D ⑤ E

012 A, B, C, D, E 5명 중 1명이 물건을 훔쳤다. 이들 중 2명만 거짓을 말한다고 할 때 물건을 훔친 사람을 고르시오.

〈 보 기 〉

A: D가 하는 말은 참이다.
B: E가 물건을 훔쳤다.
C: B가 물건을 훔친 사람이다.
D: E는 거짓을 말한다.
E: B의 말은 거짓이다.

① A ② B ③ C
④ D ⑤ E

013 A, B, C, D, E 5명 중 1명이 물건을 훔치고 1명만 거짓을 말한다고 할 때 물건을 훔친 사람을 고르시오.

〈 보 기 〉

A: B는 물건을 훔치지 않았다.
B: D는 물건을 훔치지 않았다.
C: 나는 물건을 훔치지 않았다.
D: A가 물건을 훔쳤다.
E: C가 하는 말은 거짓이다.

① A ② B ③ C
④ D ⑤ E

014 A, B, C, D, E 5명 중 1명이 물건을 훔치고 1명만 거짓을 말한다고 할 때 물건을 훔친 사람을 고르시오.

〈 보 기 〉

A: D는 물건을 훔치지 않았다.
B: A는 물건을 훔친 사람이 아니다.
C: B 또는 D가 물건을 훔친 사람이다.
D: E의 말은 거짓이다.
E: 나와 B는 물건을 훔치지 않았다.

① A ② B ③ C
④ D ⑤ E

015 A, B, C, D, E 5명 중 1명이 물건을 훔치고 1명만 거짓을 말한다고 할 때 거짓을 말하는 사람을 고르시오.

〈 보 기 〉

A: D는 물건을 훔치지 않았다.
B: A는 물건을 훔친 사람이 아니다.
C: A가 거짓말 한다.
D: 물건을 B가 훔쳤다.
E: C의 말은 거짓이다.

① A ② B ③ C
④ D ⑤ E

016 A, B, C, D, E 5명 중 1명이 물건을 훔쳤다. 이들 중 2명만 참을 말하고 나머지는 거짓을 말한다고 할 때 물건을 훔친 사람을 고르시오.

〈 보 기 〉

A: B의 말은 거짓이다.
B: E가 물건을 훔쳤다.
C: D는 물건을 훔치지 않았다.
D: C는 물건을 훔친 사람이 아니다.
E: D가 하는 말은 참이다.

① A ② B ③ C
④ D ⑤ E

017 A, B, C, D, E 5명 중 1명이 물건을 훔치고 1명만 거짓을 말한다고 할 때 거짓을 말하는 사람을 고르시오.

〈 보 기 〉

A: C와 D는 물건을 훔치지 않은 사람이다.
B: E는 물건을 훔친 사람이 아니다.
C: 나와 B는 물건을 훔치지 않았다.
D: E의 말은 거짓이다.
E: D와 나는 물건을 훔치지 않았다.

① A ② B ③ C
④ D ⑤ E

018 A, B, C, D, E 5명 중 1명이 물건을 훔치고 1명만 거짓을 말한다고 할 때 물건을 훔친 사람을 고르시오.

〈 보 기 〉

A: D가 물건을 훔치는 것을 보았다.
B: E가 하는 말은 사실이 아니다.
C: D는 거짓을 말하는 사람이 아니다.
D: E의 말은 사실이다.
E: B는 물건을 훔치지 않았다.

① A ② B ③ C
④ D ⑤ E

019 A, B, C, D, E 5명 중 1명이 물건을 훔치고 1명만 거짓을 말한다고 할 때 물건을 훔친 사람을 고르시오.

〈 보 기 〉

A: D는 물건을 훔치지 않았다.
B: A는 물건을 훔치지 않았다.
C: A의 말은 거짓이다.
D: E의 말은 사실이다.
E: 물건을 훔친 사람은 D이다.

① A ② B ③ C
④ D ⑤ E

020 A, B, C, D, E 5명 중 1명이 물건을 훔치고 1명만 거짓을 말한다고 할 때 물건을 훔친 사람을 고르시오.

〈 보 기 〉

A: B는 사실을 말하는 사람이다.
B: E는 물건을 훔친 사람이다.
C: A는 거짓을 말하는 사람이 아니다.
D: E는 거짓을 말하는 사람이다.
E: C는 물건을 훔친 사람이 아니다.

① A ② B ③ C
④ D ⑤ E

021 A, B, C, D, E 5명 중 1명이 물건을 훔쳤다. 이들 중 2명이 거짓을 말하고 나머지는 참을 말할 때 거짓을 말하는 사람을 고르시오.

〈 보 기 〉

A: 나와 E는 물건을 훔치지 않았다.
B: E는 물건을 훔친 사람이 아니다.
C: 나는 물건을 훔치지 않았다.
D: A는 물건을 훔치지 않았다.
E: B의 말은 참이다.

① A, B ② A, D ③ B, D
④ C, E ⑤ D, E

022 A, B, C, D, E 5명 중 1명이 물건을 훔쳤다. 이들 중 2명이 거짓을 말하고 나머지는 참을 말할 때 거짓을 말하는 사람을 고르시오.

〈 보 기 〉

A: D는 물건을 훔치지 않았다.
B: E는 물건을 훔친 사람이다.
C: A가 하는 말은 사실이다.
D: E는 거짓을 말하는 사람이 아니다.
E: C는 거짓을 말하는 사람이다.

① A, C ② B, D ③ B, E
④ C, D ⑤ D, E

023 A, B, C, D, E 5명 중 1명이 물건을 훔쳤다. 이들 중 2명이 거짓을 말하고 나머지는 참을 말할 때 물건을 훔친 사람을 고르시오.

〈 보 기 〉

A: 물건을 훔친 사람은 C이다.
B: A가 하는 말은 거짓이다.
C: 나는 물건을 훔치지 않았다.
D: B의 진술은 거짓이다.
E: C의 말은 거짓이다.

① A ② B ③ C
④ D ⑤ E

024 A, B, C, D, E 5명 중 1명이 물건을 훔쳤다. 이들 중 2명이 거짓을 말하고 나머지는 참을 말할 때 물건을 훔친 사람을 고르시오.

〈 보 기 〉

A: B는 물건을 훔치지 않았다.
B: A는 물건을 훔치지 않았다.
C: E가 물건을 훔쳤다.
D: 나는 물건을 훔치지 않았다.
E: B 또는 C가 물건을 훔친 사람이다.

① A ② B ③ C
④ D ⑤ E

025 A, B, C, D, E 5명 중 1명이 물건을 훔치고 1명만 거짓을 말한다고 할 때 물건을 훔친 사람을 고르시오.

〈 보 기 〉

A: 물건을 훔친 사람은 E이다.
B: D는 물건을 훔치지 않았다.
C: A가 물건을 훔쳤다.
D: 물건을 훔치지 않은 사람 중 E도 있다.
E: B와 C는 물건을 훔친 사람이 아니다.

① A ② B ③ C
④ D ⑤ E

026 A, B, C, D, E 5명 중 1명이 물건을 훔치고 1명만 거짓을 말한다고 할 때 거짓을 말하는 사람을 고르시오.

〈 보 기 〉

A: D 또는 E가 물건을 훔쳤다.
B: D는 거짓을 말하지 않는다.
C: A의 말이 사실이라면 B는 물건을 훔치지 않았다.
D: E가 물건을 훔친 사람이다.
E: A는 거짓을 말한다.

① A ② B ③ C
④ D ⑤ E

027 A, B, C, D, E 5명 중 2명이 물건을 훔치고 1명만 거짓을 말한다고 할 때 거짓을 말하는 사람을 고르시오.

〈 보 기 〉

A: C는 물건을 훔치지 않았다.
B: A의 말은 거짓이다.
C: B가 물건을 훔쳤다면 E의 말은 거짓이다.
D: B 또는 E 중 1명이 물건을 훔친 사람이다.
E: C는 물건을 훔치지 않은 사람이 아니다.

① A ② B ③ C
④ D ⑤ E

028 A, B, C, D, E 5명 중 1명이 물건을 훔치고 1명만 거짓을 말한다고 할 때 거짓을 말하는 사람을 고르시오.

〈 보 기 〉

A: 나는 물건을 훔치지 않았다.
B: C와 D는 물건을 훔친 사람이 아니다.
C: B는 물건을 훔친 사람이 아니다.
D: E가 물건을 훔친 사람이다.
E: A가 물건을 훔쳤다.

① A ② B ③ C
④ D ⑤ E

029 A, B, C, D, E 5명 중 2명이 물건을 훔치고 1명만 거짓을 말한다고 할 때 물건을 훔친 사람을 고르시오.

〈 보 기 〉

A: C는 물건을 훔친 사람이 아니다.
B: C와 E는 물건을 훔치지 않았다.
C: D의 말이 사실이라면 B가 물건을 훔쳤다.
D: B가 하는 말은 거짓이 아니다.
E: A의 말은 참이다.

① A, B ② A, D ③ B, E
④ C, D ⑤ D, E

030 A, B, C, D, E 5명 중 1명이 물건을 훔쳤다. 이들 중 2명이 참을 말하고 나머지는 거짓을 말할 때 물건을 훔친 사람을 고르시오.

〈 보 기 〉

A: D의 말이 사실이라면 E는 물건을 훔친 사람이 아니다.
B: D는 거짓을 말하는 사람이 아니다.
C: B가 하는 말은 참이다.
D: B와 E는 물건을 훔치지 않았다.
E: B와 D는 물건을 훔친 사람이 아니다.

① A ② B ③ C
④ D ⑤ E

031 A, B, C, D, E 5명 중 1명이 물건을 훔치고 1명만 참을 말한다고 할 때 물건을 훔친 사람을 고르시오.

〈 보 기 〉

A: B와 E는 물건을 훔치지 않았다.
B: A가 물건을 훔치지 않았다면 D의 말은 거짓이다.
C: D의 말은 참이다.
D: 물건을 훔친 사람은 A이다.
E: B 또는 C가 물건을 훔쳤다.

① A ② B ③ C
④ D ⑤ E

032 A, B, C, D, E 5명 중 2명이 물건을 훔치고 1명만 거짓을 말한다고 할 때 물건을 훔친 사람을 고르시오.

〈 보 기 〉

A: B 또는 E가 물건을 훔쳤다.
B: D가 하는 말은 거짓이다.
C: B 또는 D가 물건을 훔쳤다.
D: C와 E는 물건을 훔치지 않았다.
E: A가 물건을 훔쳤다.

① A, B ② A, E ③ B, D
④ C, D ⑤ C, E

033 A, B, C, D, E 5명 중 2명이 물건을 훔치고 1명만 거짓을 말한다고 할 때 거짓을 말하는 사람을 고르시오.

〈 보 기 〉

A: B와 D는 물건을 훔친 사람이 아니다.
B: D 또는 E 중 1명이 물건을 훔친 사람이다.
C: 나와 E는 물건을 훔치지 않았다.
D: A가 하는 말은 거짓이 아니다.
E: C 또는 D 중 1명이 물건을 훔쳤다.

① A
② B
③ C
④ D
⑤ E

034 A, B, C, D, E 5명 중 1명이 물건을 훔쳤다. 이들 중 2명만 거짓을 말하고 3명은 사실을 말한다고 할 때 다음 중 항상 참인 것을 고르시오.

〈 보 기 〉

A: B가 물건을 훔쳤다.
B: A와 E는 물건을 훔치지 않았다.
C: A의 말은 거짓이다.
D: A와 C는 물건을 훔치지 않았다.
E: C가 물건을 훔친 사람이다.

① A가 거짓을 말한다면 C가 물건을 훔쳤다.
② B가 사실을 말한다면 D가 물건을 훔쳤다.
③ C가 사실을 말한다면 D가 물건을 훔쳤다.
④ D가 거짓을 말한다면 C가 물건을 훔쳤다.
⑤ E가 거짓을 말한다면 B가 물건을 훔쳤다.

035 A, B, C, D, E 5명 중 1명이 물건을 훔치고 1명만 거짓을 말한다고 할 때 거짓을 말하는 사람을 고르시오.

〈 보 기 〉

A: 물건을 훔친 사람은 E이다.
B: A의 말은 거짓이다.
C: B는 물건을 훔치지 않았다.
D: B가 하는 말은 거짓이다.
E: C는 물건을 훔친 사람이 아니다.

① A ② B ③ C
④ D ⑤ E

036 A, B, C, D, E 5명 중 1명이 물건을 훔치고 1명만 거짓을 말한다고 할 때 물건을 훔친 사람을 고르시오.

〈 보 기 〉

A: D 또는 E가 물건을 훔쳤다.
B: C와 E는 물건을 훔치지 않았다.
C: A는 물건을 훔치지 않았다.
D: B는 거짓을 말하는 사람이 아니다.
E: D가 하는 말은 거짓이다.

① A ② B ③ C
④ D ⑤ E

037 A, B, C, D, E 5명 중 2명이 물건을 훔쳤다. 이들 중 1명만 참을 말하고 4명은 거짓을 말한다고 할 때 물건을 훔친 사람을 고르시오.

〈 보 기 〉

A: 나와 E는 물건을 훔치지 않았다.
B: 나와 A는 물건을 훔치지 않았다.
C: A와 D 중 1명이 물건을 훔쳤다.
D: A 또는 B가 물건을 훔쳤다.
E: A 또는 C 중 1명이 물건을 훔쳤다.

① A, B
② A, D
③ A, E
④ B, E
⑤ C, D

038 A, B, C, D, E 5명 중 1명이 물건을 훔쳤다. 이들 중 2명만 참을 말하고 3명은 거짓을 말한다고 할 때 다음 중 항상 참인 것을 고르시오.

〈 보 기 〉

A: C는 거짓을 말하는 사람이 아니다.
B: C는 물건을 훔치지 않았다.
C: B가 물건을 훔쳤다.
D: A 또는 C가 물건을 훔쳤다.
E: C가 하는 말은 거짓이다.

① A가 거짓을 말한다면 C가 물건을 훔쳤다.
② B가 참을 말한다면 E가 물건을 훔쳤다.
③ C가 거짓을 말한다면 D가 물건을 훔쳤다.
④ D가 참을 말한다면 C가 물건을 훔쳤다.
⑤ E가 참을 말한다면 E가 물건을 훔쳤다.

039 A, B, C, D, E 5명 중 1명이 물건을 훔쳤다. 이들 중 1명만 참을 말하고 나머지는 거짓을 말한다고 할 때 물건을 훔친 사람을 고르시오.

〈 보 기 〉

A: C와 D는 물건을 훔치지 않았다.
B: A 또는 D가 물건을 훔쳤다.
C: 물건을 훔친 사람은 A 또는 E다.
D: C 또는 E가 물건을 훔쳤다.
E: C 또는 D가 물건을 훔쳤다.

① A ② B ③ C
④ D ⑤ E

PART 01 CHAPTER 04 진실게임

040 A, B, C, D, E 5명 중 2명이 물건을 훔쳤다. 이들 중 2명만 거짓을 말한다고 할 때 거짓말하는 사람을 고르시오.

〈 보 기 〉

A: C 또는 E 중 1명이 물건을 훔쳤다.
B: C의 진술은 거짓이다.
C: A가 하는 말은 거짓이 아니다.
D: E는 사실을 말하는 사람이다.
E: 나와 D는 물건을 훔치지 않았다.

① A, B ② A, C ③ B, D
④ C, E ⑤ D, E

041 A, B, C, D, E 5명 중 1명이 물건을 훔쳤다. 이들 중 1명만 거짓을 말하고 나머지는 사실을 말한다고 할 때 물건을 훔친 사람을 고르시오.

〈 보 기 〉

A: C의 말이 거짓이라면 E는 물건을 훔치지 않았다.
B: D 또는 E가 물건을 훔쳤다.
C: E의 진술은 거짓이다.
D: E의 말이 거짓이라면 A가 물건을 훔쳤다.
E: 나와 C는 물건을 훔치지 않았다.

① A ② B ③ C
④ D ⑤ E

042 A, B, C, D, E 5명 중 1명이 물건을 훔치고 1명만 거짓을 말한다고 할 때 물건을 훔친 사람을 고르시오.

〈 보 기 〉

A: 나와 E는 물건을 훔치지 않았다.
B: E는 물건을 훔치지 않았다.
C: A는 사실을 말한다.
D: B는 물건을 훔친 사람이 아니다.
E: B는 거짓을 말하지 않는다.

① A ② B ③ C
④ D ⑤ E

043 A, B, C, D, E 5명 중 1명이 물건을 훔치고 1명만 거짓을 말한다고 할 때 거짓을 말하는 사람을 고르시오.

〈 보 기 〉

A: E는 사실을 말하는 사람이다.
B: D는 물건을 훔치지 않았다.
C: 물건을 훔친 사람은 D이다.
D: C가 물건을 훔치지 않았다면 A의 말은 참이다.
E: B가 물건을 훔쳤다.

① A ② B ③ C
④ D ⑤ E

044 A, B, C, D, E 5명 중 1명이 물건을 훔치고 1명만 참을 말한다고 할 때 참을 말하는 사람을 고르시오.

〈 보 기 〉

A: B가 하는 말은 거짓이다.
B: E의 말이 거짓이라면 C가 물건을 훔쳤다.
C: A는 참을 말한다.
D: B가 물건을 훔친 사람이다.
E: D의 말이 거짓이라면 A가 물건을 훔쳤다.

① A ② B ③ C
④ D ⑤ E

045 A, B, C, D, E 5명 중 1명이 물건을 훔쳤다. 이들 중 2명만 거짓을 말하고 3명은 진실을 말한다고 할 때 다음 중 항상 참인 것을 고르시오.

〈 보 기 〉

A: C가 하는 말은 거짓이다.
B: E가 물건을 훔쳤다.
C: A와 D는 물건을 훔치지 않았다.
D: A와 E는 물건을 훔치지 않았다.
E: D는 물건을 훔치지 않았다.

① A의 말이 거짓이라면 D가 물건을 훔쳤다.
② B의 말이 거짓이라면 C가 물건을 훔쳤다.
③ C의 말이 진실이라면 E가 물건을 훔쳤다.
④ D의 말이 거짓이라면 E가 물건을 훔쳤다.
⑤ E의 말이 진실이라면 A가 물건을 훔쳤다.

046 A, B, C, D, E 5명 중 2명이 물건을 훔치고 1명만 거짓을 말한다고 할 때 물건을 훔친 사람을 고르시오.

〈 보 기 〉

A: 나와 B는 물건을 훔치지 않았다.
B: 물건을 훔친 사람 중 1명은 E이다.
C: B가 하는 말은 거짓이다.
D: C가 거짓말한다면 E는 물건을 훔치지 않았다.
E: C의 말이 사실이라면 D가 물건을 훔쳤다.

① A, B　② A, D　③ B, C
④ B, D　⑤ C, D

047 A, B, C, D, E 5명 중 1명이 물건을 훔쳤다. 2명이 거짓을 말하고 나머지는 참을 말한다고 할 때 물건을 훔친 사람을 고르시오.

〈 보 기 〉

A: B가 물건을 훔쳤다.
B: A가 거짓말 한다.
C: D 또는 E가 물건을 훔쳤다.
D: 물건을 훔친 사람은 A 또는 E이다.
E: B와 D는 물건을 훔치지 않았다.

① A ② B ③ C
④ D ⑤ E

048 A, B, C, D, E 5명 중 1명이 물건을 훔치고 1명만 참을 말한다고 할 때 물건을 훔친 사람을 고르시오.

〈 보 기 〉

A: C와 E는 물건을 훔치지 않았다.
B: A가 하는 말은 거짓이다.
C: 물건을 훔친 사람은 D이다.
D: B가 물건을 훔쳤다.
E: C가 물건을 훔치지 않았다면 B는 사실을 말하는 사람이다.

① A ② B ③ C
④ D ⑤ E

049 A, B, C, D, E 5명 중 1명이 물건을 훔치고 2명만 참을 말한다고 할 때 물건을 훔친 사람을 고르시오.

〈 보 기 〉

A: C가 물건을 훔쳤다.
B: D의 말은 사실이다.
C: B 또는 D가 물건을 훔쳤다.
D: B 또는 E가 물건을 훔쳤다.
E: C의 말은 거짓이다.

① A ② B ③ C
④ D ⑤ E

050 A, B, C, D, E 5명 중 1명이 물건을 훔쳤다. 2명이 거짓을 말하고 나머지는 참을 말한다고 할 때 거짓을 말하는 사람을 고르시오.

〈 보 기 〉

A: C가 물건을 훔쳤다.
B: E는 참을 말한다.
C: 나와 A는 물건을 훔치지 않았다.
D: B는 거짓을 말하는 사람이 아니다.
E: 물건을 훔친 사람은 A이다.

① A, C ② A, D ③ B, C
④ C, D ⑤ D, E

051 A, B, C, D, E 5명 중 1명이 물건을 훔치고 1명만 거짓을 말한다고 할 때 물건을 훔친 사람을 고르시오.

〈 보 기 〉

A: B의 말이 사실이라면 E가 물건을 훔쳤다.
B: 물건을 훔친 사람은 E이다.
C: E의 말은 참이다.
D: C가 물건을 훔친 사람이다.
E: 물건을 훔친 사람은 A 또는 C이다.

① A ② B ③ C
④ D ⑤ E

052 A, B, C, D, E 5명 중 1명이 물건을 훔쳤다. 2명이 거짓을 말하고 나머지는 참을 말한다고 할 때 물건을 훔친 사람을 고르시오.

〈 보 기 〉

A: B 또는 D가 물건을 훔쳤다.
B: 물건을 훔친 사람은 C이다.
C: B는 사실을 말한다.
D: A의 말이 사실이라면 E가 물건을 훔쳤다.
E: C와 D는 물건을 훔치지 않은 사람이다.

① A ② B ③ C
④ D ⑤ E

053 A, B, C, D, E 5명 중 2명이 물건을 훔치고 1명만 거짓을 말한다고 할 때 물건을 훔친 사람을 고르시오.

〈 보 기 〉

A: B와 E는 물건을 훔치지 않았다.
B: E는 거짓을 말하는 사람이 아니다.
C: A 또는 D 중 1명이 물건을 훔친 사람이다.
D: E가 물건을 훔쳤다면 B는 거짓을 말한다.
E: 나와 A는 물건을 훔치지 않았다.

① A, D ② B, C ③ B, D
④ B, E ⑤ C, E

054 A, B, C, D, E 5명 중 2명이 물건을 훔쳤다. 2명이 참을 말하고 나머지는 거짓을 말한다고 할 때 참을 말하는 사람을 고르시오.

〈 보 기 〉

A: C 또는 D가 물건을 훔쳤다.
B: E는 거짓을 말하는 사람이 아니다.
C: A가 물건을 훔치지 않았다면 D의 말은 사실이다.
D: 물건을 훔친 사람 중 1명은 C이다.
E: B 또는 D가 물건을 훔친 사람이다.

① A, B ② A, E ③ B, D
④ B, E ⑤ C, D

055 A, B, C, D, E 5명 중 1명이 물건을 훔치고 1명만 거짓을 말한다고 할 때 물건을 훔친 사람을 고르시오.

〈 보 기 〉

A: 나와 E는 물건을 훔치지 않았다.
B: D와 E는 물건을 훔친 사람이 아니다.
C: A의 말이 사실이라면 B가 물건을 훔쳤다.
D: 물건을 훔친 사람은 A이다.
E: A와 C는 물건을 훔치지 않은 사람이다.

① A ② B ③ C
④ D ⑤ E

056 A, B, C, D, E 5명 중 2명이 물건을 훔치고 1명만 거짓을 말한다고 할 때 거짓을 말하는 사람을 고르시오.

〈 보 기 〉

A: D는 물건을 훔치지 않았다.
B: C는 거짓을 말하는 사람이 아니다.
C: 나와 D는 물건을 훔친 사람이 아니다.
D: B는 물건을 훔치지 않은 사람이다.
E: 물건을 훔친 사람은 C이다.

① A ② B ③ C
④ D ⑤ E

057 A, B, C, D, E 5명 중 1명이 물건을 훔치고 1명만 참을 말한다고 할 때 참을 말하는 사람을 고르시오.

〈 보 기 〉

A: C는 사실을 말한다.
B: 물건을 훔친 사람은 C이다.
C: 나와 A는 물건을 훔치지 않았다.
D: B가 하는 말은 거짓이다.
E: C가 물건을 훔치지 않았다면 D의 말은 거짓이다.

① A　② B　③ C
④ D　⑤ E

058 A, B, C, D, E 5명 중 1명이 물건을 훔쳤다. 2명이 거짓을 말하고 나머지는 참을 말한다고 할 때 거짓을 말하는 사람을 고르시오.

〈 보 기 〉

A: E는 물건을 훔치지 않았다.
B: E는 거짓말한다.
C: A는 물건을 훔치지 않은 사람이다.
D: A는 거짓을 말하는 사람이 아니다.
E: C가 물건을 훔치지 않았다면 D의 말은 사실이다.

① B, C　② B, E　③ C, D
④ C, E　⑤ D, E

059 A, B, C, D, E 5명 중 2명이 물건을 훔치고 2명만 거짓을 말한다고 할 때 물건을 훔친 사람을 고르시오.

〈 보 기 〉

A: 나와 B는 물건을 훔치지 않았다.
B: A와 E 중 1명이 물건을 훔쳤다.
C: B는 거짓을 말한다.
D: B의 말은 사실이다.
E: A의 진술은 참이다.

① A, C ② A, D ③ B, E
④ C, D ⑤ D, E

060 A, B, C, D, E 5명 중 2명이 물건을 훔치고 1명만 참을 말한다고 할 때 참을 말하는 사람을 고르시오.

〈 보 기 〉

A: E가 하는 말은 거짓이다.
B: C 또는 E 중 1명이 물건을 훔쳤다.
C: E의 말이 거짓이라면 B가 물건을 훔쳤다.
D: C가 물건을 훔쳤다.
E: A와 D는 물건을 훔치지 않았다.

① A ② B ③ C
④ D ⑤ E

061 A, B, C, D, E 5명 중 1명이 물건을 훔쳤다. 2명이 참을 말하고 나머지는 거짓을 말한다고 할 때 참을 말하는 사람을 고르시오.

〈 보 기 〉

A: C는 사실을 말한다.
B: 물건을 훔친 사람은 C 또는 D이다.
C: D가 물건을 훔쳤다.
D: 나와 B는 물건을 훔치지 않았다.
E: B가 물건을 훔친 사람이다.

① A, E　② B, C　③ B, D
④ B, E　⑤ C, D

062 A, B, C, D, E 5명 중 2명이 물건을 훔치고 1명만 거짓을 말한다고 할 때 물건을 훔친 사람을 고르시오.

〈 보 기 〉

A: E가 물건을 훔쳤다.
B: 나와 A는 물건을 훔치지 않았다.
C: B의 말은 참이다.
D: A는 물건을 훔친 사람이 아니다.
E: C는 거짓을 말하는 사람이 아니다.

① A, C　② B, C　③ B, D
④ C, D　⑤ C, E

063 A, B, C, D, E 5명 중 1명이 물건을 훔치고 1명만 거짓을 말한다고 할 때 물건을 훔친 사람을 고르시오.

〈 보 기 〉

A: C의 말은 거짓이다.
B: A는 사실을 말하지 않는다.
C: D의 말이 거짓이라면 B가 물건을 훔쳤다.
D: A가 물건을 훔쳤다.
E: A 또는 C가 물건을 훔쳤다.

① A ② B ③ C
④ D ⑤ E

064 A, B, C, D, E 5명 중 2명이 물건을 훔치고 1명만 참을 말한다고 할 때 참을 말하는 사람을 고르시오.

〈 보 기 〉

A: E는 거짓을 말한다.
B: C가 물건을 훔치지 않았다면 D의 말은 사실이다.
C: B가 물건을 훔친 사람 중 1명이다.
D: C의 말이 거짓이라면 E가 물건을 훔쳤다.
E: D는 거짓을 말하는 사람이 아니다.

① A ② B ③ C
④ D ⑤ E

065 A, B, C, D, E 5명 중 1명이 물건을 훔치고 1명만 거짓을 말한다고 할 때 물건을 훔친 사람을 고르시오.

〈 보 기 〉

A: 물건을 훔친 사람은 C이다.
B: A가 물건을 훔치지 않았다면 C의 말은 사실이다.
C: B는 물건을 훔치지 않았다.
D: E의 말은 거짓이다.
E: 나와 D는 물건을 훔치지 않았다.

① A
② B
③ C
④ D
⑤ E

066 A, B, C, D, E 5명 중 2명이 물건을 훔치고 1명만 거짓을 말한다고 할 때 물건을 훔친 사람을 고르시오.

〈 보 기 〉

A: B와 C는 물건을 훔치지 않았다.
B: 물건을 훔친 사람 중 1명은 C이다.
C: A 또는 B가 물건을 훔쳤다.
D: E는 물건을 훔치지 않았다.
E: A의 말은 참이다.

① A, B
② A, D
③ B, D
④ B, E
⑤ C, E

067 A, B, C, D, E 5명 중 2명이 물건을 훔쳤다. 2명이 거짓을 말하고 나머지는 참을 말한다고 할 때 물건을 훔친 사람을 고르시오.

〈 보 기 〉

A: D가 물건을 훔쳤다면 E의 말은 거짓이다.
B: C가 하는 말은 거짓이다.
C: A는 물건을 훔치지 않았다.
D: E는 참을 말한다.
E: C가 물건을 훔쳤다.

① A, C ② B, C ③ B, D
④ C, D ⑤ D, E

068 A, B, C, D, E 5명 중 1명이 물건을 훔쳤다. 2명이 거짓을 말하고 나머지는 참을 말한다고 할 때 물건을 훔친 사람을 고르시오.

〈 보 기 〉

A: D는 거짓을 말하는 사람이 아니다.
B: A의 말은 사실이다.
C: B는 물건을 훔치지 않은 사람이다.
D: E의 말이 거짓이라면 B가 물건을 훔쳤다.
E: 물건을 훔친 사람은 A 또는 C이다.

① A ② B ③ C
④ D ⑤ E

069 A, B, C, D, E 5명 중 2명이 물건을 훔치고 1명만 거짓을 말한다고 할 때 물건을 훔친 사람을 고르시오.

〈 보 기 〉

A: B와 C는 물건을 훔치지 않았다.
B: E의 말이 사실이라면 D는 물건을 훔치지 않은 사람이다.
C: D의 말은 거짓이다.
D: 물건을 훔친 사람은 C 또는 E다.
E: D는 거짓말을 하는 사람이 아니다.

① A, B ② A, E ③ B, D
④ C, D ⑤ C, E

070 A, B, C, D, E 5명 중 2명이 물건을 훔치고 1명만 참을 말한다고 할 때 참을 말하는 사람을 고르시오.

〈 보 기 〉

A: D의 말이 거짓이라면 B는 물건을 훔치지 않았다.
B: D는 거짓을 말하는 사람이 아니다.
C: D가 물건을 훔쳤다.
D: B 또는 C가 물건을 훔친 사람이다.
E: C의 말은 사실이다.

① A ② B ③ C
④ D ⑤ E

071 A, B, C, D, E 5명 중 2명이 물건을 훔치고 1명만 사실을 말한다고 할 때 사실을 말하는 사람을 고르시오.

〈 보 기 〉

A: B의 말이 거짓이라면 C는 물건을 훔치지 않았다.
B: E는 물건을 훔치지 않은 사람이다.
C: 나와 E는 물건을 훔치지 않았다.
D: E가 하는 말은 거짓이다.
E: A와 C는 물건을 훔치지 않았다.

① A ② B ③ C
④ D ⑤ E

072 A, B, C, D, E 5명 중 1명이 물건을 훔쳤다. 이들 중 2명만 거짓을 말하고 3명은 참을 말한다고 할 때 다음 중 항상 참인 것을 고르시오.

〈 보 기 〉

A: C가 하는 말은 거짓이다.
B: D 또는 E가 물건을 훔친 사람이다.
C: D가 물건을 훔쳤다.
D: 나와 A는 물건을 훔치지 않았다.
E: C 또는 D가 물건을 훔쳤다.

① A가 참을 말한다면 E가 물건을 훔쳤다.
② B가 거짓을 말한다면 C가 물건을 훔쳤다.
③ C가 거짓을 말한다면 E가 물건을 훔쳤다.
④ D가 거짓을 말한다면 A가 물건을 훔쳤다.
⑤ E가 사실을 말한다면 D가 물건을 훔쳤다.

073 A, B, C, D, E 5명 중 2명이 물건을 훔치고 1명만 참을 말한다고 할 때 물건을 훔친 사람을 고르시오.

〈 보 기 〉

A: B가 물건을 훔쳤다.
B: A는 거짓을 말하는 사람이 아니다.
C: D는 물건을 훔치지 않았다.
D: B 또는 C 중 1명이 물건을 훔쳤다.
E: C가 물건을 훔치지 않았다면 D의 말은 사실이다.

① A, B ② A, E ③ B, C
④ B, E ⑤ D, E

074 A, B, C, D, E 5명 중 2명이 물건을 훔치고 1명만 거짓을 말한다고 할 때 물건을 훔친 사람을 고르시오.

〈 보 기 〉

A: B는 물건을 훔치지 않았다.
B: A는 거짓을 말하는 사람이 아니다.
C: A가 하는 말은 거짓이다.
D: C는 물건을 훔친 사람이 아니다.
E: A는 물건을 훔치지 않았다.

① A, C ② A, E ③ B, D
④ C, E ⑤ D, E

075 A, B, C, D, E 5명 중 1명이 물건을 훔쳤다. 2명이 거짓을 말하고 나머지는 참을 말한다고 할 때 거짓을 말하는 사람을 고르시오.

〈 보 기 〉

A: D는 거짓을 말하는 사람이 아니다.
B: C의 말은 사실이다.
C: B와 D는 물건을 훔치지 않았다.
D: A가 물건을 훔쳤다.
E: 물건을 훔친 사람은 C이다.

① A, B ② A, D ③ B, C
④ C, E ⑤ D, E

076 A, B, C, D, E 5명 중 1명이 물건을 훔쳤다. 이들 중 2명만 참을 말하고 나머지는 거짓을 말한다고 할 때 참을 말하는 사람을 고르시오.

〈 보 기 〉

A: B 또는 D가 물건을 훔쳤다.
B: A 또는 E가 물건을 훔쳤다.
C: E는 물건을 훔치지 않았다.
D: A와 C는 물건을 훔치지 않았다.
E: A는 거짓을 말한다.

① A, C ② A, E ③ B, C
④ B, D ⑤ C, E

077 A, B, C, D, E 5명 중 2명이 물건을 훔쳤다. 1명이 거짓을 말하고 나머지는 참을 말한다고 할 때 물건을 훔친 사람을 고르시오.

〈 보 기 〉

A: B와 E는 물건을 훔치지 않았다.
B: D가 물건을 훔쳤다.
C: 나와 D는 물건을 훔치지 않았다.
D: A 또는 E 중 1명이 물건을 훔쳤다.
E: 나와 C는 물건을 훔치지 않았다.

① A, B
② A, D
③ B, C
④ C, E
⑤ D, E

078 A, B, C, D, E 5명 중 2명이 물건을 훔치고 1명만 거짓을 말한다고 할 때 물건을 훔친 사람을 고르시오.

〈 보 기 〉

A: C 또는 D가 물건을 훔쳤다.
B: C는 물건을 훔친 사람 중 1명이다.
C: B는 거짓을 말하는 사람이 아니다.
D: B는 물건을 훔치지 않았다.
E: A는 사실을 말한다.

① A, B
② A, C
③ B, C
④ C, D
⑤ D, E

079 A, B, C, D, E 5명 중 1명이 물건을 훔쳤다. 2명이 거짓을 말하고 나머지는 참을 말한다고 할 때 물건을 훔친 사람을 고르시오.

〈 보 기 〉

A: B는 거짓을 말하는 사람이 아니다.
B: C가 하는 말은 거짓이다.
C: A와 E는 물건을 훔친 사람이 아니다.
D: 물건을 훔친 사람은 A 또는 E이다.
E: A와 C는 물건을 훔치지 않았다.

① A ② B ③ C
④ D ⑤ E

080 A, B, C, D, E 5명 중 2명이 물건을 훔치고 1명만 참을 말한다고 할 때 물건을 훔친 사람을 고르시오.

〈 보 기 〉

A: D의 말은 참이다.
B: A 또는 C가 물건을 훔친 사람이다.
C: B와 E는 물건을 훔치지 않았다.
D: C는 참을 말한다.
E: D는 물건을 훔친 사람이 아니다.

① A, C ② A, E ③ B, D
④ B, E ⑤ C, E

081 A, B, C, D, E 5명 중 2명이 물건을 훔치고 2명만 거짓을 말한다고 할 때 물건을 훔친 사람을 고르시오.

〈 보 기 〉

A: E는 거짓을 말한다.
B: C는 사실을 말한다.
C: 나와 B는 물건을 훔치지 않았다.
D: A와 C 중 1명이 물건을 훔쳤다.
E: D가 물건을 훔쳤다면 B의 말은 사실이다.

① A, D ② B, C ③ B, E
④ C, E ⑤ D, E

082 A, B, C, D, E 5명 중 2명이 물건을 훔쳤다. 1명만 참을 말하고 나머지는 거짓을 말한다고 할 때 물건을 훔친 사람을 고르시오.

〈 보 기 〉

A: 물건을 훔친 사람 중 1명은 C이다.
B: A는 거짓을 말하는 사람이 아니다.
C: B 또는 D가 물건을 훔친 사람이다.
D: E가 하는 말은 거짓이다.
E: B와 C는 물건을 훔치지 않았다.

① A, B ② A, E ③ B, D
④ C, D ⑤ C, E

083 A, B, C, D, E 5명 중 2명이 물건을 훔쳤다. 2명이 거짓을 말하고 나머지는 참을 말한다고 할 때 거짓을 말하는 사람을 고르시오.

〈 보 기 〉

A: B는 거짓을 말하는 사람이 아니다.
B: D는 물건을 훔치지 않았다.
C: E는 거짓을 말한다.
D: A 또는 B가 물건을 훔쳤다.
E: B의 말은 거짓이다.

① A, B ② A, C ③ B, D
④ C, D ⑤ D, E

084 A, B, C, D, E 5명 중 2명이 물건을 훔쳤다. 1명만 거짓을 말하고 나머지는 참을 말한다고 할 때 물건을 훔친 사람을 고르시오.

〈 보 기 〉

A: D는 물건을 훔치지 않았다.
B: C와 D는 물건을 훔치지 않았다.
C: B는 물건을 훔치지 않았다.
D: A 또는 B가 물건을 훔쳤다.
E: D가 하는 말은 거짓이다.

① A, D ② A, E ③ B, C
④ B, E ⑤ D, E

085 A, B, C, D, E 5명 중 1명이 물건을 훔치고 1명만 참을 말한다고 할 때 참을 말하는 사람을 고르시오.

〈 보 기 〉

A: B 또는 D가 물건을 훔쳤다.
B: 물건을 훔친 사람은 D 또는 E이다.
C: 나와 B는 물건을 훔치지 않았다.
D: A가 물건을 훔친 사람이다.
E: B가 하는 말은 거짓이다.

① A ② B ③ C
④ D ⑤ E

086 A, B, C, D, E 5명 중 2명이 물건을 훔쳤다. 이들 중 1명만 사실을 말하고 나머지는 거짓을 말한다고 할 때 물건을 훔친 사람을 고르시오.

〈 보 기 〉

A: 물건을 훔친 사람은 C다.
B: A는 거짓을 말한다.
C: D가 물건을 훔쳤다.
D: B는 사실을 말하지 않는다.
E: A가 물건을 훔친 사람이다.

① A, C ② B, E ③ C, D
④ C, E ⑤ D, E

087 A, B, C, D, E 5명 중 2명이 물건을 훔쳤다. 1명이 거짓을 말하고 나머지는 참을 말한다고 할 때 물건을 훔친 사람을 고르시오.

〈 보 기 〉

A: B는 물건을 훔치지 않았다.
B: C는 거짓말한다.
C: A는 물건을 훔친 사람이 아니다.
D: 물건을 훔친 사람 중 1명은 C이다.
E: B 또는 D가 물건을 훔쳤다.

① A, B ② B, C ③ B, D
④ C, D ⑤ C, E

088 A, B, C, D, E 5명 중 2명이 물건을 훔치고 1명만 거짓을 말한다고 할 때 거짓을 말하는 사람을 고르시오.

〈 보 기 〉

A: C의 말은 사실이다.
B: 나와 C는 물건을 훔치지 않았다.
C: A와 D는 물건을 훔치지 않았다.
D: 물건을 훔친 사람은 E다.
E: C와 D는 물건을 훔치지 않았다.

① A ② B ③ C
④ D ⑤ E

089 A, B, C, D, E 5명 중 2명이 물건을 훔쳤다. 2명이 거짓을 말하고 3명이 참을 말한다고 할 때 물건을 훔친 사람을 고르시오.

〈 보 기 〉

A: B 또는 E 중 1명이 물건을 훔쳤다.
B: D는 거짓을 말하는 사람이 아니다.
C: E가 거짓을 말한다.
D: B가 물건을 훔치지 않았다면 C의 말은 거짓이다.
E: 물건을 훔친 사람 중 1명은 B이다.

① A, B ② A, C ③ B, D
④ B, E ⑤ C, E

090 A, B, C, D, E 5명 중 1명이 물건을 훔치고 1명만 참을 말한다고 할 때 물건을 훔친 사람을 고르시오.

〈 보 기 〉

A: B 또는 E가 물건을 훔쳤다.
B: C가 물건을 훔쳤다.
C: D는 물건을 훔치지 않았다.
D: A 또는 E가 물건을 훔쳤다.
E: 나와 A는 물건을 훔치지 않았다.

① A ② B ③ C
④ D ⑤ E

091 A, B, C, D, E 5명 중 2명이 물건을 훔쳤다. 2명이 거짓을 말하고 나머지는 참을 말한다고 할 때 물건을 훔친 사람을 고르시오.

〈 보 기 〉

A: E는 거짓을 말한다.
B: C의 말은 참이다.
C: 나와 A는 물건을 훔치지 않았다.
D: A 또는 B가 물건을 훔쳤다.
E: B는 물건을 훔친 사람이 아니다.

① A, D　② A, E　③ B, D
④ C, E　⑤ D, E

092 A, B, C, D, E 5명 중 1명이 물건을 훔치고 1명만 거짓을 말한다고 할 때 물건을 훔친 사람을 고르시오.

〈 보 기 〉

A: C는 거짓을 말하는 사람이 아니다.
B: 물건을 훔친 사람은 C 또는 D이다.
C: E의 말은 사실이다.
D: B는 물건을 훔치지 않았다.
E: A는 물건을 훔치지 않은 사람이다.

① A　② B　③ C
④ D　⑤ E

093 A, B, C, D, E 5명 중 2명이 물건을 훔쳤다. 1명이 참을 말하고 나머지는 거짓을 말한다고 할 때 물건을 훔친 사람을 고르시오.

〈 보 기 〉

A: C 또는 E가 물건을 훔친 사람이다.
B: D 또는 E 중 1명이 물건을 훔쳤다.
C: A가 하는 말은 거짓이다.
D: 물건을 훔친 사람 중 1명은 B이다.
E: A와 B는 물건을 훔치지 않았다.

① A, C ② A, D ③ B, C
④ C, D ⑤ D, E

094 A, B, C, D, E 5명 중 2명이 물건을 훔쳤다. 2명이 거짓을 말하고 나머지는 참을 말한다고 할 때 거짓을 말하는 사람을 고르시오.

〈 보 기 〉

A: C는 거짓을 말하는 사람이 아니다.
B: A가 하는 말은 참이다.
C: A와 E는 물건을 훔치지 않았다.
D: A가 물건을 훔친 사람이다.
E: D의 말이 거짓이라면 C가 물건을 훔쳤다.

① A, C ② A, D ③ B, D
④ B, E ⑤ D, E

095 A, B, C, D, E 5명 중 2명이 물건을 훔쳤다. 이들 중 2명만 참을 말하고 3명은 거짓을 말한다고 할 때 물건을 훔친 사람을 고르시오.

〈 보 기 〉

A: D는 거짓을 말하는 사람이 아니다.
B: C는 물건을 훔치지 않았다.
C: D와 E는 물건을 훔친 사람이 아니다.
D: E는 물건을 훔치지 않았다.
E: A 또는 C 중 1명이 물건을 훔쳤다.

① A, D ② A, E ③ B, C
④ B, D ⑤ C, E

096 A, B, C, D, E 5명 중 2명이 물건을 훔치고 1명만 거짓을 말한다고 할 때 물건을 훔친 사람을 고르시오.

〈 보 기 〉

A: 물건을 훔친 사람은 B 또는 E이다.
B: A와 D는 물건을 훔치지 않은 사람이다.
C: B 또는 E 중 1명이 물건을 훔쳤다.
D: B는 물건을 훔치지 않았다.
E: C는 거짓을 말한다.

① A, E ② B, C ③ B, E
④ C, D ⑤ C, E

097 A, B, C, D, E 5명 중 2명이 물건을 훔쳤다. 2명이 거짓을 말하고 나머지는 참을 말한다고 할 때 거짓을 말하는 사람을 고르시오.

〈 보 기 〉

A: D는 거짓을 말하는 사람이 아니다.
B: D가 하는 말은 거짓이다.
C: E는 참을 말한다.
D: B 또는 E 중 1명이 물건을 훔친 사람이다.
E: B와 D는 물건을 훔친 사람이 아니다.

① A, D ② B, D ③ B, E
④ C, D ⑤ C, E

098 A, B, C, D, E 5명 중 2명이 물건을 훔쳤다. 2명이 참을 말하고 나머지는 거짓을 말한다고 할 때 물건을 훔친 사람을 고르시오.

〈 보 기 〉

A: C가 물건을 훔쳤다.
B: 거짓을 말하는 사람은 C가 아니다.
C: 나와 B는 물건을 훔치지 않았다.
D: B는 물건을 훔친 사람이 아니다.
E: A는 거짓을 말하는 사람이 아니다.

① A, B ② A, C ③ B, C
④ B, E ⑤ D, E

099 **A, B, C, D, E 5명 중 2명이 물건을 훔치고 1명만 거짓을 말한다고 할 때 거짓을 말하는 사람을 고르시오.**

〈 보 기 〉

A: D가 하는 말은 거짓이다.
B: 물건을 훔친 사람은 A 또는 C 중 1명이다.
C: A는 거짓을 말하는 사람이 아니다.
D: B와 C는 물건을 훔친 사람이 아니다.
E: C는 물건을 훔치지 않았다.

① A　　② B　　③ C
④ D　　⑤ E

100 **A, B, C, D, E 5명 중 2명이 물건을 훔쳤다. 1명이 거짓을 말하고 나머지는 참을 말한다고 할 때 물건을 훔친 사람을 고르시오.**

〈 보 기 〉

A: B 또는 E가 물건을 훔쳤다.
B: 물건을 훔친 사람 중 1명은 D이다.
C: B 또는 D가 물건을 훔친 사람이다.
D: C가 하는 말은 거짓이다.
E: B와 C는 물건을 훔치지 않았다.

① A, B　　② A, D　　③ B, C
④ B, E　　⑤ D, E

101 A, B, C, D, E 5명 중 2명이 물건을 훔치고 1명만 거짓을 말한다고 할 때 물건을 훔친 사람을 고르시오.

〈 보 기 〉

A: E가 물건을 훔쳤다.
B: C가 하는 말은 거짓이다.
C: B 또는 E가 물건을 훔친 사람이다.
D: 물건을 훔친 사람 중 1명은 C이다.
E: A와 D는 물건을 훔치지 않았다.

① A, D ② B, C ③ B, E
④ C, D ⑤ C, E

102 A, B, C, D, E 5명 중 2명이 물건을 훔쳤다. 2명이 참을 말하고 나머지는 거짓을 말한다고 할 때 물건을 훔친 사람을 고르시오.

〈 보 기 〉

A: C와 D는 물건을 훔치지 않았다.
B: 물건을 훔친 사람 중 1명은 A이다.
C: A는 물건을 훔치지 않았다.
D: E는 거짓을 말하는 사람이 아니다.
E: A 또는 D 중 1명이 물건을 훔친 사람이다.

① A, B ② A, D ③ B, E
④ C, D ⑤ C, E

103 A, B, C, D, E 5명 중 1명이 물건을 훔치고 1명만 거짓을 말한다고 할 때 물건을 훔친 사람을 고르시오.

〈 보 기 〉

A: 물건을 훔친 사람은 E이다.
B: A는 물건을 훔친 사람이 아니다.
C: B와 D는 물건을 훔치지 않았다.
D: B의 말은 거짓이다.
E: B와 C는 물건을 훔치지 않은 사람이다.

① A　② B　③ C　④ D　⑤ E

104 A, B, C, D, E 5명 중 2명이 물건을 훔치고 1명만 거짓을 말한다고 할 때 물건을 훔친 사람을 고르시오.

〈 보 기 〉

A: D가 물건을 훔쳤다.
B: A는 거짓을 말하는 사람이 아니다.
C: B 또는 E 중 1명이 물건을 훔쳤다.
D: E가 물건을 훔쳤다.
E: A 또는 D가 물건을 훔쳤다.

① A, B　② A, D　③ B, D　④ C, E　⑤ D, E

105 A, B, C, D, E 5명 중 2명이 물건을 훔치고 1명만 참을 말한다고 할 때 참을 말하는 사람을 고르시오.

〈 보 기 〉

A: D는 물건을 훔친 사람 중 1명이다.
B: A가 물건을 훔쳤다.
C: D는 물건을 훔친 사람이 아니다.
D: B는 물건을 훔치지 않았다.
E: C의 말은 거짓이 아니다.

① A ② B ③ C
④ D ⑤ E

106 A, B, C, D, E 5명 중 2명이 물건을 훔치고 1명만 거짓을 말한다고 할 때 거짓을 말하는 사람을 고르시오.

〈 보 기 〉

A: D가 물건을 훔쳤다.
B: C는 거짓을 말하는 사람이 아니다.
C: A 또는 E가 물건을 훔쳤다.
D: A는 물건을 훔치지 않았다.
E: B가 하는 말은 거짓이다.

① A ② B ③ C
④ D ⑤ E

107 A, B, C, D, E 5명 중 2명이 물건을 훔쳤다. 2명이 거짓을 말하고 나머지는 참을 말한다고 할 때 거짓을 말하는 사람을 고르시오.

〈 보 기 〉

A: 물건을 훔친 사람 중 1명은 D이다.
B: E가 하는 말은 거짓이다.
C: B는 거짓을 말하는 사람이 아니다.
D: C는 물건을 훔친 사람이 아니다.
E: D는 물건을 훔치지 않았다.

① A, C　② B, D　③ B, E
④ C, D　⑤ D, E

108 A, B, C, D, E 5명 중 1명이 물건을 훔치고 1명만 거짓을 말한다고 할 때 거짓을 말하는 사람을 고르시오.

〈 보 기 〉

A: B와 D는 물건을 훔치지 않았다.
B: 물건을 훔친 사람은 A이다.
C: B가 물건을 훔쳤다.
D: C는 물건을 훔친 사람이 아니다.
E: D의 말은 사실이다.

① A　② B　③ C
④ D　⑤ E

인적성 준비는 렛유인
WWW.LETUIN.COM

PART 02

108번뇌 정답 및 해설

CHAPTER 01 조건추리 Lv.1 108번뇌 정답 및 해설

● **복습방법**

1. 틀린 문제를 해설지를 보지 않고 다시 풀어보기
   - 처음부터 해설지를 보면 연습 불가
   - 주어진 조건을 통해 추가 정보를 얻는 연습
2. 유형별 최적의 접근방법 이해하기
   - (1) 테이블, (2) 계산, (3) 2×n, (4) 토너먼트 (5) 1명이 거짓 등
3. 자주 틀리는 유형 점검하여 접근방법 체득하기
   - (1) 도식화, (2) 선택지 소거, (3) 선택지 대입, (4) 가지치기 등
   - 머리를 최대한 덜 쓰도록 도식화 하는 방법찾기
4. 전체 문제 다시 풀어보기

001번	002번	003번	004번	005번	006번	007번	008번	009번	010번
①	②	①	③	③	③	④	①	③	③
011번	**012번**	**013번**	**014번**	**015번**	**016번**	**017번**	**018번**	**019번**	**020번**
②	③	④	①	①	②	③	⑤	②	⑤
021번	**022번**	**023번**	**024번**	**025번**	**026번**	**027번**	**028번**	**029번**	**030번**
⑤	①	①	③	②	④	③	③	③	③
031번	**032번**	**033번**	**034번**	**035번**	**036번**	**037번**	**038번**	**039번**	**040번**
⑤	⑤	③	④	③	④	④	④	②	⑤
041번	**042번**	**043번**	**044번**	**045번**	**046번**	**047번**	**048번**	**049번**	**050번**
④	④	④	①	③	④	④	④	②	②
051번	**052번**	**053번**	**054번**	**055번**	**056번**	**057번**	**058번**	**059번**	**060번**
③	④	④	①	④	③	③	④	①	④
061번	**062번**	**063번**	**064번**	**065번**	**066번**	**067번**	**068번**	**069번**	**070번**
①	②	①	④	⑤	④	④	③	③	⑤
071번	**072번**	**073번**	**074번**	**075번**	**076번**	**077번**	**078번**	**079번**	**080번**
①	②	③	②	②	⑤	③	④	③	④
081번	**082번**	**083번**	**084번**	**085번**	**086번**	**087번**	**088번**	**089번**	**090번**
③	②	①	②	①	②	⑤	①	④	②
091번	**092번**	**093번**	**094번**	**095번**	**096번**	**097번**	**098번**	**099번**	**100번**
②	②	③	④	④	①	④	⑤	①	③
101번	**102번**	**103번**	**104번**	**105번**	**106번**	**107번**	**108번**		
③	③	②	④	③	②	③	⑤		

*참고

물결(~): 부정 즉 not을 말한다. 예를 들어 부산을 탐색하지 않는다를 '~부산'으로 표현했다.

빗금(/): 자리가 바뀔 수 있음을 의미한다. 예를 들어 A와 B가 자리를 바꿀 수 있다면 'A/B', 'B/A'로 표현했다.

001. ①

4명이 각자 2개의 주제를 고르고 주제별 인원도 2명씩이다. 한 축에 사람, 다른 축에 주제를 놓고 표를 O, X로 채워 직관적으로 접근하자.

주제선정 여부를 알 수 있는 B, C, D의 정보를 먼저 채우자. C는 A가 고른 두 주제를 고르지 않는다. 주제가 4가지이고 인당 2개씩 고르니 4개 주제 중 2개는 C가 고른 주제이고 나머지 2개는 A가 고른 주제다. C가 강을 고르지 않았으니 A가 강을 고른다고 알 수 있다. A와 C가 어떤 주제를 고르는지 모두는 모르겠지만 둘이 선택한 주제가 산, 들, 강, 바다라고 알 수 있다. 이에 따라 B와 D도 어떤 주제를 고르는지 모두 확정할 수는 없지만 산, 들, 강, 바다가 둘이 선택한 주제라고 알 수 있다. 즉 D가 강을 골랐으니 B는 강을 고르지 않고 B가 바다를 고르지 않으니 D가 바다를 고른다고 알 수 있다.

	산	들	강	바다
A			O	
B	O	O	X	X
C			X	
D	X	X	O	O

B가 고른 두 주제 중 한 주제가 A가 고른 주제와 같다. 이를 토대로 A가 산을 고른 경우와 들을 고른 경우 나눌 수 있다. C는 확정적으로 바다를 주제로 고른다.

	산	들	강	바다
A	O	X	O	X
B	O	O	X	X
C	X	O	X	O
D	X	X	O	O

Case 1

	산	들	강	바다
A	X	O	O	X
B	O	O	X	X
C	O	X	X	O
D	X	X	O	O

Case 2

002. ②

B + C = A이다. 그러면서 B와 C의 좌석번호는 홀수이니 A의 좌석번호는 짝수다. 가능한 경우를 찾아보자.

1) 1 + 3 = 4
2) 1 + 5 = 6
3) 3 + 5 = 8

그런데 4번 좌석은 이미 E가 앉는 자리다. 8번 좌석은 없다. 따라서 A는 6번 자리, B와 C는 확정할 수 없지만 1, 5번 자리다. 문제의 물음은 F가 앉는 자리이고 F의 좌석번호는 짝수다. 짝수 중 4는 E, 6은 A의 좌석번호다. 따라서 F는 2번 좌석에 앉는다.

003. ①

리조또를 먹는 사람이 3명이고 같은 음식을 먹는 사람끼리 인접하게 앉지 않는다. 따라서 리조또를 먹는 D, E, F는 삼각형 또는 역삼각형을 그리며 앉는다. 찾아야 하는 건 D와 마주 보고 앉는 사람이기에 E와 F는 답이 아니다.

C는 E와 인접하게 앉지 않는다. E의 위치가 변할 수 있지만 어느 경우든 C는 D와 마주 보고 앉지 않는다. 이를 그림으로 표현하면 다음과 같다.

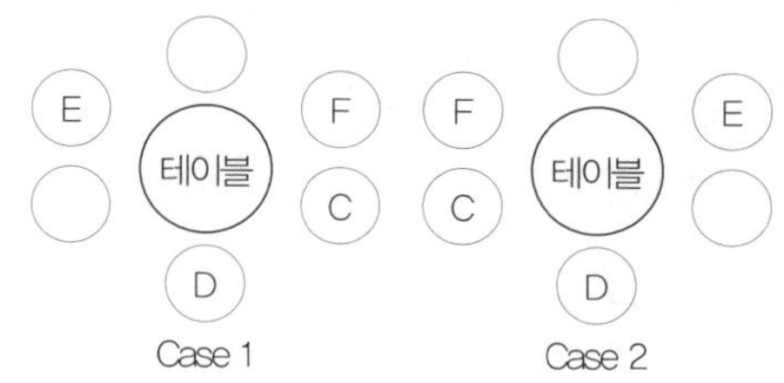

Case 1 Case 2

B는 D와 인접하게 앉는다. B도 답이 아니다. 그림으로 표현하면 B는 D의 인접한 오른쪽 자리에 앉으니 Case 2만 가능하다.

Case 2

결과적으로 E, F, C, B를 제외한 A가 D와 마주 보고 앉는다.

004. ③

월요일, 화요일, 수요일을 오전, 오후로 나누면 총 6칸이 된다. 6칸에 5명을 배치하는 문제다. 채울 수 있는 정보를 채워보자. 또한 확실하게 알 수 없는 정보인 A가 월요일, C, D가 오후 출근이라는 정보는 미정인 칸을 두어 문제를 풀 때 덜 헷갈리게 하자.

	월	화	수	미정
오후				C, D
오전		B		
미정	A			

C는 E보다 먼저 출근한다는 정보와 함께 고민하면 ③번이 항상 참이다. 선택지가 ~라면의 형식이고 항상 참인 것을 찾는 문제는 선택지의 조건부의 정보(~라면으로 제

시된 가정)를 넣어보며 반례가 있는지 찾는 것이 수월하다. 반례는 [오답체크]에서 확인하자.

③ E가 화요일에 출근한다면 D는 수요일에 출근한다.

	월	화	수
오후	C	E	D
오전	A	B	

[오답체크]

항상 참을 찾는 문제이기에 반례를 찾아보자.

① D가 월요일에 출근한다면 C는 수요일에 출근한다.

	월	화	수
오후	D	C	
오전	A	B	E

	월	화	수
오후	D	C	E
오전	A	B	

② A가 오전에 출근한다면 C는 화요일에 출근한다.

	월	화	수
오후	C	E	D
오전	A	B	

	월	화	수
오후	C		D
오전	A	B	E

④ 월요일에 A만 출근한다면 E는 수요일 오후에 출근한다.

	월	화	수
오후		C	D
오전	A	B	E

	월	화	수
오후	A	C	D
오전		B	E

⑤ E가 오후에 출근한다면 D는 화요일에 출근한다.

	월	화	수
오후	C	E	D
오전	A	B	

005. ③

테이블 문제에서 마주 보고 앉는다는 조건이 인물을 고정시킬 수 있어 제일 좋다. 지우와 세라를 고정시키고 세라와 인접한 좌측 자리에 태린이를 배치하자.

이후 다겸이와 인접한 우측 자리에 은결이가 앉는다는 조건을 고려하여 자리를 배치하면 나머지 한 자리가 한빈이의 자리고, 한빈이와 마주 보는 다겸이를 찾을 수 있다.

006. ③

아윤이가 2번째인 경우와 4번째인 경우로 나눌 수 있다. 경우를 나누고 도진, 태형, 지오를 배치해보자.

	1	2	3	4	5
Case 1	도진	아윤	태형/지오		지오/태형
Case 2			태형/지오	아윤	지오/태형
Case 3	태형/지오	도진	지오/태형	아윤	

Case 2에서는 도진이가 1번째인지 2번째인지 결정해야 한다. 〈보기〉에서 지오가 예빈이보다 먼저 줄을 선다는 조건을 고민해보자. Case 1에서는 지오가 3번째, 예빈이가 4번째로 줄을 선다. Case 2는 어떤 경우든 지오는 예빈이보다 먼저 줄을 서지 않는다. 즉 조건을 만족하지 않는다. Case 3에서는 예빈이가 5번째로 줄을 선다. 하지만 지오가 1번째인지 3번째인지 확정할 수 없다. 편의상 지오의 위치에 따라 Case 3.1과 3.2로 나누겠다.

	1	2	3	4	5
Case 1	도진	아윤	지오	예빈	태형
Case 3.1	태형	도진	지오	아윤	예빈
Case 3.2	지오	도진	태형	아윤	예빈

007. ④

F를 1행 1열에 고정하자. 이 후 같은 행에 앉은 E와 C를 배치하고 E와 같은 열에는 A, C와 같은 열에는 B를 배치하자.

F	
E	C
A	B

F	B
E	C
A	

F	
C	E
B	A

F	A
C	E
B	

F	
A	B
E	C

F	B
A	
E	C

F	
B	A
C	E

F	A
B	
C	E

008. ①

사람, 학년, 등수의 변수가 있다. 고민해보면 사람을 기준으로 학년과 등수가 모두 1:1의 매치다. 등수도 마찬가지다. 연속성을 보이는 등수를 중심으로 잡고 사람과 학년을 배치하자.
고정시킬 수 있는 7등은 2학년, 1, 3등은 4학년이라는 정보를 고정하자.

등수	1	2	3	4	5	6	7
학년	4		4				2
사람							

1학년인 A의 등수는 1학년인 B와 2학년인 D의 등수를 더한 값과 같다. 7등은 이미 2학년이니 A가 6등인 경우, 5등인 경우로 좁히며 경우를 찾아보자. A가 6등이고 B와 D는 확정할 수 없지만 2등, 4등인 경우만 남는다. A가 6등일 때 B, D가 1등, 5등인 경우는 이미 1등이 4학년이기 때문에 불가하다. A가 5등일 때 4학년의 자리인 1, 3등인 자리를 제외하면 B, D는 2등 또는 4등이다. B와 D의 등수를 더하면 6이기 때문에 불가하다. A가 4등일 때 B, D가 할 수 있는 등수는 오직 2등이기 때문에 불가하다.
A를 6등에 고정하고 B가 2등인 경우와 4등인 경우로 나누어 고민해보자.

등수	1	2	3	4	5	6	7
학년	4	1	4	2		1	2
사람		B		D		A	C

등수	1	2	3	4	5	6	7
학년	4	2	4	1		1	2
사람		D		B		A	C

7등은 D가 아닌 C다. 5등은 3학년의 자리이고 E다. 1등과 3등은 4학년인 F와 G의 자리지만 누가 몇 등인지는 확정할 수 없다.

등수	1	2	3	4	5	6	7
학년	4	1	4	2	3	1	2
사람	F/G	B	G/F	D	E	A	C

등수	1	2	3	4	5	6	7
학년	4	2	4	1	3	1	2
사람	F/G	D	G/F	B	E	A	C

009. ③

원탁 문제처럼 보이지만 자리를 고정시킬 수 있는 조건이 없다. 맞은 편, 양 옆 사람과 경기한다는 점을 보며 이들이 총 몇 번의 승부를 하는지 확인해보자.
인당 3번의 경기를 하고 다른 사람과 1번씩은 경기가 겹친다. (3×6)/2= 9경기다. 수식을 세우기 어렵다면 임의로 6자리에 숫자를 부여하고 나오는 경기를 찾아보면 다음과 같다.

- 1을 중심으로 경기파악: 1 vs 2, 1 vs 6, 1 vs 4
- 2를 중심으로 경기파악: 2 vs 3, 2 vs 5
- 3을 중심으로 경기파악: 3 vs 4, 3 vs 6
- 4를 중심으로 경기파악: 4 vs 5
- 5를 중심으로 경기파악: 5 vs 6

총 9번의 경기를 치른다. A, B, C, D의 승패를 더하면 5승 7패다. 이를 통해 E와 F의 승패를 더하면 4승 2패라고 알 수 있다. E 또는 F 중 1명은 최대 2패까지 가능하다. 3패를 제시한 ③번은 반드시 거짓이다.

010. ③

3층의 건물에 5명이 산다. 층별로 3명, 1명, 1명이 살 수도 있고 2명, 2명, 1명이 살 수도 있다. 그런데 C가 사는 층과 A가 사는 층 사이에 2명이 산다고 한다. A와 C 중 1명은 3층에 살고 나머지 1명은 1층에 산다고 알 수 있다. 둘 중 누가 3층에 사는지는 모르지만 2층에 사는 사람이 2명이라고 알 수 있다.
B가 사는 층보다 높은 층에 2명이 산다. 해당 조건을 만족하기 위해서는 B가 2층에 살고 3층에 사는 사람이 2명이어야 한다.
D는 A가 사는 층보다 낮은 층에 산다. A는 1층 또는 3층에 사는데 해당 조건을 만족하려면 A는 3층에 살아야한다. 이를 토대로 반드시 1층에 사는 사람은 C라고 알 수 있다.

[오답체크]
오답까지는 아니지만 내용을 정리해보자. 1층에 1명, 2층에 2명, 3층에 2명이 산다. 1층에 C, 2층에 B, 3층에 A가 살고 D는 A보다 낮은 층에 산다. 따라서 D는 2층에 살고 언급하지 않은 E는 3층에 산다고 알 수 있다.

011. ②

인물, 순서, 신발로 변수가 나뉜다. 각 순서를 기준으로 인물도 하나, 신발도 하나를 배치할 수 있으며 순서가 연속성을 보인다. 순서를 중심으로 두고, 인물과 신발을 배치해보자.
먼저 신발을 정리해보자. 알 수 있는 바는 진후가 구두를 신었다는 것이다. 해당 정보로는 정리가 어려워 보인다. 다른 조건을 고민해보자. 같은 신발을 신은 사람끼리 인접하게 줄을 서지 않으니 한 신발은 3명이, 다른 한 신발은 2명이 신는다. 하지만 운동화를 신은 사람이 3명인지 2명인지는 확정할 수 없다. 민진이와 지우가 신은 신발이 같고 성미와 익진이가 신은 신발이 다르다. 이에 따라 신발을 정리해보면 다음과 같다.
– 3명 신발: 민진, 지우, 성미/익진
– 2명 신발: 준희/익진, 진후

성미와 익진이는 3명이 신는 신발인지 2명이 신는 신발인지 확정할 수 없다. 하지만 민진이와 지우가 3명이 신는 신발을 신고 언급하지 않은 진후가 2명이 신는 신발을 신는다.
진후가 구두를 신으니 구두를 신는 사람은 2명이고 운동화를 신는 사람은 3명이다. 같은 종류의 신발을 신은 사람끼리 인접하게 줄을 서지 않으니 2, 4번째로 줄을 서는 사람은 구두를 신는다.
진후는 민진이와 성미보다 앞에 줄을 선다. 성미가 구두를 신는 경우와 운동화를 신는 경우로 나눌 수 있다. 어떻게 경우를 나누든 진후는 2번째로 줄을 선다. 이해를 돕기 위해 Case 1은 성미가 구두를 신는 경우, Case 2는 성미가 운동화를 신는 경우를 표로 정리했다.

	1(운)	2(구)	3(운)	4(구)	5(운)
Case 1		진후		성미	
Case 2		진후	성미/민진		민진/성미

012. ③

E의 바로 위층에 C가 거주한다. 그러면서 B는 C보다 높은 층에 거주한다. 이에 따라 가능한 경우를 나누면 다음과 같다.

	Case 1	Case 2	Case 3
5층			B
4층		B	
3층	B		
2층	C	C	C
1층	E	E	E

	Case 4	Case 5	Case 6
5층		B	B
4층	B		C
3층	C	C	E
2층	E	E	
1층			

A와 D는 같은 통신망을 사용하고 같은 통신망을 사용하는 인원끼리 인접한 층에 거주하지 않는다. 따라서 Case 1, 3, 5, 6은 불가하다. 설명의 편의를 위해 위와 같이 6가지 케이스를 나눈 후 추려냈지만 바로 2가지 케이스를 도출했다면 잘 푸셨다. A와 D가 거주하는 층은 바뀔 수 있지만 통신망은 고정할 수 있다.

	Case 2	Case 4
5층	A/D(Z)	A/D(Z)
4층	B(Y)	B(Y)
3층	D/A(Z)	C(Z)
2층	C(Y)	E(Y)
1층	E(Z)	D/A(Z)

013. ④

A와 E가 마주 보고 앉고 D와 G가 마주 보고 앉는다. 넷이 같은 테이블에 앉을 수도 있고 다른 테이블에 앉을 수도 있다.
C와 인접한 옆 자리에 1명만 앉는다. 이에 따라 A, E는 C와 같은 테이블에 앉을 수 없다. 마주 보는 사람과 C가 같은 테이블에 앉게 되면 C의 인접한 두 자리에 앉기 때문이다. 같은 맥락으로 D, G도 C와 같은 테이블에 앉을 수 없다. A, E, D, G가 같은 테이블에 앉는다. 다만 마주 보는 인원끼리 자리를 바꿔 앉는 경우도 고려해야 한다.

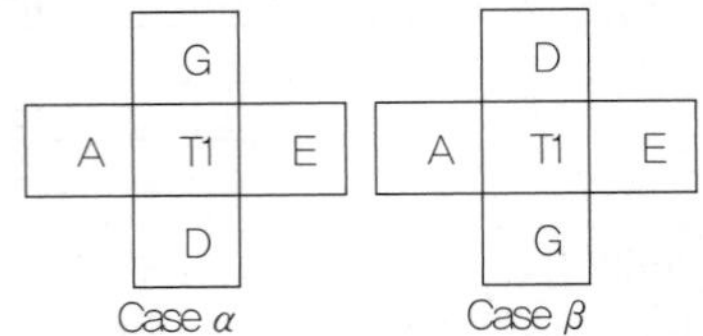

Case α　　Case β

언급하지 않은 B, F는 C와 같은 테이블에 앉는다. 하지만 C와 인접한 옆자리에 앉는 1명이 B인지 F인지 확정할 수 없고 사람이 앉는 인접한 옆자리도 C기준 왼쪽인지 오른쪽인지 확정할 수 없다. 이를 경우로 나누면 다음과 같다.

편의상 C가 앉는 테이블을 T2로 지칭했다.

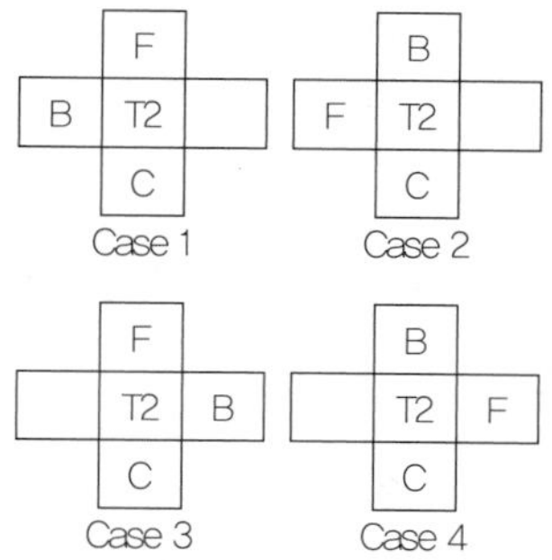

014. ①

5명이 일렬로 줄을 서는 경우는 5!으로 120가지다. 이 중 〈보기〉를 만족하는 소수의 경우를 추리는 것보다 선택지에서 제시한 5가지 경우 중 〈보기〉를 만족하지 않는 것을 소거하는 방법이 더 빠르겠다. 〈보기〉의 조건을 토대로 선택지를 소거해보자. 〈보기〉 중 소거대상이 없는 조건은 언급하지 않았다.

– 체리와 민아의 순위는 인접하지 않다.
  → ③번 소거
– 동식이의 등수는 홀수가 아니다.
  → ②, ④, ⑤번 소거

015. ①

가지치기를 해보자. 각자 취할 수 있는 취미를 정리하면 다음과 같다.

– A: 꽃꽂이, 댄스
– B: 꽃꽂이, 볼링, 자전거, 축구
– C: 댄스, 볼링
– D: 꽃꽂이, 댄스, 볼링, 자전거, 축구
– E: 댄스, 볼링, 자전거

각 인원 중 취미를 취할 수 있는 수가 적은 A, C를 중심으로 취미를 배정한 후 E, B, D의 순서로 취미를 배정하자.

C	A	E	B	D
댄스	꽃꽂이	자전거	볼링	축구
			축구	볼링
		볼링	자전거	축구
			축구	자전거
볼링	꽃꽂이	댄스	자전거	축구
			축구	자전거
		자전거	축구	댄스
	댄스	자전거	꽃꽂이	축구
			축구	꽃꽂이

016. ②

조건추리라기보다는 명제추리에 가깝다. 확정적인 D가 보너스를 받지 않는다는 정보부터 시작하자. 편의상 D가 보너스를 받으면 'D', D가 보너스를 받지 않으면 '~D'로 표기하겠다.

〈보기〉의 세 번째 조건을 대우하면 [~A OR ~D → ~E]다. 이미 ~D를 만족하니 ~E를 알 수 있다. 첫 번째 조건의 조건부(전건)를 만족한다. [~E OR ~F → B]로서 B가 받는다고 알 수 있다.

네 번째 조건인 [B → C XOR D]를 확인하자. B가 보너스를 받으니 C 또는 D 중 1명이 보너스를 받는다고 알 수 있다. 이미 D가 보너스를 받지 않는다고 알고 있으니 C가 보너스를 받는다.

B, C가 보너스를 받고 D, E가 보너스를 받지 않는다. A와 F는 현재의 조건으로 확정할 수 없다.

017. ③

문제 및 선택지에서 량으로만 언급하고 자리로는 언급하지 않는다. 좌/우 자리까지는 고민하지 않고 량으로만 접근하자.

소영이를 1량에 고정하자. 이후 지헌〉하윤, 윤혁〉보영의 조건으로 경우를 나누면 다음과 같다.

소영	윤혁	보영
지헌	하윤	

Case 1

소영	윤혁	보영
지헌		하윤

Case 2

소영		보영
윤혁	지헌	하윤

Case 3

소영	윤혁	보영
	지헌	하윤

Case 4

소영	보영	
윤혁	지헌	하윤

Case 5

아직 사용하지 않은 조건인 정윤이와 소영이가 같은 량에 탑승하지 않는다는 조건도 고민해보자. Case 4의 경우는 정윤이와 소영이가 같은 량에 탑승하기 때문에 불가하다. 아직 기입하지 않은 정윤이까지 넣어 정리하면 다음과 같다.

소영	윤혁	보영
지헌	하윤	정윤

Case 1

소영	윤혁	보영
지헌	정윤	하윤

Case 2

소영	정윤	보영
윤혁	지헌	하윤

Case 3

소영	보영	정윤
윤혁	지헌	하윤

Case 5

018. ⑤

[치트키]

B는 한 번도 누르지 않는다. 초기값이 꺼진 상태이기 때문에 B전구는 꺼진 상태이고 모든 전구가 켜진 경우는 없다.

[일반풀이]

	A	B	C	D
시행1			O	O
시행2	O			
시행3	O		O	O
시행4			O	
결과	off	off	on	off

Case 1 – 켜진 전구: 1

	A	B	C	D
시행1			O	O
시행2	O			
시행3	O		O	O
시행4				O
결과	off	off	off	on

Case 2 – 켜진 전구: 1

	A	B	C	D
시행1			O	O
시행2				O
시행3	O		O	O
시행4			O	
결과	on	off	on	on

Case 3 – 켜진 전구: 3

	A	B	C	D
시행1			O	O
시행2				O
시행3	O		O	O
시행4				O
결과	on	off	off	off

Case 4 – 켜진 전구: 1

	A	B	C	D
시행1			O	O
시행2	O			O
시행3	O		O	O
시행4			O	
결과	off	off	on	on

Case 5 – 켜진 전구: 2

	A	B	C	D
시행1			O	O
시행2	O			O
시행3	O		O	O
시행4				O
결과	off	off	off	off

Case 6 – 켜진 전구: 0

시행의 순서는 상관없다. 스위치를 홀수 번 누르면 전구는 켜진 상태이고 짝수 번 누르면 꺼진 상태다. 경우를 나눌 수 있는 시행을 고민하면 시행2와 시행4다. 시행2는 1) A만 누름, 2) D만 누름, 3) A, D 둘 다 누름으로 나눌 수 있고 시행4는 1) C만 누름, 2) D만 누름으로 나눌 수 있다. 시행2와 시행4의 경우를 토대로 총 6가지 경우로 나눌 수 있다.

019. ②

선택지에서 경우의 수를 묻기도 하고 〈보기〉에서 인물이 취할 수 있는 값을 줄여서 제시하는 조건이 존재한다. 가지치기로 접근해보자. C, A, D를 우선 정리하면 다음과 같다.

C	A	D
청룡	백호	주작
		현무
	현무	주작
		백호
백호	청룡	주작
		현무
	현무	청룡
		주작

아직 고려하지 않은 조건을 보면 D가 현무를 수호신으로 택한다면 B는 백호를 수호신으로 택한다고 한다. 이에 따라 충돌되는 경우를 지우고 나머지 칸에 B를 배정하면 다음과 같다. 편의를 위해 충돌되는 경우를 표기한 표와 충돌되는 경우를 줄인 표로 정리했다.

C	A	D	B
청룡	백호	주작	현무
		현무	X
	현무	주작	백호
		백호	주작
백호	청룡	주작	현무
		현무	X
	현무	청룡	주작
		주작	청룡

C	A	D	B
청룡	백호	주작	현무
	현무	주작	백호
		백호	주작
백호	청룡	주작	현무
	현무	청룡	주작
		주작	청룡

020. ⑤

각 인물이 택하는 부재료가 한 가지 이상이다. 한 축에는 사람, 한 축에는 부재료를 놓고 O, X로 정리하자. C가 넣는 부재료를 표기한 후 B가 꼭 넣는 부재료도 표기하자. B

는 C가 넣는 피넛과 건포도를 꼭 넣는다. 그러면서 각 부재료를 넣는 인원이 2명이기 때문에 A와 D는 피넛과 건포도를 넣지 않는다.

	초콜릿	피넛	건포도	아몬드
A		X	X	
B		O	O	
C	X	O	O	X
D		X	X	

A는 1) 초콜릿만 넣기, 2) 아몬드만 넣기, 3) 초콜릿과 아몬드 둘 다 넣기가 가능하다. 그러면서 네 가지 모두 넣는 사람은 없고 재료를 기준으로 2명씩 넣으니 A가 초콜릿만 넣으면 D가 초콜릿을 넣고 B는 초콜릿을 넣지 않는다. 아몬드를 넣는 사람은 2명이 되어야 하니 B와 D가 아몬드를 넣는다. 이런 맥락으로 3가지 경우를 정리하면 다음과 같다.

	초콜릿	피넛	건포도	아몬드
A	O	X	X	X
B	X	O	O	O
C	X	O	O	X
D	O	X	X	O

Case 1

	초콜릿	피넛	건포도	아몬드
A	X	X	X	O
B	O	O	O	X
C	X	O	O	X
D	O	X	X	O

Case 2

	초콜릿	피넛	건포도	아몬드
A	O	X	X	O
B	X	O	O	X
C	X	O	O	X
D	O	X	X	O

Case 3

021. ⑤

[치트키]

〈보기〉를 보면 은솔이가 3번, 준하가 2번 나왔다. 이 둘이 문제풀이의 핵심이다. 은솔이가 3번째로 줄을 선다. 그러면서 준하와 은솔이는 이웃하게 줄을 서지 않고 다른 급수의 컴퓨터활용능력을 응시한다. 따라서 준하는 은솔이와 인접한 2, 4번째로 줄을 설 수 없고 은솔이와 같은 급수의 시험을 보는 1, 5번째로 줄을 설 수 없다. 준하는 6번째로 줄을 선다.

[일반풀이]

경우를 따지는 방식으로도 풀어보자. 인원은 6명이고 같은 급수의 시험을 보는 인원끼리 이웃하게 줄을 서지 않는다. 1급을 응시하는 인원이 3명, 2급을 응시하는 인원도 3명이라고 알 수 있다.

은솔이를 3번째에 고정한 후 재희와 주하가 줄을 서는 경우로 나눠보며 전체의 경우를 따져보자.

	1	2	3	4	5	6
Case 1	재희	주하	은솔			
Case 2			은솔	재희	주하	
Case 3			은솔		재희	주하

현빈이와 주하는 이웃하게 줄을 서지 않는다. 그러면서 준하와 은솔이는 이웃하게 줄을 서지 않고 다른 급수의 컴퓨터활용능력을 응시한다.

Case 1. 준하는 은솔이와 이웃하지 않고 같은 급수의 시험을 보지 않으니 6번째로 줄을 선다. 남은 4, 5번째에 현빈이와 승주를 배치하자.

Case 2. 준하와 은솔이는 이웃하지 않고 다른 급수의 시험을 보기 때문에 준하는 6번째로 줄을 선다. 남은 1, 2번째에 현빈이와 승주를 배치하자.

Case 3. 준하와 은솔이가 이웃하지 않게 줄을 서려면 준하는 1번째로 줄을 선다. 그런데 1번째로 줄을 서면 은솔이와 준하가 같은 급수의 시험을 보게 된다. Case 3은 조건을 만족하지 않는다.

	1	2	3	4	5	6
Case 1.1	재희	주하	은솔	현빈	승주	준하
Case 1.2	재희	주하	은솔	승주	현빈	준하
Case 2.1	현빈	승주	은솔	재희	주하	준하
Case 2.2	승주	현빈	은솔	재희	주하	준하

022. ①

연필을 고정하자. 어느 정도 고정할 수 있는 수요일의 풀을 할인하는 경우와 가위를 할인하는 경우로 나눈 후 고민해보자.

월	화	수	목	금	토	일
연필		풀				

Case 1

월	화	수	목	금	토	일
연필		가위				

Case 2

볼펜과 지우개를 한 그룹으로 묶고 형광펜과 가위를 한 그룹으로 묶자. 두 그룹을 위의 표에 넣을 수 있지만 경우가 여럿으로 보인다. 아직 언급하지 않은 공책을 할인한 날의 바로 전 날과 다음날에는 풀을 할인하지 않는다는 조건을 고민해보자.

Case 1에서 목, 금, 토, 일요일에 볼펜, 지우개, 형광펜, 가위를 배치할 수 있다. 남은 자리인 화요일에 공책을 배정하게 되는데 이는 〈보기〉의 첫 번째 조건을 만족하지 않는다. Case 2에서는 형광펜을 화요일에 할인한다고 알 수 있다. 공책과 풀은 인접하지 않으니 볼펜과 지우개를 금, 토요일에 배치한 후 남은 목, 일요일에 공책과 풀을 배치하자. 단 공책을 목요일에 할인하는지 일요일에 할인하는지 확정할 수 없다.

월	화	수	목	금	토	일
연필	형광펜	가위	공책	볼펜	지우개	풀
연필	형광펜	가위	풀	볼펜	지우개	공책

023. ①

B와 F가 이용하는 호실의 끝 번호는 같고 F는 2층을 이용한다. B는 1층의 호실을 이용한다. B와 F를 한 그룹으로 묶으면 B가 101호, 102호, 103호를 이용하는 3가지 경우로 나눌 수 있다.

A의 호실 끝 번호는 홀수가 아니다. 즉 102호 또는 202호를 사용한다. 이에 따라 B는 102호를 이용하지 않는다고 알 수 있다.

D는 2층의 호실을 사용하지 않고 E와 C는 같은 층의 호실을 사용한다. 한 층에 3개 호실이 있는데 이미 B와 F가 각 층에 한 호실씩 이용한다고 알고 있으니 D는 1층의 호실을 이용하고 E와 C는 2층의 호실을 이용한다.

2층의 호실을 이용하는 3명을 알게 됐다. 아직 층을 고정하지 못한 A가 1층을 사용하고 호실 끝 번호가 짝수인 102호를 이용한다.

위 과정을 통해 가능한 경우를 정리하면 다음과 같다. 호실을 고정할 수 있는 사람은 A뿐이다.

201호	202호	203호
F	E/C	C/E
101호	102호	103호
B	A	D

Case 1

201호	202호	203호
E/C	C/E	F
101호	102호	103호
D	A	B

Case 2

024. ③

인물, 학년, 목표기업으로 변수가 3가지다. 인물을 기준으로 나머지 두 변수와 연관이 있으니 한 축에 학년, 한 축에 목표기업을 놓고 값으로 인물을 채워보자.

제약사항 및 고정 조건을 확인하자. 공기업을 목표로 하는 인원이 2명, 민간기업을 목표로 하는 인원이 3명이다. 2학년은 2명, 기현이는 유일한 4학년이다. 3학년은 2명이라고 알 수 있다. 그러면서 기현이는 민간기업 목표로 한다는 내용을 표로 정리하면 다음과 같다.

	공기업(2)	민간기업(3)
2학년(2)		
3학년(2)		
4학년(1)		기현

2학년인 2명은 목표로 하는 기업이 다르다. 민간기업을 목표로 하는 3명 중 1명은 2학년이고 1명은 4학년이다. 이에 따라 나머지 1명은 3학년이라고 알 수 있다. 3학년 2명 중 1명은 민간기업, 나머지 1명은 공기업을 목표로 한다고 알 수 있다. 서영이와 경빈이는 목표로 하는 기업이 같으니 둘 중 1명은 2학년이고 나머지 1명은 3학년이라 알 수 있다. 서영이와 경빈이가 학년을 바꾸는 경우를 빗금(/)으로 표현하며 경우를 나누면 다음과 같다.

	공기업(2)	민간기업(3)
2학년(2)	서영/경빈	찬호/주현
3학년(2)	경빈/서영	주현/찬호
4학년(1)	╳	기현

Case 1

	공기업(2)	민간기업(3)
2학년(2)	찬호/주현	서영/경빈
3학년(2)	주현/찬호	경빈/서영
4학년(1)	╳	기현

Case 2

025. ②

리하의 진술이 참이면 태건이의 진술이 거짓이고 태건이의 진술이 참이면 리하의 진술이 거짓이다. 둘 중 1명이 무조건 거짓을 말하니 성우와 아민이의 진술은 참이다. 따라서 태건이는 탄산수를 마신다. 아민이와 리하는 스무디를 마시지 않는다. 성우가 스무디를 마신다. 남은 두 음료인 에이드와 커피를 아민이와 리하가 마시는데 누가 무엇을 마시는지는 확정할 수 없다.

진술	리하	성우	아민	태건
리하: 에이드 성우: 스무디 아민: 커피 태건: 탄산수	거짓	참	참	참
리하: 커피 성우: 스무디 아민: 에이드 태건: 탄산수	거짓	참	참	참

026. ④

혈액형이라는 변수가 있고, 혈액형이 같은 사람끼리 이웃하게 앉지 않는다는 제약사항이 있다. 이를 고민하며 문제를 풀어보자. 먼저 테이블 문제에서 제일 좋은 조건인 마주 보는 진우와 루아를 고정시키자. 이후 다영, 윤제를 배치하는 2가지 방법으로 나누어 고민해보자. 편의상 이름의 앞 글자와 혈액형을 같이 기입했다.

Case 1 Case 2

다영이만 유일한 A형이다. 같은 혈액형인 사람끼리 이웃하게 앉지 않는다는 조건을 고민해보면 B형 또는 O형 중 한 혈액형을 가진 사람은 3명이고 나머지는 2명이다. 또한 같은 혈액형을 가진 사람이 3명인 혈액형은 삼각형 또는 역삼각형을 그린 모양으로 앉는다.

Case 1에서는 진우, 윤제, 지석이가 B형이다. 그러면서 나머지 인원인 은수와 루아는 O형이다.

Case 2에서는 B형인 진우를 꼭짓점으로 삼각형(△)을 그려보면 A형인 다은이가 삼각형의 한 꼭짓점인 자리에 앉는다. 다시 말해 B형이 3명이라 할 수 없다. O형이 3명이고 역삼각형(▽)을 그리며 앉는다.

Case 1 Case 2

027. ③

고정 조건을 먼저 확인하자. G와 공실을 각각 체크하자. B가 묵는 호실과 번호가 같으며 한 층 위의 호실을 D가 사용한다. 그러면서 D는 E와 같은 층이면 이웃한 호실을 사용한다. 이를 그림으로 표현하면 다음과 같다.

D	E
B	

E	D
	B

이를 토대로 경우를 나누면 다음과 같다.

D	E	3호
B	G	3호
	2호	3호

Case 1

1호	E	D
1호	G	B
	2호	3호

Case 2

A가 묵는 층보다 한 층 아래이며 번호가 같은 호실이 공실이다. Case 1, 2 모두 두 경우로 나뉜다. Case 2.2의 경우 고정 조건으로 알고 있던 공실 바로 위에 A를 배치하는 경우이다. 놓치지 말자.

D	E	A
B	G	
	2호	3호

Case 1.1

D	E	3호
B	G	A
	2호	

Case 1.2

A	E	D
	G	B
	2호	3호

Case 2.1

1호	E	D
A	G	B
	2호	3호

Case 2.2

C는 F가 묵는 호실보다 낮은 번호의 호실을 사용하고 F와 C는 같은 층의 호실을 이용하지 않는다. 따라서 Case 1.1, 2.1은 조건을 만족하지 않는다. Case 2.2는 F가 묵는 호실에 따라 2가지 경우를 더 나눌 수 있다.

D	E	F
B	G	A
	C	

Case 1.2

C	E	D
A	G	B
	F	

Case 2.2.1

C	E	D
A	G	B
		F

Case 2.2.2

028. ③

인당 1~2가지 과목을 들으니 O, X로 채우는 도식이 보다 직관적이겠다. 한 축에 사람, 한 축에 과목을 두고 채울 수 있는 정보를 채워보자. C는 물리과목의 성적 우수자이기 때문에 물리 과목을 수강했다고 알 수 있다. 성적 우수자의 경우 T로 표현하겠다.

	물리	심리	추리	수리
A				X
B				O
C	T		O	X
D			O	X

A는 C가 수강한 과목을 듣지 않았다. 이에 따라 A는 C가 수강한 물리와 추리를 듣지 않았다. 인당 1과목 이상 들어야 하니 A는 심리를 들었고 C는 심리를 듣지 않았다고 알 수 있다. 또한 수리를 듣는 사람이 B뿐이니 B가 수리 과목의 성적 우수자이다.

	물리	심리	추리	수리
A	X	O	X	X
B				T
C	T	X	O	X
D			O	X

A는 추리 과목을 듣지 않는다. 이미 B, C는 다른 과목의 성적 우수자로 결정됐으니 추리 과목의 성적 우수자는 D이다. 자연스럽게 A는 심리 과목의 성적 우수자다.

	물리	심리	추리	수리
A	X	T	X	X
B				T
C	T	X	O	X
D			T	X

029. ③

〈보기〉를 보면 흰 고양이, 검은 고양이를 키운다는 정보가 없다. 확실하게 고정은 어렵겠다. 편의상 색1, 색2로 나누어 정리해보자.

정원이와 소연이가 키우는 고양이의 털색이 다르다. 색1, 색2에 각각 배정하자. 지혁이와 태형이가 키우는 고양이의 털색도 다르다. 편의상 정원이와 소연이는 고정시켰지만 지혁이와 태형이까지 고정시킬 만한 정보가 없다. 지혁이와 정원이가 키우는 고양이의 털색이 같다는 조건이 있다면 고정시킬 수 있겠지만 현재로는 지혁이가 키우는 고양이의 털색이 정원이와 같은지 소연이와 같은지 알 수 없다. 현우와 태형이가 키우는 고양이의 털색이 같다. 태형이와 지혁이를 색1 또는 색2에 함께 배치하자. 경우를 나누면 다음과 같다.

색1: 정원, 지혁
색2: 소연, 태형, 현우

Case 1

색1: 정원, 태형, 현우
색2: 소연, 지혁

Case 2

선택지가 '~라면'의 형식으로 제공되었고 항상 참을 찾는 문제다. 지금까지 정리한 Case를 토대로 선택지 별로 반례를 고민해보며 답을 점검하자.

① 3명이 흰 고양이를 키운다면 소연이는 검은 고양이를 키운다.
  – Case 1에 적용시켜보면 소연이는 흰 고양이를 키운다.

② 정원이가 흰 고양이를 키운다면 지혁이는 검은 고양이를 키운다.
  – Case 1에서는 정원이와 지혁이가 키우는 고양이의 털색이 같다.

③ 2명이 흰 고양이를 키운다면 현우는 검은 고양이를 키운다.
  – 현우가 키우는 고양이의 털색과 같은 고양이를 키우는 인물은 현우를 포함하여 늘 3명이다. 따라서 흰 고양이를 키우는 인물이 2명이면 현우는 검은 고양이를 키운다.

④ 2명이 검은 고양이를 키운다면 정원이는 검은 고양이를 키운다.
  – 정원이가 키우는 고양이의 털색과 같은 고양이를 키우는 인물은 정원이를 포함하여 2명이기도 하고 3명이기도 한다. 따라서 검은 고양이를 2명이 키운다고 하더라도 정원이가 키우는 고양이의 털색을 고정할 수 없다.

⑤ 소연이가 흰 고양이를 키운다면 태형이는 검은 고양이를 키운다.
  – Case 1에 의하면 소연이와 태형이는 같은 털색의 고양이를 키운다.

030. ③

B가 택한 구슬에 적힌 숫자 합은 9이다. C가 택한 구슬에 적힌 숫자의 합은 9보다 작다. C가 2, 3, 4가 적힌 구슬을 택한다고 할 때 이미 합이 9가 된다. 따라서 C는 반드시 1이 적힌 구슬을 택한다.

위 과정을 다르게도 풀어보자. B가 택한 구슬에 적힌 숫자는 모두 홀수다. 따라서 1, 3, 5를 택하고 총합은 9이다. A가 택한 구슬의 합은 9를 초과한다. 그러면서 A와 B가 택한 구슬 중 한 구슬이 같아야 한다는 점을 고려하며 A가 택할 수 있는 구슬의 조합을 확인해보자.

	구슬1	구슬2	구슬3	불가 사유
Case 1	5	4	3	5, 3 중복
Case 2	5	4	2	
Case 3	5	4	1	5, 1 중복
Case 4	5	3	2	5, 3 중복
Case 5	5	3	1	5, 3 중복
Case 6	4	3	2	합이 9

C가 택한 구슬의 합은 9 미만이고 C가 택한 구슬과 A가 택한 구슬 중 2개 구슬이 같다. 위의 Case 2에서 3개 구슬 중 C가 2개 구슬을 택하는 경우를 추가로 나눠보자. 나머지 하나의 구슬(하위 표의 구슬3)의 최솟값이 1이니 2개 구슬의 합(하위 표에서 구슬1 + 구슬2)이 9 미만인 경우만 만족한다.

	구슬1	구슬2	구슬3
Case 2.1	5	4	
Case 2.2	5	2	1
Case 2.3	4	2	1

Case 2.2도 만족하고 Case 2.3도 만족한다. 두 Case 모두 C가 1이 적힌 구슬을 택한다.

031. ⑤

조건추리와 진실게임이 결합된 스타일의 문제다. A와 D의 진술이 모순관계다. A의 말을 거짓으로 만드는 경우는 1) B가 수필을 읽음, 2) B가 소설을 읽음, 3) 한 종류의 작품을 읽으니 현재 경우에서는 가능하지 않지만 B가 수필과 소설을 읽음이다. 1), 2), 3)을 하나로 묶으면 B가 수필 또는 소설을 읽음이 된다. D는 B가 수필 또는 소설을 읽었다고 하니 A와 D의 진술은 둘 중 1명은 참이고 나머지 1명은 거짓인 모순관계다. 이는 드모르간의 법칙을 떠올리면 이해하기 편하다.
거짓말을 하는 사람이 1명이다. 따라서 B, C, E의 진술은 참이다. B의 진술에 의해 C는 자서전을 읽었다. C, E의 진술에 의해 E는 시, 희곡, 소설을 읽지 않았다. 이미 자서전은 C가 읽었다고 알기 때문에 E는 수필을 읽었다.

032. ⑤

가지치기를 적용해보자. A를 사우디아라비아에 고정하고 E가 갈 수 있는 남아프리카 공화국과 이집트로 경우를 나누자. 이후 B가 갈 수 있는 국가까지 나눠보자. B를 C, D보다 먼저 확인하면 D가 출장을 가는 국가 정보를 얻을 수도 있다는 이점이 있다.

A	E	B
사우디	남아공	이집트
		폴란드
	이집트	남아공
		폴란드

B가 폴란드로 출장을 가는 경우 D가 출장을 가는 국가를 이집트로 확정할 수 있다. 단 E가 이집트를 가는 경우는 만족하지 않는다.

A	E	B	D
사우디	남아공	이집트	
		폴란드	이집트
	이집트	남아공	
		폴란드	불가

B가 이집트 또는 남아프리카 공화국으로 출장을 가는 경우를 고민해보자. 이미 A, E, B에 의해 사우디아라비아, 남아프리카 공화국, 이집트로 출장을 가는 인원이 확정됐다. 아직 언급하지 않은 사람인 C와 D는 폴란드를 가야하는데 이 둘은 같은 국가로 출장을 가지 않는다. 따라서 B는 이집트로 출장을 가지도 않고 남아프리카 공화국으로 출장을 가지도 않는다.

A	E	B	D	C
사우디	남아공	폴란드	이집트	폴란드

033. ③

A, B, C, D, E는 월~금요일 중 하루씩 현장답사를 나선다. 같은 요일에 현장답사를 나서는 인원이 없기 때문에 인물과 요일을 1:1로 매치해보자. 고정할 수 있는 A를 목요일에 배치하자. A와 B의 답사 일정은 최소 2일이 차이난다. 따라서 B는 월요일 또는 화요일에 현장을 답사한다.

	월	화	수	목	금
Case 1	B			A	
Case 2		B		A	

E는 C보다 먼저 현장을 답사한다. 이를 토대로 가능한 경우를 나누면 다음과 같다.

	월	화	수	목	금
Case 1.1	B	E	C/D	A	D/C
Case 1.2	B	D	E	A	C
Case 2.1	E	B	C/D	A	D/C
Case 2.2	D	B	E	A	C

빗금은 서로 자리를 바꿀 수 있을 때 빗금으로 표현했다. 엄밀하게는 2개의 Case를 의미하지만 편의상 1.1 또는 2.1로 표기하며 한 행에 정리했다. 화요일에 현장을 답사할 수 있는 사람은 B, D, E다. 이에 따라 A, C가 화요일에 현장답사를 하지 않는다고 알 수 있다.

034. ④

〈보기〉의 조건을 토대로 도식을 어느 정도 만든 후 선택지의 정보를 넣어보며 풀어보자. 첫 번째 조건에 의해 B/C를 배치하는 경우는 총 6가지다. 두 번째 조건에 의해 A/D를 배치하는 경우도 6가지다. 세 번째 조건에 의해 D/F를 배치하는 경우는 8가지다. 복잡하지만 D가 2번 나왔기에 D를 기준으로 정보를 조합하여 고민해보자. 친절한 설명을 위해서는 조건 하나당 나올 수 있는 케이스를 나누는 것을 보여야하지만 빠르게 풀기 위해서는 여러 조건을 한번에 적용할 수 있도록 연습해야 한다.

	1열	2열
3층		
2층		F
1층	D	

Case 1

	1열	2열
3층		
2층		F
1층		D

Case 2

	1열	2열
3층		F
2층	D	
1층		

Case 3

	1열	2열
3층		F
2층		D
1층		

Case 4

D와 F의 사물함이 1열에 있다면 나머지 1열의 한 칸은 E가 사용한다. 그런데 B/C가 같은 층을 사용한다는 조건을 만족하지 않는다. 따라서 D, F 둘 다 1열의 사물함을 사용하는 경우를 제외했다. A, B, C, E를 채워보자. 빈 층에 B, C를 채운 후 1열에 E를 채우자.

	1열	2열
3층	B/C	
2층	E	F
1층	D	A

Case 1

	1열	2열
3층	B/C	
2층	E/A	F
1층		D

Case 2

	1열	2열
3층	E	F
2층	D	A
1층	B/C	

Case 3

	1열	2열
3층	E/A	F
2층		D
1층	B/C	

Case 4

B와 C는 어떤 열의 사물함을 쓰는지 확정할 수 없어 슬러시(/)로 표현했다. Case 2, 4에서는 E, A가 1열의 사물함을 쓰는 건 알지만 층을 확정할 수 없어 슬러시로 표현했다.

[오답체크]

① E가 2층 1열의 사물함을 사용하면 F는 2층 2열의 사물함을 사용한다.
 – 반례: Case 4

② D가 1층 2열의 사물함을 사용하면 C는 3층 2열의 사물함을 사용한다.
 – 반례: Case 2, B/C는 열을 바꿀 수 있음

③ F가 3층 2열의 사물함을 사용하면 A는 2층 1열의 사물함을 사용한다.
 – 반례: Case 3

⑤ B가 3층 1열의 사물함을 사용하면 E는 2층 1열의 사물함을 사용한다.
 – 반례: Case 2, E/A는 층을 바꿀 수 있음

035. ③

[치트키]

디저트는 최대 1개까지 주문할 수 있다. 음료만 주문하는 것보다 디저트까지 주문해야 가장 비싼 경우를 만들 수 있기 때문에 C가 디저트도 주문한다고 가정하자. 음료 종류가 3가지, 디저트 종류가 2가지로 총 6가지의 경우를 뽑을 수 있다. 이해를 돕기 위해 가능한 경우를 정리하면 다음과 같다.

순위	음료	디저트	총 가격
2	커피(4000원)	머핀(4500원)	8500원
5	커피(4000원)	쿠키(2500원)	6500원
3	녹차(3500원)	머핀(4500원)	8000원
6	녹차(3500원)	쿠키(2500원)	6000원
1	홍차(5000원)	머핀(4500원)	9500원
4	홍차(5000원)	쿠키(2500원)	7500원

4명이 주문한 메뉴의 총 가격이 큰 순서대로 정리하면 B → A → C의 순서다. 위 순위를 참조하여 B에 1순위, A에 2순위를 배정하자. 위 표로만 확인하면 C를 3순위에 배정해야 하는 것으로 보이지만 〈보기〉의 조건 중 머핀을 주문하는 사람이 2명이라는 내용이 있다. B에 1순위 A에 2순위를 배정하면 머핀을 주문하는 사람은 B, A로 고정이기 때문에 C는 머핀이 있는 3순위가 아닌 4순위에 배정해야 한다.
B를 2순위에 배정하는 의견도 있을 수 있다. 1, 2, 3순위를 보면 공통적으로 머핀이 들어있다. B를 1순위에 배정하든 2순위에 배정하든 C가 주문한 메뉴의 가격을 모두 더한 값의 최댓값은 위 표의 4순위다.

[일반풀이]

이들이 주문한 메뉴의 총 가격이 큰 순서대로 정리하면 B → A → C의 순서다. D의 순서를 확정할 수 없지만 C가 주문한 메뉴의 총 가격의 최댓값을 구하는 문제이기 때문에 D가 주문한 메뉴의 총 가격이 가장 싸다고 생각하고 접근해보자.
커피는 인당 1잔을 주문하고 디저트는 최대 1개까지 주문한다. A는 커피를 주문한다. A가 주문할 수 있는 경우는 '커피', '커피+머핀', '커피+쿠키'다. C가 주문한 메뉴의 총 가격의 최댓값을 구하기 때문에 A가 가장 비싸게 시키는 경우인 '커피+머핀=8500원'로 고정하자.
C가 주문할 수 있는 시나리오 중 8500원 이하면서 근접한 경우를 생각해보자. '홍차+쿠키=7500원', '녹차+머핀=8000원'이다.
이렇게 끝내기엔 '4명 중 머핀을 주문하는 사람은 2명이다.' 조건을 사용하지 않은 점이 마음에 걸린다. A가 주문하는 8500원보다 비싼 경우를 찾아 B가 주문하는 경우로 고정해보자. '홍차+머핀=9500원'이다. 이렇게 정리하면 머핀을 주문하는 사람은 B, A로 2명이다. 따라서 C는 머핀을 주문할 수 없고 C가 '홍차+쿠키=7500원'인 경우만 〈보기〉의 조건을 만족한다.

036. ④

문제에서 묻는 건 미국으로 출장을 가는 인원이다. 헝가리로 출장을 가는 C를 소거하자. 베트남으로 출장을 가는 인원이 2명이다. E는 A 또는 B와 함께 출장을 간다. E는 베트남으로 출장을 간다고 알 수 있다.

남은 인원이 A, B, D이고 남은 국가는 미국, 베트남, 독일이다. 베트남으로 출장을 가는 E는 A 또는 B와 함께 출장을 가기 때문에 D는 베트남으로 출장가지 않는다고 알 수 있다. D가 독일로 출장을 가면 B가 헝가리로 출장을 간다는 조건도 고민해보자. 이미 헝가리로 C가 출장을 간고 알고 있다. 따라서 B는 헝가리로 출장을 가면 안 된다. 즉 D는 독일로 출장을 가지 않는다. 이를 대우로 'B가 헝가리로 출장을 가지 않는다면 D는 독일로 출장가지 않는다.'로 이해해도 좋다.

따라서 D는 미국으로 출장을 간다.

037. ④

4명이 여자고 4명이 남자다. 그러면서 제약으로 같은 성끼리는 인접하게 앉지 않았다고 한다. 여자인 C를 1행 1열에 고정하면 여자와 남자의 자리를 확정할 수 있다.

	1열	2열	3열	4열
1행	C		여	
2행		여		여

여자인 A, B가 같은 행에 앉았다. 따라서 A, B는 2행에 앉는다. 하지만 A, B의 자리를 확정할 수는 없다. D는 1행 3열에 앉았다. D와 H는 같은 열에 앉으니 H는 2행 3열에 앉았다.

	1열	2열	3열	4열
1행	C		D	
2행		A/B	H	B/A

G와 C는 인접한 자리에 앉지 않았다. 따라서 G는 1행 4열에 앉았다. B와 인접한 자리에 E가 앉지 않았다. 따라서 B는 2행 2열에 앉지 않고 2행 4열에 앉았다. 하지만 E와 F의 자리를 확정할 수는 없다.

	1열	2열	3열	4열
1행	C	E/F	D	G
2행	F/E	A	H	B

038. ④

5명이 일렬로 줄을 서는 경우는 5!으로 120가지지만 선택지에 5가지로 줄여서 제시했다. 120가지 중 〈보기〉의 조건을 만족하는 소수의 경우를 찾는 것보다 선택지의 5가지 중 〈보기〉의 조건을 만족하지 않는 경우를 지워나가는 방법이 효율적이겠다. 〈보기〉의 조건을 토대로 선택지를 소거해보자.

- A와 D 사이에 1명이 줄을 선다.
  → 소거대상 없음
- C 바로 앞에 E가 줄을 선다.
  → ①, ②, ③, ⑤번 소거
- B는 2번째 또는 4번째로 줄을 선다.
  → ①, ②번 소거

039. ②

출근시간이 같은 사람은 없고 퇴근시간이 같은 사람도 없다는 제약사항을 고려하며 문제를 풀어보자. B의 출, 퇴근 시간을 알려줬다. 이를 고정한 채 C가 7시간 이하로 근무한다는 조건을 고민해보자. C가 8시에 출근하면 15시 이하에 퇴근해야하는데 이미 B가 15시에 퇴근한다. C가 9시 출근하면 16시 이하에 퇴근해야 하니 16시에 퇴근한다. C가 10시에 출근하면 17시 이하에 퇴근한다. 즉 16시에 퇴근하거나 17시에 퇴근한다. 이를 토대로 3가지 경우로 나누어 고민해보자.

	출근	퇴근
A		
B	7	15
C	9	16
D		

Case 1

	출근	퇴근
A		
B	7	15
C	10	16
D		

Case 2

	출근	퇴근
A		
B	7	15
C	10	17
D		

Case 3

Case 1, 2의 경우 C가 16시에 퇴근하기 때문에 〈보기〉의 3번째 조건을 활용할 수 있다. A가 10시간 동안 근무한다는 조건을 고민해보자. A가 10시에 출근한다면 20시 퇴근이 없고 9시에 출근한다면 19시 퇴근이 없다. 두 Case 모두 A가 8시에 출근하여 18시에 퇴근한다고 알 수 있다. 남은 출, 퇴근 시간을 D에 배정하자. 두 Case 모두 A가 D보다 근무시간이 길다는 조건을 만족한다.

	출근	퇴근
A	8	18
B	7	15
C	9	16
D	10	17

Case 1

	출근	퇴근
A	8	18
B	7	15
C	10	16
D	9	17

Case 2

Case 3도 고민해보자. 출근시간이 둘, 퇴근시간이 둘이니 4가지 경우가 나온다.
Case 3.1. A: 8–16(8시간), D: 9–18(9시간)
Case 3.2. A: 8–18(10시간), D: 9–16(7시간)
Case 3.3. A: 9–16(7시간), D: 8–18(10시간)
Case 3.4. A: 9–18(9시간), D: 8–16(8시간)

이 중 A가 D보다 근무시간이 길다는 조건을 만족하는 경우는 Case 3.2, 3.4다.

	출근	퇴근
A	8	18
B	7	15
C	10	17
D	9	16

Case 3.2

	출근	퇴근
A	9	18
B	7	15
C	10	17
D	8	16

Case 3.4

040. ⑤

우승자는 3승을 거뒀다. 시드3 또는 시드4를 받은 사람 중 1명이 우승한다. 시드 1, 2, 5를 받은 사람이 우승한다면 2승을 거둔다.
D는 시드3을 받았다. A는 시드5를 받지 않았다. B와 A가 경기를 치른다. A와 B는 시드1/2일 수도 있고 시드4/5일 수 있다. 이를 토대로 경우를 나눠보자.

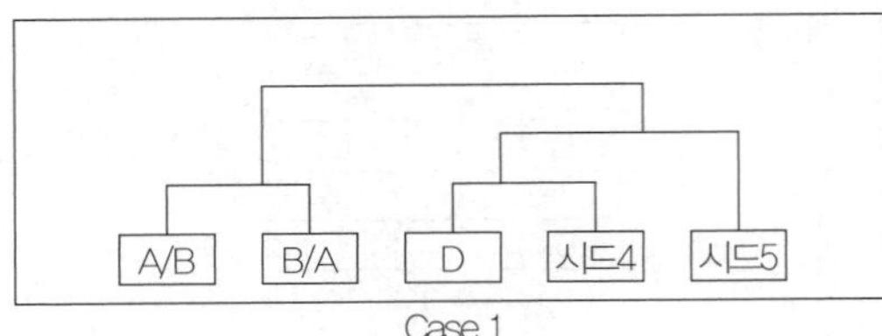

Case 1

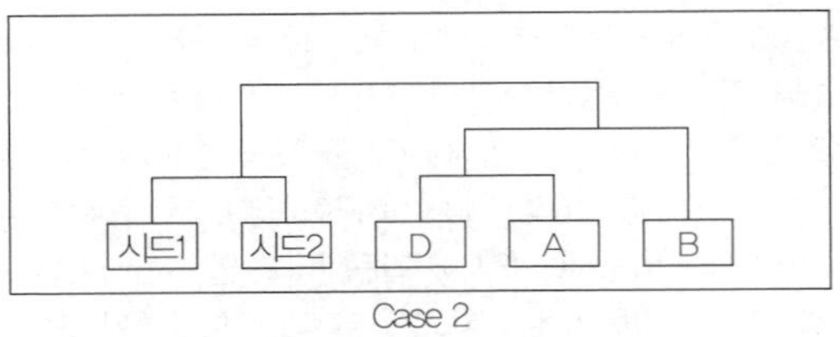

Case 2

Case 2를 고민해보면 A/B가 경기를 하려면 시드3을 배정받은 D가 첫 경기에서 패배해야 한다. 그러면 A가 우승자가 되어야 하는데 B가 A와의 경기에서 이겼다는 조건을 만족하지 못한다.
Case 1에서 C, E를 시드4/5에 배정하자. C는 E와 경기에서 졌다. C와 E가 경기하려면 시드3을 받은 D가 첫 경기에서 패배해야 한다. 그럼 우승자는 시드4가 된다. C와의 경기에서 이긴 E가 시드4이고 우승자다.

041. ④

3개 팀 중 교육팀의 인원수가 가장 많다. 소속팀이 같은 인원끼리 붙어 앉지 않는다는 조건에 의해 교육팀의 인원수는 3명으로 가장 많다.
원형의 테이블에 마주 보고 있는 A와 C를 고정하자. C와 인접한 두 자리는 교육팀의 자리다.

F와 B가 마주 보는 자리에 앉는다. F와 B 중 1명이 교육팀이다. E는 자금팀이다. 아직 언급하지 않은 D는 교육팀이다.

042. ④

친절하게 8자리 중 3자리를 A, B, D의 자리로 고정했다. 쉬운 문제일 가능성이 높다. E와 B는 마주 보고 앉는다. E를 7번 자리에 배치하자.

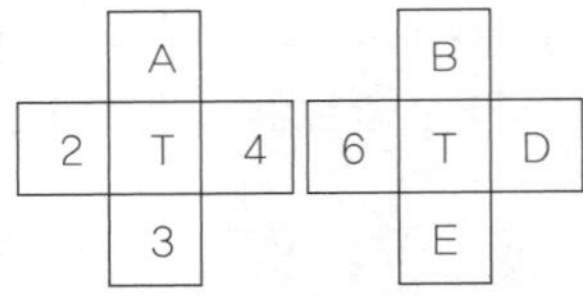

C는 2번 또는 3번 자리에 앉는다. 그러면서 G는 C 또는 D와 마주 보고 앉는다. 이에 따라 경우를 나누면 다음과 같다.

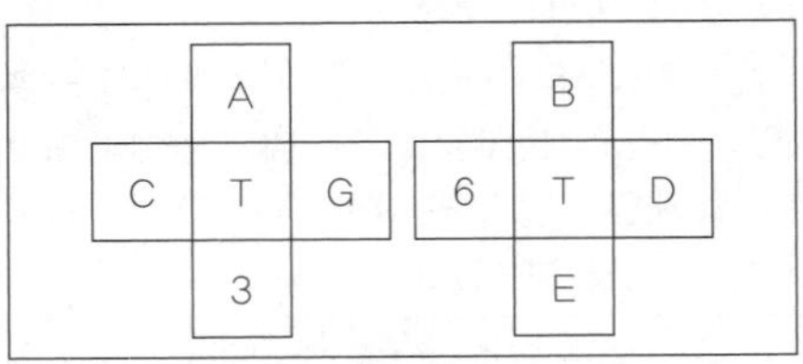

Case 1

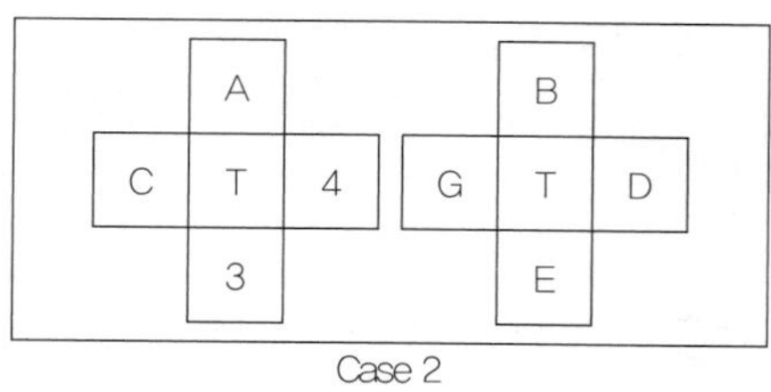

Case 2

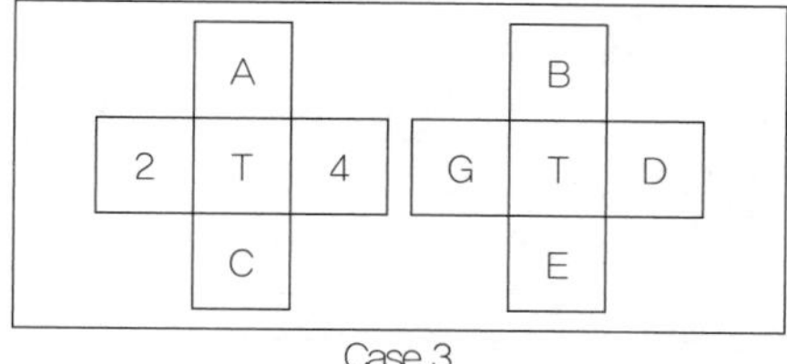

Case 3

B와 H는 다른 테이블에 앉는다. Case 1에서는 아직 채우지 못한 F를 6번, H를 3번 자리에 고정할 수 있다. Case 2, 3에서는 F, H의 자리가 유동적이지만 A와 같은 테이블에 앉는다는 것이 확실하다. 따라서 F는 G와 같은 테이블에 앉지 않는다.

043. ④

B는 청바지를 샀고 지하철을 탔다. 이를 통해 A가 버스를 탔다고 알 수 있고 A는 버스를 이용했기 때문에 모자를 샀다고도 알 수 있다.
C는 A가 산 옷가지를 사지 않았다. C와 D 중 1명이 버스를 타고 모자를 샀을 텐데 C와 A가 산 옷가지가 다르니 C는 지하철을 탔다.4명이 모자, 셔츠, 청바지를 샀으니 옷가지당 구매하는 인원의 최솟값이 1이다. 이에 따라 C는 셔츠를 샀다.
자연스럽게 D는 버스를 탔고 모자를 샀다고 알 수 있다.

	A	B	C	D
교통수단	버스	청바지	셔츠	버스
옷가지	모자	지하철	지하철	모자

044. ①

제약사항을 먼저 확인해보자. 직급이 같은 인원끼리 인접하게 앉지 않는다. 직급이 L3인 인원은 2명이다. 이에 따라 L1, L2의 인원이 1명/3명인 경우, 2명/2명인 경우, 3명/1명인 경우로 나눌 수 있다. 어느 정도 가능성을 열어둔 채 도식을 채워보자.
C와 D를 마주 보고 앉도록 고정시키자. 편의상 이름 옆에 L1은 1, L2는 2와 같이 직급을 표현했다. D와 인접한 자리 중 한 곳에 L1직급인 직원이 앉는다. 같은 직급인 직원끼리 인접하게 앉지 않는다고 하니 D의 직급은 L2 또는 L3다. L3는 이미 E와 B로 알고 있다. 따라서 D의 직급은 L2이다.

Case 1　　Case 2

직급이 L2인 인원이 최소 2명이다. L2 직급자가 2명인 경우와 3명인 경우로 추려 고민해보자. 같은 직급인 직원끼리 인접하게 앉지 않는다. L2가 3명이라면 C, D가 아닌 제3의 L2 직급자는 C 또는 D와 인접하게 앉는다. 따라서 L2 직급자는 2명이고 L1 직급자도 2명이라고 알 수 있다.
또한 D와 인접한 자리 중 한 곳에 L1 직급인 직원이 앉는다. 그럼 D와 인접한 나머지 한 자리에는 L3 직급인 직원이 앉는다. 직급을 배치하면 다음과 같다.

Case 1　　Case 2

직급별 인원을 정리하면 다음과 같다.
- L1: A, F
- L2: C, D
- L3: B, E

L1과 L3인 직급의 자리는 알지만 어느 자리에 누가 앉는지는 명확하게 파악하기 어렵다. 하지만 L1직급인 A와 F가 마주 보고 앉지 않는 건 항상 거짓이다.

045. ③

4명 중 2명을 뽑아 경기를 치르는 경우는 $_4C_2$로 6가지다. 일일이 헤아려본다면 A vs B, A vs C, A vs D, B vs C, B vs D, C vs D다. 6번의 경기를 치르기 때문에 이들의 경기 결과를 모두 더하면 6승, 6패가 도출되어야 한다.
B의 경기 결과는 1승 2패다. B는 A, C와의 경기에서 패배했다. 이에 따라 D와의 경기에서 승리했다고 알 수 있다.

정답 및 해설

[치트키]

이를 인물 중심으로 판별해보자. B의 승패는 고정이고 B 이외의 인물의 결과는 아직 단언할 수 없어 B의 결과에는 (고)라고 기입했다.

	승	패
A	2	
B	1(고)	2(고)
C	1	
D		2
합계	4	4

남은 2승과 2패를 배정하는 경우로 나눌 수 있다. 경우를 뽑는 것보다 선택지를 통해 2승 또는 2패를 초과하여 부여한 경우를 찾아보자. ③번을 보면 C에 2패를 추가했는데 A에 1패를 추가했다. 패를 다 더했을 때 7패가 되기 때문에 반드시 거짓이라고 알 수 있다.

선택지	추가한 승	추가한 패
① A 3승 0패 → C 2승 1패	A:1, C:1	C:1
② A 2승 1패 → D 1승 2패	D:1	A:1
③ C 1승 2패 → A 2승 1패		A:1, C:2
④ C 3승 0패 → D 0승 3패	C:2	D:1
⑤ D 0승 3패 → A 2승 1패		A:1, D:1

[일반풀이]

〈보기〉에서 알려준 세 경기의 결과와 도출한 B vs D의 경기 결과를 정리해보면 다음과 같다.

	승자	패자
A vs B	A	B
A vs D	A	D
B vs C	C	B
B vs D	B	D

아직 정리하지 않은 경기는 A vs C, C vs D다. 반드시 거짓을 찾는 문제이기 때문에 참이 되는 1가지 경우라도 찾으면 반례가 된다. 각 선택지의 반례를 찾아보자.

① A가 3승 0패라면 C는 2승 1패다.

	승자	패자
A vs B	A	B
A vs D	A	D
B vs C	C	B
B vs D	B	D
A vs C	A	C
C vs D	C	D

② A가 2승 1패라면 D는 1승 2패다.

	승자	패자
A vs B	A	B
A vs D	A	D
B vs C	C	B
B vs D	B	D
A vs C	C	A
C vs D	D	C

③ C가 1승 2패라면 A는 2승 1패다.

	승자	패자
A vs B	A	B
A vs D	A	D
B vs C	C	B
B vs D	B	D
A vs C	A	C
C vs D	D	C

– C에게 2패를 추가하기 위해 A vs C, C vs D의 패자를 C로 기입하면 위와 같다. 위와 같이 정리하면 A는 3승이다.

④ C가 3승 0패라면 D는 0승 3패다.

	승자	패자
A vs B	A	B
A vs D	A	D
B vs C	C	B
B vs D	B	D
A vs C	C	A
C vs D	C	D

⑤ D가 0승 3패라면 A는 2승 1패다.

	승자	패자
A vs B	A	B
A vs D	A	D
B vs C	C	B
B vs D	B	D
A vs C	C	A
C vs D	C	D

– A vs C의 경기에서 A가 승리자일 수 있다. 하지만 반례를 찾고 있기 때문에 A가 패자인 경우로 상정하여 ⑤번이 반드시 거짓이 아니라고 증명하자.

046. ④

A를 3번 자리에 고정하자. D와 E는 마주 보는 자리에 앉는다. 그러면서 B와 인접한 오른쪽 자리에 D가 앉는다. 이를 기준으로 경우를 나눠보면 다음과 같다.

아직 고려하지 않은 C와 E가 인접하게 앉지 않는다는 조건을 고민해보자. Case 1의 경우 C는 4번 자리에 앉고 언급하지 않은 F는 1번 자리에 앉는다. Case 2의 경우 C는 2번 자리에 앉든 6번 자리에 앉든 E와 인접하게 앉는다. 따라서 Case 2는 조건을 만족하지 않는다. Case 3에서는 C는 6번 자리, F는 5번 자리에 앉는다.

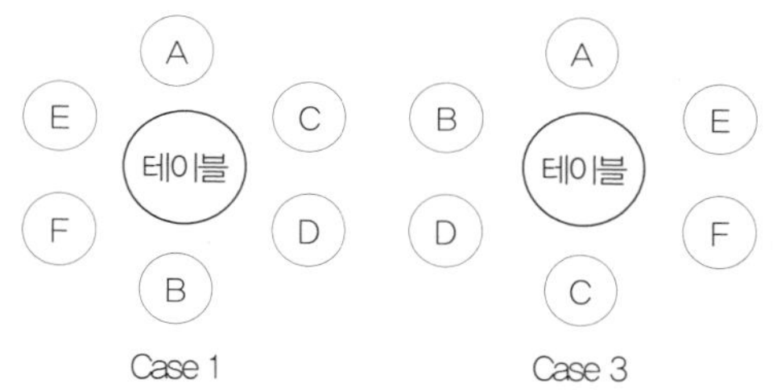

047. ④

인물별로 취할 수 있는 지역이 4군데인데 〈보기〉를 보면 몇 인물은 2~3군데로 찾는 지역을 좁혀서 제시했다. 가지치기를 해보자.

C, D, E의 순서로 가지치기를 하면 다음과 같다.

C	D	E
경상도	강원도	전라도
		충청도
	충청도	전라도
전라도	강원도	경상도
		충청도
	충청도	경상도

남은 A, B가 찾는 지역을 배정해야 하는데 A와 B가 찾는 곳은 다르고 강원도를 찾는 인원이 2명이다. 따라서 C, D, E 중 최소 1명 이상이 강원도를 찾아야 한다. 선택지를 보면 한 인물이 어디를 찾는다고 확정적으로 제시했다. 모든 경우에 한 곳만 가는 인물을 찾아야 한다. C, D, E가 찾는 지역의 경우 중 강원도가 포함된 경우는 D가 강원도를 찾을 때뿐이다. 따라서 D는 〈보기〉를 만족하는 모든 경우에서 강원도를 간다. 이해를 돕기 위해 위의 C, D, E 가지치기에서 가능하지 않은 경우를 소거한 후 정리하면 다음과 같다.

C	D	E	A	B
경상도	강원도	전라도	강원도	충청도
			충청도	강원도
		충청도	강원도	전라도
			전라도	강원도
전라도	강원도	경상도	강원도	충청도
			충청도	강원도
		충청도	강원도	경상도
			경상도	강원도

048. ④

미연이는 스파게티를 먹는다. 그러면서 지영이와 같은 종류의 음식을 먹는 사람이 없다. 스테이크를 먹는 사람의 수가 샐러드를 먹는 사람의 수보다 적다는 점을 감안할 때 지영이는 스테이크를 혼자 먹는다. 이미 스파게티는 미연이가 먹기 때문에 지영이가 스파게티를 먹는 것도 불가하다. 혜진이와 수진이는 다른 종류의 음식을 먹는다. 둘 중 1명은 스파게티를 먹고 나머지 1명은 샐러드를 먹는다. 하지만 누가 무엇을 먹는지는 확정할 수 없다.

다희와 주리는 같은 종류의 음식을 먹는다. 다희와 주리는 스파게티를 먹거나 샐러드를 먹을 수 있다. 같은 종류의 음식을 먹는 인원끼리 인접하게 앉지 않는다고 하니 같은 음식을 먹는 인원은 최대 3명이라고 알 수 있다. 따라서 이미 2명이 먹는다고 알고 있는 스파게티를 다희와 주리는 먹지 않는다.

- 스테이크: 지영
- 스파게티: 미연, 혜진/수진
- 샐러드: 수진/혜진, 다희, 주리

049. ②

1, 2, 3, 4가 적힌 제비를 뽑는다. 임의로 1을 뽑은 사람을 1조, 2를 뽑은 사람을 2조 등으로 표현하겠다. 각 숫자를 뽑는 인원은 여자 1명, 남자 1명이다. 한 축에는 남/여를 놓고 한 축에는 1, 2, 3, 4를 놓아 도식을 그린 후 확정적인 A, F를 채워보자.

	1	2	3	4
여		A		
남	F			

C와 H는 같은 조다. 3조 또는 4조에 배정할 수 있다. 그러면서 C, H가 4조인 경우 B, G가 3을 뽑지 않았다는 점에 유의하여 내용을 정리하면 다음의 경우로 추릴 수 있다.

	1	2	3	4
여	B/D	A	C	D/B
남	F	E/G	H	G/E

Case 1

	1	2	3	4
여	B	A	D	C
남	F	G	E	H

Case 2

Case 1은 B가 1조인 경우와 4조인 경우, E가 3조인 경우와 4조인 경우로 총 4가지를 '/'를 활용하여 함축했다.

[오답체크]

반례를 찾아보자. 반례가 하나라도 있다면 항상 참이라 볼 수 없다.

	1	2	3	4
여	B	A	C	D
남	F	G	H	E

①, ④, ⑤의 반례

	1	2	3	4
여	B	A	D	C
남	F	G	E	H

③의 반례

050. ②

조금 복잡해보이지만 정보를 찬찬히 정리해보자. B의 차량번호 끝자리는 3이다. 따라서 수요일에 운전을 쉬는 인원은 B다.

차량번호 끝자리의 힌트가 있는 E, D, C를 고민해보자. 차량번호 끝자리를 기준으로 C(홀) 〈 E(짝) 〈 D(짝)이다. C의 차량번호 끝자리가 될 수 있는 홀수는 1, 7, 9, 5이다. 7과 9보다 큰 짝수 2개를 확보할 수 없다. 남은 홀수는 1, 5다. 그런데 5보다 큰 짝수는 6, 8 둘인데 이미 8은 수요일이고 B가 수요일에 운전을 쉰다. 따라서 C의 차량번호 끝자리는 1이고 C는 월요일에 운전을 쉰다.

E, D가 취할 수 있는 짝수를 찾아보자. C(홀) 〈 E(짝) 〈 D(짝)를 고려하면 C의 차량번호 끝자리인 1보다 큰 2, 4, 6, 8 중 각기 하나다. 그러면서 월요일에 해당하는 6, 수요일에 해당하는 8을 제거하면 2와 4만 남는다. E의 차량번호 끝자리는 2이고 D의 차량번호 끝자리는 4이다.

051. ③

B는 광주와 울산으로 출장을 가지 않으니 플랜1 또는 플랜3을 수행한다. D는 대전으로 출장을 가니 플랜1 또는 플랜3을 수행한다.

C가 가는 두 출장지와 D가 가는 두 출장지 중 한 곳이 겹친다. D가 플랜1을 수행하면 부산으로 겹치는 플랜2를 C가 수행한다. D가 플랜1을 수행할 때 대전으로 겹치는 플랜3을 C가 수행할 수 있다고 생각할 수 있지만 플랜1과 3을 수행하는 사람은 B와 D다. 따라서 C는 플랜2를 수행한다. 같은 맥락으로 D가 플랜3을 수행하면 출장지가 겹치는 플랜은 플랜1뿐인데 D가 플랜3을 수행하면 B는 플랜1을 수행하기 때문에 C와 D가 가는 출장지 중 한 곳을 겹치게 만들지 못한다.

아직 언급하지 않은 인물은 A이고 플랜은 플랜4다. A가 플랜4를 수행한다.

- A: 플랜4 광주, 인천
- B: 플랜3 대전, 대구
- C: 플랜2 울산, 부산
- D: 플랜1 대전, 부산

052. ④

바로 칸을 채울 수 있는 정보가 없다. C, A가 같은 열에 주차한다는 정보를 토대로 이들이 1열에 주차하는 경우와 2열에 주차하는 경우로 나누어 고민해보자. C, A가 1열에 주차하는 경우 B, D, E가 2열에 주차한다. 그런데 B, E가 같은 열에 주차하지 않는다는 조건을 만족하지 않는다. 따라서 C, A는 2열에 주차한다. 2열 중 나머지 한 자리는 B 또는 E가 주차한다. 언급하지 않은 D는 1열에 주차한다.

- 1열: D, B/E
- 2열: A, C, E/B

053. ④

A를 6번 자리에 고정하자. 마주 보는 E와 F는 1번, 4번 자리 또는 2번, 5번 자리에 앉는다. E와 F를 고정할 수 없지만 붙어있는 두 자리에 D와 C를 배치할 수 있다. D와 C를 배치할 때 D 기준 오른쪽에 C가 앉는다는 점을 고려하자.

Case 1　　Case 2

문제의 물음이 D가 앉는 자리인데 현재 Case 1, 2에서 D가 앉는 자리가 다르다. 아직 고민하지 않은 B와 C 사이에 1명이 앉는다는 조건을 확인해보자. Case 1에서는 B와 C 사이에 2명이 앉는다. 따라서 Case 2만 가능하고 D는 4번 자리에 앉는다.

054. ①

사람은 5명이고 층은 4개 층이다. 아무도 거주하지 않는 층이 없다고 하니 한 층에 2명이 거주한다. 틀이 가변적인 문제는 실수가 잦다. 가능한 경우를 만드는 틀을 모두 그려본 후 〈보기〉의 조건에 맞는 경우를 찾으며 실수를 줄여보자.

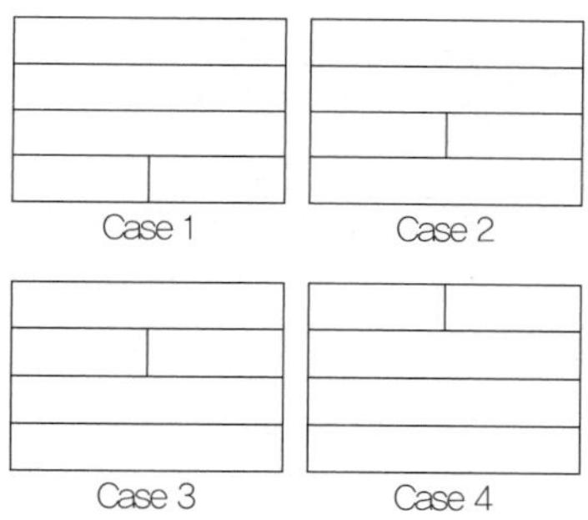

C가 거주하는 층보다 아래에 2명이 거주한다. Case 2는 조건을 만족시키지 못한다. E와 D 사이에 1명이 거주한다. 고려한 두 조건을 토대로 Case 1, 3, 4에 인물을 배치하면 다음과 같다. E와 D는 거주하는 층을 서로 바꿀 수 있어 빗금(/)으로 경우를 나눴다.

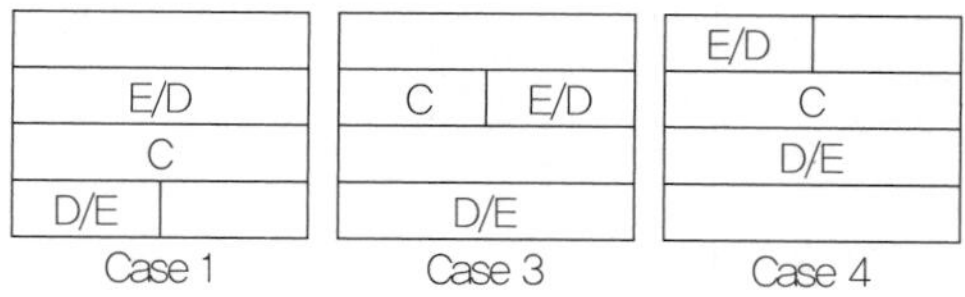

A가 거주하는 층과 C가 거주하는 층의 층수 차이가 1이 아니다. 따라서 Case 1에서는 A가 1층에 살지 못하고 Case 4에서는 A가 4층에 살지 못한다. Case 3은 남은 두 자리에 A가 살 수 없다. 어느 자리에 A를 배치하더라도 A와 C가 거주하는 층의 차이가 1이 나기 때문이다. Case 3을 제외한 Case 1, 4의 남은 자리에 언급하지 않은 인물인 B를 배치하자.

Case 1	
A	
E/D	
C	
D/E	B

Case 4	
E/D	B
C	
D/E	
A	

055. ④

고정시킬 수 있는 정보를 찾아보자. F는 2층에서 근무한다. D보다 위에 근무하는 인원이 2명이니 D는 6층에서 근무한다.
경우를 나눠야하는데 A, H가 인접한 층에서 근무한다는 조건과 B와 C가 근무하는 층 사이에 1명이 근무한다는 조건이 경우를 나누기 편해 보인다. 편의상 A, H가 인접한 층에 근무하는 경우로 나눈 후 B와 C를 배치해보자. A는 H와 층을 바꿀 수 있고 B는 C와 층을 바꿀 수 있는데 빗금(/)으로 나눴다.

	1층	2층	3층	4층	5층	6층	7층	8층
Case 1		F	A/H	H/A	B/C	D	C/B	
Case 2	B/C	F	C/B	A/H	H/A	D		
Case 3	B/C	F	C/B			D	A/H	H/A
Case 4		F	B/C		C/B	D	A/H	H/A

E가 근무하는 층은 C가 근무하는 층보다 낮다. Case 2, 3은 E를 배치할 곳이 없다. 조건을 만족하지 않는다.
G가 근무하는 층은 H가 근무하는 층보다 높다. Case 3, 4는 G를 배치할 곳이 없다. 조건을 만족하지 않는다.
남은 Case 1에 E와 G를 배치하면 다음과 같다.

	1층	2층	3층	4층	5층	6층	7층	8층
Case 1	E	F	A/H	H/A	B/C	D	C/B	

056. ③

4명, 4일, 4사다. 표를 그릴 때 어느 값을 축으로 두어도 답이 나오는 데에는 지장이 없겠다. 이럴 때에는 연속성을 보이는 일차를 축으로 두는 것이 편하다. 더불어 사람을 축이 아닌 값으로 두는 것이 인지가 편한 경향을 보인다. 일차와 회사를 축으로 두고 표 안에 값을 사람으로 채워보자.
4일간 하루에 1권씩 인적성 문제집을 풀고 4회사의 문제집을 풀었다. 같은 날에 같은 회사의 문제집을 푼 사람도 없다. 두 제약을 종합하면 가로로, 세로로 값이 중복되지 않는다고 해석할 수 있다. 제약에 유의하며 표를 채워보자. 그러면서 채우기 전 선택지가 물어보는 칸이 어디인지를 체크하여 효율적으로 풀어보자.

	L사	H사	W사	E사
1일차		호영(4)	시후(1)	
2일차		하늘(1)	호영(2)	시후(5)
3일차	시후(5)	지윤(4)	하늘(2)	호영(3)
4일차		시후(3)	지윤(2)	

고정할 수 있는 값을 고정하자. (1)
지윤이는 하늘이보다 늦게 W사의 문제를 풀었다. 이미 1일차에 W사의 문제집을 시후가 풀었다. 하늘이는 2, 3, 4일차 중 하루에 W사의 문제집을 푼다. 하늘이는 2일차에 H사의 문제집을 푼다. 또한 하늘이가 4일차에 W사의 문제집을 푼다면 지윤이가 W사의 문제집을 풀 수 있는 날이 없다. 따라서 하늘이가 3일차, 지윤이가 4일차에 W사의 문제집을 푼다. 남은 2일차에는 호영이가 W사의 문제집을 푼다. (2)
호영이가 E사의 문제집을 푼 다음 날 시후가 H사의 문제집을 풀었다. 이미 H사의 문제집을 2일차에 하늘이가 풀었으니 시후는 2일차에 H사의 문제집을 풀 수 없다. 또한 호영이는 2일차에 W사의 문제집을 풀었으니 시후는 2일차에 H사의 문제집을 풀 수 없다. 시후는 4일차에 H사의 문제집을, 호영이는 3일차에 E사의 문제집을 푼다. (3)
H사로 표현한 열을 보자. 1일차, 3일차에 호영이와 지윤이를 배정할 수 있다. 이미 호영이는 3일차에 E사의 문제집을 풀기 때문에 호영이가 1일차에, 지윤이는 3일차에 H사의 문제집을 푼다고 알 수 있다. (4)
3일차로 표현한 행을 보자. 남은 빈 칸은 언급하지 않은 시후의 자리다. 시후가 3일차에 L사의 문제집을 풀었다. 시후가 총 3번 언급됐다. 시후가 가로, 세로로 중복되지 않는 자리는 2일차의 E사라고 알 수 있다. (5)
정답이 나왔으니 채우는 것을 멈추자. 재미로 남은 빈 칸을 채우면 다음과 같다. (6)

	L사	H사	W사	E사
1일차	하늘(6)	호영(4)	시후(1)	지윤(6)
2일차	지윤(6)	하늘(1)	호영(2)	시후(5)
3일차	시후(5)	지윤(4)	하늘(2)	호영(3)
4일차	호영(6)	시후(3)	지윤(2)	하늘(6)

057. ③

B를 1번 자리에 고정하자. C는 맨 뒤 자리에 앉는다. 즉 C는 3번 또는 6번 자리에 앉는다.
A가 앉는 자리 왼쪽에 F가 앉는다. 이미 1, 4번 자리 중 1번 자리는 B가 앉았고 3, 6번 자리는 어디에 앉는지는 모르지만 3번 또는 6번 자리에 C가 앉는다. 따라서 A는 2번 자리, F는 5번 자리에 앉는다. E는 C의 옆자리에 앉지 않기 때문에 4번 자리에 앉는다.
아직 언급되지 않은 D는 C와 마찬가지로 3번 자리에 앉는지 6번 자리에 앉는지 확정할 수 없지만 D의 옆자리에 C가 앉는다고 알 수 있다. 이들이 자리에 앉는 2가지 경우를 정리하면 다음과 같다.

1. B	2. A	3. C
4. E	5. F	6. D

Case 1

1. B	2. A	3. D
4. E	5. F	6. C

Case 2

058. ④

매일 4명씩 출근하기 때문에 하루를 기준으로 5명 중 1명이 쉰다. 또한 개인을 기준으로 4일만 출근하기 때문에 각 요일마다 쉬는 사람이 1명씩 있다고 알 수 있다. 이 점에 착안하여 각 요일의 휴무자를 찾자.
A와 C의 휴일은 3일이 차이난다. 둘이 순서를 바꿀 수 있다는 가능성과 함께 이들이 출근할 수 있는 요일은 월/목, 화/금이다. 같은 맥락으로 B와 E의 휴일도 3일이 차이나고 월/목, 화/금에 출근한다. A, B, C, E 4명이고 이들이 출근할 수 있는 요일이 월, 화, 목, 금이다. 따라서 언급하지 않은 D는 수요일에 쉰다.

[오답체크]
각 요일별로 4칸을 만들어 A, B, C, D, E를 배치해도 좋지만 풀이가 오래 걸리고 복잡하다.
A, C를 배치하는 경우와 B, E를 배치하는 경우를 따져 전체 경우를 상정할 수 있지만 이 역시도 복잡하다. 참고로 가능한 경우를 정리해보면 다음과 같다.

	월	화	수	목	금
Case 1	A	B	D	C	E
Case 2	A	E	D	C	B
Case 3	C	B	D	A	E
Case 4	C	E	D	A	B
Case 5	B	A	D	E	C
Case 6	E	A	D	B	C
Case 7	B	C	D	E	A
Case 8	E	C	D	B	A

059. ①

인원은 8명, 취미는 4개다. 다행히 취미별 인원이 2명이라고 알려주어 엄청 복잡한 문제는 아닌 것으로 보인다. F를 야구에 고정하자. D와 C의 취미가 같다. 이미 야구를 취미로 하는 2명 중 1명은 F이기 때문에 D, C는 야구를 취미로 하지 않는다. 같은 맥락으로 B, E도 야구를 취미로 하지 않는다.

G와 H의 취미는 다르다. B/E가 세트, D/C가 세트다. 따라서 G인지 H인지 확정할 수 없지만 둘 중 1명이 F와 취미가 같다. 아직 언급하지 않은 A는 F와 취미가 다르다.

이를 만족하는 경우를 생각해보면 D, C의 취미를 고정하는 경우 3가지, B, E의 취미를 고정하는 2가지 G와 H가 자리를 바꾸는 2가지를 곱하여 12가지가 나온다.

[치트키]

전체의 경우를 그려도 되지만 복잡하니 바로 선택지에서 언급한 A, B, D, G, H가 할 수 있는 취미를 정해보자. 할 수 있는 취미를 언급한 선택지는 반드시 거짓이라 할 수 없다.

- A: 야구 빼고 다 가능
- B: 야구 빼고 다 가능
- D: 야구 빼고 다 가능
- G: 4가지 취미 다 가능
- H: 4가지 취미 다 가능

A의 취미를 야구로 지목한 ①번 선택지가 항상 거짓이다.

[일반풀이]

〈보기〉의 조건을 만족하는 경우를 찾아보자. G와 H는 서로 자리를 바꿀 수 있어 G/H를 S로 표기했다.

축구	B, E
야구	F, S
농구	D, C
배구	S, A

Case 1

축구	B, E
야구	F, S
농구	S, A
배구	D, C

Case 2

축구	D, C
야구	F, S
농구	B, E
배구	S, A

Case 3

축구	S, A
야구	F, S
농구	B, E
배구	D, C

Case 4

축구	D, C
야구	F, S
농구	S, A
배구	B, E

Case 5

축구	S, A
야구	F, S
농구	D, C
배구	B, E

Case 6

060. ④

2명씩 같은 교통수단을 이용한다. A, C가 같은 교통수단을 이용하고 B와 F는 같은 교통수단을 이용하지 않는다. 아직 언급하지 않은 E와 D도 같은 교통수단을 이용하지 않는다고 알 수 있다. 여러 풀이 방법이 있겠지만 가지치기로 접근해보자. A의 교통수단에 따라 D의 교통수단을 확정할 수 있는 경우도 존재한다. A와 세트인 A, C를 하나로 묶고 D까지 정리해보면 다음과 같다.

A, C	D
~~버스~~	~~버스~~
기차	버스
비행기	버스
	기차

A, C가 버스를 타는 경우 D도 버스를 타게 되는데 한 교통수단에 2명이 이용한다는 조건을 벗어난다. 따라서 A, C는 버스 기차 또는 비행기를 이용한다.

D와 E가 이용하는 교통수단이 다르다. A, C가 타는 교통수단을 제외하고 D가 타는 교통수단을 제외하면 E가 타는 교통수단이다. 그런데 E는 기차를 타지 않는다. 따라서 A, C가 비행기를 타고 D가 버스를 타는 경우도 조건을 만족하지 않는다.

A, C	D	E
기차	버스	비행기
비행기	~~버스~~	~~기차~~
	기차	버스

B와 F를 배정하며 가지치기를 마치자.

A, C	D	E	B	F
기차	버스	비행기	버스	비행기
			비행기	버스
비행기	기차	버스	기차	버스
			버스	기차

061. ①

B와 E의 진술이 반대관계다. B의 진술이 참이면 A가 체리맛 아이스크림을 고르는 경우와 D가 체리맛 아이스크림을 고르는 경우로 나눌 수 있다. 두 경우 모두 E의 진술을 거짓으로 만든다. 반대로 E의 진술이 참이면 E가 체리맛 아이스크림을 고르며 B의 진술이 거짓이다. 물론 B가 체리맛 아이스크림을 고르는 것처럼 B와 E의 진술 둘 다 거짓으로 만들 수 있지만 문제에서 제시한 1명만 거짓을 말한다는 조건을 벗어난다. 따라서 B 또는 E 중 1명이 거짓을 말한다고 알 수 있다.

C와 E의 진술도 반대관계다. E가 메론맛 아이스크림을 고

르는 경우처럼 C, E의 진술 모두가 거짓인 경우도 있지만 1명만 거짓을 말한다는 조건을 벗어난다. 이에 따라 C와 E 중 1명이 거짓을 말한다고 알 수 있다.
결과적으로 E가 거짓을 말한다고 알 수 있다. 나머지 4명의 진술이 참이기에 D는 딸기맛, C는 메론맛 아이스크림을 고른다. D가 딸기맛 아이스크림을 고르기 때문에 B의 진술에 의해 A가 체리맛 아이스크림을 고른다고 알 수 있다.

062. ②

4명 모두 9점을 최소 1번씩은 받았다. C가 쏜 3발의 점수가 모두 같으니 C는 9점만 3발 쐈다. 6번의 9점을 확정했다. D가 쏜 3발의 점수 합은 26이다. 9점을 빼면 17이다. 10, 8, 7점을 조합하여 17점을 만들어야 한다. 이에 따라 D가 10점, 7점을 받았다고 알 수 있다.

	점수			합계
A				
B				
C	9	9	9	27
D	9	10	7	26

B가 쏜 3발의 점수 합은 C가 쏜 3발의 점수 합보다 낮다. 남은 점수가 10점 2번, 8점 2번인 점을 고려하면 B는 8점을 2번 받는다고 알 수 있다. 만약 B가 10점, 8점을 받으면 총점이 27점으로 C의 총점과 같다. 남은 10점 2번을 A에게 배정하자.

	점수			합계
A	9	10	10	29
B	9	8	8	25
C	9	9	9	27
D	9	10	7	26

063. ①

층, 사람, 나이로 변수가 3가지다. 층이 순차성을 보이기 때문에 층을 고정한 후 다른 값을 채우며 도식을 완성해보자. D를 2층, 나이 3번째로 고정하자. B는 C보다 낮은 층에 입주했고 A와 B는 인접한 층에 입주했다. 따라서 A/B는 1층에 입주하지 않고 5층에 입주하지 않는다. 즉 3층과 4층에 입주하며 둘의 자리를 바꿀 수 있다. 자연스럽게 C가 5층, E가 1층에 입주했다고 알 수 있다.

5층	C	
4층	A/B	
3층	B/A	
2층	D	3번째
1층	E	

1층에 입주한 사장님의 나이가 가장 많다. E가 1번째로 나이가 많다. A의 나이는 C보다 많고 B보다 적다. 2, 4, 5번째로 많은 나이가 남았으니 B는 2번째, A는 4번째, C는 5번째라 알 수 있다. A/B가 자리를 바꾸는 경우를 나누어 정리하면 다음과 같다.

5층	C	5번째
4층	B	2번째
3층	A	4번째
2층	D	3번째
1층	E	1번째

Case 1

5층	C	5번째
4층	A	4번째
3층	B	2번째
2층	D	3번째
1층	E	1번째

Case 2

064. ④

D와 A가 마주 보고 앉는다. 둘을 고정 후 자리를 고민해보자. B와 D는 같은 팀이다. 팀이 같은 인원끼리 인접하게 앉지 않기 때문에 D와 B는 인접하게 앉지 않는다. A와 인접한 우측 또는 좌측 자리에 B가 앉는다.

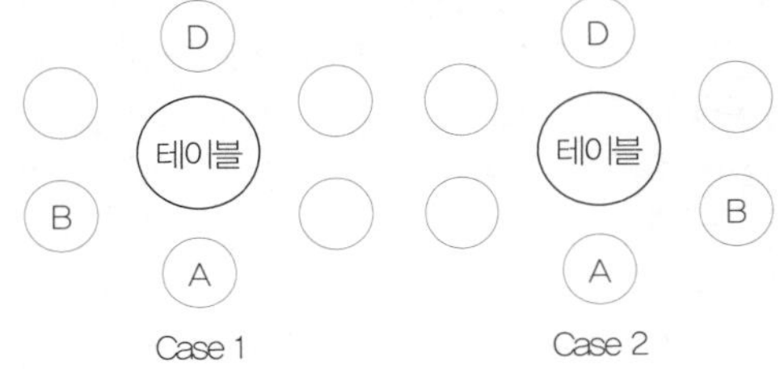

회의 참석자 중 인사팀이 3명이다. 팀이 같은 인원끼리 인접하게 앉지 않는다는 점을 고려하면 인사팀 소속의 인원은 삼각형(△) 또는 역삼각형(▽)을 그리며 앉는다. 즉 B, D가 인사팀인 경우와 A가 인사팀인 경우로 나눌 수 있다. A가 인사팀이라면 홍보팀인 F는 A와 인접한 빈자리에 앉는다. 이후 C, E를 나머지 인사팀 자리에 배치하게 되는데 C와 E는 팀이 다르다는 조건을 만족하지 않는다. Case 2를 바탕으로 예를 들어보면 아래와 같다. Case 1도 마찬가지다.

따라서 A는 인사팀이 아니다. B와 D가 인사팀이다.

[오답체크]

F는 홍보팀이기 때문에 위 Case에서 B, D와 삼각형을 그

리지 않는 임의의 자리에 앉는다. 나머지 두 자리에 앉는 인원은 C와 E인데 둘 중 누가 인사팀인지 확정할 수 없다. 경우를 나눠 정리하면 다음과 같다. 빈자리에 C와 E가 들어가지만 누가 어느 자리인지 확정할 수 없다.

065. ⑤

[치트키]

항상 거짓을 묻는 문제다. 선택지의 조건부와 서술부의 정보 둘을 넣고 이를 성립하게 만드는 경우를 하나 이상 찾으면 항상 거짓인 선택지라 할 수 없다. 단, 문제의 조건 및 〈보기〉의 조건을 모두 만족해야 한다.

① D가 운전석에 앉는다면 E는 4행에 앉는다.

D(운)	
G	C
E	

→

D(운)	
G	C
F	A
E	B

② A가 2열에 앉는다면 F는 3행에 앉는다.

운전석	
	C
F	A
	B

→

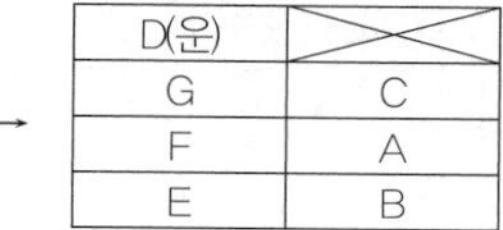

D(운)	
G	C
F	A
E	B

③ E가 2행에 앉는다면 D는 3행에 앉는다.

F(운)	
E	C
	D

→

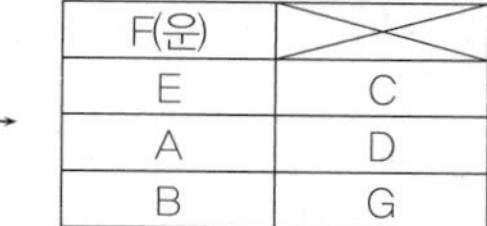

F(운)	
E	C
A	D
B	G

④ F가 운전석에 앉는다면 E는 2행에 앉는다.

F(운)	
E	C

→

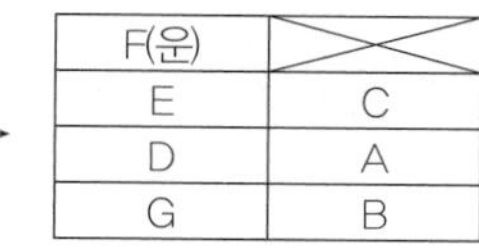

F(운)	
E	C
D	A
G	B

⑤ E가 2열에 앉는다면 B는 3행에 앉는다.

– E가 2열에 앉는다면 F도 2열에 앉는다. 따라서 운전을 D가 하기 때문에 2행의 남은 한 자리에 G가 앉는다. 그런데 A는 B보다 앞에 앉는데 A가 앉을 자리가 없다. 따라서 항상 참인 경우가 존재하지 않는다.

D(운)	
GvsA	C
B	E/F
	F/E

[일반풀이]

C의 자리를 고정하자. 이후 D 바로 뒤에 G가 앉는다는 점을 고려하면 4가지 경우가 나온다. 틀을 어느 정도 잡아둔 후 선택지를 고려하며 문제를 풀어보자.

운전석	
	C
	D
	G

Case 1

D(운)	
G	C

Case 2

운전석	
D	C
G	

Case 3

운전석	
	C
D	
G	

Case 4

운전을 할 수 있는 사람은 D와 F뿐이다. 따라서 D가 운전을 하는 Case 2를 제외하면 모두 F가 운전을 한다. E와 F가 같은 열에 앉는다는 조건과 A가 B 보다 앞에 앉는다는 조건을 참조하면 Case 3, 4는 자리를 완전히 채울 수 있다.

F(운)	
	C
	D
	G

Case 1

D	
G	C

Case 2

F(운)	
D	C
G	A
E	B

Case 3

F(운)	
E	C
D	A
G	B

Case 4

Case 1은 E의 자리에 따라 3가지 경우로 나눌 수 있다. Case 2는 E, F가 같은 열에 앉기 때문에 E, F가 1열에 앉는 2가지 경우와 2열에 앉는 2가지 경우 즉 4가지 경우로 나눌 수 있다. 이 점을 고려하며 선택지를 풀어보자. 설명의 편의를 위해 Case를 나누어 보이지만 실제 풀이에서는 선택지의 정보를 넣어보며 푸는 것을 추천한다.

F(운)	
E	C
A	D
B	G

Case 1.1

F(운)	
A	C
E	D
B	G

Case 1.2

F(운)	
A	C
B	D
E	G

Case 1.3

D	
G	C
E	A
F	B

Case 2.1

D	
G	C
F	A
E	B

Case 2.2

D	
G	C
A	E
B	F

Case 2.3

D	
G	C
A	F
B	E

Case 2.4

066. ④

자리를 고정할 수 있는 조건이 보이지 않는다. B와 A가 앞/뒤로 앉았고 D와 C가 앞/뒤로 앉았다. 그러면서 B의 자리번호는 D의 자리번호보다 작다. 이를 토대로 가능한 경우를 도출하면 다음과 같다.

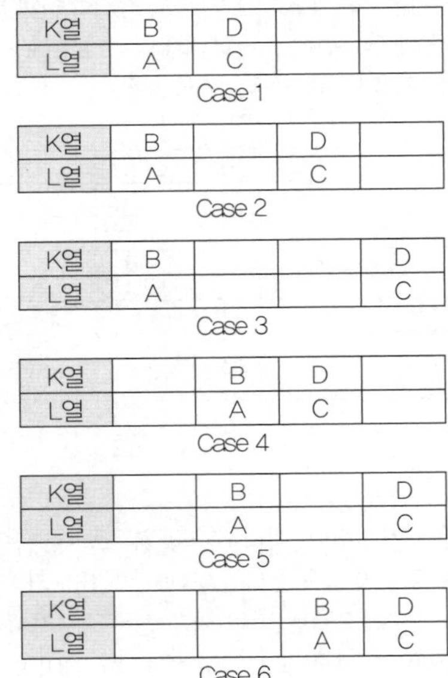

K열	B	D		
L열	A	C		

Case 1

K열	B		D	
L열	A		C	

Case 2

K열	B			D
L열	A			C

Case 3

K열		B	D	
L열		A	C	

Case 4

K열		B		D
L열		A		C

Case 5

K열			B	D
L열			A	C

Case 6

설명의 편의를 위해 모든 경우를 그렸지만 고려하지 않은 조건을 고민하며 조건에 맞는 경우만 도출하면 시간 단축에 도움이 된다. 사용하지 않은 조건에 따라 소거할 Case(경우)는 다음과 같다.

- E의 자리번호는 A의 자리번호보다 크다.
  → Case 6 소거
- G의 자리번호는 짝수가 아니다.
  → Case 5 소거
- F와 인접한 오른쪽 자리는 불참자의 자리다.
  → Case 2, 4 소거

Case 1, 3에 E, F, G를 배치하면 다음과 같다.

K열	B	D	E	G
L열	A	C	F	

Case 1.1

K열	B	D	F	
L열	A	C	E	G

Case 1.2

K열	B	G	E	D
L열	A	F		C

Case 3.1

K열	B	F		D
L열	A	G	E	C

Case 3.2

067. ④

진성이와 수혁이 사이에 1명이 앉았고 유민이와 다율이 사이에 1명이 앉았다. 언급하지 않은 지오와 단우가 마주 보고 앉았을 것 같지만 지오와 인접한 오른쪽 자리에 단우가 앉았다. 지오와 단우를 배치한 뒤 진성/수혁과 유민/다율을 배치해보자. 진성이와 수혁이는 자리를 바꿀 수 있고 유민이와 다율이도 자리를 바꿀 수 있다. 경우가 너무 많다. 선택지의 조건부(~라면)를 만족하는 경우에 서술부(뒷부분)를 만족하지 않는 반례를 찾아보자.

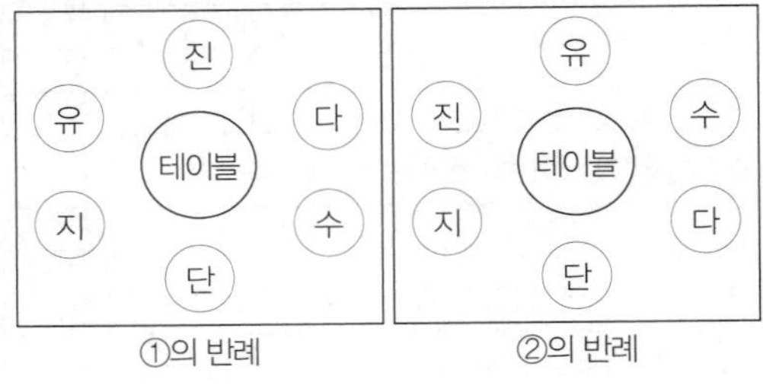

①의 반례 ②의 반례

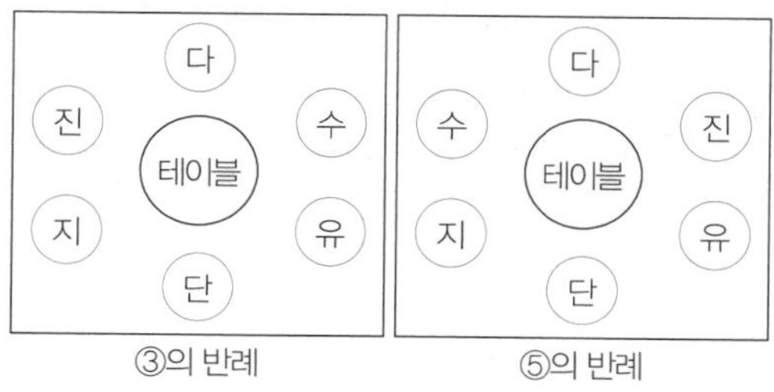

④ 단우와 인접한 오른쪽 자리에 다율이가 앉는다면 유민이와 수혁이는 인접하게 앉는다.
– 반례를 찾을 수 없다. 조건부를 만족하는 경우 유민이와 수혁이는 항상 인접하게 앉는다.

068. ③

B를 3층에 고정하자. 이후 A 바로 위층에 C가 위치한다는 조건과 E와 F사이에 1명이 위치한다는 조건으로 경우를 나누는 것이 좋겠다. 서로 자리를 바꾸는 경우를 두고 고민해보면 A, C로 나뉘는 경우는 4가지, E, F로 나뉘는 경우는 3가지다. E, F를 우선배치 후 A, C를 배치해보자.

	1층	2층	3층	4층	5층	6층	7층
Case 1.1		E/F	B	F/E	A	C	
Case 1.2		E/F	B	F/E		A	C
Case 2	A	C	B	E/F		F/E	
Case 3	A	C	B		E/F		F/E

G와 D는 1층에 위치하지 않는다. 따라서 Case 1.1, 1.2는 조건을 만족하지 않는다. E와 D는 인접한 층에 위치하지 않는다. Case 2에서는 E는 4층, D는 7층에 위치하고 Case 3에서는 E는 7층, D는 4층에 위치한다. 남은 칸에 언급하지 않은 G를 배치하자.

	1층	2층	3층	4층	5층	6층	7층
Case 2	A	C	B	E	G	F	D
Case 3	A	C	B	D	F	G	E

069. ③

각 인물의 출장지는 2곳이다. 표를 그릴 때 한 축에 인물, 다른 한 축에 지역을 놓고 O, X로 표를 채우면 보다 직관적으로 보일 것으로 예상된다.

부산으로 출장을 가는 인원은 1명이고 D의 출장지 중 1곳은 B도 출장을 가는 곳이다. D와 B 둘 다 대전으로 출장을 가는 경우와 둘 다 광주로 출장을 가는 경우로 나뉜다. D와 B가 대전으로 출장을 가면 광주와 부산으로 각각 1명씩 출장을 간다. 마찬가지로 D와 B 둘 다 광주로 출장을 가면 대전과 부산으로 각각 1명씩 출장을 간다. 따라서 부산은 D 또는 B가 간다. D와 B 중 누가 부산을 가는지 확정할 수 없지만 A, C가 가지 않는 것은 확실하게 알 수 있다. A, C는 부산을 가지 않으니 대전과 광주를 간다.
A가 대전을 간다. 따라서 D는 부산으로 출장을 가지 않는다. D가 가는 출장지 두 곳은 대전과 광주다.
B가 부산을 가는 것을 알지만 대전과 광주 중 어느 곳을 가는지는 확정할 수 없다. 이를 2가지 경우로 나뉜다고 봐도 무방하다.

	A	B	C	D
대전	O	O	O	O
광주	O	X	O	O
부산(1)	X	O	X	X

Case 1

	A	B	C	D
대전	O	X	O	O
광주	O	O	O	O
부산(1)	X	O	X	X

Case 2

070. ⑤

3등과 5등에 생산팀을 고정하자. 기술팀 인원의 등수 사이에 1명이 존재한다. 따라서 기술팀은 2/4등, 4/6등이 가능하다. 경우를 2가지로 나누자.

Case 1	1등	2등	3등	4등	5등	6등	7등
팀		기술	생산	기술	생산		

Case 2	1등	2등	3등	4등	5등	6등	7등
팀			생산	기술	생산	기술	

품질팀 소속의 1명은 개발팀 소속의 사람보다 먼저 결승점에 들어왔다. 따라서 품질팀의 1명은 1등으로 들어왔다. 남은 자리에 개발팀 인원을 배치할 수 있다.

Case 1	1등	2등	3등	4등	5등	6등	7등
팀	품질	기술	생산	기술	생산	개발	개발

Case 2	1등	2등	3등	4등	5등	6등	7등
팀	품질	개발	생산	기술	생산	기술	개발

071. ①

[치트키]

선택지에 정보가 많다. 〈보기〉의 조건을 만족하지 않는 선택지를 지우는 방식으로 풀어보자.

– D는 A와 같은 열이며 A보다 앞자리에서 강연을 듣는다.
  → D는 A보다 번호가 작다. 하지만 이를 통해 소거할 수 있는 선택지는 없다.

– B와 E의 자리번호의 차이는 2이다.
  → B와 E의 자리번호의 차이가 2다. 공석이 하나 있으니 B와 E 사이에 1명이 있거나 없는 경우만 가능하다. 아쉽게도 소거할 수 있는 선택지는 없다.

– C의 자리번호는 짝수가 아니고 E의 자리번호보다 크다.
  → E 뒤에 C가 와야 한다. 이를 토대로 ②, ③, ④번을 소거한다.

– E와 D는 같은 행에 앉는다.
  → E와 D가 같은 행에 앉는다. 남은 선택지 중 ①번은 가능하다 ⑤번의 경우 D가 1번 자리에 앉는다고 해도 E는 D와 같은 행이 아니다. 따라서 ⑤번을 소거한다.

[일반풀이]

어느 정도 고정할 수 있는 조건을 고민해보자. D와 A가 같은 열에 앉고 D가 A보다 앞에 앉는다. D가 1번, 2번, 3번 자리에 앉는 3가지 경우로 틀을 잡아보자.

1번	2번	3번
D		
4번	5번	6번
A		

Case 1

1번	2번	3번
	D	
4번	5번	6번
	A	

Case 2

1번	2번	3번
		D
4번	5번	6번
		A

Case 3

B와 E의 자리번호 차이는 2이다 Case 1에서는 3, 5번이고 Case 2에서는 1, 3번 또는 4, 6번이다. Case 3에서는 2, 4번이 가능하다. 그러면서 E는 D와 같은 행에 앉는다고 한다. 이를 참조하여 가능한 경우를 추리면 다음과 같다.

1번	2번	3번
D		E
4번	5번	6번
A	B	

Case 1

1번	2번	3번
E	D	B
4번	5번	6번
	A	

Case 2.1

1번	2번	3번
B	D	E
4번	5번	6번
	A	

Case 2.2

1번	2번	3번
	E	D
4번	5번	6번
B		A

Case 3

5명 중 언급하지 않은 C의 자리를 고민하자. C의 자리번호는 E의 자리번호보다 크고 홀수다. 빈자리가 짝수만 남아있는 Case 1, 2.1, 2.2는 조건을 만족하지 않는다. Case 3만 만족하고 남은 자리 중 E의 자리번호보다 큰 자리번호인 5번 자리에 C를 배치한다.

1번	2번	3번
	E	D
4번	5번	6번
B	C	A

Case 3

072. ②

F는 국수를 먹고 D는 덮밥을 먹는다. C와 같은 메뉴를 먹는 인원은 없으니 C는 국밥을 먹고 국밥은 C 혼자만 먹는다. 국수를 먹는 인원은 덮밥을 먹는 인원보다 많다. 같은 메뉴를 먹는 사람끼리 인접하게 앉지 않기 때문에 국수를 먹는 인원은 3명이고 덮밥을 먹는 인원은 2명이다.

– 국수(3명): F
– 덮밥(2명): D
– 국밥(1명): C

이들이 앉는 자리를 확정할 수 없지만 선택지에서 자리를 묻지도 않는다. 항상 참을 찾는 문제이기 때문에 메뉴에만 집중하며 선택지의 반례를 고민해보자.

① A는 국수를 먹는다.
  – 현재로는 A가 국수를 먹는지 덮밥을 먹는지 확정할 수 없다.

② A와 B가 같은 메뉴를 먹는다면 E는 덮밥을 먹는다.
  – A, B가 덮밥을 먹는다고 생각할 수도 있지만 덮밥을 먹는 2명 중 1명은 이미 D라고 알기 때문에 A와 B는 3명이 먹는 국수를 먹는다. 자연스럽게 남은 인물인 E는 덮밥을 먹는다.

③ B가 국수를 먹는다면 A는 덮밥을 먹는다.
  – B가 국수를 먹는다고 하여 A가 국수를 먹는지 덮밥을 먹는지 확정할 수 없다.

④ F와 E가 같은 메뉴를 먹는다면 B는 덮밥을 먹는다.
  – E가 국수를 먹는다고 하여 B가 국수를 먹는지 덮밥을 먹는지 확정할 수 없다.

⑤ 덮밥을 먹을 수 있는 인원은 3명이다.
  – A, B, E로 3명이라 생각할 수 있지만 F는 덮밥을 100% 먹는다. F도 덮밥을 먹을 수 있는 인원에 포함해야 한다.

073. ③

사람, 직급, 라인으로 변수가 3가지다. 라인이 연속성을 보이기 때문에 라인을 기준으로 정보를 정리해보자.

경미를 1번, 여진이를 5번에 고정하자. 3번 라인에는 ~사원을 적어 사원이 라인을 조사하지 않는다는 정보도 체크하자.

1라인	2라인	3라인	4라인	5라인	6라인
경미 (사원)		~사원		여진 (과)	

초희는 정민이와 같은 조이다. 정민이가 사원이기 때문에 3라인을 조사하지 않는다. 경미의 조도 같은 조가 누구인지 모르지만 경미가 사원이기 때문에 3라인을 조사하지 않는다. 따라서 여진이가 속한 조가 3라인을 조사하고 여진이와 같은 조원은 대리다. 대리 2명 중 초희는 이미 정민이와 같은 조이기 때문에 소미가 여진이랑 같은 조다. 아직 언급하지 않은 희성이가 경미와 같은 조다.

1라인	2라인	3라인	4라인	5라인	6라인
경미 (사)		여진 (과)		여진 (과)	
희성 (사)		소미 (대)		소미 (대)	

라인을 이웃하게 조사한 조는 없다. 이에 따라 2라인은 초희/정민 조가 조사한다고 알 수 있다. 하지만 4라인을 경미/희성 조가 조사했는지 초희/정민 조가 조사했는지는 확정할 수 없다.

1라인	2라인	3라인	4라인	5라인	6라인
경미 (사)	초희 (대)	여진(과)		여진 (과)	
희성 (사)	정민 (사)	소미 (대)		소미 (대)	

074. ②

A가 주문한 메뉴의 가격은 B, C가 주문한 메뉴의 가격의 합과 같다. 가능한 경우를 고민하면 다음과 같다.

Case 1. 돈가스(14,000원)
= 비빔밥(8,000원) + 라볶이(6,000원)

Case 2. 돈가스(14,000원)
= 파스타(10,000원) + 김밥(4,000원)

Case 3. 파스타(10,000원)
= 라볶이(6,000원) + 김밥(4,000원)

위 경우는 A, B, C가 주문한 메뉴로만 나눴으니 언급하지 않은 D, E에 대한 정보를 고민해보자. D, E가 주문한 메뉴의 가격을 더한 값은 20,000원 이하다. 각 Case에서 D, E가 주문한 메뉴 후보 및 가격을 정리하면 다음과 같다.

Case 1. 돈가스(14,000원)
= 비빔밥(8,000원) + 라볶이(6,000원)
→ 파스타(10,000원) + 김밥(4,000원) = 14,000원

Case 2. 돈가스(14,000원)
= 파스타(10,000원) + 김밥(4,000원)
→ 비빔밥(8,000원) + 라볶이(6,000원) = 14,000원

Case 3. 파스타(10,000원)
= 라볶이(6,000원) + 김밥(4,000원)
→ 돈가스(14,000원) + 비빔밥(8,000원) = 22,000원

위 경우에 따라 Case 3은 불가하다. E가 주문한 메뉴의 가격은 D가 주문한 메뉴의 가격보다 싸다. 이를 기준으로 Case 1, 2에서 각 인물이 주문하는 메뉴를 나눠보면 다음과 같다.

	A	B	C	D	E
Case 1	돈까스			파스타	김밥
Case 2	돈까스			비빔밥	라볶이

Case 1의 경우 E가 제일 싼 김밥을 시킨다. 이는 E가 주문한 메뉴의 가격은 C가 주문한 메뉴의 가격보다 비싸다는 조건을 만족하지 않는다. Case 2에서는 E가 6,000원인 라볶이를 주문한다. 이에 따라 C는 김밥을 주문하고 B가 파스타를 주문한다고 알 수 있다.

	A	B	C	D	E
Case 2	돈까스	파스타	김밥	비빔밥	라볶이

075. ②

사람은 5명이고 장소는 4곳이다. 멕시코를 조사하는 사람이 2명이라는 점을 기억하며 문제를 풀어보자.

〈보기〉를 보니 인물들이 조사할 수 있는 나라를 좁혀서 제시했다. 가지치기로 접근하는 것이 효율적으로 보인다. C를 고정하고 B가 취할 수 있는 값(=조사할 수 있는 나라)을 2가지로 나누자. 또한 두 번째 조건을 보면 D가 칠레를 조사하면 A는 브라질을 조사한다고 한다. 그런데 이미 브라질을 조사하는 사람은 C라고 알고 있다. 즉 D가 칠레를 조사하면 조건을 만족하지 않기 때문에 D는 칠레를 조사하지 않는다. 이를 대우로 A가 브라질을 조사하지 않는다면 D는 칠레를 조사하지 않는다로 이해할 수 있다.

C	B	D
브라질	멕시코	칠레
		멕시코
		아르헨
	아르헨	칠레
		멕시코

위의 가지치기에서 D가 칠레를 조사하는 경우는 줄을 그어 불가하다고 표기했다. 남은 경우에 A와 E가 조사하는 나라를 배정해보자.

C	B	D	A	E
브라질	멕시코	멕시코	아르헨	칠레
			칠레	아르헨
		아르헨	멕시코	칠레
			칠레	멕시코
	아르헨	멕시코	멕시코	칠레
			칠레	멕시코

076. ⑤

2층을 관리하는 사람은 B이고 C는 B보다 아래쪽에 위치한 층을 관리한다. 1층 관리자에 C, 2층 관리자에 B를 배정하자. 또한 A는 3층을 관리하지 않으니 A가 4층, 5층, 6층을 관리하는 경우로 나눠 생각할 수 있다.

	1층	2층	3층	4층	5층	6층
Case 1	C	B		A		
Case 2	C	B			A	
Case 3	C	B				A

E가 관리하는 층의 바로 아래층을 D가 관리한다. Case 3의 경우 E, D를 배치하는 방법이 2가지로 나뉜다.
A는 3층을 관리하지 않는다. 그러면서 B가 2층만 관리한다는 뜻이 아니라 2층을 관리하는 사람이 B라는 말이기 때문에 B가 3층을 관리할 수도 있다. Case 1의 경우 3층을 B가 관리한다고 알 수 있다.
Case 2에서는 1~5층까지의 관리자를 1명씩 배정했고 5층의 관리자가 A다. 따라서 A가 6층을 관리한다.

	1층	2층	3층	4층	5층	6층
Case 1	C	B	B	A	D	E
Case 2	C	B	D	E	A	A
Case 3.1	C	B	D	E		A
Case 3.2	C	B		D	E	A

[오답체크]

위에 정리한 Case 3.1, 3.2에서 빈 층(칸)은 인접한 위 또는 아래층을 관리하는 인원 중 누가 관리하는지 확정할 수 없는 칸이다. 정답이 아닌 ①~④번의 반례를 찾아보면 다음과 같다. 하나라도 반례가 있으면 참이 아니다. 참고로 하위에 제시한 반례 외 다른 반례도 있다.

① E가 4층을 관리하면 A는 5층을 관리한다.

	1층	2층	3층	4층	5층	6층
Case 3.1	C	B	D	E	E	A

② B가 3층을 관리하면 E는 5층을 관리한다.

	1층	2층	3층	4층	5층	6층
Case 1	C	B	B	A	D	E

③ A가 6층을 관리하면 D는 4층을 관리한다.

	1층	2층	3층	4층	5층	6층
Case 2	C	B	D	E	A	A

④ D가 3층을 관리하면 A는 5층을 관리한다.

	1층	2층	3층	4층	5층	6층
Case 3.2	C	B	D	D	E	A

077. ③

출장을 보내지 않는 팀은 없고 영업팀은 F로만 구성됐다. 따라서 F는 무조건 출장 간다. 하지만 F가 아산과 청주 중 어디로 출장을 가는지 알 수 없다.
기술팀은 아산, 청주에 1명씩 출장을 보낸다. 3명 중 출장을 가는 2명이 누군지 모른다. 2명을 안다고 하더라도 누가 아산으로 출장 가는지 확정할 수 없다. 경우의 수를 따지면 아산에 갈 수 있는 3명, 청주에 갈 수 있는 2명으로 6가지(=3×2)다. 다른 조건을 먼저 살펴보자.
아산으로 출장을 보내는 팀은 두 팀이고 청주로 출장을 보내는 팀은 두 팀이다. 이를 잘 고민해보면 기본으로 기술팀 소속인 사람을 청주와 아산으로 1명씩 배치하면 두 지역 중 한 지역에는 재무팀을, 다른 한 지역에는 영업팀을 배치한다. 즉 F는 A/B와 같은 지역으로 출장가지 않는다. 따라서 정답은 ③번이다.

[오답체크]

남은 선택지의 반례를 찾아보자.

① D가 출장을 가지 않는다면 A도 출장을 가지 않는다.
- A, B 중 1명은 무조건 출장을 가지만 현재의 조건으로는 누가 가는지 확정할 수 없다.

아산	청주
C	E
A	F

② B가 청주로 출장 간다면 E는 아산으로 출장 간다.
④ E가 청주로 출장 간다면 D는 출장을 가지 않는다.
- D도 E도 출장 자체를 가지 않을 수 있다. 출장을 보내는 쪽으로 ②, ④번의 반례를 들면 다음과 같다.

아산	청주
D	E
F	B

⑤ F가 아산으로 출장 간다면 C는 청주로 출장 간다.
– C가 출장 자체를 가지 않을 수도 있다.

아산	청주
D	E
F	A

078. ④

[치트키]

항상 거짓을 찾는 문제이고 선택지가 '~라면' 식의 조건부로 주어졌다. 조건부 및 서술부의 정보를 기입한 후 〈보기〉의 조건을 만족하는 경우를 하나라도 찾으면 정답이 아니다.

① A가 13시에 면담한다면 C는 14시에 면담한다.

	9시	10시	11시	13시	14시	15시
Step 1				A	C	
Step 2		D		A	C	B
Step 3	E/F	D	F/E	A	C	B

② D가 10시에 면담한다면 F는 9시에 면담한다.

	9시	10시	11시	13시	14시	15시
Step 1	F	D				
Step 2	F	D		A/B	C	B/A
Step 3	F	D	E	A/B	C	B/A

③ F가 9시에 면담한다면 E는 14시에 면담한다.

	9시	10시	11시	13시	14시	15시
Step 1	F				E	
Step 2	F		D		E	C
Step 3	F	A/B	D	B/A	E	C

④ C가 15시에 면담한다면 E는 9시에 면담한다.

	9시	10시	11시	13시	14시	15시
Step 1	E					C
Step 2	E	A/B	D	B/A		C
Step 3	F는 B보다 먼저 면담. F가 들어갈 곳이 없음					

⑤ E가 9시에 면담한다면 B는 13시에 면담한다.

	9시	10시	11시	13시	14시	15시
Step 1	E			B		
Step 2	E			B		A
	E	A		B		
Step 3	E	C/D	F	B	D/C	A
	E	A	C/D	B	F는?	D/C
Step 4	E	C/D	F	B	D/C	A

[일반풀이]

가능한 경우를 모두 뽑은 후 문제를 풀어보자. 그러면서 12시가 비어있기 때문에 시작 시간을 적어 문제 풀이에 혼란을 줄이자. C/D 사이에 2명이 면담하는 경우를 상정하고 A/B를 배치해보자.

	9시	10시	11시	13시	14시	15시
Case 1	C/D		A/B	D/C	B/A	
Case 2	A/B	C/D	B/A		D/C	
Case 3		C/D		A/B	D/C	B/A
Case 4		A/B	C/D	B/A		D/C

B는 F보다 뒤에 면담한다. 이를 토대로 각 Case를 고민하자. Case 1에서는 F가 10시에 면담한다. Case 2에서는 F가 들어갈 자리가 없다. Case 2는 조건을 만족하지 않는다. Case 3에서는 F가 9시 또는 11시에 면담한다. Case 4에서는 F가 9시에 면담한다.

	9시	10시	11시	13시	14시	15시
Case 1	C/D	F	A/B	D/C	B/A	
Case 3.1	F	C/D		A/B	D/C	B/A
Case 3.2		C/D	F	A/B	D/C	B/A
Case 4	F	A/B	C/D	B/A		D/C

E는 C보다 먼저 면담한다. 각 Case를 고민해보자. Case 1은 E가 들어갈 자리가 없다. 열외하자. Case 3.1에서는 E는 11시에 면담하고 10시는 D, 14시는 C의 면담시간이다. Case 3.2는 남은 9시가 E의 면담시간이다. Case 4에서는 E가 14시에 면담하고 C가 15시, D가 11시에 면담한다.

	9시	10시	11시	13시	14시	15시
Case 3.1	F	D	E	A/B	C	B/A
Case 3.2	E	C/D	F	A/B	D/C	B/A
Case 4	F	A/B	D	B/A	E	C

079. ③

A는 1번 자리에 앉고 H는 8번 자리에 앉는다. A와 H를 우선 배치하자. D는 H와 마주 보는 자리에 앉는다. 즉 D는 6번 자리에 앉는다. B와 붙어있는 오른쪽 자리에 F가 앉는다. D, H가 앉는 테이블에는 들어갈 곳이 없다. A가 앉는 테이블에 앉는다.

	1A				5	
2	T	4	6 D		T	8 H
	3				7	

정답 및 해설

B와 F는 2, 3번 또는 3, 4번 자리에 앉는다.

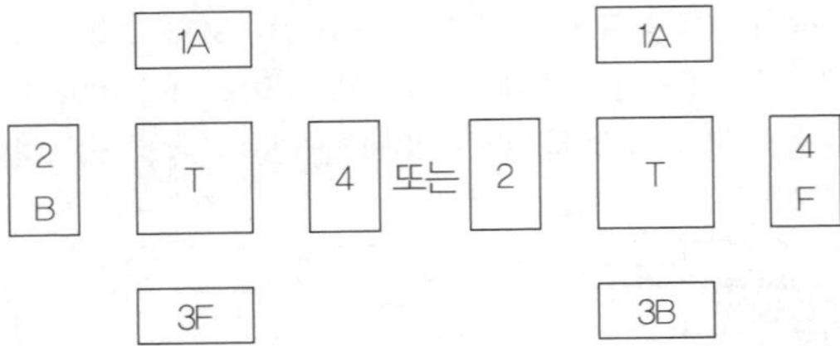

E와 G는 같은 테이블에 앉지 않는다. 따라서 둘 중 1명은 1, 2, 3번을 제외한 4번 자리 또는 1, 3, 4번을 제외한 2번 자리에 앉는다. G가 앉는 자리의 번호는 홀수이기 때문에 G는 A와 같은 테이블에 앉지 않는다. E가 같은 테이블에 앉는다. 하지만 E의 자리 번호가 2번인지 4번인지 확정할 수 없다.

G와 아직 언급되지 않은 C는 H가 앉는 테이블에 앉는다. G와 C도 5번과 7번 자리 중 어느 자리에 앉는지 확정할 수 없지만 서로 마주 보는 자리에 앉는다.

080. ④

인물, 직급, 호실로 변수가 3가지나 된다. 조금 복잡하지만 정리해보자. 책임 진급자는 104, 105호를 배정받았다. 즉 책임이 2명이고 선임이 3명이다. 민준이는 101호를 배정 받았으니 선임이다.

희민이와 상철이의 직급이 다르다. 둘 중 1명이 선임이다. 남은 인물인 명훈이와 지예 중 1명도 선임이다. 명훈이와 지예의 방 번호의 차이가 10이니 둘은 103, 104호를 사용한다. 다만 누가 103호인지는 확정할 수 없다.

선택지에 직급에 대한 내용은 없고 방 번호만 언급되어 있으니 방 번호와 인물을 배정하는 경우를 정리하면 다음과 같다.

101호	102호	103호	104호	105호
민준	상철 /희민	명훈 /지예	지예 /명훈	희민 /상철

서로 자리를 바꿀 수 있는 경우를 빗금(/)으로 표현했다. 위 표는 엄밀하게 4가지 경우를 나타낸다고 볼 수 있다.

081. ③

C와 D의 자리를 고정하자. 또한 D와 마주 보고 앉는 B의 자리까지 고정하자. B의 자리를 고정할 때 6번 자리와 마주 보는 자리가 1번인 점에 주의하자.

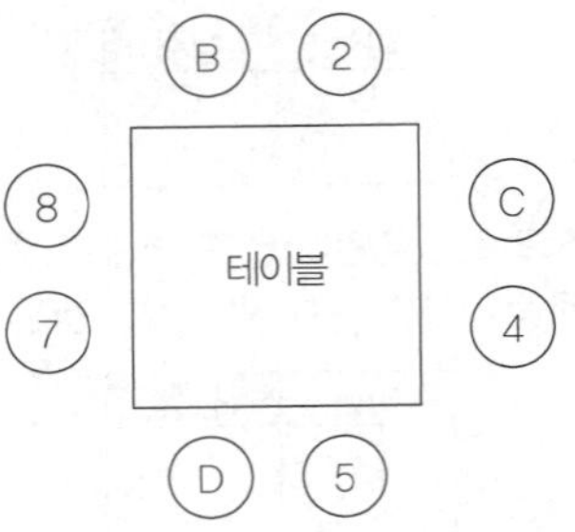

같은 변에 앉는 F, G는 7번과 8번 자리에 앉는다. 하지만 누가 몇 번 자리인지는 확정할 수 없다. A와 H가 마주 보고 앉는다. A와 H는 2번 또는 5번 자리에 앉는다. 마찬가지로 누가 몇 번 자리인지 확정할 수 없다.

아직 언급하지 않은 E는 4번 자리에 앉는다.

082. ②

테이블에 앉는 인원수가 3명, 3명, 2명으로 나뉘어있다. 또한 〈보기〉의 조건 중 F, G가 앉는 테이블이 3명이 앉는 테이블이라 하지만 F와 G가 같은 테이블에 앉는지 다른 테이블에 앉는지는 확정할 수 없다. 전체 상황과 특이점을 확인한 후 문제를 풀어보자.

H는 2명이 앉는 테이블에 앉는다. 땡큐다. A와 C는 같은 테이블에 앉는데 이미 2명이 앉는 테이블에 H가 앉으니 A, C는 3명이 앉는 테이블 중 한 곳에 앉는다. 더불어 F와 같은 테이블에 앉는 B도 고정할 수 있다. G는 3명이 앉는 두 테이블 중 어디에 앉는지 몰라 가능성을 열어뒀다.

<table>
<tr><th>3명테이블1</th><th>3명테이블2</th><th>2명테이블</th></tr>
<tr><td>A, C</td><td>F, B</td><td rowspan="2">H</td></tr>
<tr><td colspan="2">G</td></tr>
</table>

위의 정리에서 선택지의 정보를 넣어가며 반례를 찾아봐도 되지만 G가 앉는 테이블에 따라 나뉘는 경우가 적은 것으로 보여 전체 경우를 찾은 후 문제를 풀어보자. Case 1, 2는 E와 D의 자리를 바꾸는 경우를 한번에 표현했다. 엄밀하게는 총 4개의 경우로 나뉜다.

3명테이블1	3명테이블2	2명테이블
A, C, G	F, B, D(E)	H, E(D)

Case 1

3명테이블1	3명테이블2	2명테이블
A, C, D(E)	F, B, G	H, E(D)

Case 2

[오답체크]

F와 G가 3인테이블에 앉는다고 하여 같은 테이블에 앉는다고 보장할 수 없다.

083. ①

선택지가 '~라면' 식으로 제시됐다. 〈보기〉를 토대로 어느 정도 틀을 잡은 후 선택지를 판별해보자.
A를 바로 고정하자. 이후 가능한 경우를 고민해보자. 〈보기〉의 첫 번째, 두 번째, 세 번째 조건 모두 2명씩 언급하고 있다. 아무래도 한번에 2명을 어느 정도 고정시킬 수 있는 조건을 활용할 때 나올 수 있는 경우의 수가 적다. 언급된 인물의 수로는 우선순위를 정할 수 없었다. 가장 많이 언급된 인물을 주목해보자. D는 'D와 E 사이에 2명이 철야 근무를 한다.' 조건과 'D는 C보다 이틀 먼저 철야 근무를 한다.' 조건에 언급됐다. D를 기준으로 생각하는 것이 좋겠다. D와 E는 자리를 바꿀 수 있어 유동적이니 D와 C가 철야근무할 수 있는 경우를 먼저 찾아보자.

- Case 1. D: 화요일, C: 목요일
- Case 2. D: 수요일, C: 금요일
- Case 3. D: 목요일, C: 토요일
- Case 4. D: 금요일, C: 일요일

각 경우에 E의 자리도 고민해보자.

	월	화	수	목	금	토	일
Case 1	A	D		C	E		
Case 2	A		D		C	E	
Case 3	A			D		C	E
Case 4	A	E			D		C

이어서 아직 활용하지 않은 B와 G가 철야 근무를 하는 요일을 넣어보자. Case 2의 경우는 연속된 자리가 없다. 즉 조건을 만족하지 않는다. B, G가 철야 근무를 하는 요일을 채우면 아직 언급하지 않은 F가 철야 근무를 하는 요일도 알 수 있다.

	월	화	수	목	금	토	일
Case 1	A	D	F	C	E	B	G
Case 3	A	B	G	D	F	C	E
Case 4	A	E	B	G	D	F	C

084. ②

선택지에서 '~할 수 있다.'의 표현으로 가능성을 묻는다. 전체의 경우를 따진 후 접근해야겠다. 편의상 왼쪽부터 1번째로 발표하는 사람이라 가정하고 도식을 그리자.
4번째에 D를 고정하고 어느 정도 자리를 고정시킬 수 있는 A와 F를 고정한 후 고민해보자.

	1	2	3	4	5	6
Case 1		A/F		D	F/A	
Case 2			A/F	D		F/A

B와 C의 발표 순서는 인접하지 않고 E는 끝자리에 앉지 않는다. Case 1에서 E는 3번째 자리에 앉고 나머지 1, 6번째 자리에 B 또는 C가 앉는다. Case 2에서 E는 2번째 또는 5번째 자리에 앉는다. 그런데 E가 5번째 자리에 앉게 되면 B, C가 1, 2번째 자리에 앉는데 B와 C의 발표순서가 인접하지 않다는 조건을 만족하지 않는다. 따라서 Case 2에서는 E가 2번째 자리에 앉는다.

	1	2	3	4	5	6
Case 1	B/C	A/F	E	D	F/A	C/B
Case 2	B/C	E	A/F	D	C/B	F/A

위 도식에서는 Case를 2가지로 나눴지만 엄밀하게는 A/F의 자리와 B/C의 자리에 의해 Case 1은 4가지, Case 2도 4가지 경우로 나뉜다.

085. ①

인원은 5명이고 네 량이다. 아무도 타지 않는 량이 없으니 네 량 중 한 량은 2명이 탄다. B가 탄 량보다 앞 쪽의 량에 2명이 탄다. B의 앞에 1명씩 타는 경우와 2명이 한 량에 타는 경우로 나눌 수 있다. B의 앞에 1명씩 타는 경우 B가 탄 량이 2명이 타는지, B의 뒤에 량에 2명이 타는지에 따라 경우를 나눌 수 있다. 큰 틀을 정리하고 2명이 타는 량에 E까지 배치하면 다음과 같다.

Case 1

1량	2량	3량	4량
		B	
		E	

Case 2

1량	2량	3량	4량
		B	E

Case 3

1량	2량	3량	4량
E	B		

B보다 뒤쪽 량에 D를 배치하자. Case 3의 경우 D가 3량에 타는 경우와 4량에 타는 경우로 나눌 수 있다. D를 배치 후 남은 자리에 A, C를 배치하자. 이 때 A가 C보다 앞쪽의 량에 탄다는 점도 고려하자.

Case 1

1량	2량	3량	4량
A	C	B	D
		E	

Case 2

1량	2량	3량	4량
A	C	B	E
			D

Case 3.1

1량	2량	3량	4량
E	B	D	C
A			

Case 3.2

1량	2량	3량	4량
E	B	C	D
A			

086. ②

각 인물이 고를 수 있는 한자어를 좁혀뒀다. 또한 선택지를 보면 특정 한자어를 고를 수 있는 인원수를 묻는다. 전체 경우를 따져 푸는 것이 편하겠다. 가지치기를 해보자. 지아가 취할 수 있는 성, 진으로 경우를 나누고 재인이가 고를 수 있는 비, 성, 진으로 추가 경우를 나누자.

지아	재인
성	비
	진
진	비
	성

<보기>를 보면 태희와 가연이에 대한 언급이 있다. 두 조건 모두 서술부(후건)를 보면 앞서 정리한 재인, 지아를 언급한다. 두 조건을 대우하여 접근하는 것이 편하겠다.

- 재인이가 진(進)을 고르지 않았다면 가연이는 비(飛)를 고르지 않았다.
- 지아가 진(進)을 고르지 않았다면 태희는 청(靑)을 고르지 않았다.

대우한 조건을 토대로 가연이가 골랐을 수 있는 한자어로 경우를 더 나누면 다음과 같다.

지아	재인	가연
성	비	청
		진
	진	비
		청
진	비	성
		청
	성	청

같은 맥락으로 태희가 골랐을 수 있는 한자어로 경우를 더 나눠보자.

지아	재인	가연	태희
성	비	청	진
		진	청
	진	비	청
		청	비
진	비	성	청
		청	성
	성	청	비

지아가 성, 태희가 청을 고르는 경우는 <보기>의 조건을 만족하지 않는다. 해당 경우를 제외하며 문제의 상황과 보기의 <조건>을 만족하는 5가지 경우로 정리를 마치자.

지아	재인	가연	태희
성	비	청	진
	진	청	비
진	비	성	청
		청	성
	성	청	비

087. ⑤

인물 4, 장소 4, 일차 4다. 어떤 변수를 축으로 삼든 답을 찾는데 문제는 없지만 경험적으로 볼 때 인물을 값으로 삼고 나머지를 축으로 두면 조건을 인식하기 가장 편하다.

제약사항을 확인하자. 4명 모두 4일간 1곳씩 출장을 가고 같은 일차에 같은 장소로 출장을 가는 사람은 없다. 즉 가로로, 세로로 값이 중복되지 않는다고 볼 수 있다.

축을 만들고 고정할 수 있는 값을 채워보자. 이후 C가 을로 출장을 간 다음 날 D가 병으로 출장을 간다. C는 1일차에 갑으로 출장을 갔으니 C는 1일차에 을로 출장을 가지 않는다. C가 4일차에 을로 출장을 가면 D가 출장 갈 공간이 없다. 또한 C가 2일차에 을로 출장을 가면 D가 3일차에 병으로 출장을 가는데 이미 3일차에 B가 병으로 출장을 간다. 따라서 C는 3일차에 을로, D는 4일차에 병으로 출장을 간다.

	1일차	2일차	3일차	4일차
갑	C			
을			C	
병			B	D
정				

병으로 표기한 행을 보자. 1일차, 2일차에 A, C가 출장을 간다. C는 이미 1일차에 갑으로 출장을 가기 때문에 C는 2일차에 병으로 출장을 간다. 자연스럽게 A는 1일차에 병으로 출장을 간다. C가 3번 언급됐다. 가로, 세로로 값이 중복되지 않는다는 제약을 고민하면 C는 4일차에 정으로 출장을 간다고 알 수 있다.

	1일차	2일차	3일차	4일차
갑	C			
을			C	
병	A	C	B	D
정				C

088. ①

정민이와 세령이는 같은 팀이고 진영이와 세령이는 다른 팀이다. 임의로 팀을 나누면 다음과 같다.

- A: 정민, 세령
- B: 진영

항상 거짓을 묻는 문제다. 아직 사용하지 않은 정보를 기억하며 각 선택지별 참인 경우가 있는지 확인하며 반례를 확인하자.

사용하지 않은 정보는 '홈런을 친 사람이 1명', '동연이가 속한 팀은 홈런을 치지 못함', '송현이와 아율이는 홈런을 치지 못함'이다.

① 동연이와 정민이가 같은 팀이라면 진영이는 홈런을 치지 못했다.
- A: 정민, 세령, 동연
- B: 진영, 송현, 아율
- 동연이가 속한 A팀은 모두 홈런을 치지 못했다. 송현이와 아율이도 홈런을 치지 못했다. 따라서 진영이가 홈런을 친다.

② 세령이와 아율이가 다른 팀이라면 정민이는 홈런을 치지 못했다.
- A: 정민, 세령, 동연/송현
- B: 진영, 아율, 송현/동연
- 동연이가 A팀이라면 정민이는 홈런을 치지 못했다. 진영이가 홈런을 친다.

③ 송현이와 동연이가 다른 팀이라면 진영이는 홈런을 치지 못했다.
- A: 정민, 세령, 송현/동연
- B: 진영, 아율, 동연/송현
- 동연이가 B팀이라면 진영이는 홈런을 치지 못했다. 정민이 또는 세령이가 홈런을 친다.

④ 진영이와 아율이가 다른 팀이라면 송현이는 홈런을 치지 못했다.
- A: 정민, 세령, 아율
- B: 진영, 송현, 동연
- 동연이와 송현이가 같은 팀이다. 동연이와 같은 팀이기에 송현이는 홈런을 지지 못했다.

⑤ 아율이가 송현이와 같은 팀이라면 세령이는 홈런을 치지 못했다.
- A: 정민, 세령, 동연
- B: 진영, 아율, 송현
- 동연이와 세령이가 같은 팀이다. 동연이와 같은 팀이기에 세령이는 홈런을 지지 못했다.

089. ④

5명이 오른 코스가 A, B, C라고 한다. 각 코스에 오른 최소 인원이 1명씩이라고 이해할 수 있다. A코스를 오른 인원의 수는 B코스를 오른 인원의 수보다 많다. 이에 따라 C코스를 오른 인원이 3명 미만이라고 알 수 있다. C코스를 오른 인원이 3명이면 A코스, B코스를 오른 각 인원의 수가 1명으로 동일하다. 부등호로 두지 말고 가능한 경우를 찾아보자.

- A : B = 2 : 1
- A : B = 3 : 1

위 경우는 C코스를 오른 인원이 2명인 경우, 1명인 경우로 이해해도 무방하다. 숭겸이가 C 코스를 오르고 승인이와 진원이가 다른 코스를 올랐다는 정보를 기억하며 선택지의 반례(거짓이 성립하는 경우)를 찾아보자.

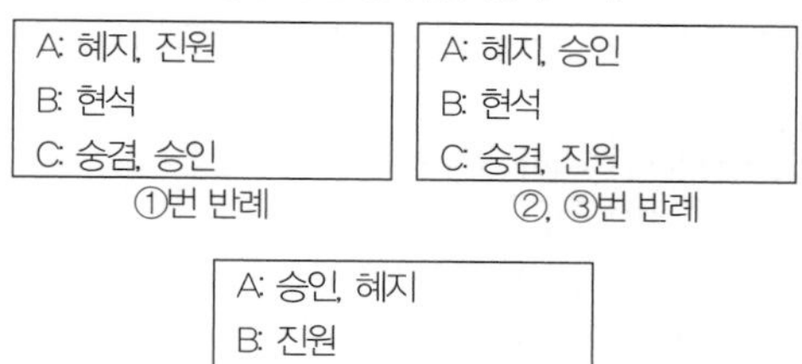
A: 혜지, 진원
B: 현석
C: 숭겸, 승인

①번 반례

A: 혜지, 승인
B: 현석
C: 숭겸, 진원

②, ③번 반례

A: 승인, 혜지
B: 진원
C: 숭겸, 현석

⑤번 반례

④ 혜지와 숭겸이가 같은 코스를 올랐다면 현석이는 A코스를 올랐다.
- A: 승인/진원, 현석
- B: 진원/승인
- C: 숭겸, 혜지
- 승인이와 진원이는 다른 코스를 오른다. C는 이미 2명으로 들어갈 자리가 없기 때문에 둘 중 1명이 A코스, 다른 1명이 B코스를 오른다. A>B의 조건에 의해 현석이는 A코스를 오른다.

090. ②

5명 중 입사년차가 가장 적은 사람이 2년차다. 입사가 빠른순서로 줄을 서니 A는 4번째로 줄을 선다. B는 A보다 2년 전에 입사했다. 이들의 년차가 1~2년씩 차이가 난다는 점을 고민해보면 B가 3번째로 줄을 서는 경우와 2번째로 줄을 서는 경우로 나눌 수 있다. B의 경우를 나누고 B보다 늦게 입사한 D의 위치를 고민해보자.

	1	2	3	4	5
Case 1			B	A	D
Case 2		B	D	A	
Case 3		B		A	D

E는 맨 끝에 줄을 서지 않는다. Case 2는 조건을 만족하지 않는다. Case 1, 3에 E를 고정하면 다음과 같다.

	1	2	3	4	5
Case 1	C	E	B	A	D
Case 3	C	B	E	A	D

091. ②

10가지의 숫자로 4자리의 비밀번호를 각기 만드는 경우는 10×9×8×7이지만 선택지는 5가지로 좁혀놨다. 〈보기〉의 조건을 토대로 선택지를 소거하자.

- 비밀번호를 이루는 숫자가 클수록 자릿수도 크다.
  → 소거대상 없음
- 비밀번호에 2, 4, 6, 8 중 숫자 2개를 사용한다.
  → 소거대상 없음
- 천의자리와 백의자리의 숫자 중 짝수는 하나다.
  → ①, ⑤번 소거
- 각 자리 숫자의 합은 13이다.
  → 소거대상 없음
- 천의 자리의 숫자는 백의 자리의 숫자와 십의 자리 숫자의 합보다 작다.
  → ③, ④, ⑤번 소거

092. ②

A는 C가 청축인 키보드를 구입했다고 하고 E는 A가 청축인 키보드를 샀다고 한다. 키보드의 종류마다 1명씩 구매하기 때문에 A와 E 중 1명이 거짓을 말한다. A와 C가 아닌 다른 인물이 청축인 키보드를 사는 경우도 있지만 이 경우는 A, E 2명이 거짓을 말하기 때문에 1명만 거짓을 말한다는 조건을 만족하지 않는다. 따라서 A와 E 중 1명이 거짓을 말한다고 확정할 수 있다.

A, E 중 1명이 거짓을 말하기 때문에 B, C, D는 참을 말해야 한다. B의 진술에 의해 E가 적축인 키보드를 구입했다. C의 진술을 보면 D가 갈축 또는 적축인 키보드를 구입한다고 하는데 이미 적축은 E가 구입했다고 알고 있으니 D는 갈축인 키보드를 구입했다. D의 진술을 보면 B는 흑축 또는 청축인 키보드를 구입했다고 한다. A와 E 중 1명이 참이다. 즉 확정할 수는 없지만 C 또는 A 중 1명이 청축인 키보드를 구입했다. 따라서 B는 흑축인 키보드를 구입했다.

E – 적축
D - 갈축
B - 흑축

정보를 취합해봤지만 아직 A, E 중 누가 참이고 누가 거짓인지 확정하지 못했다. 즉 A와 C 중 누가 청축인 키보드를 구입하는지는 알 수 없다.

093. ③

[치트키]

A의 최소 승점은 5점, B의 승점은 50m에서 2등을 했기에 1점이다. 세 경주에서 얻을 수 있는 총점의 합이 9이기 때문에 C는 최대 3점까지 얻을 수 있다.

[일반풀이]

가능한 경우를 모두 도출하여 판단하는 방법과 거짓을 찾는 문제이기 때문에 각 선택지의 정보와 보기의 정보를 만족하는 반례를 찾아 소거하는 방법으로 풀어보자.
B는 50m 경주에서 2등으로 1점을 획득했고 A는 B보다 빠르기 때문에 50m 경주에서 1등으로 2점을 획득했다.

	50m	100m	200m
A	2점	2점	2점
B	1점	1점	0점
C	0점	0점	1점

①, ②번의 반례

	50m	100m	200m
A	2점	2점	1점
B	1점	0점	0점
C	0점	1점	2점

④번, ⑤의 반례

[오답체크]

오답까지는 아니지만 문제를 풀 때 몇 미터 경주에서 누가 몇 점을 얻었는지까지 고민하며 풀이시간을 늘릴 필요는 없다. 선택지에서 오직 승점만 언급하고 있다. 어느 경주에서 몇 점을 얻었는지가 중요하지 않다.

094. ④

인물, 순서, 메달로 변수가 여럿이 나와 복잡하다. 제약 및 고정 조건에 맞춰 잘 정리하며 풀어보자.
메달을 획득한 올림픽이 같은 사람끼리 인접하게 줄을 서지 않고, 같은 종류의 메달을 받은 사람끼리 인접하게 줄을 서지 않는다. 맨 마지막에 줄을 선 인원이 파리올림픽, 은메달이라는 정보를 통해 순서에 따른 메달을 획득한 올림픽을 알 수 있다.

순서	1	2	3	4	5	6
올림픽	LA	파리	LA	파리	LA	파리
메달						은
인물						

금메달리스트 = 은메달리스트 + 동메달리스트다. 그러면서 윤희는 유일한 동메달리스트다. 이에 따라 금메달리스트 3명, 은메달리스트 2명, 동메달리스트 1명이라고 알 수

있다. 금메달리스트는 같은 메달을 받은 인원끼리 인접하게 줄을 서지 않는다는 조건에 의해 1, 3, 5번째로 줄을 서거나 2, 4, 6번째로 줄을 선다. 6번째로 줄을 서는 인원이 은메달리스트이기 때문에 금메달리스트는 1, 3, 5번째로 줄을 선다.

순서	1	2	3	4	5	6
올림픽	LA	파리	LA	파리	LA	파리
메달	금		금		금	은
인물						

남은 2, 4번째로 줄 서는 사람 중 누가 동메달리스트(윤희)인지는 확정할 수 없지만 선택지에서 ①, ②번이 참이 아닌 건 알 수 있다. 빛나, 재아가 금메달리스트라는 정보와 함께 남은 선택지의 반례를 찾아보자. 항상 참을 묻는 문제니 거짓인 경우를 찾아보자.

③ 해성이가 윤희와 이웃하게 줄을 섰다면 창현이는 금메달리스트다.
- 해성이와 윤희가 이웃하게 줄을 서면 해성이는 금메달리스트다. 3명의 금메달리스트가 빛나, 재아, 해성이이고 창현이는 은메달리스트다.

④ 예나가 금메달리스트라면 창현이는 파리올림픽에서 메달을 획득했다.
- 예나, 빛나, 재아가 금메달리스트다. 따라서 창현이는 은메달리스트고 파리올림픽에서 메달을 획득했다.

⑤ 창현이가 파리올림픽에서 메달을 획득했다면 해성이는 금메달리스트다.
- 창현이가 파리올림픽에서 메달을 땄으니 은메달을 획득했다. 아직 메달을 모르는 예나와 해성이 중 누가 금메달을 땄는지 확정할 수 없다.

095. ④

고정시킬 수 있는 정보를 먼저 채워보자. D를 301호에 배정하자. E는 빈 방과 가장 가까운 대각선 위치에 산다. 즉 3층에 살기 때문에 E는 302호에 살고 401호가 공실이다. C와 G는 같은 열에 산다. 이들이 1호로 끝나는 열에 살거나 2호로 끝나는 열에 살 텐데 1호로 끝나는 열에 살면 B, F가 같은 열이면서 같은 층에 살지 않는다는 조건을 만족하지 않는다. 미정인 칸을 두어 도식화하자.

	402호
D	E
201호	202호
101호	102호
	C, G

B와 F는 같은 열, 같은 층에 살지 않는다. 열을 기준으로 고민해보면 B와 F 중 1명은 1호로 끝나는 열에 산다. 아직 언급하지 않은 A도 1호로 끝나는 열에 산다.

	402호
D	E
201호	202호
101호	102호
A	C, G

아직 고민하지 못한 B와 F가 같은 층에 살지 않는다는 정보와 G가 F보다 높은 층에 산다는 기억하며 선택지를 확인해보자. 항상 참을 고르는 문제이기 때문에 조건을 만족하지 않는 반례를 찾으려 노력해보자.

④ C가 2층에 산다면 A는 1층에 산다.
- C를 2층에 고정하고 생각해보자. C와 같은 열에 거주하는 B(혹은 F)는 102호 또는 402호에 산다. 이를 기준으로 B/F가 사는 경우를 나눠보자.

Case 1. 102호/201호
F가 102호에 살든 201호에 살든 F 보다 높은 층에 사는 G는 402호에 살고 A는 101호에 산다.

Case 2. 402호/201호
F보다 높은 층에 G가 사니 F는 402호에 살지 않는다. F를 201호에 배치하고 B를 402호에 배치하자. 그런데 F보다 높은 층에 사는 G가 살 곳이 없다. 조건을 만족하지 않는다.

Case 3. 402호/101호
Case 2와 같은 맥락으로 F를 101호에 배치하고 B를 402호에 배치하자. G를 202호에 배치해야 할 것 같은데 이미 C가 202호에 산다. 조건을 만족하지 않는다.

[오답체크]
각 선택지의 반례를 찾아보면 다음과 같다.

	G
D	E
A	F
B	C

①의 반례

	G
D	E
A	B
F	C

②의 반례

	G
D	E
F	C
A	B

③의 반례

	B
D	E
A	G
F	C

⑤의 반례

정답 및 해설

096. ①

고정할 수 있는 정보를 고정한 후 반고정 조건을 고민하자. E와 G는 양식을 먹고 H는 중식 또는 양식을 먹는다. H가 먹는 메뉴에 따라 경우를 나눠보자.

Case 1.1	Case 1.2
한식: A, B, C/F	한식: A, B, C/F
중식: H, D/I, F/C	중식: H, D, I
양식: E, G, I/D	양식: E, G, F/C

Case 2
한식: A, B, C/F
중식: D, I, F/C
양식: E, G, H

A와 B는 같은 메뉴를 먹는다. 둘 다 한식을 먹거나 중식을 먹을 수 있다. 그런데 Case 1에서 A, B가 중식을 먹게 되면 D, I 중 일부가 한식을 먹게 된다. 따라서 Case 1에서는 A, B가 한식을 먹는다. Case 2에서도 A, B가 중식을 먹으면 D, I 중 일부가 한식을 먹게 되기 때문에 A, B는 한식을 먹는다. 언급하지 않은 C, F까지 정리하면 다음과 같다. 빗금(/)은 두 인물이 먹는 메뉴를 바꿀 수 있다는 것을 나타낸다.

Case 1	Case 2
한식: A, B, C/F	한식: A, B, C/F
중식: H, D/I, F/C	중식: D, I, F/C
양식: E, G, I/D	양식: E, G, H

097. ④

[치트키]

선택지에 제시한 사번 중 문제의 조건을 만족하지 않는 사번을 찾아보자.

- 앞의 두 자리가 20으로 시작한다.
  → ①, ②, ③, ④, ⑤번 모두 만족한다.
- 사번에 사용한 숫자의 합은 9다.
  → ①, ②, ③, ④, ⑤번 모두 만족한다.
- 사번에 사용한 전체 숫자는 4가지다.
  → ①, ②, ③, ⑤번은 만족한다. ④번의 경우 3가지 숫자만 사용됐다.
- 3번째 자리의 숫자는 6번째 자리의 숫자와 같다.
  → ①, ②, ③, ④, ⑤번 모두 만족한다.

[일반풀이]

조건이 다소 복잡하게 느껴진다. 조금씩 가능한 경우를 줄여보자. 앞의 두 자리가 20으로 고정됐다. 나머지 4자리를 만들 수 있는 경우는 총 10000(=104)가지다.

3번째 자리의 숫자와 6번째 자리의 숫자가 같다. 가능한 경우는 총 1000(=103)가지다.

사번에 사용한 숫자의 합은 9다. 그러면 3~6번째 자리의 숫자 합은 7이다. 이를 기준으로 3, 6번째 자리의 합이 0인 경우, 2인 경우, 4인 경우, 6인 경우로 나누어 찾아보면 가짓수는 20가지다.

0070	0520	1231	2122
0160	0610	1321	2212
0250	0700	1411	2302
0340	1051	1501	3013
0430	1141	2032	3103

사번에 사용한 전체 숫자는 4가지다. 4가지 중 2가지는 2와 0이다. 2, 0 이외에 2가지 숫자만 더 추가할 수 있다.

~~0070~~	~~0520~~	1231	~~2122~~
0160	0610	1321	~~2212~~
~~0250~~	~~0700~~	1411	~~2302~~
0340	1051	1501	3013
0430	1141	~~2032~~	3103

0160	0610	1231	1501
0340	1051	1321	3013
0430	1141	1411	3103

098. ⑤

〈보기〉를 보면 인물이 배치될 수 있는 팀을 간추릴 수 있는 조건을 제시했다. 그러면서 선택지를 보면 특정인물이 배치될 수 있는 팀의 수를 묻는다. 가지치기를 통해 전체 경우를 따지며 풀어보자.

D는 설계팀이다. A는 설비팀이 아니다. 즉 A는 공정, 설계, 개발팀에 배치될 수 있다. 이를 토대로 경우를 나눠보자.

D	A
설계	공정
	개발

C, B가 배치될 수 있는 팀을 나눠보자. 이 때 C가 공정팀에 배치되는 경우에 유의하자. 하위의 C가 공정팀이고 B가 배치될 수 있는 팀이 설비팀이 유일한 경우는 불가하다.

D	A	C	B
설계	공정	설비	개발
		개발	설비
	개발	~~공정~~	~~설비~~
		설비	공정

099. ①

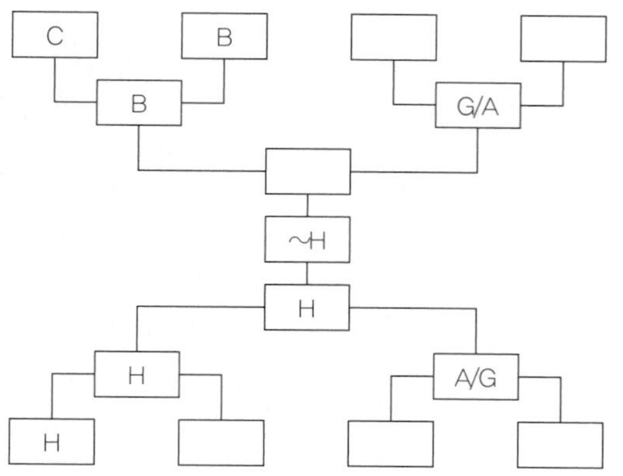

H의 전적은 2승 1패다. H는 8강전, 4강전, 결승전에 모두 참석하며 결승전에서 패한다고 알 수 있다. 임의의 자리에 H를 배치하자.

G와 A의 전적은 1승 1패다. 8강전에서는 승리하지만 4강전에서 패한다고 알 수 있다. 그러면서 G와 A는 경기에서 만나지 않는다. 둘 중 1명은 H와 4강전에서 만나야만 G와 A가 경기에서 만나지 않는다.

C는 B와의 경기에서 패배한다. 이들이 몇 강전에서 만났는지 고민해보자. 결승전에 오르는 2명 중 1명은 H다. 4강전에 오르는 4명 중 3명은 H, A, G다. 따라서 C와 B는 8강전에서 만나고 B가 4강전에 진출한다.

4강에 진출한 4명 중 A, G, H의 전적에서 1패가 있기에 우승할 수 없다. B가 우승자다.

100. ③

제약사항을 먼저 확인해보자. 인물당 만드는 요리의 가짓수는 2가지 또는 3가지이고 콩나물을 만드는 인원은 1명이다. 인당 만들 수 있는 요리가 2가지 이상이기 때문에 한 축에 사람, 한 축에 요리를 놓고 O, X로 표를 채우면 보다 직관적으로 파악할 수 있어 보인다.

B와 D만 취나물무침을 만든다. A와 C는 취나물무침을 만들지 않는다. C가 만드는 요리를 A가 모두 만든다. 따라서 C는 콩나물무침을 만들지 않는다. C를 기준으로 취나물무침, 콩나물무침을 만들지 않는다고 알았다. C는 2~3가지 요리를 만들기 때문에 C가 참나물무침과 톳나물무침을 만든다고 알 수 있다.

	참나물	취나물	콩나물(1)	톳나물
A(2~3)	O	X		O
B(2~3)		O		
C(2~3)	O	X	X	O
D(2~3)		O		

101. ③

리그전에서 치르는 경기를 정리한 후 승자와 패자를 알 수 있는 경기를 확인해보자. 인물을 기준으로 3번의 경기를 치르는데 시원이는 나현이에게 졌고 2승 1패다. 따라서 시원이는 재이, 다솜이에게 이겼다고 알 수 있다.

경기	승자	패자
나현 vs 시원	나현	시원
나현 vs 재이		
나현 vs 다솜		
시원 vs 재이	시원	재이
시원 vs 다솜	시원	다솜
재이 vs 다솜	재이	다솜

다솜이가 이미 2패를 했기 때문에 2승 1패일 수 없다.

102. ③

칸(호실)은 4개고 값은 5개이며 빈 칸은 없다. 틀이 유동적으로 나오겠다. 실수가 잦은 유형이니 만큼 가능한 틀을 뽑고 대입하며 고민해보자.

	101호	102호	103호	104호
Case 1	ㅣ			
Case 2		ㅣ		
Case 3			ㅣ	
Case 4				ㅣ

B는 102호 또는 103호에 거주한다. A는 혼자 거주하고 C와 E는 2명이 거주하는 호실에 살지 않는다. 즉 A, C, E는 혼자 거주한다. 남은 인원인 B와 D가 같은 호실에 산다. B, D를 채워보자.

	101호	102호	103호	104호
Case 2		B | D		
Case 3			B | D	

A와 E는 인접한 호실에 거주한다. A와 E의 자리가 바뀔 수 있으니 엄밀하게는 Case 2.1, 2.2와 같이 나눠야 하지만 풀이의 편이를 위해 '/'로 구분했다.

	101호	102호	103호	104호
Case 2	C	B | D	A/E	E/A
Case 3	A/E	E/A	B | D	C

103. ②

4명이 2개 프로그램을 듣는다. 중복을 포함하여 프로그램을 수강하는 인원수는 8명이다. 하도급법 준수를 듣는 인원이 2명, 성희롱예방을 듣는 인원이 4명이다. 내부고객 존중을 듣는 인원은 2명이다. 인당 2개의 프로그램을 듣기 때문에 한 축에 사람, 다른 한 축에 프로그램을 기입하고

O, X로 정리하면 직관적으로 볼 수 있겠다. 고정조건인 B가 듣는 프로그램과 함께 이를 정리하면 다음과 같다.

	성희롱(4)	하도급법(2)	내부고객(2)
A	O		
B	O	X	O
C	O		
D	O		

C와 D가 듣는 프로그램 중 1개 프로그램이 겹친다. 즉 성희롱 예방으로 겹친다. 같은 맥락으로 A와 D도 성희롱 예방이 겹친다. D가 성희롱예방 외 듣는 1개 프로그램이 하도급법 준수라면 A, C는 내부고객 존중을 들어야 하는데 내부고객 존중을 2명이 듣는다는 조건을 벗어난다. 따라서 D는 성희롱예방과 내부고객 존중을 듣는다.

	성희롱(4)	하도급법(2)	내부고객(2)
A	O	O	X
B	O	X	O
C	O	O	X
D	O	X	O

104. ④

가지치기 방식으로 각 인물이 택할 수 있는 장소를 정리해보자. A에 바다를 고정하자. 바다는 1명이 가기 때문에 남은 인물은 계곡, 강, 산 중에 한 곳으로 바캉스를 떠난다. 바다를 제외하면 B가 갈 수 있는 곳은 2곳이고 E가 갈 수 있는 곳은 2곳이다. B와 E를 중심으로 나눠보자.

A	B	E
바다	계곡	강
		산
	산	강
		산

이후 C와 D의 바캉스 장소를 배치하자. 그런데 C와 D는 같은 장소로 바캉스를 가지 않는다. 따라서 C, D 둘 다 산을 가는 경우는 불가하다. 편의상 C, D가 가는 장소가 2가지로 나뉘는 것을 '/'로 표현했다.

A	B	E	C	D
바다	계곡	강	~~산~~	~~산~~
		산	강/산	산/강
	산	강	산/계곡	계곡/산
		산	강/계곡	계곡/강

[오답체크]

C와 D의 바캉스 장소가 다르다고 하여 둘 다 산을 가지 않는다고 볼 수 없다. 둘 중 1명이 산을 갈 수도 있다.

105. ③

같은 메뉴를 먹는 인원끼리 인접하게 앉지 않는다. 양식을 먹는 사람은 B가 유일하다. 한식을 먹는 인원이 중식을 먹는 인원보다 많다. 6명이 앉는 테이블을 고려할 때 한식을 먹는 인원은 3명, 중식이 2명, 양식이 1명이다.
양식을 먹는 B는 D와 마주 보고 앉는다. 한식을 먹는 3명이 삼각형 또는 역삼각형을 그리며 앉기 때문에 B가 양식을 먹는다는 정보를 통해 D가 한식을 먹는다고 알 수 있다. 중식을 먹는 E는 D와 인접한 자리에 앉는다.

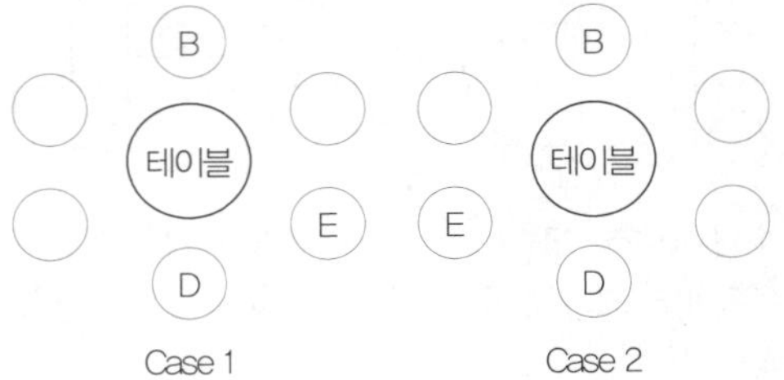

Case 1이든 2이든 B와 인접하게 앉을 수 있는 인원은 A, C, F로 3명이다.

106. ②

[치트키]

선택지에 정보가 많다. 〈보기〉의 조건을 토대로 선택지를 소거하자.

- C는 E보다 평가점수가 높다.
  → ③, ④번 소거
- B는 D보다 평가점수가 높지 않다.
  → ④, ⑤번 소거
- E보다 평가점수가 낮은 사람은 최소 1명이다.
  → ⑤번 소거
- A의 평가점수 보다 낮고 C의 평가점수 보다 높은 사람은 1명이다.
  → ①, ④번 소거

[일반풀이]

A의 평가점수 보다 낮고 C의 평가점수 보다 높은 사람은 1명이다. 이를 통해 C는 3, 4, 5번째로 점수가 높을 수 있다.

가장 높음 (1번째)	높음 (2번째)	중간 (3번째)	낮음 (4번째)	가장 낮음 (5번째)
A	D	C	E	B

107. ③

F가 주차한 공간과 같은 라인에 빈 공간이 없다고 한다. 총 8개의 주차공간이 있고 이미 1라인 4열은 빈 공간이다. 따라서 F가 주차할 수 있는 곳은 2라인이다. 그러면서 F가 주차한 라인에 빈 공간이 없다는 정보를 다시 생각하며 2라인의 모든 열에 자동차를 주차한다고 알 수 있다.

D와 E는 같은 열에 주차한다. 둘 중 1명은 2라인에 주차한다. A와 B는 같은 라인에 주차한다. A와 B가 1라인에 주차하면 언급하지 않은 C가 2라인에 주차한다고 하더라도 한 공간이 비게 된다. 따라서 A, B도 2라인에 주차한다. 이를 정리하면 다음과 같다.

1라인: C, D(또는 E)

2라인: F, A, B, E(또는 D)

108. ⑤

〈보기〉의 2~4번째 조건 중 G 바로 앞에 B가 앉는다는 내용을 토대로 도출할 수 있는 경우가 가장 적다. G, B를 임의로 배정하는 경우는 다음과 같다.

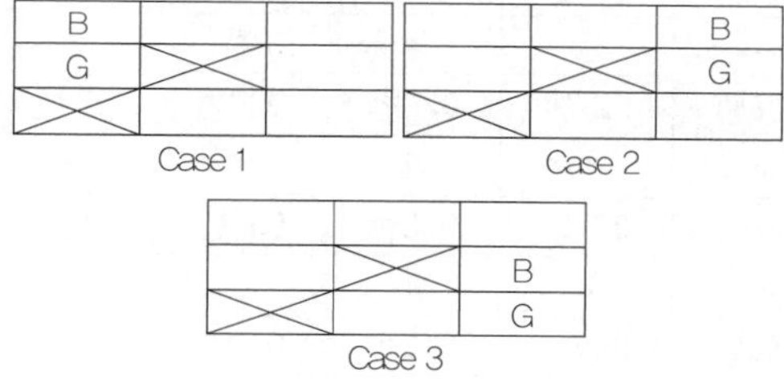

이후 3, 4번째 조건에 따른 경우를 찾아보자.

B	D/E	E/D
G	✕	A/F
✕		F/A

Case 1.1

B		A/F
G	✕	F/A
✕	D/E	E/D

Case 1.2

A/F		B
F/A	✕	G
✕	D/E	E/D

Case 2

A/F	D/E	E/D
F/A	✕	B
✕		G

Case 3

A와 F는 서로 자리를 바꿀 수 있고 D와 E도 서로 자리를 바꿀 수 있다. 남은 한 자리는 언급하지 않은 C의 자리다.

CHAPTER 02 조건추리 Lv.2 108번뇌 정답 및 해설

● 복습방법

1. 틀린 문제를 해설지를 보지 않고 다시 풀어보기
   - 처음부터 해설지를 보면 연습 불가
   - 주어진 조건을 통해 추가 정보를 얻는 연습

2. 자주 틀리는 유형 점검하여 접근방법 체득하기
   - (1) 도식화, (2) 선택지 소거, (3) 선택지 대입, (4) 가지치기 등
   - 머리를 최대한 덜 쓰도록 도식화 하는 방법찾기

3. 전체 문제 다시 풀어보기

001번	002번	003번	004번	005번	006번	007번	008번	009번	010번
⑤	⑤	④	④	①	②	③	②	③	②
011번	012번	013번	014번	015번	016번	017번	018번	019번	020번
③	④	③	②	④	④	①	④	④	⑤
021번	022번	023번	024번	025번	026번	027번	028번	029번	030번
⑤	⑤	③	②	④	④	②	③	①	⑤
031번	032번	033번	034번	035번	036번	037번	038번	039번	040번
③	③	①	④	①	⑤	④	④	③	⑤
041번	042번	043번	044번	045번	046번	047번	048번	049번	050번
①	③	①	⑤	①	④	③	④	⑤	②
051번	052번	053번	054번	055번	056번	057번	058번	059번	060번
②	⑤	①	①	③	⑤	④	④	③	①
061번	062번	063번	064번	065번	066번	067번	068번	069번	070번
③	④	④	④	②	③	⑤	⑤	③	①
071번	072번	073번	074번	075번	076번	077번	078번	079번	080번
②	④	⑤	⑤	⑤	①	⑤	③	①	④
081번	082번	083번	084번	085번	086번	087번	088번	089번	090번
③	⑤	②	③	④	①	②	⑤	⑤	②
091번	092번	093번	094번	095번	096번	097번	098번	099번	100번
①	②	③	②	③	④	④	①	⑤	④
101번	102번	103번	104번	105번	106번	107번	108번		
②	①	①	③	②	②	②	①		

*참고

물결(~): 부정 즉 not을 말한다. 예를 들어 와인을 팔지 않는다를 '~와인'으로 표현했다.

빗금(/): 자리가 바뀔 수 있음을 의미한다. 예를 들어 A와 B가 자리를 바꿀 수 있다면 'A/B', 'B/A'로 표현했다.

001. ⑤

경우의 수를 묻기도 하고 문제의 상황 및 〈보기〉의 조건이 비교적 간단하다. 가지치기로 접근하자. C는 생물학 또는 물리학이고 A는 경영학이 아니니 물리학, 화학, 생물학 중 하나이다. 이를 기준으로 정리하면 다음과 같다.

C	A
생물학	물리학
	화학
물리학	화학
	생물학

A가 화학을 전공한다면 D는 물리학을 전공한다. 이에 따라 C가 생물학, A가 물리학인 경우는 성립하지만 C가 물리학, A가 화학인 경우는 서로 전공이 같은 인원이 없다는 문제의 조건을 만족하지 않는다. 이후 남은 전공을 D와 B에 배정하면 다음과 같다.

C	A	D	B
생물학	물리학	화학	경영학
		경영학	화학
	화학	물리학	경영학
물리학	생물학	화학	경영학
		경영학	화학

002. ⑤

〈보기〉의 내용을 정리하여 인물별로 생일일 수 있는 달을 확인하자.

- 성현: 1월 또는 3월
- 희서: 1월 또는 4월
- 태형: 1월 또는 2월 또는 3월

추가로 정보를 얻을 수 있는 〈보기〉의 조건이 없다. 따라서 가짓수가 적은 성현 또는 희서를 시작으로 정리하는 편이 편하겠다.

성현	희서
1월	4월
3월	1월
	4월

이후 태형이를 추가한 후 남는 달을 효주에 배치하자.

성현	희서	태형	효주
1월	4월	2월	3월
		3월	2월
3월	1월	2월	4월
	4월	1월	2월
		2월	1월

003. ④

문제가 비교적 간단하고 선택지에 정보가 많으니 소거하며 풀어보자. B의 점포 바로 위에 E가 있다. E는 죽었다 깨어나도 1층인 3호에 입점하지 않는다. ⑤번을 소거하자. B/E는 F의 점포로 인해 2/5호 또는 3/6호에 입점할 수 있다. 이들이 어디에 입점하든 1층은 이미 B, F로 2명이다. 따라서 A, C는 1층에 입점할 수 없다. ①, ②, ③번을 소거하자.

004. ④

특정 자리에 고정할 수 있는 정보가 제일 좋다. F를 6번 자리에 고정하자. 이후 마주 보는 B와 D를 배치하자. B와 D는 1, 4번 또는 2, 5번에 앉는다.

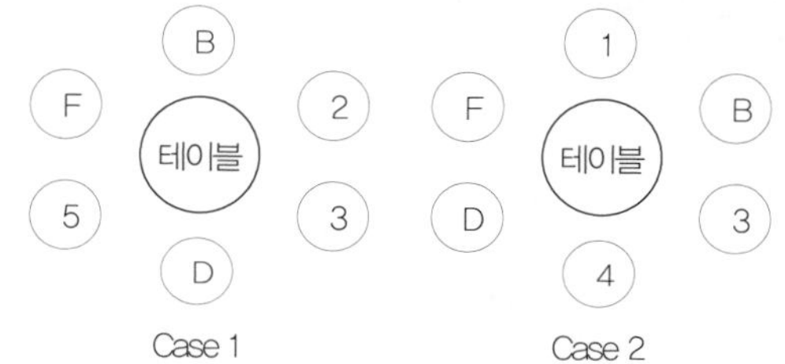

B와 D는 정확히 어느 자리에 앉는지는 확정할 수 없다. A와 C는 인접하게 앉지 않는다. 따라서 Case 1의 경우 2, 5번 또는 3, 5번에 앉는 경우로 나눌 수 있고 Case 2의 경우 1, 3번과 1, 4번에 앉는 경우로 나눌 수 있다.
Case 1을 토대로 E가 앉을 수 있는 자리는 2번과 3번 자리고 Case 2를 토대로는 3번과 4번 자리다. 따라서 E가 앉을 수 있는 자리는 2, 3, 4번이다.

005. ①

가능한 경우를 묻는다. 〈보기〉의 조건을 토대로 정리했을 때 남는 경우가 1가지 이상일 수 있다. 선택지에 정보가 많기 때문에 〈보기〉의 조건을 하나씩 대입해보며 소거해보자.
첫 번째 보기에 의해 ③번을 소거할 수 있다. 두 번째 보기에 의해 ④번을 소거할 수 있다. 세 번째 보기에 의해 ②, ⑤번을 소거할 수 있다.

006. ②

금요일에 꼬냑, 월요일에 위스키 또는 맥주를 배정하자. 꼬냑을 판촉한 다음 날인 토요일에 와인과 소주가 들어갈 수 없다는 정보도 기입하자. 또한 막걸리는 화 또는 수요일에 판촉을 하기에 막걸리를 기준으로 경우를 나눠보자.

편의를 위해 앞 글자만 기입하겠다.

월	화	수	목	금	토	일
위/맥	막			꼬	~와~ 소	
위/맥		막		꼬	~와 ~소	

소주를 판촉한 다음 날 보드카를 판촉하는데 막걸리를 수요일에 판촉하는 경우 소주와 보드카를 넣을 곳이 없다. 따라서 막걸리는 화요일에 판촉하고 소주는 수요일에 판촉한다. 소주를 수요일에 판촉하기 때문에 보드카는 목요일에 판촉한다. 아직 기입하지 못한 주류는 와인이다. 와인은 토요일에 판촉하지 않으니 일요일에 판촉한다. 토요일은 위스키 또는 맥주를 판촉한다.

월	화	수	목	금	토	일
위/맥	막	소	보	꼬	맥/위	와

항상 참이 아닌 것을 고르는 문제고 위스키와 맥주는 확정할 수 없는 정보다. 선택지 중 위스키와 와인을 언급한 ②, ④번을 우선적으로 확인하자.

007. ③

3층의 빌라에 5명이 거주하는 경우는 [1/2/2명]이 살 때와 [1/1/3명]이 살 때로 나눌 수 있다. 이를 기준으로 만들 수 있는 도식의 틀을 그려보자.

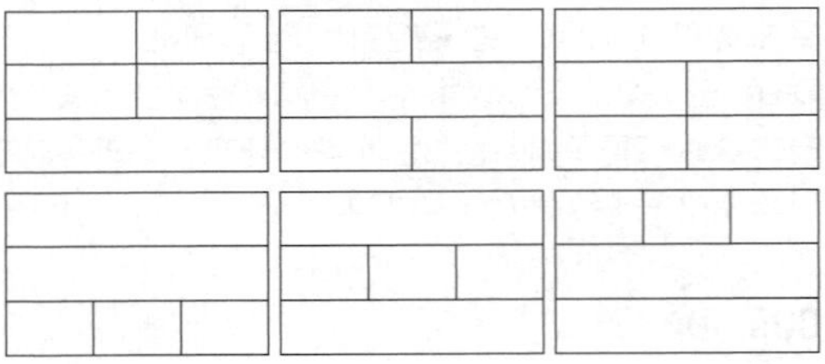

그런데 [1/2/2명]이 사는 경우에 이슈가 생겼다. E와 같은 층에 거주하는 사람이 없다고 한다. B와 D가 같은 층을 쓰기 때문에 나머지 2명인 A와 C가 같은 층을 써야 성립하는데 두 번째 조건에 의해 A와 C가 다른 층을 사용하기 때문이다. 즉 [1/1/3명]이 살 때만 가능하다.

B와 D를 먼저 3명이 거주하는 층에 배치하자.

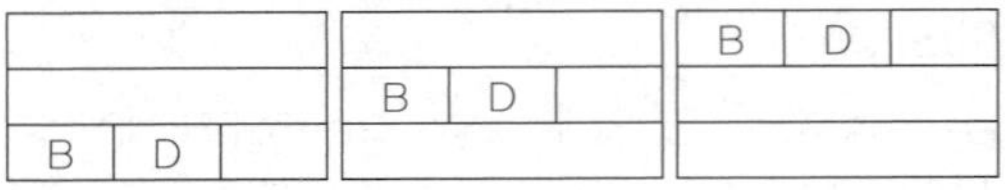

B	D	

B	D	

B	D	

A, C를 배치하며 E가 B/D가 사는 층에 거주하지 않도록 고민해보자.

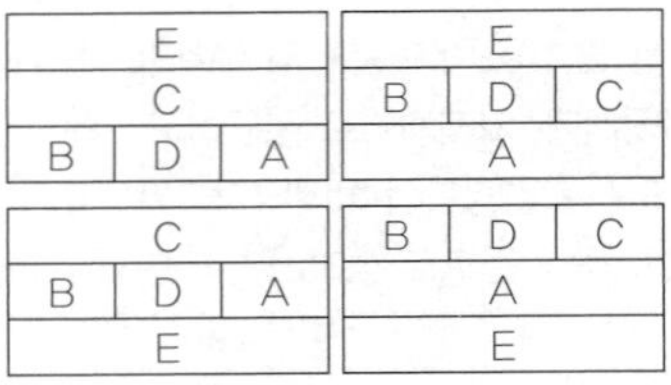

E		
C		
B	D	A

E		
B	D	C
A		

C		
B	D	A
E		

B	D	C
A		
E		

008. ②

넣을 수 있는 정보를 먼저 넣어보자. 도선이가 거주하는 층보다 위에 층에 2명이 거주하니 도선이는 5층에 거주한다.

층	1층	2층	3층	4층	5층	6층	7층
인물					도선		
계급	~원		하사		상사		

찬희와 채안이 사이에 1명이 거주한다. 이 둘은 2/4층 또는 4/6층에 거주가 가능하다. 그런데 찬희의 계급은 하사, 채안이의 계급은 원사다. 이미 3층은 하사의 자리이기 때문에 채안이는 2, 4층에 거주할 수 없다. 따라서 찬희가 6층, 채안이가 4층에 거주한다. 그러면서 또 다른 하사인 민철이를 3층에 배치하자. 또는 찬희가 하사이기 때문에 찬희가 3층, 채안이가 1층에 거주할 수도 있다. 그런데 원사는 1층에 거주하지 않기 때문에 찬희가 3층인 경우는 불가하다.

층	1층	2층	3층	4층	5층	6층	7층
인물			민철	채안	도선	찬희	
계급			하사	원사	상사	하사	

남은 인물을 고민해보면 명진, 태화, 상아다. 명진이와 태화는 중사이기 때문에 1, 2층에 함께 거주할 수 없다. 누군가는 7층에 거주해야 한다. 즉 7층에 거주하는 인물은 중사다. 그러면서 상아(상사)는 태화(중사)보다 높은 층에 거주하기 때문에 태화가 1층, 상아가 2층, 명진이가 7층에 거주한다.

층	1층	2층	3층	4층	5층	6층	7층
인물	태화	상아	민철	채안	도선	찬희	명진
계급	중사	상사	하사	원사	상사	하사	중사

009. ③

고정할 수 있는 정보를 먼저 고정하자. 표를 그릴 때 순위는 순차적으로 확정되니 순위를 기준으로 삼자.

순위	팀	유니폼
1등		핑크
2등		
3등		
4등	D	~블루

A팀의 유니폼 색상은 옐로우다. 1등의 유니폼 색상은 핑크이기 때문에 A는 2등 또는 3등일 수 있다. B팀은 C팀보다 순위가 높다. C팀은 A팀의 등수에 따라 3등 또는 2등이겠지만 B팀은 항상 1등이고 B팀의 유니폼 색상은 핑크다. 남은 유니폼 색상은 화이트와 블루다. D팀의 유니폼은 블루가 아니기 때문에 화이트다. 자연스럽게 C팀의 유니폼 색상은 블루다.

순위	팀	유니폼
1등	B	핑크
2등	A	옐로우
3등	C	블루
4등	D	화이트

Case 1

순위	팀	유니폼
1등	B	핑크
2등	C	블루
3등	A	옐로우
4등	D	화이트

Case 2

010. ②

직관적으로 정보를 확인하기 위해 각 축에 사람과 동물을 넣고 표 안에 O, X로 채워보자. 윤모만 앵무새를 키우고 고양이를 키우는 사람이 1명이라는 정보를 정리하면 다음과 같다.

	지인	윤모	시아
강아지	O		O
고양이(1)	X		
앵무새	X	O	X

지인이가 키우는 동물은 시아도 키운다. 즉 지인⊂시아로 볼 수 있다. 그런데 고양이를 키우는 사람은 1명이기 때문에 지인이는 고양이를 키우지 않는다. 단 시아가 고양이를 키우는지 여부는 확정할 수 없다. 인당 키우는 동물의 최솟값은 1이다. 따라서 지인이는 강아지를 키운다. 지인이가 강아지를 키우기 때문에 시아도 강아지를 키운다. 선택지를 확인해보자.

① 시아가 고양이를 키운다면 윤모는 강아지를 키운다.
 – 시아가 고양이를 키운다고 하여 윤모가 강아지를 키우는지 아닌지 확정할 수 없다.

② 윤모가 강아지를 키운다면 시아는 고양이를 키운다.
 – 윤모가 강아지를 키운다고 가정하자. 3종류의 동물을 모두 키우는 사람은 없기에 윤모는 고양이를 키우지 않는다. 따라서 시아가 고양이를 키운다.

③ 지인이가 강아지를 키운다면 윤모는 고양이를 키운다.
 – 위의 표에 이미 지인이가 강아지를 키운다고 정리했다. 현재의 정보로는 윤모가 고양이를 키우는지 알 수 없다.

④ 윤모가 고양이를 키운다면 강아지를 키우는 사람은 3명이다.
 – 윤모가 고양이를 키운다면 3종류의 동물을 모두 키우는 사람이 없다는 조건에 의해 윤모는 강아지를 키울 수 없다.

⑤ 시아가 강아지를 키운다면 윤모는 고양이를 키운다.
 – ③번에서 설명한 바와 같이 이미 정리한 표의 내용이다. 추가로 얻을 수 있는 정보가 없기에 윤모가 고양이를 키우는지 확정할 수 없다.

011. ③

윤서를 미화원에 고정하자. 새봄이와 지오의 직업이 같으니 새봄이와 지오의 직업은 미화원이 아니다. 새봄이와 지오가 회사원인 경우와 경비원인 경우로 나눠보자.

	회사원		경비원		미화원	
Case 1	새봄	지오			윤서	
Case 2			새봄	지오	윤서	

시훈이와 가현이의 직업은 다르다. 그러면서 가현이와 우준이의 직업도 다르다. 이를 만족하기 위해서는 가현이가 미화원이어야 한다. 시훈이와 우준이의 직업이 같다고 알 수 있지만 회사원인지 경비원인지 확정할 수 없다.

012. ④

3명은 2개 강의를 2명은 1개 강의를 듣는다. 3명이 2개 강의를 들으니 나정주, 108번뇌 강의를 듣는 각 인원수의 최솟값은 3이다. 1개 강의를 듣는 사람이 2명이다. 나정주 강의를 듣는 인원수가 108번뇌 강의를 듣는 인원수보다 많기에 1개 강의를 듣는 사람은 모두 나정주 강의를 듣는다. 이를 통해 A, B, C, D, E 모두 나정주 강의를 듣는다고 알 수 있다. A는 1개 강의만 듣는다. 즉 나정주 강의를 듣는다. D와 E는 108번뇌 강의를 듣는다. 즉 D와 E는 두 강의를 모두 듣는다. 108번뇌 강의를 듣는 인원 중 남자는 2명이기에 남자 중 언급하지 않은 C는 1개 강의만 듣는다. 즉 나정주 강의만 듣는다. 남은 인원인 B는 2개 강의를 모두 듣는다. 이를 정리하면 다음과 같다.

	나정주	108번뇌
남	C, D, E	D, E
여	A, B	B

013. ③

채울 수 있는 정보를 채워보자.

	건수	진석	현정	빈우
스무디		~망고		복숭아
재배	키위		딸기	

빈우는 복숭아 스무디를 먹었기에 복숭아를 재배하지 않는다. 빈우는 망고를 재배한다. 자연스럽게 진석이가 복숭아를 재배한다고 알 수 있다.

	건수	진석	현정	빈우
스무디		~망고		복숭아
재배	키위	복숭아	딸기	망고

선택지를 확인해보자. 이미 ②, ④번은 확실하게 참이라고 말할 수 없다.

① 진석이가 키위 스무디를 먹었다면 건수는 망고 스무디를 먹는다.
- 진석이가 키위 스무디를 먹었다고 가정하면 건수가 망고 스무디를 먹는 경우와 딸기 스무디를 먹는 경우로 나뉜다. 항상 참이 아니다.

③ 건수가 망고 스무디를 먹었다면 현정이는 키위 스무디를 먹는다.
- 현정이 먹었을 수 있는 스무디는 망고 스무디와 키위 스무디다. 건수가 망고 스무디를 먹었으니 현정이는 키위 스무디를 먹었다.

⑤ 진석이가 딸기 스무디를 먹었다면 현정이는 망고 스무디를 먹는다.
- 진석이가 딸기 스무디를 먹었다고 하여 현정이가 망고 스무디와 키위 스무디 중 무엇을 먹었는지 확정할 수 없다.

014. ②

각 인물이 좋아하는 부위가 둘, 부위별 좋아하는 인원도 둘이다. 제약조건을 고민하며 표를 구성해보자. 현욱이와 해준이, 가민이에 대한 정보를 채워보자.

	목살 (2)	항정살 (2)	앞다리 (2)	삼겹살 (2)
가민(2)				O
해준(2)		X		O
현욱(2)	O			X
태건(2)				X

가민이와 태건이가 좋아하는 부위는 겹치지 않는다고 하는데 현재로는 표를 더 채울 재간이 없다. 〈보기〉의 마지막 조건을 보자. 태건이가 항정살을 좋아하지 않으면 해준이는 항정살을 좋아한다고 하는데 해준이는 이미 항정살을 좋아하지 않는다고 알고 있다. 따라서 태건이가 항정살을 좋아하지 않는 것이 아니다. 간단하게 이 과정을 대우로 생각해도 된다. 해준이가 항정살을 좋아하지 않으면 태건이가 항정살을 좋아한다고 접근해도 괜찮다. 태건이는 항정살을 좋아하니 가민이는 항정살을 좋아하지 않는다. 항정살과 관련하여 언급하지 않은 현욱이는 항정살을 좋아한다.

	목살 (2)	항정살 (2)	앞다리 (2)	삼겹살 (2)
가민(2)		X		O
해준(2)		X		O
현욱(2)	O	O	X	X
태건(2)		O		X

가민, 해준, 태건이가 좋아하는 부위를 하나씩 더 정하면 되겠다. 가민이와 태건이는 좋아하는 부위가 겹치지 않는다. 가민이와 태건이는 동시에 앞다리살을 좋아하지 않는다. 자연스럽게 해준이가 앞다리살을 좋아한다고 알 수 있다.

	목살 (2)	항정살 (2)	앞다리 (2)	삼겹살 (2)
가민(2)		X		O
해준(2)	X	X	O	O
현욱(2)	O	O	X	X
태건(2)		O		X

015. ④

인원은 4명이고 각 인원은 2개 주제를 연구한다. 가로축을 주제, 세로축을 사람이라 할 때 O가 8개가 나와야 한다. 체를 연구하는 사람은 1명이다. 즉 주제를 기준으로 체는 1, 지와 덕의 합은 7이다. 지를 연구하는 사람이 덕을 연구하는 사람보다 많다고 하니 지는 4명 모두 연구하고 덕은 3명이 연구한다.

	지(4)	덕(3)	체(1)
누리	O		
선율	O		
규림	O		
유은	O		

누리가 연구하는 주제 중 한 가지 주제를 규림이도 연구한다. 위의 정리를 통해 겹치는 주제가 지라고 알 수 있다. 누리와 규림이의 주제 중 지를 제외한 주제는 겹치지 않는다. 따라서 누리와 규림이는 각각 덕과 체를 연구한다. 하지만 누가 어떤 주제를 연구하는지 확정할 수 없다. 덕을 연구하는 인원이 3명이다. 따라서 선율이와 유은이는 덕을 연구한다.

	지(4)	덕(3)	체(1)
누리	O		
선율	O	O	X
규림	O		
유은	O	O	X

016. ④

6명이 일렬로 줄을 서는데 같은 성끼리는 인접하게 줄을 서지 않는다. 따라서 여자와 남자는 각각 3명이라 알 수 있다. 6명의 성별을 고민해보자.
D 바로 뒤에 A가 줄을 선다. 즉 D와 A는 성이 다르다. B와 F는 남자다. 이미 남자 3명은 B, F, D 또는 B, F, A라고 알 수 있다. 따라서 언급하지 않은 C, E는 여자다.
여자인 C가 세 번째로 줄을 서기 때문에 [여 – 남 – 여 – 남 – 여 – 남] 순서로 줄을 선다고 알 수 있다. 또한 여자인 E가 C보다 앞에 줄을 서기 때문에 E는 첫 번째로 줄을 선다. 이를 정리하면 다음과 같다.

성	여	남	여	남	여	남
인물	E		C		D/A	

017. ①

재형이의 솔리드는 초록 또는 노랑이다. 은비 또는 재형이의 솔리드가 파랑이다. 즉 은비의 솔리드가 파랑이다. 진혁이 솔리드는 초록이 아니다. 노랑, 빨강이 가능하다. 파랑은 이미 은비의 솔리드 색상이다. 경우를 묻는 선택지가 있으니 은비, 진혁, 재형 순으로 가지치기를 해보자.

은비	진혁	재형
파랑	노랑	초록
	빨강	초록

이어서 라온이와 민건이의 솔리드의 색상을 배치해보자. 은비는 따로 표기하지 않았다.

은비	진혁	재형	라온	민건	경우
파랑	~~노랑~~	~~초록~~	~~빨강~~	~~빨강~~	Case 1
	빨강	초록	빨강	노랑	Case 2
			노랑	빨강	Case 3
		노랑	빨강	초록	Case 4
			초록	빨강	Case 5

라온이와 민건이의 솔리드 색상은 다르다. 따라서 Case 1은 〈보기〉의 조건을 만족시키지 않는다.

018. ④

C와 H를 고정한 후 고민해보자. 남자인 B는 1조가 아니기에 2조 또는 4조이다. G와 D는 같은 조다. 따라서 B, H가 있는 2조, 3조는 될 수 없다. G와 D는 1조 또는 4조이다. 이를 정리해보자.

– Case 1. B가 2조, G/D가 1조
– Case 2. B가 2조, G/D가 4조
– Case 3. B가 4조, G/D가 1조

3가지 틀과 〈보기〉의 3번째 조건(A와 F는 같은 조가 아니다.)을 함께 고민하여 정리해보자.

	남자	여자
1조	D	G
2조	B	H
3조	C	F
4조	A	E

	남자	여자
1조	A	E
2조	B	H
3조	C	F
4조	D	G

	남자	여자
1조	D	G
2조	A	H
3조	C	F/E
4조	B	E/F

019. ④

문제에서 I와 같은 테이블에 앉는 사람을 요구하고 〈보기〉에서는 I가 2번 언급됐다. I에 대한 정보가 가장 많으니 I부터 고민해보자. I는 G와 마주 보는 자리에 앉고 I와 인접한 양옆 자리에 아무도 앉지 않는다. H와 F는 마주 보는 자리에 앉는다. 따라서 I와 다른 테이블에 앉는다. 이를 표현하면 다음과 같다. (아무도 앉지 않는 자리를 X로 표현했다.)

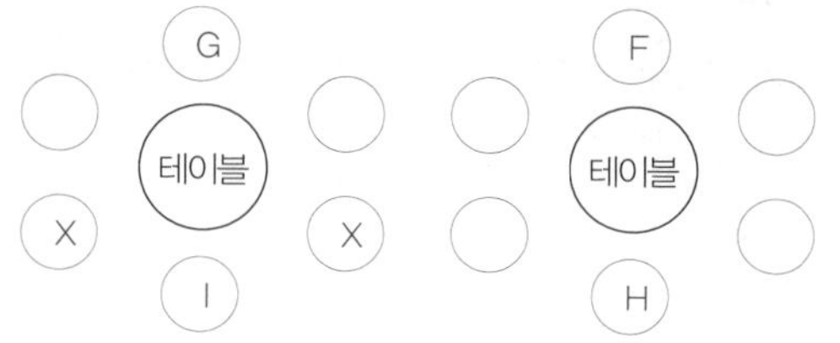

J, B는 같은 테이블이고 인접하게 앉는다. I가 앉는 테이블의 빈자리는 붙어있지 않다. 따라서 H와 같은 테이블에 앉는다. 더불어 E가 앉는 테이블의 인원이 6명이라고 하니 E도 H와 같은 테이블에 앉는다. H가 앉는 테이블의 자리가 하나 남는데 이 자리는 A 또는 C의 자리다. 자연스럽게 아직 언급되지 않은 D는 항상 I와 같은 테이블에 앉는다.

020. ⑤

한 층에 여자 1명, 남자 1명이 거주한다. 성별을 고민하며 문제를 풀어보자. 먼저 A를 3층에 고정하자. B와 E가 들어갈 수 있는 층은 1, 2, 4층이다. C가 거주하는 층보다 한층 위에 H가 거주한다. 이에 따라 C는 1층 또는 2층에 거주할 수 있다. C, H를 중심으로 경우를 나누자.

	여자	남자
4층		
3층	A	H
2층	C	
1층		

Case 1

	여자	남자
4층		
3층	A	
2층		H
1층	C	

Case 2

D는 1층에 거주하지 않는다는 정보를 고민해보면 Case 1에서는 D가 4층, Case 2에서는 D가 2층에 거주한다. B와 E는 Case 1에서는 1층, Case 2에서는 4층에 거주한다.

	여자	남자
4층	D	
3층	A	H
2층	C	
1층	B	E

Case 1

	여자	남자
4층	B	E
3층	A	
2층	D	H
1층	C	

Case 2

아직 언급하지 않은 F, G는 빈칸에 들어가지만 누가 어느 층에 들어가는지는 확정할 수 없다.

021. ⑤

직급이 3, 직급별 인원은 2명씩이다. 제약사항인 서로 다른 직급인 2명이 1개 조를 이룬다는 정보를 확인 후 고정할 수 있는 정보부터 고정해보자.

월	화	수	목	금	토
자원 (책)	~진우	자원 (책)	재민 (선)	~진우	
~수석					

월요일은 이미 책임인 자원이를 배치했고 수석은 당직근무를 서지 않는다. 따라서 월요일의 남은 1자리는 선임의 자리다. 그러면서 자원이는 수요일에도 당직근무를 서기 때문에 월요일에 당직근무를 서는 선임이 수요일도 선다고 알 수 있다. 그런데 선임 중 1명인 재민이는 목요일에 당직근무를 선다. 이에 따라 남은 선임인 두랑이가 자원이와 당직근무를 월요일, 수요일에 선다고 알 수 있다.
진우는 화요일, 금요일에 근무를 서지 않는다. 월요일, 수요일은 이미 자리가 없으니 진우는 목, 토요일에 근무를 선다. 따라서 진우와 재민이가 같은 조로서 목요일, 토요일에 당직근무를 선다고 알 수 있다. 남은 인원인 혜민이와 본우는 화요일, 금요일에 근무를 선다.

월	화	수	목	금	토
자원	혜민	자원	재민	혜민	재민
두랑	본우	두랑	진우	본우	진우

022. ⑤

정보가 많지만 찬찬히 정리해보자. A, B, C, D는 각각 학년이 다르고 전공도 다르다는 점을 확인 후 정보를 정리해보자. 전공 4가지가 모두 〈보기〉에 언급됐기 때문에 전공을 먼저 정리해보자. 컴공〈토목이고, 기계〈법학이며 각각 1학년차이다. 또한 법학을 전공한 사람이 D보다는 학년이 낮다고 하니 기계〈법학〈컴공〈토목 순서라고 알 수 있으며 D는 3학년 또는 4학년이다.

학년	전공
4학년	토목
3학년	컴공
2학년	법학
1학년	기계

C는 1학년이 아니고 A보다 낮은 학년이다. 따라서 C는 2학년 또는 3학년이다. 그러면서 C와 D의 학년차이는 2년 이상이다. D가 3학년 또는 4학년이란 점을 고려하면 C는 2학년, D는 4학년이다. A는 C보다 학년이 높으니 3학년이고 남은 B는 1학년이다.

학년	전공	인물
4학년	토목	D
3학년	컴공	A
2학년	법학	C
1학년	기계	B

023. ③

변수를 고민해보자. 호실, 메뉴명, 팀 3가지다. 하나의 변수를 중심으로 고정 후 고민해보자. 순차를 보이는 호실을 기준으로 하면 혼동이 덜하지 않을까 생각된다.

1호실	2호실	3호실	4호실
죽 코스			

미정	
국 코스	란 코스
영업팀	생산팀

재무팀은 영업팀보다 큰 번호의 방에서 회식한다. 생산팀은 영업팀보다 작은 숫자의 방에서 회식한다. 즉 '생산 〈 영업 〈 재무'로 정리할 수 있다. 생산팀은 란 코스를 선택하기 때문에 1호실에 들어갈 수 없다. 따라서 남은 물류팀

이 1호실이다. 물류팀이 죽 코스를 선택하기 때문에 재무팀은 코스 중 남은 매 코스를 선택한다.

1호실	2호실	3호실	4호실
죽 코스	란 코스	국 코스	매 코스
물류팀	생산팀	영업팀	재무팀

024. ②

원형의 테이블을 제시한 문제에서 마주 본다는 조건은 자리 배치를 어느 정도 고정할 수 있어 먼저 고려하는 것이 좋다. C와 F를 임의의 자리에 마주 보도록 배치하자. E는 C와 인접한 자리에 앉지 않는다. 이에 따라 Case 1, 2로 나누어 고민해보자.

A와 B는 남은 자리에 앉지만 누가 어느 자리에 앉는지는 확정할 수 없다.

[025~026]

정리할 수 있는 부분을 정리 후 문제를 풀어보자. 1그룹에는 2명까지 채용이 될 수 있고, 2그룹은 1명만 채용된다. 따라서 가능한 경우는 1그룹이 1명이 채용된 경우와 2명이 채용된 경우로 나눌 수 있다.

1) 1그룹: 1명, 2그룹: 1명, 3그룹: 3명

2) 1그룹: 2명, 2그룹: 1명, 3그룹: 2명

나머지는 문제에 맞춰 풀이해보자.

025. ④

1그룹에서 1명, 3그룹에서 3명인 경우와 1그룹에서 2명, 3그룹에서 2명인 경우로 나눌 수 있다. 1그룹에서 3명이 온 ③번을 소거하고 시작하자.

I가 채용되면 A는 채용될 수 없다는 정보를 통해 ⑤번을 소거하자.

〈보기〉의 마지막 조건을 대우하면 'H가 채용되면 C와 D가 채용된다.'이다. 이에 따라 선택지에 H가 있는 경우 C도 있어야 한다고 알 수 있다. ①, ②번을 소거하자.

026. ④

F가 채용된다는 말은 2그룹인 D, E가 채용되지 않았다는 말이다. D는 채용되지 못하기 때문에 〈보기〉의 마지막 조건을 활용하면 H는 채용되지 않는다고 알 수 있다. ①, ②, ⑤번을 소거하자.

H가 채용되지 않았다. 즉 1그룹에서 2명, 3그룹에서 2명이 채용된 경우다. 따라서 3그룹의 G, I는 채용된다고 알 수 있다. 〈보기〉의 4번째 조건을 확인하면 I가 채용되기 때문에 A가 채용되지 않는다고 알 수 있다. ③번을 소거하며 답을 확정하자.

027. ②

채울 수 있는 정보를 먼저 채워보자.

1등	2등	3등	4등	5등	6등	7등
					D	
		정			을	~을

갑 팀인 A, B의 순위가 인접하다. 즉 A/B는 1/2등 또는 4/5등이다. 그런데 E는 B보다 달리기 기록이 빠르니 A/B는 4/5등이다. 다만 A와 B 중 누가 몇 등인지는 확정할 수 없다.

1등	2등	3등	4등	5등	6등	7등
			A/B	B/A	D	
		정	갑	갑	을	~을

7등은 을 팀이 아니다. 을 팀인 C, D 중 D는 자리를 고정했다. C는 1등 또는 2등이다. E는 B보다 달리기 기록이 빠르다. E는 병 팀이니 1등 또는 2등이다. 자연스럽게 7등은 정 팀의 자리다.

1등	2등	3등	4등	5등	6등	7등
C/E	E/C		A/B	B/A	D	
을/병		정	갑	갑	을	정

028. ③

'라'의 메뉴를 고정한 후 '마'와 '가'의 조건을 정리해보자.

라	마	가
일식	중식	한식
	한식	한식
		중식

'가'가 한식을 먹는다면 '다'는 중식을 먹는다. 따라서 이미 '마'가 중식을 먹는 경우는 조건을 만족하지 않는다. '마'가 한식을 먹는 경우에 맞춰 '다'와 '나'의 메뉴를 배정하면 다음과 같다.

라	마	가	다	나
일식	한식	한식	중식	양식
		중식	한식	양식
			양식	한식

029. ①

학년을 먼저 정리해보자. 다민이만 3학년이고 2학년 학생은 1학년 학생의 수보다 많다. 따라서 1학년 1명, 2학년 3명, 3학년 1명으로 알 수 있다.

팀을 고민해보자. 청팀은 3명이고 학년이 모두 다르다. 따라서 다민이는 청팀인 것을 알 수 있다. 그러면서 백팀은 2명이고 2학년이라는 정보도 얻을 수 있다.

도운이와 환희는 같은 학년이다. 학년이 같으려면 2학년일 수밖에 없다. 하지만 이들의 팀을 확정할 수 없다.

정보를 정리해보면 다음과 같다. 정리한 내용을 토대로 선택지를 확인해보자.

	청팀(3명)	백팀(2명)	팀을 모름
1학년(1명)	(1명)	X	
2학년(3명)	(1명)	(2명)	도운 환희
3학년(1명)	다민(1명)	X	

① 소율이가 백팀이라면 세현이는 1학년이다.
  – 소율이가 백팀이면 2학년이다. 다민, 도운, 환희는 1학년이 아니기에 세현이가 1학년이다.

② 다민이는 백팀이다.
  – 다민이는 청팀이다.

③ 도운이와 환희는 같은 팀이다.
  – 도운이와 환희가 각자 무슨 팀인지 확정할 수 없다.

④ 세현이가 1학년이라면 소율이는 청팀이다.
  – 세현이가 1학년이기에 소율이는 2학년이다. 하지만 팀을 확정할 수 없다.

⑤ 환희는 청팀이다.
  – 환희가 2학년인 것은 알지만 팀을 확정할 수 없다.

030. ⑤

고정할 수 있는 정보부터 고정하자. 2학년은 국어국문학이고 3학년은 C이다. A는 D보다 한 학년이 높으니 A는 2학년, D는 1학년이다. 또한 D와 B의 전공이 같다. 이는 A, C의 전공이 같다고 알 수 있는 힌트다. 따라서 A, C는 국어국문학이다. 이를 정리하면 다음과 같다.

학년	인물	전공
4	B	국제통상학
3	C	국어국문학
2	A	국어국문학
1	D	국제통상학

031. ③

첫 번째 조건은 제약사항이다. 여자인 A, B, C, D를 각각 다른 조에 배치해야 한다. 마찬가지로 남자인 E, F, G, H도 각각 다른 조에 배치해야 한다. 편의상 여자를 위에, 남자를 아래에 기입하자.

C를 3조에, F를 4조에 먼저 배치하자. H는 맨 앞에 줄을 서지 않았기에 2, 3, 4조 중 하나이지만 이미 남자인 F가 4조이기에 H는 2조 또는 3조이다.

1조	2조	3조	4조
		C	
	H		F

1조	2조	3조	4조
		C	
		H	F

이어서 G가 속한 조 바로 뒤의 조에 D를 배치해보자. 남자인 F, G, H의 자리를 고정하며 자연스럽게 남은 남자인 E의 자리도 배치하자.

1조	2조	3조	4조
	D	C	
G	H	E	F

1조	2조	3조	4조
		C	D
E	H	G	F

1조	2조	3조	4조
	D	C	
G	E	H	F

B가 속한 조는 E가 속한 조보다 앞쪽에 줄을 섰다. 따라서 E가 1조인 경우는 불가하다. 나머지 경우에 B를 배치하며 A의 자리도 배치해보자.

1조	2조	3조	4조
B	D	C	A
G	H	E	F

1조	2조	3조	4조
B	D	C	A
G	E	H	F

032. ③

원형의 테이블 문제이기에 마주 보고 앉는다는 조건을 확인하여 자리를 러프하게라도 고정시켜보자. D, H가 마주 보고 앉고 C, E가 마주 보고 앉는다. H는 B와의 자리도 알려주고 있으니 임의의 자리에 D와 H를 앉히고 B의 자리도 확정하자.

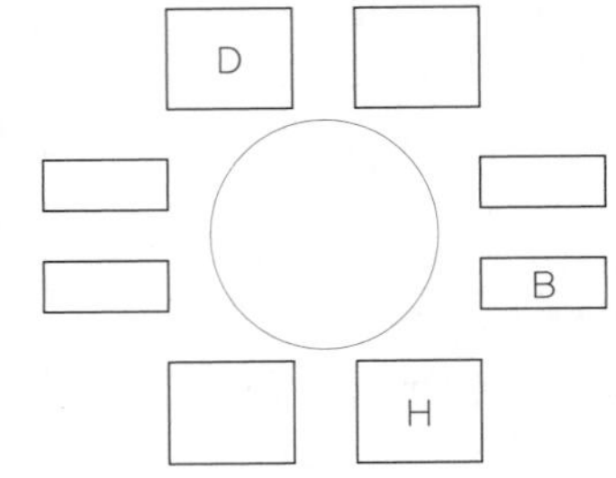

이어서 마주 보고 앉는 C와 E의 자리를 고민해보자. 아무 곳이나 고정시키기에는 G와 인접한 자리에 F가 앉는다는 조건이 걸린다. C/E의 자리를 D와 인접한 왼쪽 자리와 H와 인접한 왼쪽 자리에 두어 G/F가 앉을 수 있는 자리를 확보하자. 단 C/E의 자리를 완전히 고정할 수는 없다.

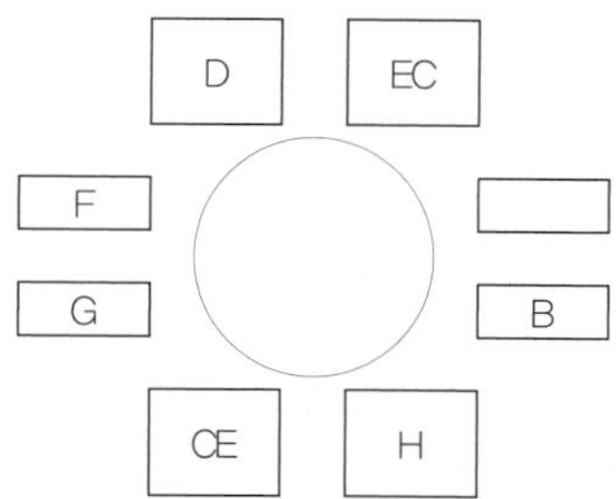

A는 위 그림의 빈자리에 앉는다. 따라서 B, C, E 3명이 A와 인접한 양옆 자리에 앉을 수 있다.

033. ①

인물은 3명, 출장 기간은 4개월, 장소는 4곳이다. 표를 그릴 때 수가 많은 변수를 축으로 삼는 것이 편하다. 임의로 세로축에 월, 가로축에 장소를 배정하겠다. 여기서 중요한 점은 인물이 3명이기에 출장 예정지를 기준으로 아무도 방문하지 않는 달이 존재한다는 점이다.

제약사항을 확인해보자. 인물을 기준으로 한 달에 한 곳씩 방문한다. 장소를 기준으로 3명이 방문하기 때문에 세로 방향으로 인물이 중복되지 않는다. 가로로는 같은 달 같은 장소를 방문한 인원이 없기에 가로로도 인물이 중복되지 않는다.

〈보기〉 중 뒤에 3가지 조건을 토대로 특정 칸에 값을 넣어보자.(1)

이어서 평택을 중심으로 확인해보자. 평택은 7월에 아무도 출장을 가지 않기 때문에 8, 9 10월에 주영, 윤찬, 혜영이 각각 출장을 가야 한다. 이미 8월에 주영이와 혜영이는 다른 곳을 출장 갈 예정이기에 윤찬이가 8월에 평택으로 출장을 간다. 이를 토대로 탕정으로 8월에 출장을 가는 인원이 없다는 것을 알 수 있다.(2)

9월과 10월에 주영이와 혜영이가 평택으로 출장을 가야한다. 이미 주영이는 10월에 탕정으로 출장을 가니 주영이가 9월에 평택으로 출장을, 혜영이가 10월에 평택으로 출장을 간다.(3)

10월을 보면 정보가 3개나 모였다. 자연스럽게 10월에 기흥으로 윤찬이가 출장을 간다고 알 수 있다.(4)

화성을 확인해보자. 주영이가 7월 또는 9월에 화성으로 출장을 가야 한다. 주영이는 이미 9월에 평택으로 출장을 가기 때문에 7월에 화성으로 출장을 간다. 자연스럽게 윤찬이는 9월에 화성으로 출장을 간다.(5)

윤찬이의 출장지를 3곳이나 알게 됐다. 아직 배정되지 않은 탕정으로 7월에 윤찬이가 출장을 간다.(6)

나머지 칸을 채워보자.(7)

	기흥	탕정	평택	화성
7월	혜영(7)	윤찬(6)	X(1)	주영(5)
8월	주영(1)	X(2)	윤찬(2)	혜영(1)
9월	X(7)	혜영(7)	주영(3)	윤찬(5)
10월	윤찬(4)	주영(1)	혜영(3)	X

034. ④

시은이가 준수가 하는 말이 거짓이라고 한다. 시은이가 참이면 준수는 거짓을, 시은이가 거짓이면 준수는 참을 말한다. 둘 중 1명이 참이고 1명이 거짓인 모순관계다. 누가 거짓을 말하는지 확정할 수 없지만 인영, 해성, 제이의 말이 참이다.

해성이와 제이의 진술에 의해 인영이는 F, 시은이는 B+를 받았다. 인영이는 해성이가 B+ 또는 D+를 받았다고 하는데 이미 B+는 시은이의 점수이기 때문에 해성이는 D+를 받았다.

035. ①

카메라를 가져온 인원이 응원봉을 가져온 인원보다 많다. 카메라를 가져온 사람 기준으로 5명, 4명, 3명이 가능하다. 그런데 카메라를 가져온 인원끼리 인접하게 줄을 서지 않는다. 따라서 카메라를 가져온 사람은 3명이고 1, 3, 5번째에 줄을 선다.

민준이를 2번째에 고정하자. 준성이 바로 뒤에는 희원이가 줄을 선다. 둘 중 1명은 응원봉을 가져왔을 것이고 1명은 카메라를 가져왔을 것이다. 가능한 경우로 나눠보자.

	1(카)	2(응)	3(카)	4(응)	5(카)
Case 1		민준	희원	준성	
Case 2		민준		희원	준성

다은이는 아인이보다 앞에 줄을 선다. 어떤 경우든 다은이는 1번째로 줄을 선다. 그러면서 아인이는 3번째 또는 5번째로 줄을 선다. 다은이와 아인이는 항상 카메라를 가져온다.

036. ⑤

인당 구입할 수 있는 빵의 종류는 최대 4종류다. 이를 직관적으로 보도록 하기 위해 한 축에는 사람, 한 축에는 빵을 두고 구입 여부를 O, X로 표현해보자.
C는 소보로빵을 구입했고 슈크림빵을 구입한 사람은 A, D뿐이다. 제약사항으로 소보로빵을 구입한 사람은 2명이고 4종류의 빵을 구입한 사람은 1명이다. 따라서 슈크림빵을 구입하지 않은 B, C는 4종류의 빵을 구입할 수 없다. 그런데 B는 A가 산 빵을 구입하지 않았다고 한다. 만약 A가 4종류의 빵을 구입한다면 B는 빵을 구입하지 않는데 문제에서 빵을 사지 않은 인원이 없다는 조건을 만족하지 못한다. 따라서 4종류의 빵을 구입한 사람은 D다. 이를 표로 표현하면 다음과 같다.

	팥빵	슈크림	소보로(2)	피자빵
A		O	X	
B		X	X	
C		X	O	
D	O	O	O	O

① B는 2종류의 빵을 구입했다.
 – A가 슈크림빵만 구입했다면 가능하다.
② 팥빵을 살 수 있는 사람은 4명이다.
 – A가 산 빵을 B가 구입하지 않지만 경우를 따져보면 A가 사고 B가 사지 않는 경우도 있고 B가 사고 A가 사는 경우도 있다. 따라서 팥빵을 살 수 있는 사람은 4명이다.
③ A는 소보로빵을 구입하지 않는다.
 – 그렇다.
④ D는 피자빵을 구입한다.
 – 그렇다.
⑤ A는 3종류의 빵을 구입했다.
 – A가 3종류의 빵을 구입했다면 팥빵, 슈크림빵, 피자빵을 구입하게 된다. B가(=4명 모두) 최소 1종류 이상의 빵을 구입해야 한다는 조건을 고민한다면 A는 빵을 1종류 구입하는 경우와 2종류 구입하는 경우만 가능하다.

037. ④

A와 D는 같은 테이블이며 마주 보는 자리에 앉는다. E와 붙어있는 양옆 자리에 아무도 앉지 않는다. 즉 A, D가 앉은 테이블에 E는 앉지 않는다. D는 F와 인접한 자리에 앉지 않는다. F가 A, D가 앉은 테이블의 남은 2자리에 중 어디를 앉더라도 D와 인접하게 앉을 수밖에 없다. 따라서 E가 앉는 테이블에 앉았으며 E와 마주 보는 자리에 앉는다. B, C가 남았다. 이들은 A, D가 앉는 테이블에 앉는다. 하지만 이들이 앉는 자리를 확정할 수 없다.

	A	
B/C	테이블	C/B
	D	

	E	
없음	테이블	없음
	F	

038. ④

〈보기〉의 첫 번째와 두 번째 조건을 보면 1구슬이 무겁거나 5구슬이 가볍다고 예상할 수 있다. 그런데 1구슬은 7구슬과 같으니 5구슬이 가볍다고 알 수 있다. 이를 상세하게 풀이해보면 다음과 같다.

1구슬과 7구슬의 무게가 같다. 이를 기준으로 〈보기〉의 2번째 정보를 '4구슬 + 6구슬 〉 3구슬 + 5구슬'로 알 수 있다. 가능한 경우는 4가지다.
1) 4구슬이 무겁다.
2) 6구슬이 무겁다.
3) 3구슬이 가볍다.
4) 5구슬이 가볍다.

〈보기〉의 1번째 정보를 보면 1구슬은 7구슬과 무게가 같으니 가능한 경우에서 제외하고 나머지 구슬에 따른 경우로 나눌 수 있다.
1) 2구슬이 무겁다.
2) 3구슬이 무겁다.
3) 4구슬이 가볍다.
4) 5구슬이 가볍다.
5) 6구슬이 가볍다.

2번째 정보에서는 4구슬, 6구슬이 무거워야 성립하는데 1번째 정보에서는 4구슬, 6구슬이 가벼워야 식이 성립한다. 따라서 4구슬과 6구슬은 무게가 같은 구슬이라 알 수 있다. 이런 추론과 비슷한 방법으로 1, 2번째 정보 모두 5구슬이 가벼워야 식이 성립한다. 따라서 무게가 다른 구슬은 5구슬이라 알 수 있다.
2구슬이 무거운 경우도 답이 된다고 할 수 있다. 하지만 이는 〈보기〉의 1번째 정보만 만족시킬 뿐 2번째 정보는 1, 4, 6 구슬 무게의 합이 3, 5, 7 구슬 무게의 합이 같도록 만든다.

039. ③

〈보기〉 중 자리를 어느 정도 고정할 수 있는 정보는 3번째다. 임의 자리에 B, B의 오른쪽 자리에 C를 배치하자. B와 A는 마주 보는 자리에 앉지 않는다. 이에 따라 B와 마주 보는 자리에 앉을 수 있는 사람은 D, E, F다. D와 E 사이에 1명이 앉는다는 정보를 고려하여 자리에 사람을 배치하면 다음과 같다.

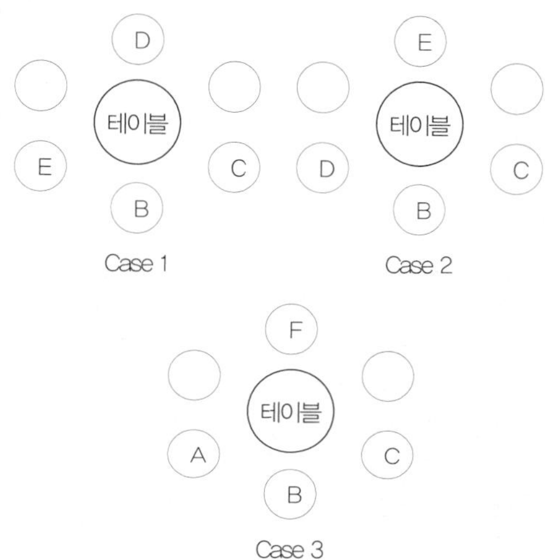

Case 1 Case 2

Case 3

Case 3의 경우 D와 E의 자리가 확실히 어디인지 고정할 수 없어 표기하지 않았다. 하지만 F가 E와 인접한 자리에 앉지 않는다는 정보를 보며 Case 3은 〈보기〉를 만족하지 않는다고 알 수 있다.

같은 맥락으로 Case 2의 경우도 F를 어느 자리에 배치하더라도 E와 인접하게 앉는다. 따라서 〈보기〉를 만족하지 않는다.

Case 1

040. ⑤

조별 인원을 먼저 고민해보자. 1조의 인원은 2조의 인원보다 적다. 그러면서 B와 C의 조가 다르니 1조의 최솟값은 1이다. 이에 따라 1조, 2조 순서로 1명, 4명인 경우와 2명, 3명인 경우로 나눌 수 있다.

키 순서를 고민해보자. A의 키가 가장 작고 B와 C의 키는 같다. D는 E보다 키가 크다. E는 C 보다 키가 작다. 따라서 A → E → D → B/C의 순서와 A → E → B/C → D의 순서로 고민할 수 있다.

정리한 내용을 토대로 인원을 배치해보자. 먼저 A → E → D → B/C의 순서라 할 때 A가 1조인 경우와 2조인 경우로 나눌 수 있다. B와 C의 경우 조를 확정할 수 없어 유동적인 자리로 배치했다.

	1등	2등	3등	4등	5등
Case 1	A	B/C	E	D	C/B
A가 1조	1조		2조		
Case 2	B/C	A	E	D	C/B
A가 2조	1조	2조			

이어서 D가 B/C보다 키가 큰 A → E → B/C → D로 고민해보자.

	1등	2등	3등	4등	5등
Case 3	A	B/C	E	C/B	D
A가 1조	1조		2조		
Case 4	B/C	A	E	C/B	D
A가 2조	1조	2조			

041. ①

제약사항을 먼저 확인하자. 하루에 한 회사의 면접을 보고 같은 날 같은 회사의 면접을 본 사람은 없다. 또한 4명 모두 면접을 4번 응시한다. 세로축에 일차, 가로축에 회사를 놨을 때 각 행과 열에 중복되는 값은 없다.

은수와 진희를 채워보자. C사를 제외하고 진희는 해솔이보다 먼저 면접을 보니 해솔이는 4일에 D사의 면접을 본다. 3칸을 채운 후 고민해보면 1일에 은수는 이미 B사의 면접을 봤고 진희와 해솔이는 D사의 면접을 다른 날에 이미 봤다. 따라서 유이가 1일에 D사의 면접을 본다.

	은수	진희	해솔	유이
1일	B			D
2일				
3일		D		
4일			D	

진희와 해솔이의 면접 순서에 C사를 제외한다는 말이 걸린다. 즉 진희가 해솔이보다 늦게 면접을 볼 수 있는 회사가 C사라는 말이다. 진희가 1일 또는 2일에 C사의 면접을 보면 진희가 A 또는 B사의 면접을 4일에 볼 수 있다. 그런데 이는 진희가 해솔이보다 먼저 면접을 본다는 조건을 벗어나게 된다. 따라서 진희는 4일에 C사의 면접을 본다. 같은 맥락으로 해솔이는 1일에 C사의 면접을 본다.

	은수	진희	해솔	유이
1일	B		C	D
2일				
3일		D		
4일		C	D	

남은 칸을 행/열로 값이 중복되지 않는다는 조건과 진희와 해솔이에 대한 조건을 고려하며 채우면 다음과 같다.

	은수	진희	해솔	유이
1일	B	A	C	D
2일	D	B	A	C
3일	C	D	B	A
4일	A	C	D	B

042. ③

H를 3행의 베이비시트에 앉히자. E 바로 앞에 A가 앉는다. E가 1행에 앉으면 A가 앉을 곳이 없기에 E는 2행 또는 4행에만 앉을 수 있다. E를 기준으로 경우를 나누고 아무도 앉지 않는 행에 G, B를 배치하자.

1행	2행	3행	4행
G		H	
B		A	E

Case 1

1행	2행	3행	4행
	B	H	
	G	A	E

Case 2

1행	2행	3행	4행
		H	B
A	E		G

Case 3

C는 D보다 앞에 앉는다. C와 D를 기입하고 언급하지 않은 F를 마지막 한 칸에 채우면 다음과 같다.

1행	2행	3행	4행
G	C	H	D
B	F	A	E

Case 1

1행	2행	3행	4행
F	B	H	D
C	G	A	E

Case 2

1행	2행	3행	4행
F	C	H	B
A	E	D	G

Case 3

043. ①

의견을 중심으로 고민하기에는 너무 복잡하다. 이들이 주문할 수 있는 메뉴는 1가지 메뉴만 주문하는 3가지 경우, 2가지 메뉴만 주문하는 3가지 경우, 3가지 메뉴를 주문하는 1가지 경우로 총 7가지 경우가 나온다. 7가지를 다 고민하는 것보다 5가지 경우로 좁혀 둔 선택지를 기준으로 각 인물의 진술상태가 받아들여졌는지 확인해보자.
이때 OR를 활용한 한결, 재희의 의견과 AND를 활용한 유신, 은지의 진술을 주의하자. 받아들여진 내용을 O, 받아들여지지 않은 내용을 X로 할 때 다음과 같다.

	지웅	한결	재희	유신	정선	은지
① 깐	O	O	X	X	X	X
② 깐, 탕	O	O	O	X	X	X
③ 탕	O	O	O	X	X	X
④ 탕, 새	O	X	O	X	O	O
⑤ 깐, 탕, 새	O	O	O	X	O	O

044. ⑤

유인이를 4번째 자리에 고정하자. 훈민이와 정음이 사이에 1명이 줄을 선다. 이에 따라 훈민/정음은 1/3번째 또는 3/5번째로 줄을 서는 경우로 나눌 수 있다. 하지만 누가 몇 번째로 줄을 서는지는 확정할 수 없다. 4가지 경우 모두 간략하게 정리한 후 정신이를 수양이보다 앞에 배치하자.

	1	2	3	4	5
Case 1	훈민	정신	정음	유인	수양
Case 2	정음	정신	훈민	유인	수양
Case 3	정신	수양	훈민	유인	정음
Case 4	정신	수양	정음	유인	훈민

선택지 중 ③, ④, ⑤번을 조건적으로 제시했다. 항상 참을 고르는 문제이기 때문에 이 중 조건부가 1가지 Case를 칭하는 경우가 답이 될 확률이 높아 보인다. 이에 착안하여 답을 골라보자.

045. ①

수요일에 초록색 티셔츠를 고정한 후 노란색 티셔츠를 목요일에 입는 경우와 토요일에 입는 경우로 나눠보자.

	월	화	수	목	금	토	일
Case 1			초	노			
Case 2			초			노	

보라색 티셔츠를 입은 다음날 주황색 티셔츠를 입는다. 현재로는 각 Case 1에서는 월/화, 금/토, 토/일에 채울 수 있고 Case 2에서는 월/화, 목/금에 채울 수 있다. 가짓수가 많아 보이니 다른 조건과 함께 고민해보자. 빨간색 티셔츠를 입은 날과 남색의 티셔츠를 입은 날은 이틀이 차이가 난다. 즉 빨간색 티셔츠와 남색 티셔츠 사이에 한 칸이 존재한다. Case 1에서는 금/일 자리에 빨/남을 배치한다.

Case 2에서는 빨/남을 화/목에 배치하거나 금/토에 배치할 수 있다. 하지만 화/목에 배치하게 되면 보/주를 넣을 곳이 없다. 따라서 Case 2에서도 Case 1과 마찬가지로 빨/남을 금/일에 배치한다. 다만 어느 요일에 빨간색 티셔츠를 입는지는 명확하게 알 수 없다.

	월	화	수	목	금	토	일
Case 1			초	노	빨/남		남/빨
Case 2			초		빨/남	노	남/빨

빨간색 티셔츠와 남색 티셔츠를 채운 덕에 보라색, 주황색 티셔츠의 자리가 월/화라고 알 수 있다. 남은 1칸에는 파란색 티셔츠를 채우자.

	월	화	수	목	금	토	일
Case 1	보	주	초	노	빨/남	파	남/빨
Case 2	보	주	초	파	빨/남	노	남/빨

046. ④

E와 A를 마주 보는 자리에 고정하자. 이후 A와 인접한 양측 자리 중 한 자리에 F를 배치하는 경우로 나눠보자. 다시 말해서 A와 인접한 왼쪽 자리에 F를 배치하거나 A와 인접한 오른쪽 자리에 F를 배치하자.

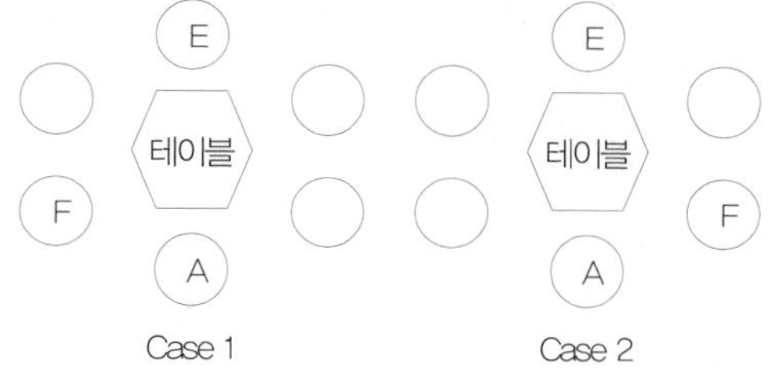

Case 1 Case 2

D와 E는 인접하게 앉지 않는다. 따라서 E의 양측 자리를 제외한 한 자리에 D를 배치할 수 있다. 이후 B는 D와 마주 보는 자리에 앉지 않는다는 정보를 참조하여 B와 C의 자리도 배치할 수 있다.

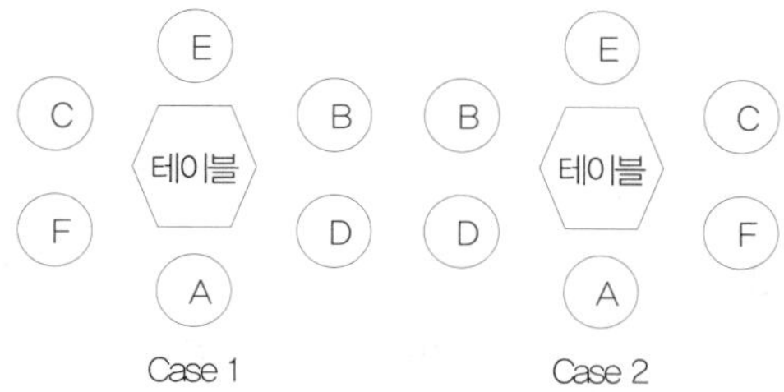

Case 1 Case 2

047. ③

정이 C사에 입사했다. 을은 C사 또는 E사에 입사하는데 이미 C사는 정이 입사했으니 을은 E사에 입사했다. 병은 D사, E사에 입사하지 않았다. 즉 A, B, C사 중 한 곳에 입사하니 병은 A사 또는 B사에 입사한다고 알 수 있다. 같은 맥락으로 갑은 B사에 입사하지 않았다. 갑이 입사할 수 있는 회사는 A사, C사, D사, E사인데 이미 C사와 E사의 입사자를 알고 있으니 갑은 A사 또는 D사에 입사한다. 이를 표로 정리해보자.

정	을	병	갑	무
C	E	A	D	B
		B	A	D
			D	A

048. ④

재용이가 할 수 있는 외국어는 스페인어, 독일어로 2가지다. 그런데 재아 또는 민기가 스페인어를 한다. 따라서 재용이가 할 수 있는 외국어는 독일어다.

성호가 할 수 있는 외국어는 프랑스어, 스페인어, 독일어로 3가지다. 그런데 재용이가 독일어를 하니 성호는 프랑스어 또는 스페인어를 한다. 그러면서 스페인어는 재아 또는 민기가 하는 언어이기 때문에 성호는 프랑스어를 한다.

서빈이의 언어를 고민해보자. 독일어는 재용이가 구사하는 언어고, 프랑스어는 성호가 구사하는 언어다. 또한 스페인어는 재아 또는 민기가 하는 언어다. 서빈이가 할 수 있는 외국어는 러시아어 또는 아랍어다. 가짓수가 적은 재용, 성호, 서빈 순서로 가지치기를 해보자.

재용	성호	서빈
독	프	러
		아

이어서 재아가 스페인어를 하는 경우와 민기가 스페인어를 하는 경우를 추가하자.

재용	성호	서빈	재아	민기
독	프	러	스	아
			아	스
		아	스	러
			러	스

049. ⑤

6명이 4대의 자전거를 이용한다. 따라서 자전거 중 2대는 2명이 이용한다. F는 혼자 자전거를 타고, E와 D는 함께 자전거를 탄다. 남은 자전거는 2명이 타는 자전거 1대와 1명이 타는 자전거 1대다. B는 2명이 타는 자전거를 탄다.

따라서 A가 B와 함께 타는 경우와 C가 B와 함께 타는 경우로 나눌 수 있다.

Case 1. F, E/D, B/A, C

Case 2. F, E/D, B/C, A

자전거를 혼자 타는 사람들은 함께 탄 사람들보다 먼저 약속장소에 도착한다. E/D와 B는 항상 함께 타는 자전거를 타는데 B는 D보다 먼저 약속 장소에 도착한다. 즉 E/D는 마지막으로 약속장소에 도착한다. 하지만 혼자 타는 사람들의 도착 순서는 확정할 수 없다. 이를 나눠보면 다음과 같다.

	1	2	3	4
Case 1.1	F	C	B/A	E/D
Case 1.2	C	F	B/A	E/D
Case 2.1	F	A	B/C	E/D
Case 2.2	A	F	B/C	E/D

050. ②

제약사항을 확인하자. 세로축이 일자, 가로축이 시장이라고 할 때 가로, 세로로 값이 중복되지 않는다.

정구를 2일차 순천에 배치하자. 대근이는 1일차 대구에 배치하자. 은희를 제외한 4명은 순천보다 진주를 먼저 방문한다. 누군가는 1일차에 순천을 가야하기 때문에 은희가 1일차에 순천을 방문한다고 알 수 있다. 같은 맥락으로 누군가는 5일차에 진주를 가기 때문에 은희가 5일차에 진주를 간다고 알 수 있다.

	대구	부산	진주	순천	천안
1일차	대근			은희	
2일차				정구	
3일차					
4일차					
5일차			은희		

은희를 제외한 4명은 진주를 순천보다 먼저 방문한다. 즉 정구는 1일차에 진주를 방문한다. 1일차에 배치하지 않은 인원은 귀진이와 재원이고, 시장을 기준으로는 부산과 천안이다. 귀진이가 재원이보다 먼저 천안을 방문하기 때문에 귀진이가 1일차에 천안을 방문한다.

	대구	부산	진주	순천	천안
1일차	대근	재원	정구	은희	귀진
2일차				정구	
3일차					
4일차					
5일차			은희		

[051~052]

051. ②

양식을 먹는 인원이 3명이고 같은 음식을 먹는 사람끼리 나란히 앉지 않는다. 양식을 먹는 인원은 삼각형(또는 역삼각형)을 그리며 앉는다고 알 수 있다. A와 D는 마주 보고 앉아 있다는 정보를 통해 A와 D가 먹는 음식이 다르다고 알 수 있다. C와 D는 같은 음식을 먹는다. 따라서 음식별 인원을 A / C, D / E로 정리할 수 있다. 여기서 B, F는 어떤 음식을 먹는지도 모르고, A가 양식을 먹는지 C가 양식을 먹는지도 알 수 없다. 크게 양식을 먹는 인원이 A인지 C인지를 기준으로 고민해보자. E는 일식으로 고정됐으니 언급하지 않겠다.

Case 1. A가 양식

A가 양식을 먹으면 B, F도 양식을 먹는다. 총 1가지 경우다.

Case 2. C가 양식

C, D가 양식이다. 남은 B가 양식을 먹는 경우와 F가 양식을 먹는 경우 즉 2가지 경우다.

따라서 음식을 주문하는 모든 경우는 3가지다.

052. ⑤

〈보기〉의 정보를 토대로 음식별 인원을 정리하면 A / C, D / E다. A와 B가 먹는 음식이 다르다고 하니 B, C, D가 양식을 먹고 언급되지 않은 F와 A가 한식을 먹는다. ①, ②번 선택지는 참이다.

마주 보고 있는 A와 D를 고정하자. A와 인접한 양쪽 자리는 양식을 먹는 인원인 B와 C의 자리이고 남은 D와 인접한 자리는 F, E의 자리다. 자리를 고정할 수 없지만 옆, 나란히라는 표현은 만족한다. 즉 ③, ④번 선택지가 참이다.

053. ①

간단하게 소거해보자. 〈보기〉의 각 정보를 통해 소거할 수 있는 별칭은 다음과 같다.

– 2번째 정보: 절망

– 3번째 정보: 민망, 희망

– 4번째 정보: 열망

054. ①

영업팀의 직원 수는 생산팀의 직원 수보다 많다. 각 팀에 최소 1명이 있으니 5:1, 4:2가 가능하다. 생산팀의 남자 직원 수는 영업팀의 남자 직원 수보다 많다. 영업팀 남자 직원과 생산팀의 남자 직원을 고민해보면 0:3, 1:2가 가능하다. 그런데 0:3이 되면 영업팀의 직원 수가 생산팀의 직원 수보다 많은 경우가 없기 때문에 1:2다. 따라서 영업팀의 인원은 4명이고 이 중 1명이 남자 직원이다. 생산팀 직원은 2명이고 모두 남자다.

남자인 A와 여자인 E가 같은 팀이다. 따라서 A, E는 영업팀이라고 알 수 있다. 이를 정리하면 다음과 같다.

– 영업팀: A, D, E, F

– 생산팀: B, C

각 팀에서 2명씩 승진한다고 하니 B, C는 무조건 승진한다. 또한 승진한 인원 중 2명이 남자라 하니 영업팀에서는 여자 직원 2명이 승진한다. 즉 A는 승진하지 않는다.

055. ③

E를 7번 자리에 고정하고 고민한 후 마주 보고 앉는 B와 G를 T1에 배치하는 경우와 T2에 배치하는 경우로 나눌 수 있다. T1은 어느 자리에 앉는지 한정하기 어렵지만 B, G가 T2에 앉는다면 이 둘은 6, 8번 자리에 앉는다. 그러면서 T2에 앉는 D가 5번에 앉는다고 알 수 있다.

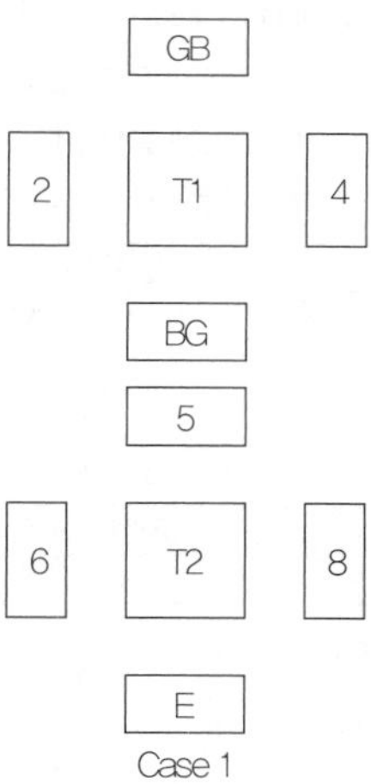

Case 1

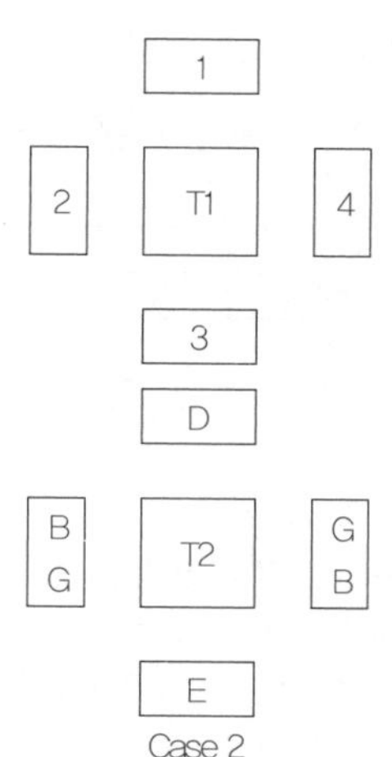

Case 2

A와 인접한 왼쪽 자리에 F가 앉는다. Case 1의 경우 A, F는 T2에 앉는다. D가 T2에 앉기 때문에 T2에 앉는 인원은 A, D, E, F라고 알 수 있다. 자연스럽게 남은 인물인 C는 T1에 앉는데 C와 인접한 2자리 중 1자리가 빈자리라는 조건을 만족하지 않는다. Case 2의 경우 자리까지는 확정할 수 없지만 A, F는 T1에 앉고 남는 자리에 C가 앉는다.

056. ⑤

B와 G의 위치를 3번째, 4번째에 각각 고정하자. A와 C는 인접하고 C는 E보다 출입구에 가깝다. E는 F와 인접하고 F는 D보다 출입구에 가깝다. A, C그룹과 E, F그룹의 위치를 고민해보자. A, C가 5, 6번째로 들어가면 E, F가 들어갈 자리가 없다. 따라서 A, C는 1, 2번째 좌석에 앉는다. F는 D보다 출입구에 가까우니 E, F그룹은 5, 6번째 좌석에 앉는다. 하지만 A, C와 E, F의 자리는 확정할 수 없다.

출입구	1번째	2번째	3번째	4번째
	A/C	C/A	B	G

5번째	6번째	7번째	창가
E/F	F/E	D	

057. ④

소연이가 줄을 서는 경우에 따라 나희의 자리 정보를 알 수 있다. 소연이를 중심으로 경우를 나누고 준휘의 경우와 나희의 경우 중 일부를 가지치기 방식으로 기입해보자.

소연	준휘	나희
2	3	
3	2	
4	2	1
	3	1

정답 및 해설

남은 자리에 나희와 가을이의 정보를 기입하자.

소연	준휘	나희	가을
2	3	1	4
		4	1
3	2	1	4
		4	1
4	2	1	3
	3	1	2

058. ④

A동에는 3명, B동에는 2명이 산다. 전체 인원이 5명인데, 1학년과 3학년의 학생 수가 같다. 따라서 1/3학년이 각각 1명인 경우와 2명인 경우로 나눌 수 있다. 제약사항을 어느 정도 확인했으니 고정할 수 있는 정보를 먼저 고정하자. 다영이를 1학년, 경민이를 B동에 배치하자.

	A동(3)	B동(2)	미정
1학년			다영
2학년			
3학년			
미정		경민	

우진이와 동원이는 학년과 사는 곳이 같다. 이미 B동은 2명 중 1명이 경민이기 때문에 우진이와 동원이는 A동에 산다. 1/3학년이 각각 1명인 경우 2학년인 인원 3명 중 2명이 B동에 산다. 그럼 A동에는 1학년 1명, 2학년 1명, 3학년 1명이 사는데 우진이와 동원이의 학년이 같다는 조건을 벗어난다. 따라서 1/3학년은 2명이고 2학년은 1명이다.

	A동(3)	B동(2)	미정
1학년			다영
2학년			
3학년			
미정	우진 동원	경민	

우진이와 동원이가 1학년 또는 3학년이다. 1학년인 2명 중 1명은 다영이다. 따라서 우진이와 동원이는 3학년이다. 다영이와 경민이는 1학년이고 B동에 산다. 자연스럽게 언급되지 않은 가인이는 A동에 사는 2학년이다.

	A동(3)	B동(2)
1학년		경민 다영
2학년	가인	
3학년	우진 동원	

059. ③

기입할 수 있는 정보들을 기입해보자. 특히 D는 2를 뽑지 않았고, A와 같은 국가이기에 A, G와 같은 조가 아니다. 또한 B, F는 같은 조이기 때문에 G, A, D와 다른 조에 편성한다.

가국	2	1	~2	
		A	D	B
나국	7	8		
	G			F

위와 같이 정리하면 가국 인원 중 언급하지 않은 C가 G와 같은 조고 2를 뽑았다고 알 수 있다. 나머지는 선택지를 판별하며 답을 찾아보자.

가국	2	1	~2	
	C	A	D	B
나국	7	8		
	G			F

① A는 E와 같은 조이다.
  – A와 E가 같은 조일 수 있다.

② B는 3을 뽑았다.
  – B가 뽑을 수 있는 숫자는 3, 4, 5, 6이다.

③ E가 뽑을 수 있는 숫자는 4가지이다.
  – E가 뽑을 수 있는 숫자는 8과 3, 4, 5, 6이다.

④ D는 E와 다른 조이다.
  – ①번과 같은 맥락으로 D와 E는 같은 조일 수 있다.

⑤ F는 4를 뽑았다.
  – ②번과 같은 맥락으로 F가 4를 뽑았다고 할 수 없다.

060. ①

정리할 수 있는 내용을 먼저 채워보자. 선재만 연어초밥을 먹는다. 장어초밥을 먹는 사람이 3명이고 지안이와 건영이가 먹는 초밥의 종류가 다르기에 지안이가 장어초밥을 먹는 경우와 건영이가 장어초밥을 먹는 경우로 나눌 수 있다.

	최대 2개까지			
	선재	동주	지안	건영
광어초밥	X		X	O
연어초밥	O	X	X	X
장어초밥(3)	O	O	O	X

	최대 2개까지			
	선재	동주	지안	건영
광어초밥	X		O	X
연어초밥	O	X	X	X
장어초밥(3)	O	O	X	O

선재와 동주는 장어초밥을 먹는다. 선재가 먹을 수 있는 2종류의 초밥을 확정했다. 또한 한 종류 이상의 초밥을 먹었기에 지안 또는 건영이 중 연어초밥과 장어초밥을 먹지 않는 경우에 광어초밥을 먹는다고 알 수 있다.

풀이과정에서 많이 헷갈리는 것이 동주가 광어초밥을 먹

는지 아닌지에 대해 고민하는데 먹는 경우와 아닌 경우 2가지로 나눌 수 있다. ①, ④번의 고민을 해결해보자면 항상 동주가 광어초밥을 먹는다고 볼 수 없으니 ①번 선택지는 항상 참이라 볼 수 없다. 같은 맥락으로 동주가 광어초밥을 먹을 수 있기에 ④번 선택지는 참이다.

061. ③

E를 3층에 고정하자. 이후 C는 F가 입주한 층보다 2층이 높은 층에 입주하니 C/F가 입주할 수 있는 층은 4층/2층, 6층/4층, 7층/5층으로 나눌 수 있다.

	1층	2층	3층	4층	5층	6층	7층
Case 1		F	E	C			
Case 2			E	F		C	
Case 3			E		F		C

D와 G 사이에 2명이 입주한다. Case 1은 D, G가 들어갈 자리가 없다. Case 2는 2/5층에 입주한다. Case 3은 1/4층에 입주한다. 하지만 D와 G 중 누가 어느 층인지 확정할 수 없다.

	1층	2층	3층	4층	5층	6층	7층
Case 2		DG	E	F	GD	C	
Case 3	DG		E	GD	F		C

B는 G보다 낮은 층에 입주한다. 따라서 Case 2에서 B는 1층에 입주한다. G가 입주하는 층은 확정할 수 없다. Case 3에서는 B는 2층에 입주하고 G는 4층에 입주한다. 아직 언급하지 않은 A는 남은 층에 배정하자.

	1층	2층	3층	4층	5층	6층	7층
Case 2	B	DG	E	F	GD	C	A
Case 3	D	B	E	G	F	A	C

062. ④

거짓을 말하는 사람을 찾을 수 있는지 고민해보자. A는 C보다 멀리 뛴 사람이 2명 이하라고 한다. 즉 C가 1, 2, 3등 중 하나라고 말을 한다. 그런데 C는 본인이 5등이라 말한다. 물론 C가 6등인 경우와 같이 A, C 두 명 모두 거짓을 말할 수 있으나 1명만 거짓이라는 문제의 조건을 벗어난다. 따라서 A 또는 C 중 1명의 말은 거짓이고 B, D, E, F의 말은 참이다.

6명이 일렬로 줄을 서는 경우는 6!인데 이를 선택지에 5가지로 좁혀놨으며 가능한 경우를 묻는다. B, D, E, F의 말을 기준으로 소거하는 것이 보다 수월하겠다.

B: B는 D보다 멀리 뛰었다. → ② 소거
D: 나는 2등이다. → ③ 소거
E: F는 B보다 멀리 뛰지 못했다. → ③ 소거
F: A 바로 뒤의 등수는 F다. → 없음

①, ④, ⑤번이 남았다. 세 선택지 중 A, C 중 1명만 거짓인 경우를 고민해보자. A가 언급한 등수는 C의 1, 2, 3등 중 하나다. C가 언급한 등수는 본인(C)의 등수는 5등이다. 따라서 C가 언급하지 않은 4등 또는 6등인 경우 A, C 두 명을 동시에 거짓으로 만들기 때문에 조건을 만족하지 않는다. 따라서 ①, ⑤번을 소거한다.

063. ④

3학년 학생은 1학년 학생보다 많다. 이를 통해 가능한 경우를 도출해보자.

	1학년	2학년	3학년
Case 1	1명	2명	3명
Case 2	2명	1명	3명
Case 3	1명	3명	2명
Case 4	1명	1명	4명

C는 2학년이고 F는 A보다 한 학년이 높다. 이를 통해 Case 2, 4는 보기의 조건을 만족하지 못한다고 알 수 있다. B를 1학년, C를 2학년에 배정한 후 F, A를 채워보자.

	1학년	2학년	3학년
Case 1	1명	2명	3명
	B	C, A	F
Case 3	1명	3명	2명
	B	C, A	F

D와 E는 같은 학년이다. Case 3의 경우는 D, E를 넣을 곳이 없다. 따라서 Case 1만 가능하고 D, E는 3학년이다.

	1학년	2학년	3학년
Case 1	1명	2명	3명
	B	C, A	F, D, E

064. ④

윤석이는 줄넘기와 윗몸일으키기를 하지 않는다. 윤석이가 달리기를 하는 경우와 팔굽혀펴기를 하는 경우로 나눌 수 있다. 〈보기〉를 보면 가을이의 운동이 도영이의 운동에 영향을 준다. 또한 가을이의 운동은 동원이의 운동에 영향을 준다. 윤석이 다음 가을이의 운동을 가정하며 고민해보자. 아래와 같이 불가한 경우를 찾을 수 있다.

윤석	가을	도영	동원
달리기	줄넘기		팔굽
	팔굽		
	윗몸	달리기	
팔굽	줄넘기		팔굽
	달리기		
	윗몸	달리기	

이어서 남은 칸에 운동을 배정하며 정리를 마치자.

정답 및 해설

윤석	가을	도영	동원
달리기	줄넘기	윗몸	팔굽
	팔굽	줄넘기	윗몸
		윗몸	줄넘기
팔굽	달리기	줄넘기	윗몸
		윗몸	줄넘기
	윗몸	달리기	줄넘기

065. ②

고정할 수 있는 정보부터 고정하자. 화요일에 E기업의 면접만 봤고 이틀 후에 F기업의 면접을 본다. G를 바로 금요일에 배치하기는 무리다. G기업의 면접을 가장 마지막에 봤다고 하지만 목요일에 G기업의 면접을 볼 수도 있기 때문이다.

A기업의 면접을 B기업의 면접보다 사흘 먼저 봤다. A가 월요일이면 B는 목요일이다. 화요일은 E만 면접을 본다고 하니 A가 들어갈 수 없다. A가 수요일이면 B는 범위를 벗어난다. 따라서 A는 월요일, B는 목요일이다.

B가 목요일이다. G는 면접을 가장 마지막에 봤다고 하는데 G를 목요일에 배치하면 선호도에 의해 G를 B보다 먼저 보게 된다. 따라서 G기업의 면접을 금요일에 본다.

월	화(1)	수	목	금
A	E		F B	G

C기업의 면접을 본 날은 D기업의 면접을 본 날의 전날이다. 화요일은 E기업만 면접을 본다. 따라서 C, D는 수/목 또는 목/금에 배치할 수 있다.

월	화(1)	수	목	금
A	E	C	F B D	G
A	E		F B C	G D

그런데 뭔가 불안하다. 선호도를 괜히 주지 않았을 것이다. 다시 한번 선호도를 고민해보자. D는 G보다 선호도가 낮다. 따라서 금요일에 G, D의 면접을 본다면 G가 맨 마지막으로 면접을 보지 않게 된다. 따라서 두 경우 중 G만 금요일에 면접을 보는 경우만 〈보기〉의 조건을 만족한다.

066. ③

도윤이와 여진이 사이에 2명이 줄을 선다. 소유와 아현이는 인접하게 줄을 서고 있다. 따라서 도윤이와 여진이 사이에 소유와 아현이가 줄을 서고 있다고 알 수 있다.

건영이는 도윤이보다 먼저 줄을 서고 있다. 도윤, 여진, 소유, 아현이 나란히 줄을 서고 있다고 알 수 있으니 건영이는 1번째로 줄을 서고 있다.

아현이는 여진이보다 먼저 줄을 서고 있다. 이를 통해 도윤이가 여진이보다 먼저 줄을 서고 있다고 알 수 있다. 따라서 2번째는 도윤이 5번째는 여진이가 줄을 서고 있다.

067. ⑤

비교적 간단한 문제이기도 하고 경우의 수를 물으니 가지치기 방식으로 풀어보자. B, C에 대한 정보가 언급되어 있는데, C가 경우의 수가 적기도 하고 추가 정보도 얻을 수 있으니 C를 기준으로 나눠보자. C는 시각 또는 언어를 공부한다. B는 추리를 공부하지 않으니 언어, 수리, 시각 중 한 과목을 공부한다. 더불어 C가 언어를 공부하는 경우 A가 수리를 공부한다는 정보에 유의하자.

C	B	A	D
시각	언어		
	수리		
언어	시각	수리	

남은 칸을 채워보자. 총 5가지 경우가 나오며 선택지를 만족하는 경우를 찾을 수 있다.

C	B	A	D
시각	언어	추리	수리
		수리	추리
	수리	언어	추리
		추리	언어
언어	시각	수리	추리

068. ⑤

제약사항을 먼저 확인해보자. 같은 날에 같은 장소를 방문하는 인원은 없다. 또한 4일간 하루에 1곳씩 방문하여 4곳을 모두 방문한다. 아래의 표를 기준으로 가로, 세로로 칸에 들어가는 값이 겹치지 않는다.

먼저 넣을 수 있는 정보를 넣어보자. A - 3 - 송도, C - 1 - 탕정, C - 2 - 송도, B - 1 - 온양을 넣으면 다음과 같다.

	탕정	온양	송도	거제
1일차	C	B		
2일차			C	
3일차			A	
4일차				

송도 1일차를 살펴보자. 가로의 제약에 의해 ~B, ~C이고 세로의 제약에 의해 ~A, ~C이다. 따라서 송도 1일차의 칸에 D가 들어가고 거제 1일차의 칸에 남은 A가 들어간다. 그러면서 송도 4일차에는 송도에 출장을 간다고 언급하지 않은 B가 들어간다.

	탕정	온양	송도	거제
1일차	C	B	D	A
2일차			C	
3일차			A	
4일차			B	

아직 정리하지 않은 정보인 D는 B보다 먼저 탕정으로 출장을 간다는 정보를 살펴보자. B는 4일차에 송도로 출장을 간다. 따라서 B는 2일차 또는 3일차에 탕정으로 출장을 갈 수 있는데 2일차에 출장을 가면 D가 들어갈 자리가 없다. 따라서 탕정을 2일차에는 D, 3일차에는 B가 출장을 간다고 알 수 있다. 자연스럽게 A는 4일차에 탕정으로 출장을 간다.

	탕정	온양	송도	거제
1일차	C	B	D	A
2일차	D		C	
3일차	B		A	
4일차	A		B	

온양 2일차를 보자. 세로의 제약에 의해 ~B, 가로의 제약에 의해 ~C, ~D이다. 따라서 2일차에 온양으로 출장을 가는 사람은 A, 2일차에 거제로 출장을 가는 사람은 B이다.

	탕정	온양	송도	거제
1일차	C	B	D	A
2일차	D	A	C	B
3일차	B		A	
4일차	A		B	

위에서 남은 4개 칸은 확정할 수 없다. 참이 아닌 것을 고르라고 하니 4개 칸 중 한 곳을 언급하는 선택지가 답일 확률이 높겠다.

069. ③

멜로가 2명, 액션이 3명이다. 또한 학년이 1, 2, 3학년이라 하니 표를 그릴 때 한 축을 영화 장르, 한 축을 학년으로 두는 것이 편하겠다. 또한 미정의 칸을 두어 정보를 한 눈에 볼 수 있도록 하자.
세만이는 1학년이고 멜로를 보지 않았으니 액션을 봤다. 원우와 소영이는 액션을 보지 않았으니 멜로를 봤다. 자연스럽게 남은 인원인 창진, 원섭은 액션을 봤다.

	멜로(2)	액션(3)
1학년		세만
2학년		
3학년		
미정	원우, 소영	창진, 원섭

3학년 중에 멜로영화를 본 학생, 액션영화를 본 학생이 있다고 한다. 원우, 소영 중 1명 이상이 3학년이고 창진, 원섭 중 1명 이상이 3학년이라고 알 수 있다. 단 이들의 학년이 1, 2, 3학년이기 때문에 2학년의 최솟값은 1명이다. 즉 원우, 소영, 창진, 원섭 중 1명 이상은 2학년이어야 한다. 정보를 어느 정도 정리했으니 선택지를 판별해보자.

① 원우가 2학년이라면 소영이는 3학년이다.
  – 원우와 소영이 중 1명은 3학년이어야 한다. 이에 따라 원우가 2학년이면 소영이는 3학년이라는 말은 참이다.

② 창진이가 1학년이라면 원우는 3학년이다.
  – 창진이가 1학년이면 원섭이가 3학년이라고 알 수 있지만 원우의 학년은 알 수 없다.

③ 2학년이 2명이라면 소영이는 1학년이다.
  – 2학년이 2명이라면 원우, 소영 중 1명이 2학년이고 창진, 원섭 중 1명이 2학년이라는 말이다. 원우가 2학년이라면 소영이는 3학년이어야 한다. 소영이가 2학년이라면 소영이가 1학년이라는 서술부를 만족하지 않는다.

④ 소영이와 창진이가 다른 학년이라면 원우는 1학년이다.
  – 항상 거짓을 찾는 문제이기 때문에 해당 선택지를 참으로 만들 수 있는지 확인해보자. 소영이를 3학년, 원우를 1학년, 창진이를 2학년에 배정해도 〈보기〉의 내용을 만족한다. 즉 항상 거짓이라 볼 수 없다.

⑤ 세만이와 원섭이가 같은 학년이라면 창진이는 3학년이다.
  – 원섭이가 1학년이라고 해서 창진 소영의 학년을 확정할 수 없다.

070. ①

소정이는 2층에 거주한다. 수애와 진혁이는 인접한 층에 거주하니 1층에 거주하지 않는다. 지희는 희민이보다 아래층에 거주하니 지희가 1층에 거주한다.

071. ②

억지라면 억지를 부린 문제다. 이름과 성별에 선입견을 가지지 말자. 동성끼리는 이웃하게 줄을 서지 않고 3번째 자리는 여성이 줄을 선다. 따라서 [여 – 남 – 여 – 남 – 여]의 순서로 줄을 선다고 알 수 있다.
장미는 남성이고 민하는 여성이다. 설형이와 민하는 인접하게 줄을 서니 설형이는 남성이다. 이에 따라 언급되지 않은 상훈, 지효는 여성이라고 알 수 있다.
– 남성: 장미, 설형

– 여성: 민하, 상훈, 지효

상훈이는 장미와 민하 사이에 줄을 선다. 이를 만족하기 위해서는 상훈이는 3번째 자리에 줄을 서야 한다. 이를 토대로 경우를 나누어 보면 다음과 같다.

	1	2	3	4	5
Case 1	민하	설형	상훈	장미	지효
Case 2	지효	장미	상훈	설형	민하

아직 고민하지 않은 정보는 지효가 설형이보다 먼저 줄을 선다는 내용인데 이는 Case 2만 만족시킨다.

072. ④

5명이 4가지 방향으로 탐색을 떠난다. 2명은 같은 방향을 탐색해야 하는데 용훈이와 연희가 한 팀이라고 알 수 있다. 〈보기〉의 정보를 종합하면 성국 ↔ 준영, 용훈&연희 ↔ 찬수로 정리할 수 있다. 성국 또는 준영이의 탐색방향을 언급한다고 하여 용훈, 연희, 찬수의 탐색방향을 확정할 수 없고 용훈 또는 연희 찬수의 탐색방향을 언급한다고 하여 성국, 준영의 탐색방향을 확정할 수 없다. 따라서 성국이와 준영이의 관계처럼 서로 반대되는 방향에 있는 인물만 언급한 ④번이 답이다.

073. ⑤

C는 자전거를 탔고 D는 버스를 타지 않았다. D는 자전거 또는 지하철을 탔다. 이를 시작으로 가지치기를 해보자.

C	D
자전거	자전거
	지하철

〈보기〉에서 사용하지 않은 2~4번째 정보에 A가 2번, D가 2번 언급됐다. 고정시키고 시작하는 D보다 A를 중점적으로 확인해보자. A는 C와 이동수단이 다르고 D와도 이동수단이 다르다. 따라서 C와 D 둘 다 자전거를 타는 경우 A는 버스 또는 지하철을 탄다. C가 자전거, D가 지하철을 타는 경우 남는 버스를 탄다.

C	D	A
자전거	자전거	버스
		지하철
	지하철	버스

언급하지 않은 B를 채워보자. 그러면서 아무도 이용하지 않은 이동수단이 없다고 하니 C, D 둘 다 자전거를 타는 경우 A가 버스를 타면 B는 지하철을, 반대로 A가 지하철을 타면 B는 버스를 탄다. C가 자전거, D가 지하철, A가 버스를 타는 경우 B에 세 가지 이동수단을 모두 배정할 수 있다. 그런데 〈보기〉의 정보를 보면 B와 D의 이동수단이 다르기 때문에 B는 지하철은 이용할 수 없다.

C	D	A	B
자전거	자전거	버스	지하철
		지하철	버스
	지하철	버스	자전거
			버스

074. ⑤

부산은 4, 5, 6주차에 방문하지 않았고 부산을 방문한 다음 주에 대구를 방문했다. 따라서 부산이 1, 2, 3주차에 배치 후 바로 다음 주에 대구를 배치하여 3가지 경우로 나누어 보자.

	1주	2주	3주	4주	5주	6주
Case 1	부산	대구				
Case 2		부산	대구			
Case 3			부산	대구		

인천과 대구를 2번씩 방문하고 같은 지역을 연달아 방문하지 않았다는 정보를 기억하며 선택지의 반례를 찾아보자.

① 인천을 2주차에 방문한다면 6주차에 대구를 방문한다.
  – 인천을 2주차에 방문할 수 있는 경우는 Case 3뿐이다. 반례를 만들어보자.

	1주	2주	3주	4주	5주	6주
Case 3	대구	인천	부산	대구	인천	대전

② 대전을 3주차에 방문한다면 5주차에 인천을 방문한다.
  – 대전을 3주차에 방문할 수 있는 경우는 Case 1뿐이다. 반례를 만들어보자.

	1주	2주	3주	4주	5주	6주
Case 1	부산	대구	대전	인천	대구	인천

③ 대전을 6주차에 방문한다면 5주차에 인천을 방문한다.
  – 세 가지 경우 모두 대전을 6주차에 배정할 수 있지만 반례 하나만 찾으면 답이 아니라고 알 수 있다. 편의상 Case 2를 두고 고민해보자. 같은 지역을 연달아 방문하지 않기 때문에 대구를 1주차 또는 5주차에 배치할 수 있다. 그런데 대구를 1주차에 배치하면 4주차, 5주차에 인천을 배치하는데, 이는 같은 지역을 연달아 방문하게 된다. 따라서 대구를 5주차에 배치하고 인천을 1주차, 4주차에 배치하며 반례를 확인하자.

	1주	2주	3주	4주	5주	6주
Case 2	인천	부산	대구	인천	대구	대전

④ 대구를 5주차에 방문한다면 6주차에 대전을 방문하지 않는다.

- 대구를 5주차, 대전을 6주차에 배치 후 〈보기〉를 만족하도록 배치하며 반례를 찾아보자. Case 3의 경우는 같은 지역을 연달아 방문하지 않는다는 조건에 의해 제외했다.

	1주	2주	3주	4주	5주	6주
Case 1	부산	대구			대구	대전
Case 2		부산	대구		대구	대전

Case 1의 경우 3, 4주차에 인천을 연달아 방문하게 되어 조건을 만족하지 않는다. 하지만 Case 2는 〈보기〉의 조건을 만족한다. 반례를 찾았다.

⑤ 인천을 6주차에 방문한다면 2주차에 대전을 방문하지 않는다.

- 대전을 2주차에 방문할 수 있는 경우는 Case 3뿐이다. 인천을 6주차, 대전을 2주차에 넣고 〈보기〉의 조건을 모두 만족하는 경우를 확인해보자. 즉 반례를 찾아보자.

	1주	2주	3주	4주	5주	6주
Case 3		대전	부산	대구		인천

5주차에 대구 또는 인천이 오는데 어느 지역을 배치하더라도 같은 지역을 연달아 방문한다는 조건에 어긋난다. 즉 반례를 확인할 수 없다. 따라서 〈보기〉의 조건을 모두 만족시키려면 대전을 5주차에 방문해야 한다. 남은 1, 2주차의 자리는 대구와 인천의 자리이고 1주차에 어느 지역을 방문하는지 알 수 없지만 답을 구하는 데 지장은 없다.

	1주	2주	3주	4주	5주	6주
Case 3			부산	대구	대전	인천

075. ⑤

4층에 5명이 거주하고 아무도 살지 않는 층은 없다. 따라서 어느 한 층에는 2명이 거주한다고 알 수 있다. E위에 2명이 거주한다. E위에 2명이 거주하는 경우는 다음과 같다.

E	

E	

E	

이어서 A의 바로 아래층에 D가 거주한다는 내용을 넣어보자. B가 4층에 산다고 하여 C의 층을 확정할 수 없다. B가 3층에 살며 C가 4층, 1층, 3층에 살 수 있기 때문이다.

E	
A	
D	

A	
D	
E	

A	
E	D

E	A
D	

A	
D	
E	

076. ①

같은 음료를 마시는 사람끼리 인접하게 앉지 않는다. 따라서 오렌지 주스를 마시는 인원과 알로에를 마시는 인원은 각 3명이다.

재민이와 아라의 자리를 고정하자. 이들은 마주 보는 자리에 앉았기에 다른 음료를 마신다. 그러면서 아라의 우측 자리에 준희를 배정하자.

지온이와 혜나는 같은 음료를 마시지 않는다. 재민, 아라, 준희의 자리를 고정한 후 예인이가 인접한 자리에 앉게 되면 지온이와 혜나가 같음 음료를 마시기 때문에 예인이는 아라와 인접하지 않은 2개 자리에 앉을 수 있다.

077. ⑤

문제를 보면 누가 어느 자리에 앉는 것을 알아내는 것이 아니라 누가 어느 테이블에 앉는지가 중요하다. 따라서 자리보다는 테이블을 중심으로 확인해보자. 설명의 편의를 위해 6명이 앉는 테이블을 6테이블, 4명이 앉는 테이블을 4테이블이라 칭하겠다.

J의 양쪽 자리가 빈자리다. 따라서 J는 4테이블에 앉는다. J의 양쪽 자리가 비었으니 서로 마주 보고 앉는 D와 F, G와 H는 4테이블에 앉지 않는다.

B와 C는 다른 테이블에 앉는다. 둘 중 누가 4테이블에 앉는지 확정할 수 없지만 정리해보면 다음과 같다.

- 4테이블: J, B/C
- 6테이블: D, F, G, H, C/B

I는 E와 인접한 자리에 앉는다. 이미 6테이블에 앉는 인원이 5명이기에 I, E는 4테이블에 앉는다. 아직 언급하지 않은 A는 6명 정원으로 인해 6테이블에 앉는다.

- 4테이블: J, I, E, B/C
- 6테이블: D, F, G, H, A, C/B

078. ③

A, B가 이용할 수 있는 통학수단은 각자 세 가지다. D의 통학수단 후보는 2가지이기 때문에 D를 중심으로 고민해 보자. 또한 A는 버스, 지하철, 트램 중 하나를 이용하는데 버스와 지하철은 D의 통학수단 후보이니 B보다는 A를 먼저 고민하는 것이 편리하겠다.

D	A
버스	지하철
	트램
지하철	버스
	트램

B는 트램을 이용하지 않으니 기차, 버스, 지하철 중 하나를 이용한다. A, D가 버스 또는 지하철을 이용하는 경우 자연스럽게 B는 기차를 이용한다. A가 트램을 이용하는 경우 B는 D가 이용하는 통학수단을 제외한 2가지를 이용할 수 있다. B까지 정리 후 C에 남은 통학수단을 배정하면 다음과 같다.

D	A	B	C
버스	지하철	기차	트램
	트램	기차	지하철
		지하철	기차
지하철	버스	기차	트램
	트램	기차	버스
		버스	기차

079. ①

채울 수 있는 정보를 먼저 채워보자.

	지섭	재이	현진	수현
흑임자				
인절미	X	O	X	O
아몬드(2)				

아몬드맛 마카롱을 구입한 사람은 2명이다. 지섭이가 구입한 마카롱을 수현이가 구입하기 때문에 지섭이와 수현이가 구입한다. 또한 재이와 현진이가 아몬드를 구입하는 경우도 고민해보자. 재이와 현진이는 같은 맛의 마카롱을 구입하지 않기 때문에 둘 중 1명이 아몬드맛 마카롱을 구입한다. 여기서 지섭이가 아몬드맛 마카롱을 구입하면 수현이도 구입하기 때문에 아몬드맛 마카롱을 구입한 사람이 2명이라는 조건을 벗어난다. 지섭이는 아몬드맛 마카롱을 구입하지 않고 수현이가 아몬드맛 마카롱을 구입한다.
위에서 나눈 3가지 경우를 표로 그려보면 다음과 같다.

	지섭	재이	현진	수현
흑임자			O	
인절미	X	O	X	O
아몬드(2)	O	X	X	O

Case 1. 지섭이가 아몬드맛 구입

	지섭	재이	현진	수현
흑임자	O		O	
인절미	X	O	X	O
아몬드(2)	X	O	X	O

Case 2. 재이가 아몬드맛 구입

	지섭	재이	현진	수현
흑임자	O			
인절미	X	O	X	O
아몬드(2)	X	X	O	O

Case 3. 현진이가 아몬드맛 구입

080. ④

갑을 4층에 고정하자. 갑이 남학생이기 때문에 홀수 층에 여학생, 짝수 층에 남학생이 거주한다. 병과 D는 가장 멀리 떨어져 거주한다. 병이 10층, D가 1층에 위치한다.
정과 C 사이에는 4개 층이 있다. 정이 들어갈 수 있는 층은 2, 6, 8층이고 이에 따라 C의 층도 나눌 수 있다.
– 정: 2층, C: 7층
– 정: 6층, C: 1층
– 정: 8층, C: 3층

이미 1층은 D가 위치하니 정은 6층에 거주할 수 없다. A와 B는 을과 인접한 층에 거주한다. 을을 기준으로 인접한 위, 아래층에 A, B가 거주한다. 그런데 정이 2층에 거주하는 경우 3명이 연달아 들어갈 자리가 없다. 정이 8층에 거주하는 경우 이들은 5, 6, 7층에 거주할 수 있다. 이를 도표로 표현하면 다음과 같다.

1층	2층	3층	4층	5층
D		C	갑	A/B

6층	7층	8층	9층	10층
을	B/A	정		병

아직 거론하지 않은 남학생 무, 여학생, E를 배치하자.

1층	2층	3층	4층	5층
D	무	C	갑	A/B

6층	7층	8층	9층	10층
을	B/A	정	E	병

081. ③

〈보기〉의 2~4번째 정보를 정리하면 '종석>도균>세혁>준호'다.
5번째 정보를 정리하면 '호섭>도식, 도식>도균, 도식>민수'다. 7명의 학생이 모두 언급됐다. 민수는 가장 낮은 점수를 받지 않았다. 따라서 민수가 가능한 위치는 도균이와 세혁이 사이, 세혁이와 준호 사이다. 깔끔하게 정리가 어려우니 선택지의 내용을 확인하며 반례를 찾아보자.

① 세혁이는 5등 안에 들었다.
② 도식이의 등수는 3등이다.
  - ①, ②번의 반례를 만들어보면 [호섭 - 도식 - 종석 - 도균 - 민수 - 세혁 - 준호]이다.
③ 호섭이는 세혁이보다 높은 점수를 받았고 민수는 준호보다 높은 점수를 받았다.
  - 호섭>도식>도균>세혁의 순서로 호섭이는 세혁이보다 높은 점수를 받았다. 민수는 가장 낮은 점수를 받지 않았으니 준호보다 점수가 높다.
④ 도식이와 민수의 점수가 가장 근접하다면 이들의 등수를 확정할 수 있다.
  - 도식이와 민수의 점수가 인접하다고 하여 종석이와 호섭이의 등수를 정할 수 없다. 반례를 들어보면 다음과 같다.
  [호섭 - 종석 - 도식 - 민수 - 도균 - 세혁 - 준호]
  [종석 - 호섭 - 도식 - 민수 - 도균 - 세혁 - 준호]
  [호섭 - 도식 - 민수 - 종석 - 도균 - 세혁 - 준호]
⑤ 종석이 바로 앞 등수가 도식이라면 5명의 학생의 등수를 확정할 수 있다.
  - 종석이 바로 앞에 도식이를 배치해보자. 도식이보다 점수가 높은 호섭이를 배치한 후 민수가 들어갈 수 있는 자리를 고민해보면 호섭, 도식, 종석, 준호의 등수를 확정할 수 있다.
  [호섭 - 도식 - 종석 - 민수 - 도균 - 세혁 - 준호]
  [호섭 - 도식 - 종석 - 도균 - 민수 - 세혁 - 준호]
  [호섭 - 도식 - 종석 - 도균 - 세혁 - 민수 - 준호]

082. ⑤

백팀과 청팀의 인원수를 비례식으로 제시했다. 팀원의 수로 가능한 경우를 도출하여 고민해야 하는 가짓수를 좁혀보자. 아무도 속하지 않은 팀은 없다. 각 팀의 인원수의 최솟값은 1이다. 경빈이와 가율이는 홍팀이다. 즉 홍팀은 최소 2명이다. 홍팀이 3명이면 백팀과 청팀의 인원수가 1명이기 때문에 홍팀 2명, 백팀 2명, 청팀 1명이다.

높이뛰기에 참여하지 않은 팀은 없다. 즉 각 팀에서 최소 1명 이상은 높이뛰기에 참석한다. 그런데 지헌이는 멀리뛰기에 참석하니 1명인 청팀일 수 없다. 지헌이는 백팀이다. 아직 고려하지 못한 정보를 미정으로 넣고 정리하면 다음과 같다.

	홍팀(2)	백팀(2)	청팀(1)	팀 미정
높이 뛰기				태연 은찬
멀리 뛰기		지헌		
경기 미정	경빈 가율			

태연이와 은찬이는 백팀인지 청팀인지 확정할 수 없지만 각 팀에 높이뛰기를 하는 인원이 최소 1명은 있어야 하니 높이뛰기를 한다.

083. ②

알파벳으로만 이야기하여 복잡하다. 각자의 진술을 토대로 각 인물이 제출할 수 있는 단어를 한 눈에 보이도록 정보를 정리해보자.

인물	알파벳	safe	ever	nice	zeus	mail
지민	s	O			O	
채이	e		O	O	O	
지후	a	O				O
예진	i			O		O
하음	n∨m			O		O

인물과 단어는 1:1관계다. ever를 고를 수 있는 사람이 채이뿐이기에 채이가 ever를 고른다.

다르게도 풀어보자. 하음이와 예진이가 nice와 mail을 각각 고른다. 채이가 nice를 제출했다면 예진이와 하음이가 제출했을 수 있는 단어가 mail만 남아 채이는 nice를 제출하지 않았다고 알 수 있다. 같은 맥락으로 지후도 mail를 제출하지 않았다고 알 수 있다.
하음이와 예진이가 nice와 mail을 각각 제출했다고 알 수 있지만 하음이가 n이 들어간 단어를 제출했는지, m이 들어간 단어를 제출했는지를 확정할 수 없기에 하음이와 예진이가 선택한 단어를 확정할 수 없다. nice, mail을 지우고 나면 지후는 safe를 제출했다고 알 수 있다. safe를 지우면 지민이가 zeus를 제출했다고 알 수 있다. 남은 단어인 ever는 채이가 제출한 단어다.

하음이가 어떤 단어를 제출했는지와 상관없이 단어를 기준으로 확인하면 ever는 채이만 선택 가능하다. 단어와 인물은 1:1의 관계이기 때문에 채이가 제출한 단어는 ever다. 채이를 지우고 나면 zeus를 고를 수 있는 사람은 지민뿐이다. 따라서 지민이는 zeus를 고른다. 같은 맥락으로 지민이와 채이를 지우고 나면 지후가 safe를 고른다. 하음이가 n이 들어간 단어를 제출했는지, m이 들어간 단어를 제출했는지에 따라 예진이가 제출한 단어가 달라진다.

084. ③

2명이 한 팀이 되어 발표를 하고 인당 2번씩 발표를 한다. 즉 한 인물을 기준으로 팀이 될 수 있는 인원은 2명이다. B는 C와 같은 팀을 이루지 않는다. B는 A, D와 팀을 할 수 있고 C도 A, D와 팀을 할 수 있다. 따라서 가능한 팀은 BA, BD, CA, CD다. 4명에서 2명씩 팀을 이루는 경우는 $_4C_2$로 6가지다. AD가 팀일 수 있는 경우를 빼먹었다. 하지만 이미 A는 B, C와 1번씩 발표를 해야 하고 D 역시 B, C와 1번씩 발표를 해야 한다. B, C를 기준으로 팀을 이룰 수 있는 사람이 A, D 뿐이다. AD가 팀이 되면 2번씩 발표한다는 조건을 만족하지 않는다. 표를 그리되 팀 구성원끼리 같은 주제를 발표한다는 점을 고려해보자.

	A	B	C	D
발성	O			X
PPT작성법				O
퍼실리테이션		O		X
문서작성				O

A와 D는 같은 팀이 아니다. 즉 D가 발표하는 주제는 A가 발표하지 않는다. 따라서 A는 퍼실리테이션을 발표한다. 이는 BA 팀의 주제다.

	A	B	C	D
발성	O			X
PPT작성법	X			O
퍼실리테이션	O	O	X	X
문서작성	X			O

CA팀도 고려해보자. A의 주제인 발성을 C도 발표해야 한다. PPT작성법과 문서작성 주제에 B, C를 1명씩 배치해야 하지만 누가 어떤 주제를 발표하는지는 확정할 수 없다.

	A	B	C	D
발성	O	X	O	X
PPT작성법	X			O
퍼실리테이션	O	O	X	X
문서작성	X			O

085. ④

5명의 상태는 참으로 응답, 거짓으로 응답, 무응답으로 3가지다. A, D, B는 응답하고 E와 C중 1명만 무응답으로 임하기 때문에 응답하는 인원은 4명, 무응답으로 임하는 인원은 1명이다. 거짓으로 응답하는 사람이 2명이니 참으로 응답하는 사람도 2명이다. 가지치기로 풀어도 되겠지만 거짓으로 응답하는 인원이 AD, AE, AC, DE, DC인 경우로 나누어 고민해보자.

	거짓으로 응답		참으로 응답		무응답
Case 1	A	D	B	E	C
Case 2	A	D	B	C	E
Case 3	A	E	B	D	C
Case 4	A	C	B	D	E
Case 5	D	E	B	A	C
Case 6	D	C	B	A	E

AD가 거짓으로 응답하는 경우 C가 무응답인 경우와 E가 무응답인 경우로 나눌 수 있다. 이는 Case 1, 2에 해당한다.

086. ①

이들의 상태가 조건추리와 삼단논법으로 2가지다. 삼단논법을 푸는 인원이 3명이니 조건추리를 푸는 인원은 2명이다. A 또는 D 중에 1명이 조건추리를 푼다. B와 C가 푸는 문제가 같지 않기 때문에 둘 중 1명이 조건추리를 푼다. 아직 언급하지 않은 E는 삼단논법을 푼다. ⑤번을 소거하자. E가 삼단논법을 풀기 때문에 D는 삼단논법을 푼다. 따라서 A는 조건추리를 푼다. 'C가 조건추리를 푼다면 A는 삼단논법을 푼다.'를 대우하면 'A가 삼단논법을 풀지 않는다면 C는 조건추리를 풀지 않는다.'이다. 이들의 상태는 2가지이기 때문에 'A가 조건추리를 푼다면 C는 삼단논법을 푼다.'로 편하게 이해할 수 있다.

B와 C가 푸는 문제가 같지 않다. 따라서 B는 조건추리를 푼다.

087. ②

〈보기〉의 내용만으로 정리할 수 있는 내용이 많지 않다. 기술영업팀의 팀원 중 1명이 반차를 쓴다는 정보만으로 경영지원팀의 2명이 반차를 쓰는지, 연구개발팀의 2명이 반차를 쓰는지 확정할 수 없다. ①, ⑤번을 보류하고 ②, ③, ④번을 먼저 확인해보자.

② 하윤이가 반차를 쓴다면 라희도 반차를 쓴다.

- 기술영업팀은 1명만 반차를 쓴다. 하윤이가 반차를 쓰면 이현이는 반차를 쓰지 않는다. 이현이가 반차를 쓰지 않기 때문에 〈보기〉의 2번째 조건을 대우하여 예원이도 반차를 쓰지 않는다고 알 수 있다. 따라

서 남은 인원인 유라, 동우, 라희가 반차를 쓴다.

③ 이현이가 반차를 쓴다면 유라는 반차를 쓰지 않는다.
 - 이현이가 반차를 쓰면 하윤이는 반차를 쓰지 않는다. 하윤이가 반차를 쓰지 않으니 동우도 쓰지 않는다. 각 팀에는 반차를 쓰는 인원이 최소 1명은 있어야 하기 때문에 라희는 반차를 쓴다. 연구개발팀에서 1명만 반차를 쓰기 때문에 경영지원팀인 예원, 유라는 반차를 쓴다.

④ 예원이가 반차를 쓴다면 동우는 반차를 쓴다.
 - 예원이가 반차를 쓰면 이현이도 반차를 쓴다. 기술영업팀은 1명만 반차를 쓰기 때문에 하윤이는 반차를 쓰지 않는다. 이에 따라 동우도 반차를 쓰지 않는다.

088. ⑤

지성이 앞에 줄은 4명, 영훈이 앞에 줄은 3명이다. E와 A가 싸인을 원하는 사람은 같지 않다. 둘 중 1명은 지성이 앞에 줄을 서고 나머지 1명은 영훈이 앞에 줄을 선다.
C와 G사이에 1명이 줄을 서고 B 바로 뒤에는 D가 줄을 선다. 둘이 같은 인물의 싸인을 원한다면 5명이 일렬로 줄을 서는 경우가 되는데 각 줄은 4명 또는 3명이다. 따라서 C/G가 지성이의 싸인을 원하는 경우와 영훈이의 싸인을 원하는 경우로 나누어 보자.(=B/D가 영훈이의 싸인을 원하는 경우와 지성이의 싸인을 원하는 경우로 나누어 보자.)
F 뒤에는 2명이 줄을 선다. B/D가 영훈이의 싸인을 원한다면 F는 영훈이 앞의 줄을 설 자리가 없다. 나머지 한 자리는 A 또는 E의 자리다. C/G가 영훈이의 싸인을 원한다고 하더라도 나머지 한 자리는 A 또는 E의 자리다. 따라서 F는 지성이의 싸인을 원한다.
경우를 나누지 않아도 답이 나왔지만 이를 경우를 나누어 정리해보면 다음과 같다. Case 1, 2는 B/D가 영훈이의 싸인을 원하는 경우인데 B/D의 순서가 1/2번째인 경우와 2/3번째인 경우로 나누었다.

지성	C/G	F	G/C	E/A
영훈	B	D	A/E	X

Case 1

지성	C/G	F	G/C	E/A
영훈	A/E	B	D	X

Case 2

지성	E/A	F	B	D
영훈	C/G	E/A	G/C	X

Case 3

089. ⑤

꽃병 B에 백합을 고정하자. 꽃병 A는 백합 또는 안개꽃을 꽂는데 이미 백합은 꽃병 B에 꽂았으니 꽃병 A에 반드시 안개꽃을 꽂는다. 같은 맥락으로 꽃병 C에 반드시 라일락을 꽂는다.

라일락	수국	백합	팬지	안개꽃
C		B		A

따라서 꽃병 C에 꽂을 수 있는 꽃은 라일락, 수국, 팬지다.

090. ②

팀장의 직급이 같은 팀은 인접한 층에 위치하지 않는다. 상무가 3명이니 1, 3, 5층에는 팀장이 상무인 팀, 2, 4층에는 팀장이 전무인 팀이 위치한다.
을팀 바로 아래층에 병팀이 위치한다. 정팀과 무팀 사이에 1개 팀이 위치하는데 을팀과 병팀은 들어갈 수 없다. 따라서 정팀과 무팀 사이에 갑팀이 위치한다. 다만 정팀이 무팀보다 위층인지 아래층인지는 확정할 수 없다.
을팀/병팀과 정팀/무팀/갑팀이 위치할 때 서로 위, 아래인 경우 2가지, 정팀과 무팀이 자리를 바꿀 수 있는 2가지로 총 4가지 경우를 정리하면 다음과 같다.

층	1	2	3	4	5
팀장	상무	전무	상무	전무	상무
Case 1	병	을	정	갑	무
Case 2	병	을	무	갑	정
Case 3	정	갑	무	병	을
Case 4	무	갑	정	병	을

091. ①

같은 종류의 음식을 먹는 인원끼리 인접하게 앉지 않는다. 따라서 치킨을 먹는 3명이 앉는 자리를 선으로 연결하면 삼각형 또는 역삼각형의 형태를 보인다.
E와 C가 마주 보며 식사한다. 이 둘을 고정하자. C의 자리를 고정했으니 A, B가 앉는 자리도 한정된다. A, B의 자리를 확정할 수 없으니 2가지 경우로 나누어 보자.

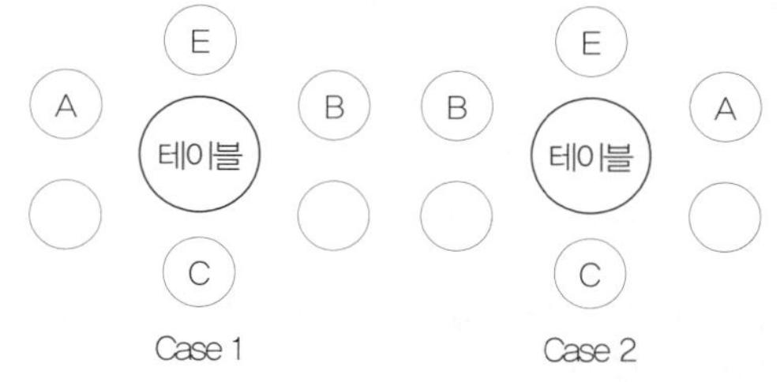

B와 F는 인접한 자리에 앉지 않는다. 따라서 F는 A, C 사이의 자리에 앉는다. 남은 자리에 아직 언급하지 않은 D를 배치하자.

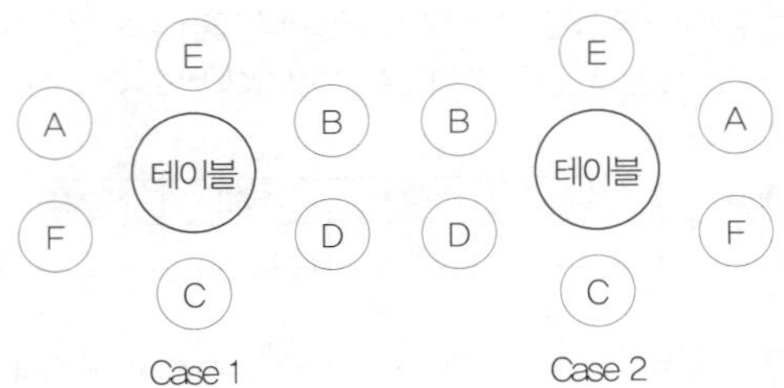

092. ②

A가 취득한 자격증을 B도 취득했다. 인당 2개씩 자격증을 취득했기 때문에 A, B가 취득한 자격증이 같다. 같은 맥락으로 C, D가 취득한 자격증은 겹치지 않는다.

A, C가 정보처리기사 자격증을 취득했으니 B는 정보처리기사를 취득하고 D는 정보처리기사를 취득하지 않는다고 알 수 있다.

또한 D와 B는 일반기계기사 자격증을 취득했다. 이를 통해 A, B가 취득한 자격증은 기계기사, 정보처리기사이고 C는 일반기계기사를 취득하지 않았다고 알 수 있다.

위 과정을 표로 간단하게 나타내면 다음과 같다.

A	B	C	D
정보처리	정보처리	정보처리	~정보처리
일반기계	일반기계	~일반기계	일반기계

따라서 C는 정보처리기사, 전기기사를 취득하는 경우와 정보처리기사, 화공기사를 취득하는 경우 2가지가 가능하다. C가 취득한 자격증에 따라 D가 취득하지 않는 자격증을 알 수 있으니 4명이 자격증을 취득하는 경우는 2가지라고 알 수 있다.

093. ③

5명이 4층에 살고 아무도 살지 않는 층은 없다. 몇 층인지 확정할 수 없지만 2명이 함께 사는 층이 있다. B가 사는 층보다 낮은 층에 3명이 사는 틀은 다음과 같다.

B	

B	

B	

위 틀에서 E 바로 아래 D가 살고 C가 A보다 높은 층에 사는 경우는 다음과 같다.

B	E
D	
C	
A	

B	C
E	
D	
A	

B	C
A	
E	
D	

C	
B	
E	A
D	

C	
B	
E	
D	A

094. ②

A와 H를 고정하자. B와 같은 행이며 바로 왼쪽자리에 F가 앉는다. F가 앉을 수 있는 자리는 나-1, 가-3, 나-3이다. 그런데 가-3은 D가 앉을 자리가 없기에 F가 앉을 수 없다. G와 E 사이에 빈 좌석이 있어야 하는데 B, F가 어떻게 앉든 G와 E는 같을 열에 앉지 못한다. 따라서 G와 E는 같은 열이 아니라 같은 행에 앉는다고(=가로로 나란하게 앉는다고) 생각할 수 있다. 따라서 G와 E는 가-3, 다-3에 앉는다. 다만 G의 자리가 가-3인지 다-3인지 고정할 수 없다.

가-1	나-1	다-1
A		
가-2	나-2	다-2
	H	
가-3	나-3	다-3
G/E	╳	E/G

좌/우로 인접하게 앉을 수 있는 좌석은 나-1, 다-1만 남는다. 이 좌석은 F, B의 자리라고 알 수 있다. D는 F보다 왼쪽 자리에 앉으니 D는 가-2에 앉는다. 아직 언급하지 않은 C는 다-2에 앉는다.

가-1	나-1	다-1
A	F	B
가-2	나-2	다-2
D	H	C
가-3	나-3	다-3
G/E	╳	E/G

095. ③

A사업부를 5층, C사업부를 1층에 고정하자. A사업부와 B사업부의 층수 차이는 C사업부와 D사업부의 층수 차이와 같다. 즉 B사업부가 2층이면 D사업부는 4층이고 B사업부가 4층이면 D사업부가 2층이다. 그런데 E사업부는 D사업부보다 높은 층에 있기 때문에 D사업부는 4층일 수 없다. 따라서 B사업부가 4층, E사업부가 3층, D사업부는 2층이다.

096. ④

고정할 수 있는 조건부터 정리해보자. 4등에 충청도, 3등에 E(경상도)를 배치하자. 강원도인 두 사람의 등수 차이는 2라고 한다. 즉 사이에 1명이 있다는 말이다. 강원도인 사람은 5, 7등이다.

	1등	2등	3등	4등	5등	6등	7등
인물			E				
고향			경상	충청	강원		강원

고향이 같은 인원끼리 순위가 인접하지 않다. 따라서 경기도인 2명은 1, 2등일 수 없다. 둘 중 1명은 6등이어야 한다. 아직 언급하지 않은 충청도 1명은 1등 또는 2등이다. 하지만 몇 등인지는 확정할 수 없다.

	1등	2등	3등	4등	5등	6등	7등
인물			E				
고향	경기/충청		경상	충청	강원	경기	강원

A는 C보다 등수가 높다. A는 강원도이고 C는 경기도이다. 이를 만족하기 위해서는 A는 5등, C는 6등이어야 한다.

	1등	2등	3등	4등	5등	6등	7등
인물			E		A	C	B
고향	경기/충청		경상	충청	강원	경기	강원

경우의 수를 헤아려보자. 충청도인 F, G 중 1명을 4등에 고정 후 1, 2등에 남은 충청도 사람과 D(경기도)를 배정하게 된다. 총 4가지다.

Case 1. 4등: F, 1등: D, 2등: G

Case 2. 4등: F, 1등: G, 2등: D

Case 3. 4등: G, 1등: D, 2등: F

Case 4. 4등: G, 1등: F, 2등: D

097. ④

A, B, D에 대한 언급을 채워보자. C와 E는 같은 종류의 채소를 심는다. 따라서 이미 B가 심은 당근을 C와 E는 심지 않는다.

	오이(2)	양파(2)	당근(2)
A		X	
B	X	X	O
C			X
D	X		
E			X

빈칸이 많다. 선택지에 ~라면의 형식으로 정보를 제공하고 있다. C와 E가 같은 종류의 채소를 심는다는 조건을 기억하며 선택지의 값을 채워보자. ⑤번은 이미 항상 참이다.

① A가 당근을 심는다면, C는 오이를 심는다.

– A가 당근을 심는다.(1) 당근의 2명이 결정되었으니 D는 당근을 심지 않는다.(2) D가 심을 수 있는 채소가 양파만 남기에 D는 양파를 심는다.(3) C와 E는 같은 종류의 채소를 심는데 이미 양파는 D가 심었으니 C, E가 양파를 심을 수 없다. C, E는 오이를 심는다.(4)

	오이(2)	양파(2)	당근(2)
A		X	O(1)
B	X	X	O
C	O(4)	X(4)	X
D	X	O(3)	X(2)
E	O(4)	X(4)	X

② A가 오이를 심는다면, C는 양파를 심는다.

– A가 오이를 심는다.(1) C와 E는 같은 종류의 채소를 심는데 이미 오이를 A가 심었으니 C, E가 오이를 심을 수 없다. C, E는 양파를 심는다.(2)

	오이(2)	양파(2)	당근(2)
A	O(1)	X	X(1)
B	X	X	O
C	X(2)	O(2)	X
D	X		
E	X(2)	O(2)	X

③ A가 당근을 심는다면, D는 양파를 심는다.

– ①번을 고민한 과정을 참조해보면 A가 당근을 심는다면 D는 양파를 심는다.

④ D가 양파를 심는다면, A는 오이를 심는다.

– D가 양파를 심는다.(1) C와 E는 같은 종류의 채소를 심는데 이미 양파는 D가 심었으니 C, E가 양파를 심을 수 없다. C, E는 오이를 심는다.(2) 오이를 심는 2명이 결정됐다. A는 오이를 심지 않는다.(2)

	오이(2)	양파(2)	당근(2)
A	X(3)	X	
B	X	X	O
C	O(2)	X(2)	X
D	X	O(1)	
E	O(2)	X(2)	X

098. ①

제약사항을 확인해보자. 성이 같은 사람끼리 연속으로 이웃하지 않는다. 따라서 [남–여–남–여–남–여–남]의 순서로 줄을 섰다. B는 C보다 먼저 줄을 섰으니 2, 4번째 자리에 줄을 설 수 있다. 그런데 B는 D보다 늦게 줄을 서고 D는 1번째로 줄을 서지 않았으니 B는 4번째에 줄을 섰다. 자연스럽게 2번째 자리는 A, 6번째 자리는 C가 줄을 섰다고 알 수 있다.

1	2	3	4	5	6	7
남	여	남	여	남	여	남
	A		B		C	

D는 B보다 먼저 줄을 섰고 가장 먼저 줄을 서지 않았다. 즉 D는 3등이다. A와 G가 이웃하여 줄을 섰으니 A는 1번째로 줄을 섰다. 남은 자리는 5, 7번째이고 F와 E가 남았

다. F는 E보다 먼저 줄을 서니 F가 5번째고 E가 7번째다.

1	2	3	4	5	6	7
남	여	남	여	남	여	남
G	A	D	B	F	C	E

099. ⑤

같은 메뉴를 먹는 상급생이 없다. 4가지 메뉴 각각을 상급생이 1명씩 먹는다. 하급생도 같은 메뉴를 먹는 사람은 없지만 3명이기 때문에 하급생은 먹지 않는 메뉴가 한 가지 존재한다.

B와 F는 같은 메뉴를 먹는다. 그런데 양식은 1명만 먹고 일식은 이미 D가 먹는다. 따라서 B, F는 한식 또는 중식을 먹는다. A가 먹는 메뉴는 1명만 먹지 않는다. 따라서 양식은 먹지 않는다.

이를 정리하면 상급생인 A, B, D는 양식을 먹지 않는다. 따라서 C가 양식을 먹는다. 양식을 먹는 인원이 1명이기 때문에 C와 E는 같은 음식을 먹을 수 없다.

100. ④

B의 말이 참이라면 C의 말이 거짓이다. C의 말이 참이라면 B의 말이 거짓이다. C가 국밥을 먹는 경우 B, C 둘 다 거짓이지만 이는 1명만 거짓을 말한다는 문제의 조건을 벗어난다. 결과적으로 A, D의 말은 참이라고 알 수 있다. B가 참인 경우와 C가 참인 경우로 나누어 접근해보자.

Case 1. B가 참인 경우

A는 국밥을 먹지 않으니 덮밥, 비빔밥, 볶음밥을 먹는다. B의 말을 참이라 가정하면 C는 덮밥 또는 비빔밥을 먹는다. D의 진술까지 포함하여 가지치기하면 다음과 같다.

A	C	B	D
덮밥	비빔밥	볶음밥	국밥
비빔밥	덮밥	볶음밥	국밥
볶음밥	덮밥	비빔밥	국밥
	비빔밥	(불가)	

Case 2. C가 참인 경우

C의 말이 참이라 가정하면 C는 볶음밥을 먹는다. B가 먹을 수 있는 볶음밥과 비빔밥 중 볶음밥을 이미 C가 먹으니 B는 비빔밥을 먹는다. 같은 맥락으로 A는 국밥을 먹지 않으니 덮밥, 비빔밥, 볶음밥을 먹을 수 있지만 남은 것은 덮밥이다.

C	B	A	D
볶음밥	비빔밥	덮밥	국밥

따라서 D는 항상 국밥을 먹는다.

101. ②

변수를 점검해보자. 인원이 3명이고 장소는 4곳, 일차는 4일이다. 인물을 표 안에 넣는 것이 좋겠다. 같은 일차에 같은 장소를 가는 인원은 없다. 즉 일차를 기준으로 값이 중복되지 않는다. 또한 3명이 4일간 4곳을 가기 때문에 장소를 기준으로 아무도 오지 않는 일차가 존재한다. 표를 채울 때 X로 출장을 가지 않는 인원이 있다는 것을 표기하여 빈칸과의 혼란을 줄여보자. 채울 수 있는 정보를 채우면 다음과 같다.

	갑	을	병	정
1일차	X			
2일차		아라		
3일차			찬우	
4일차			X	

병을 기준으로 아라, 보영을 넣을 수 있는데, 이미 아라는 2일차에 을을 간다고 알 수 있으니 병의 2일차는 보영, 1일차는 아라가 출장을 간다.(1)

또한 아무도 가지 않는 X를 기준으로 확인해보자. 같은 날 아무도 방문하지 않는 곳이 2곳 이상이라면 다른 일차에 같은 곳을 방문하는 인원이 발생한다. 따라서 X도 같은 날에 발생하지 않는다. 을을 기준으로 보면 1일차는 이미 갑이 X다. 4일차는 병이 X다. 을에서 X가 발생하려면 2일차 또는 3일차에 발생해야 하는데 이미 아라가 2일차에 출장을 가기 때문에 3일차에 X다. 즉 3일차에 아무도 을로 출장을 가지 않는다. X가 3번 나왔다. 아직 X를 채우지 않은 2일차, 정에 X의 값을 추가하자.(2)

2일차를 기준으로 아라, 보영, X의 값을 채웠다. 2일차의 남은 칸인 갑으로 출장을 가는 사람은 찬우다.(3)

	갑	을	병	정
1일차	X		아라(1)	
2일차	찬우(3)	아라	보영(1)	X(2)
3일차		X(2)	찬우	
4일차			X	

102. ①

문제가 조금 복잡하다. 참여라는 상태와 메달 획득이라는 상태가 있다. 두 가지 상태 및 종목별 2명이 참여했다는 제약조건을 고려하며 표를 채워보자. 인당 2개 이상의 종목에 참여할 가능성이 있으니 한 눈에 알아보도록 참여는 O, 미참여는 X, 참여하여 메달을 획득했으면 V로 표기하자.

B는 육상과 스키 종목에 참여했고 A는 B가 참여한 종목에 참여하지 않았다. A는 2개 종목을 참여하니 수영과 사격에 참여했다. C는 수영만 참여했다. 수영 종목에 참여하는

2명을 알았기 때문에 D는 수영 종목에 참여하지 않는다. 인당 2명이 참여한다는 조건을 토대로 D는 육상, 스키, 사격에 참여한다고 알 수 있다.

	육상(2)	스키(2)	수영(2)	사격(2)
A(2)	X	X	O	O
B	O	O	X	X
C	X	X	O	X
D	O	O	X	O

4명 모두 1개 종목에서만 메달을 획득했고 종목별 메달은 1개씩이다. C는 수영 종목 하나만 참여했기 때문에 C는 수영에서 메달을 획득했다. C가 수영에서 메달을 획득했으니 A는 수영에서 메달을 획득할 수 없다. 즉 A는 사격에서 메달을 획득했다. B와 D는 둘 중 누가 육상에서 메달을 획득했는지 확정할 수 없다.

	육상(2)	스키(2)	수영(2)	사격(2)
A(2)	X	X	O	V
B	O	O	X	X
C	X	X	V	X
D	O	O	X	O

103. ①

각 칸에 넣을 수 있는 정보부터 넣어보자.

1	2	3	4	5	6	7
					C	
	그룹				파트	

이후 같은 직책끼리 인접하게 줄을 서지 않는다는 조건을 고민하며 D와 F를 배치해보자. 1) D와 F가 1/4번째로 줄을 서는 경우, 2) F가 2번째고 D가 5번째로 줄을 서는 경우, 3) D와 F가 4/7번째로 줄을 서는 경우로 나눌 수 있다.

1) D와 F가 1/4번째로 줄을 서는 경우
F는 그룹장이기에 2번 자리와 인접할 수 없다. D가 1번째, F가 4번째다. 그런데 D보다 앞에 G가 줄을 서야 하는데 G가 줄을 설 자리가 없다. 조건을 만족하지 않는다.
2) F가 2번째고 D가 5번째로 줄을 서는 경우
그룹장인 F는 2번째로도 줄을 설 수 있다. 그런데 D가 5번째이면 파트장인 C와 인접하게 줄을 선다. 따라서 조건을 만족하지 않는다.
3) D와 F가 4/7번째로 줄을 서는 경우
D는 파트장이기에 C와 인접하게 줄을 서지 않는다. D는 4번째로 줄을 선다. F가 아닌 또 다른 그룹장인 E는 2번째로 줄을 선다.

1	2	3	4	5	6	7
	E		D		C	F
	그룹		파트		파트	그룹

G는 D보다 앞에 줄을 서니 1, 3번째로 줄을 설 수 있다. 남은 A와 B는 B가 A보다 뒤에 줄을 서도록 하면 조건을 만족시킬 수 있다.

1	2	3	4	5	6	7
G	E	A	D	B	C	F
팀장	그룹	셀장	파트	셀장	파트	그룹

1	2	3	4	5	6	7
A	E	G	D	B	C	F
셀장	그룹	팀장	파트	셀장	파트	그룹

그룹장인 F가 2번째라고 고민할 수 있지만 D가 5번째로 줄을 서면 파트장끼리 인접하게 되기 때문에 조건을 만족시킬 수 없다.

104. ③

같은 음식을 먹는 인원끼리 인접하게 앉지 않는다. 따라서 음식별 인원수는 3명, 2명, 1명이다. A만 유일하게 중식을 먹는다. 따라서 1명이 먹는 음식의 종류는 중식이다. D와 E가 먹는 음식이 다르다. 둘 중 1명은 양식을 나머지 1명은 한식을 먹는다. 하지만 누가 어느 음식을 먹는지 모른다. C와 F는 같은 음식을 먹는다. 따라서 C와 F는 3명이 먹는 음식을 먹는다. 아직 언급되지 않은 B는 2명이 먹는 음식을 먹는다. 이를 정리하면 다음과 같다.

– 3명, 모름, C, F, D/E
– 2명, 모름, B, E/D
– 1명, 중식, A

B와 E는 마주 보고 식사한다. 따라서 B와 E는 같은 음식을 먹는다고 볼 수 없다. 이에 따라 2명이 먹는 음식은 B와 D, 3명이 먹는 음식은 C, F, E가 먹는다. E가 한식을 먹는다는 정보에 따라 C, F, E는 한식, B, D는 양식을 먹는다고 알 수 있다.

– 3명, 한식, C, F, E
– 2명, 양식, B, D
– 1명, 중식, A

105. ②

채울 수 있는 정보를 먼저 채워보자. A, C는 버섯을 선택했고 인당 재료를 2개씩, 당근은 3명이 선택한다. C와 D가 선택한 재료는 다르다. 따라서 둘 중 1명만 당근을 선택할 수 있고 A, B는 당근을 선택한다.

	A(2)	B(2)	C(2)	D(2)
콩나물	X			
무	X			
당근(3)	O	O		
버섯	O		O	

B는 콩나물과 무 중 적어도 한 가지를 선택한다. 그런데 이미 당근을 선택한다고 알고 있고 2개 재료만 선택하기 때문에 버섯은 선택하지 않는다. 또한 C는 D가 선택한 재료를 선택하지 않기에 D는 버섯을 선택하지 않는다.

	A(2)	B(2)	C(2)	D(2)
콩나물	X			
무	X			
당근(3)	O	O		
버섯	O	X	O	X

C, D의 콩나물, 무, 당근의 선택여부와 B의 콩나물, 무의 선택여부는 확정할 수 없다.

106. ②

맵기 정도를 선택한 인원 수를 고민해보자. 매운맛〉보통맛, 보통맛≤순한맛이다. 보통맛을 고른 사람이 순한 맛을 고른 사람보다 많지 않다는 것은 적거나 같다고 생각할 수 있다. 이를 기준으로 경우를 뽑아보자.

Case 1. 매운맛 3명, 보통맛 2명, 순한맛 2명
Case 2. 매운맛 3명, 보통맛 1명, 순한맛 3명
Case 3. 매운맛 4명, 보통맛 1명, 순한맛 2명
Case 4. 매운맛 2명, 보통맛 1명, 순한맛 4명

매운맛을 고른 사람은 짝수번째로 줄을 섰다. 최대 3명이 매운맛을 고를 수 있다. Case 3은 조건을 만족하지 않는다. Case 4에서 순한맛을 고른 사람이 4명이라 하는데 이는 같은 맵기 정도를 고른 인원끼리 인접하게 줄을 서지 않는다는 조건을 만족하지 못한다.
3번째로 줄을 서는 A가 순한 맛을 고르고 5번째로 줄을 서는 E가 보통맛을 고른다는 정보도 넣어보자.

순서	1	2	3	4	5	6	7
맵기		매운	순한	매운	보통	매운	
인물			A		E		

G 바로 뒤에 D가 줄을 섰다. G/D가 1/2번째로 줄을 서거나 6/7번째로 줄을 섰다. 그런데 G와 B 사이에 1명이 줄을 서기 때문에 G는 1번째로 줄을 설 수 없다. 따라서 G/D는 6, 7번째로 줄을 섰고 B는 4번째로 줄을 섰다.

순서	1	2	3	4	5	6	7
맵기		매운	순한	매운	보통	매운	
인물			A	B	E	G	D

1, 7번째의 맵기를 정하지 못했다. 보통맛-보통맛, 순한맛-보통맛, 보통맛-순한맛이 가능하다. 언급하지 않은 인물은 C, F는 1번째와 2번째에 줄을 서지만 누가 1번째인지 확정할 수 없다.

107. ②

제약사항을 확인해보자. 4명이 하루에 한 과목을 공부하며 4개 과목을 모두 공부한다. 즉 과목을 기준으로 값이 중복되지 않는다. 또한 지안이와 주영이는 요일을 기준으로 값이 중복되지 않는다. 표를 그릴 때 사람을 데이터로 넣는 것이 편하지만 한 칸에 중복으로 들어갈 가능성이 있기 때문에 과목을 데이터로 넣자. 지안이와 주영이를 비교하기 편하게 표에서 인물의 순서를 바꿨다.
목요일에 추리를 공부하는 사람은 주영이 뿐이다. 하랑, 민찬, 지안이는 목요일에 추리를 공부하지 않는다. 지안이는 화요일에 시각을 공부한다. 이에 따라 주영이는 화요일에 시각을 공부하지 않는다. 민찬이와 주영이만 금요일에 수리를 공부한다. 하랑이와 주영이는 금요일에 수리를 공부하지 않는다.

	하랑	민찬	지안	주영
화			시각	~시각
수				
목	~추리	~추리	~추리	추리
금	~수리	수리	~수리	수리

주영이를 기준으로 언어와 시각이 남았다. 주영이는 화요일에 시각을 공부하지 않기 때문에 화요일에 언어, 수요일에 시각을 공부한다. 수요일에 언어를 공부하는 사람이 2명이다. 하랑이와 민찬이는 같은 날에 언어를 공부하지 않는다. 따라서 지안이가 수요일에 언어를 공부한다. 지안이의 목, 금에 수리와 추리가 남았다. 목요일에 수리, 금요일에 추리를 공부한다고 알 수 있다.

	하랑	민찬	지안	주영
화			시각	언어
수			언어	시각
목	~추리	~추리	수리	추리
금	~수리	수리	추리	수리

더 채울 곳이 없다고 보인다. 하랑이가 언어를 공부한 다음날 민찬이가 언어를 공부한다. 즉 하랑이는 화요일 또는

수요일에 언어를 공부할 수 있다. 이를 토대로 선택지를 판별하자.

① 민찬, 지안이가 같은 요일에 같은 과목을 공부하지 않는다면 민찬이는 수요일에 시각을 공부한다.

– 지안이가 수요일에 언어를 공부한다. 따라서 민찬이는 목요일에 언어를 공부하고 하랑이는 화요일에 언어를 공부한다. 민찬이 기준으로 시각과 추리를 화, 수요일에 채워야 하는데 지안이가 화요일에 시각을 공부하기 때문에 민찬이는 수요일에 시각을 공부한다.

	하랑	민찬	지안	주영
화		추리	시각	언어
수	언어	시각	언어	시각
목	~추리	언어	수리	추리
금	~수리	수리	추리	수리

② 하랑, 주영이가 같은 요일에 같은 과목을 공부하지 않는다면 하랑이는 화요일에 수리를 공부한다.

– 주영이가 화요일이 언어를 공부한다. 따라서 하랑이는 수요일에 언어를 공부하고 민찬이는 목요일에 언어를 공부한다. 하지만 하랑이가 화요일에 수리, 추리, 시각 중 어떤 과목을 공부하는지는 확정할 수 없다.

	하랑	민찬	지안	주영
화			시각	언어
수	언어		언어	시각
목	~추리	언어	수리	추리
금	~수리	수리	추리	수리

③ 목요일에 언어를 공부하는 사람이 없다면 하랑이는 화요일에 언어를 공부한다.

– 목요일에 언어를 공부하는 사람이 없기 때문에 하랑이는 화요일에 언어, 민찬이는 수요일에 언어를 공부한다.

	하랑	민찬	지안	주영
화	언어		시각	언어
수		언어	언어	시각
목	~추리	~추리	수리	추리
금	~수리	수리	추리	수리

④ 수요일에 수리를 공부하는 사람이 1명이라면 민찬이는 목요일에 시각을 공부한다.

– 수요일에 수리를 하랑이 또는 민찬이 중 1명이 공부한다. 이미 민찬이는 금요일에 수리를 공부하기 때문에 하랑이가 수요일에 수리를 공부한다. 이를 기반으로 하랑이는 화요일에 언어, 민찬이는 수요일에 언어를 공부한다고 알 수 있다.

하랑이는 목요일에 추리를 공부하지 않는다. 즉 하랑이는 금요일에 추리, 목요일에 시각을 공부한다.

	하랑	민찬	지안	주영
화	언어		시각	언어
수	수리	언어	언어	시각
목	시각	~추리	수리	추리
금	추리	수리	추리	수리

⑤ 화요일에 시각을 공부하는 사람이 1명이라면 민찬이는 화요일에 추리를 공부한다.

– 하랑이와 민찬이는 화요일에 시각을 공부하지 않는다. 하지만 뾰족한 정보가 아닌 것으로 보인다. 하랑이가 언어를 화요일에 공부하는 경우와 수요일에 공부하는 경우로 나누어 고민해보자.

	하랑	민찬	지안	주영
화	언어	추리	시각	언어
수		언어	언어	시각
목	~추리	시각	수리	추리
금	~수리	수리	추리	수리

하랑이가 화요일에 언어, 민찬이가 수요일에 언어를 공부한다고 가정하자. 민찬이는 목요일에 추리를 공부하지 않기 때문에 민찬이는 화요일에 추리, 목요일에 시각을 공부한다.

	하랑	민찬	지안	주영
화		추리	시각	언어
수	언어	시각	언어	시각
목	~추리	언어	수리	추리
금	~수리	수리	추리	수리

하랑이가 수요일에 언어, 민찬이가 목요일에 언어를 공부한다고 가정하자. 민찬이의 화, 수요일에 공부하는 과목은 추리와 시각이다. 그런데 화요일에 시각을 공부할 수 없으니 민찬이는 화요일에 추리를, 수요일에 시각을 공부한다.

108. ①

학년에 대한 정보를 획득해보자. 2학년은 3학년보다 많다. 따라서 1, 2, 3학년 순서로 3명, 2명, 1명인 경우와 2명, 3명 1명인 경우, 1명, 3명, 2명인 경우로 나눌 수 있다. 세 가지 경우로 학년이 나뉜다는 정보와 같은 학년끼리 인접하게 앉지 않는다는 정보를 염두하며 자리를 배치해보자.
D와 F는 마주 보고 앉는다. B는 C와 인접한 왼쪽 자리에 앉는다. B와 C를 배치하는 경우 2가지로 나누어 고민해보자.

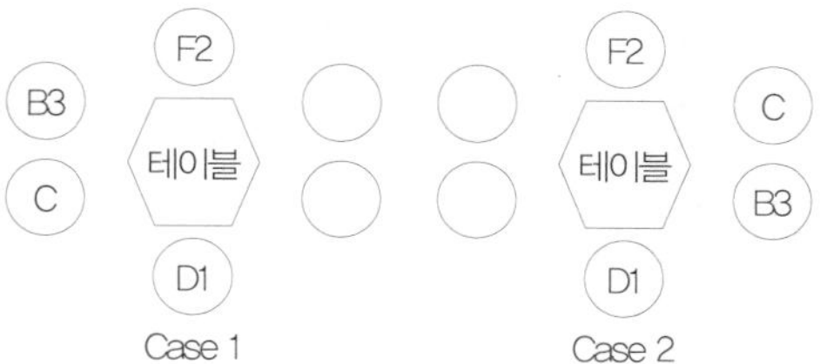

A와 C의 학년이 같다. 학년에 대한 경우를 고민해보면 1학년 또는 2학년이 3명이다. 3학년이 3명인 경우는 성립하지 않는다. 학년이 같은 세 명이 삼각형 또는 역삼각형으로 앉을 수밖에 없다는 점을 고려해보면 Case 1에서는 2학년이 3명이고 Case 2에서는 1학년이 3명이다. 즉 Case 1에서는 A는 2학년이고 D와 인접한 자리에 앉고 Case 2에서는 A는 1학년이고 F와 인접한 자리에 앉는다.

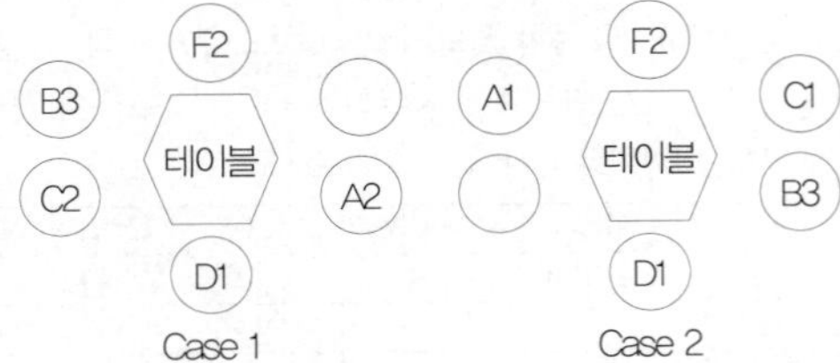

1학년이 3명인 경우 2학년이 2명, 3학년이 1명이지만 2학년이 3명인 경우 1학년이 2명인지 3학년이 2명인지 확정할 수 없다. 이에 따라 Case 1에서 E가 가능한 학년은 1학년 또는 3학년이다. 이에 맞춰 경우를 나눠보자.

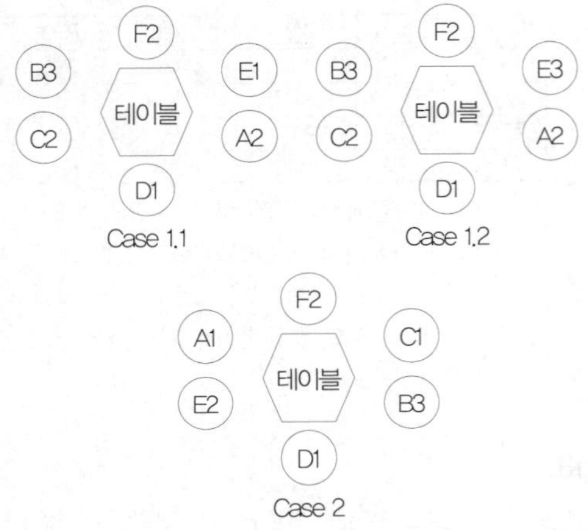

CHAPTER 03 조건추리 Lv.3 108번뇌 정답 및 해설

● **복습방법**

1. 틀린 문제를 해설지를 보지 않고 다시 풀어보기
   - 처음부터 해설지를 보면 연습 불가
   - 주어진 조건을 통해 추가 정보를 얻는 연습
2. 실제 시험이라면 버릴 문제인지 아닌지 판별하기
   - 버릴 문제유형의 예
     (1) 유동적인 변수가 많아 경우의 수가 증가하는 문제
     (2) 선택지에 '~라면'으로 제시된 내용을 일일이 대입하여 푸는 문제
     (3) 정보 가공이 복잡하여 풀이시간이 오래 걸리는 문제
     ※ 상기 문제의 예의 유형을 모두 버리라는 뜻이 아니라 주로 어렵게 느껴지는 문제 유형이 위와 같다는 의미로 이해해주세요!
3. 전체 문제 다시 풀어보기

001번	002번	003번	004번	005번	006번	007번	008번	009번	010번
③	③	④	①	②	①	②	①	④	③
011번	012번	013번	014번	015번	016번	017번	018번	019번	020번
⑤	③	③	④	③	①	④	③	④	②
021번	022번	023번	024번	025번	026번	027번	028번	029번	030번
⑤	③	①	②	③	④	③	②	④	③
031번	032번	033번	034번	035번	036번	037번	038번	039번	040번
①	④	②	②	①	⑤	①	④	②	③
041번	042번	043번	044번	045번	046번	047번	048번	049번	050번
⑤	⑤	⑤	①	①	④	⑤	③	③	④
051번	052번	053번	054번	055번	056번	057번	058번	059번	060번
③	⑤	③	⑤	③	②	①	③	⑤	③
061번	062번	063번	064번	065번	066번	067번	068번	069번	070번
②	④	④	①	③	④	①	③	④	②
071번	072번	073번	074번	075번	076번	077번	078번	079번	080번
⑤	①	①	④	④	②	④	④	③	④
081번	082번	083번	084번	085번	086번	087번	088번	089번	090번
②	③	②	⑤	④	①	⑤	①	④	④
091번	092번	093번	094번	095번	096번	097번	098번	099번	100번
⑤	②	①	⑤	③	④	③	④	②	②
101번	102번	103번	104번	105번	106번	107번	108번		
①	①	⑤	②	②	④	②	②		

*참고

물결(~): 부정 즉 not을 말한다. 예를 들어 부산을 탐색하지 않는다를 '~부산'으로 표현했다.

빗금(/): 자리가 바뀔 수 있음을 의미한다. 예를 들어 A와 B가 자리를 바꿀 수 있다면 'A/B', 'B/A'로 표현했다.

∧(=AND), ∨(=OR), ⊻(=XOR, exclusive OR), ~(NOT)

001. ③

정무와 인접하게 줄을 서는 인원이 1명이니 정무는 1번째 또는 5번째에 줄을 선다. 또한 가희와 교진이는 맨 끝에 줄을 서지 않으니 1 또는 5번 자리에 올 수 없다. 이 정보를 통해 상지 또는 민주가 1 또는 5번 자리에 온다는 것을 알 수 있다. 이어서 상지와 민주가 인접하다는 조건에 의해 상지/민주는 1번 자리와 동시에 2번 자리를 차지한다. (또는 5번 자리와 동시에 4번 자리를 차지한다.)

	1	2	3	4	5
Case 1	정무	가희/교진		상지/민주	
Case 2	상지/민주		가희/교진		정무

네 번째 조건을 보면 민주가 가희 보다 줄을 먼저 섰다. 따라서 Case 2만 가능하다.

002. ③

제약조건을 확인해보자. 4명 모두 4곳의 지역을 탐색하였으며 하루에 1곳만 탐색이 가능하다. 고로 인원을 기준으로 중복으로 탐색하는 지역은 없다. 또한 같은 날 같은 장소를 탐색한 인원이 없다고 하기에 일자를 기준으로도 중복으로 탐색하는 지역은 없다.
표 안을 채울 수 있는 확정적인 정보를 기입해보자.(1) 그 후 제약조건을 고민하며 칸을 채워보자.(2)

	정희	연수	현아	지민
10일	청주(1)			
11일				
12일	부산(2)	서울(1)	~부산(1) 나주(2)	~부산(1) 청주(2)
13일				나주(1)

이어서 현아와 지민이가 연달아 서울을 방문했다는 정보를 고민해보자. 연수가 이미 12일에 서울을 방문했으니 서울을 방문할 수 있는 일자는 10, 11, 13일이다. 이 중 연달아 방문하는 날은 10, 11일이다. 따라서 남은 인원인 정희가 13일에 서울을 방문한다. 이를 통해 나주와 관련된 정보를 완성할 수 있다.(3)

	정희	연수	현아	지민
10일	청주	나주(3)		
11일	나주(3)			
12일	부산	서울	나주	청주
13일	서울			나주

003. ④

변수를 확인해보자. 층수는 4, 인물은 5이다. 각 층에 모두 인물이 산다고 하니 한 층에는 2명이 거주한다. 이에 따라 동건이 아래에 2명이 살고 있다고 할 때 가능한 경우는 1, 2층에 1명씩 2명이 사는 경우와 1층에 2명씩 2명이 사는 경우로 나눌 수 있다. 경우를 나누어 확정적인 정보를 기입해보자.

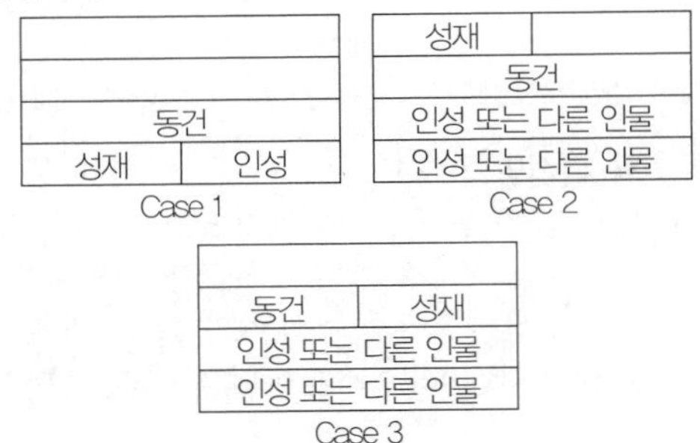

이때 수로와 민수가 인접하게 거주한다는 조건을 통해 Case2, Case 3은 성립되지 않는다.

004. ①

선택지에 정보가 많으니 조건에 맞지 않는 선택지 소거를 시도해보자. 〈보기〉의 2번째 조건으로 인해 ④번을 소거할 수 있다. 3번째 조건으로 ⑤번을 소거할 수 있다. 4번째 조건으로 ②, ③번을 소거할 수 있다.

005. ②

연수와 미주를 고정하고 고민해보자. 미주 바로 옆에는 라희가 앉았다. 또한 소미와 희민이 사이에 1명이 있다고 하니 이 사이에는 연수만 올 수 있다. 연수의 바로 왼쪽에 앉은 사람이 소미인지, 희민이인지는 확정할 수 없으나 아직 언급되지 않은 정미의 바로 왼쪽에는 미주가 온다는 것을 알 수 있다.

006. ①

인물 5, 직급 2의 변수가 있다. 같은 직급끼리는 이웃하지 않고, 5번째로 줄을 선 인원이 선임인 것을 보아 [선임 – 주임 – 선임 – 주임 – 선임]순서로 줄을 선 것을 알 수 있다.(선임 3명, 주임 2명) 지성이와 민호 사이에 1명이 위치했다는 이야기는 둘의 직급이 같다고 이해할 수 있는 힌트다. 그런데 여기서 대성이가 주임이라 했으니 지성이와 민호는 선임이다. 지성이와 민호가 주임이라면 주임이 3명이 되어 조건에 벗어난다. 결과적으로 지성 또는 민호는 1, 3번째로 줄을 섰다. 여기서 관호가 민호보다 먼저 줄을 섰다는 정보를 통해 5명의 위치를 확정할 수 있다.

1	2	3	4	5
지성 (선임)	관호(주임)	민호(선임)	대성(주임)	종민(선임)

007. ②

1학년인 학생의 수는 3학년인 학생의 수보다 적다는 내용을 통해 1학년인 학생의 수는 1명인 것을 알 수 있다. 1학년이 2명이 되면 3학년은 3명이 되는데, 5명의 학년이 1, 2, 3학년이라는 조건을 벗어난다. 이에 따라 2학년이 2명인 경우(Case1)와 2학년이 1명인 경우로 나눌 수 있다. 또한 2학년이 1명인 경우 도진이가 1학년인 경우(Case2)와 도진이가 2학년인 경우(Case3)로 나눌 수 있다. 경우를 나눈 후 영훈이가 민후보다 학년이 낮다는 정보를 함께 기입하면 다음과 같다.

	1학년	2학년	3학년
Case1	1명 도진	2명 영훈 원진/지수	2명 민후 지수/원진
Case2	1명 도진	1명 영훈	3명 민후 원진 지수
Case3	1명 영훈	1명 도진	3명 민후 원진 지수

008. ①

표를 그려 확정적인 정보를 먼저 넣어보자. 동탄에 3명이 방문한다고 했으니 경진이와 희정이는 확정이고 희라와 은혜 중 1명이 방문한다. 이때 경진이가 방문한 곳은 은혜도 방문하기 때문에 은혜가 동탄을 방문한다.
각 장소를 방문한 사람은 1명 이상이라는 정보도 정리하자.

	기흥 (1↑)	동탄 (3)	화성 (1↑)	구미 (1↑)	송도 (1↑)
경진		O			X
희라		X			X
은혜		O			X
희정	X	O	X	X	O
수경	O	X	X	X	X

①번 선택지를 확인해보자. 경진이가 화성을 방문하면 은혜도 화성을 방문한다. 인당 최대 2곳을 방문하는데 경진이와 은혜가 방문하는 곳을 확정했지만 구미의 방문자가 없다. 즉 희라가 구미를 방문한다.

009. ④

독어를 선택한 학생의 수가 4명, 중어는 2명이다. 이 때 근우와 태환이가 택한 외국어가 다르니 독어와 중어를 각각 선택했다. 여기서 근우가 독어인지 중어인지는 모른다. 이어서 연희와 왕진이가 택한 제2외국어가 같다. 만약 연희와 왕진이가 중국어를 택한다면 중국어를 택한 사람의 수는 연희, 왕진과 근우(또는 태환)가 합쳐저 3명이 된다. 즉 연희와 왕진이는 독어를 택했다. 이후 민경이와 성미는 각각 독어, 중어를 택해 듣는 것은 알지만 누가 중어인지는 확정할 수 없다.

– 독어: 연희, 왕진, 근우/태환, 민경/성미
– 중어: 태환/근우, 성미/민경

010. ③

설명의 편의를 위해 자리에 1 ~ 6의 번호를 부여하겠다.

6개의 자리이고 직급별 인원수가 3, 2, 1명이다. 같은 직급끼리 인접하게 앉지 않기 때문에 선임끼리는 인접하게 앉을 수 없다. 따라서 선임은 1, 3, 5번 자리 또는 2, 4, 6번 자리에 앉는다.
변수와 제약조건을 확인했으니 자리를 고정 후 고민해보자. 우선 이 책임과 박 선임은 마주 보고 앉는다. 편의상 4번 자리에 박 선임을 배치하고 1번 자리에 이 책임을 배치하자. 이에 따라 이 책임 주변(2, 6번 자리)에는 김 선임과 나 선임이 앉는 것을 알 수 있다. 이 때 누가 이 책임과 인접한 왼쪽(2번 자리)인지는 확정할 수 없다.
나머지 인원인 하 책임과 소 수석은 3, 5번 자리에 앉는다. 하 책임의 인접한 왼쪽 자리에는 김 선임이 앉는다는 조건을 통해 하 책임이 5번 자리, 김 선임이 6번 자리인 것을 알 수 있다. 이를 통해 모든 인원의 자리를 확정할 수 있다.

011. ⑤

첫 번째 보기를 통해 '다운 + 다슬 〉 도연 + 슬기 + 창근'의 식을 구성할 수 있다.
세 번째 보기를 통해 '다슬 = 도연 + 슬기'의 식을 구성할 수 있다.
두 정보를 종합하면 '다운(6) 〉 창근(5)'의 식을 구성할 수 있다. 창근이의 숫자가 5이기 때문에 다운이가 받은 숫자는 6이다. '다슬 = 도연 + 슬기'의 식을 만족하려면 다슬이는 4 또는 3을 뽑아야 한다. 이를 기반으로 경우를 따져보면 다음과 같다.

	다운	창근	다슬	슬기	도연
Case 1	6	5	4	3	1
Case 2	6	5	4	1	3
Case 3	6	5	3	2	1
Case 4	6	5	3	1	2

012. ③

A행은 4명, B행은 3명이 앉을 수 있다. 신희는 A행에 앉는다. 초희와 민희는 A행에 앉지 않았다. 다시 말해 초희와 민희는 B행에 앉았다. 소희와 정희 사이에는 1명이 앉는다고 한다. 열을 기준으로 사이에 1명이 올 수 없다. 즉 소희와 정희는 같은 행이다. 이미 B행에는 초희와 민희가 앉기 때문에 소희와 정희는 A행에 앉을 수 밖에 없다.

A행: 신희, 소희, 정희

B행: 초희, 민희

이어서 주희와 초희는 2열에 앉았다고 한다. 이에 따라 초희는 'B-2', 주희는 'A-2' 좌석에 앉는 것을 알 수 있다. 더불어 A행에 주희가 앉는다는 정보를 기반으로 각 행에 앉는 인원도 확정할 수 있다.

A행: 신희, 소희, 정희, 주희

B행: 초희, 민희, 진희

소희와 정희 사이에는 1명이 앉았다. 따라서 이 둘은 A-1 또는 A-3에 앉는다. 이에 따라 신희는 A-4에 앉는다.

A-1 소희/정희	A-2 주희	A-3 정희/소희	A-4 신희
B-1 민희/진희	B-2 초희	B-3 진희/민희	

013. ③

같은 성끼리는 인접하게 줄을 서지 않는다고 하니 '남-여-남-여-남'으로 줄을 서는 경우와 '여-남-여-남-여'로 줄을 서는 경우 둘로 나눌 수 있다. 문제에서 남성과 여성을 확인할 수 없으니 편하게 A성, B성으로 고민해보자. 하람이와 연우의 성이 동일하다고 하니 이 둘을 A성에 고정해보자. 수현이와 주윤이가 인접하게 줄을 섰다고 하니 이들의 성은 다르다. 즉 수현과 주윤 중 1명이 A성이다. 또한 시현이와 주윤이의 성은 다르다. 시현이가 A성이라면 수현 또는 주윤까지도 A성이 되기에 성비 3:2의 전제조건을 벗어난다. 따라서 시현이는 B성이다. 시현이와 주윤이의 성이 다르기에 주윤이는 A성, 수현이는 B성이다.

A성: 하람, 연우, 주윤

B성: 시현, 수현

014. ④

민준이와 서준이는 인접하고 예준이와 주원이 사이에는 1명이 있으니 예준이와 주원이 사이에는 도윤이가 위치한다. 서준이보다 도윤이가 뒤에 줄을 섰다고 하니 도윤이가 4번째다.

015. ③

같은 음료를 시킨 인원끼리는 인접하게 앉지 않았다는 정보를 통해 라떼가 3명, 잎차가 3명인 것을 알 수 있다. 또한 임의로 자리를 정해보면 다음과 같다.

수아와 하은이의 자리를 고정한 후 서연이와 하은이 사이에 1명이 앉았다는 정보를 고민해보자. 서연이와 하은이 사이에 수아가 있는 경우와 그렇지 않은 경우로 나눌 수 있다. 이와 더불어 채원이와 지윤이가 주문한 음료가 같기 때문에 수아와 같은 음료를 마시는 자리에 앉으며 은서의 위치도 확인할 수 있다. 참고로 아직은 이들이 주문한 음료를 고민하지 않았다.

은서와 수아는 마주 보고 앉지 않기 때문에 Case 2를 따르며 서연, 하은, 은서는 잎차를 채원, 지윤, 수아는 라떼를 마신다.

016. ①

칸에 내용을 기입할 수 있는 정보에 주목해보자. 수빈이가 1일차에 D구역, 지아가 3일차에 D구역, 유나가 4일차에 D구역을 측정했다.(1)

또한 지아를 제외한 나머지 인원은 C구역보다 A구역을 먼저 측정했다고 하니 지아는 1일차에 C구역을 측정한다.

누군가는 C를 1일차에 측정하러 가야 하는데, 지아만 예외 케이스이기 때문이다. 이 생각의 흐름을 확장하면 지아가 4일차에 A구역을 측정했다는 것도 알 수 있다.(2)
자연스럽게 지아는 2일차에 B구역을, 예은이는 2일차에 D 구역을 측정했다.(3)
유나가 1일차에 B구역을 측정했다면 수빈이가 4일차에 A 구역을 측정한다고 하는데 이미 4일차에 지아가 A구역을 측정했다. 따라서 유나는 1일차에 B구역을 측정하지 않는다. 해당 정보를 통해 1일차에 B구역은 예은이가 측정하고 1일차에 A구역을 유나가 측정했다는 점을 확인할 수 있다.(4)
행과 열이 4칸으로 이뤄졌으니 3개의 정보가 모인 곳을 주목해보자. 4일차의 B구역을 보면 열 정보로 인해 ~예은, ~지아인 것을 알 수 있고, 행 정보로 인해 ~지아, ~유나인 것을 알 수 있다. 따라서 남은 인원인 수빈이가 4일차에 B구역을 측정했고 4일차의 C구역은 예은이가 측정했다. 이 정보를 기입하면 유나가 3일차에 B구역을 측정한 것도 알 수 있다.(5)
마찬가지로 3개의 정보가 모인 곳을 또 째려보자. 2일차의 A구역을 보면 열 정보로 인해 ~유나, ~지아이고 행 정보로 인해 ~지아, ~예은이다. 따라서 남은 인원인 수빈이가 2일차의 A구역을 측정했다.(6)
나머지 칸의 측정자도 자연스럽게 알 수 있다.(7)

	A구역	B구역	C구역	D구역
1일차	유나(4)	예은(4)	지아(2)	수빈(1)
2일차	수빈(6)	지아(3)	유나(7)	예은(3)
3일차	예은(7)	유나(5)	수빈(7)	지아(1)
4일차	지아(2)	수빈(5)	예은(5)	유나(1)

[오답체크]
'지아를 제외한 나머지 인원은 C구역보다 A구역을 먼저 측정했다.'를 통해 A구역을 측정한 바로 다음 날 C구역을 측정했다고 봤다면 쉽게 풀었겠지만 잘못된 접근이다.

017. ④

가능한 인원배치의 경우는 [2 - 1 - 1 - 1], [1 - 1 - 2 - 1], [1 - 1 - 1 - 2]이다. 2명이 타는 말에 지우를 배정하자.
유성이 앞에 2명이 말을 탄다. 2명이 말을 1마리씩 탈 수도 있고 2명이 함께 1마리의 말에 탈 수도 있다. 또한 유성이보다 뒤에서 미지가 혼자 말을 탄다. 유성이 앞에 2명이 1마리씩 말을 타는 경우 2명이 함께 말을 타는 인원이 미지인지 고민할 필요가 사라졌다. 효진이가 성회보다 앞에서 말을 탔다는 정보를 추가하면 아래와 같다.

Case 1	효진	성회	유성 지우	미지
Case 2	지우 효진	유성	성회	미지
Case 3	지우 효진	유성	미지	성회

018. ③

통학과 전공으로 나눠 정리해보자. 먼저 전공이다. 정보통신공학과 산업공학을 전공하는 학생의 수는 동일하고 전공이 같은 학생끼리는 인접하게 줄을 서지 않았다. 이를 통해 가능한 경우는 정보통신공학, 산업공학이 2명씩인 경우와 1명씩인 경우로 나눌 수 있다. 또한 승우는 4번째로 줄을 섰으며 전자공학을 전공한다. 정보통신공학과 산업공학을 전공하는 학생의 수가 1명이라면 전자공학을 전공한 학생이 인접할 수밖에 없다. 이에 따라 정보통신공학과 산업공학을 전공하는 학생의 수는 2명이라는 것을 알 수 있다. 정리한 정보를 토대로 1번째로 줄을 선 학생이 정보통신공학을 전공하는 경우와 산업공학을 전공하는 경우로 나눌 수 있다.

	1	2	3	4	5
Case 1	정보 통신 공학	산업 공학	정보 통신 공학	전자 공학 (승우)	산업 공학
Case 2	산업 공학	정보 통신 공학	산업 공학	전자 공학 (승우)	정보 통신 공학

이어서 통학수단을 기준으로 고민해보자. 통학수단이 같으면 인접하게 줄을 서지 않았다고 했고 1번째로 줄을 서는 학생은 지하철을 타고 통학한다고 했으니 [지하철 - 버스 - 지하철 - 버스 - 지하철]의 순서인 것을 알 수 있다.

이제 다 왔다. 승우는 전자공학, 윤우는 산업공학을 전공한다. 따라서 건우와 준우는 정보통신 공학이다. 이와 동시에 통학 수단이 같아야 하기 때문에 Case 1을 따른다. 하지만 이들이 몇 번째인지는 확정할 수 없다. 아직 거론되지 않은 정우 역시 산업공학을 전공자라는 정보를 알았지만 위치는 확정할 수 없다.

순서	1	2	3	4	5
전공	정보통신 공학	산업 공학	정보통신 공학	전자 공학	산업 공학
통학	지하철	버스	지하철	버스	지하철
인물	건우/ 준우	윤우/ 정우	준우/ 건우	승우	정우/ 윤우

019. ④

세희와 한나는 같은 열에 앉는다. 현진이와 은별이는 앞뒤로 인접하게 앉았다. 따라서 같은 열에 앉는다. 이들이 좌측열인지 우측열인지는 모르겠으나 세희, 한나가 앉은 열과 현진이와 은별이가 앉은 열이 다르다. 수진이는 맨 앞도 맨 뒤도 아닌 중간에 앉았다. 따라서 인접하게 앉은 현진, 은별과 같은 열에 앉을 수 없다. 다시 말해 세희, 한나, 수진이 같은 열이고 이들 중 가운데 자리는 수진이다. 자연스럽게 현진, 은별, 진영이 같은 열에 앉았다. 진영이는 맨 앞에 앉지 않았고 현진이와 은별이가 인접하게 앉았으니 진영이는 맨 뒤 자리에 앉았다. 이를 정리하면 아래와 같다.

세희/한나	현진/은별
수진	은별/현진
한나/세희	진영

020. ②

특정 칸을 채울 수 있는 정보 먼저 살펴보자. 청아와 민종이만 오징어 튀김을 담았다. 이들 외 인원은 오징어 튀김을 고르지 않았다. 오이무침은 1명만 선택했다고 한다. 중훈이가 담은 반찬을 민종이도 담기에 중훈이는 오이무침을 추가로 담지 않았다.

이제 칸을 더 채워야 하는데 눈에 잘 들어오지 않는다. 각 변수의 최댓값, 최솟값을 고민해보자. 먼저 인물로 살펴보자. 근영이만 1개의 추가 반찬을 고른다고 했고 추가 반찬 4가지를 다 담은 인원은 없다고 한다. 근영이를 제외한 인물들이 선택한 추가 반찬의 수는 $2 \leq x \leq 3$이다. 이 점을 참고하면 중훈이와 민종이가 닭볶음탕과 동파육을 추가로 담은 것을 알 수 있다. 또한 성기와 근영이가 추가로 담은 반찬이 다르다. 이들이 선택할 수 있는 반찬은 3개이고, 근영이는 1개만 담을 수 있기에 성기는 2가지 반찬을 추가로 담았다.

	중훈	성기(2)	근영(1)	청아	민종
오이무침(1)	X				X
오징어튀김(2)	X	X	X	O	O
닭볶음탕	O				O
동파육	O				O

선택지의 정보를 표의 빈칸에 넣어가며 푸는 것이 일반적인 풀이라 생각된다. 하지만 위의 내용에서 조금 더 고민해보면 청아는 오이무침을 추가로 담을 수 없다. 성기는 2개의 반찬을, 근영은 1개의 반찬을 추가로 담는데, 오이무침은 1명만 추가로 담을 수 있기 때문이다.

[오답체크]

중훈이가 담은 음식을 민종이가 담았다는 것을 집합으로 표현하면 '중훈≡민종'이 아니라 '중훈⊂민종'이다.

021. ⑤

상을 기준으로 고민해보자. 민호와 칠현이는 장려상을 받았다. 해군인 승준이는 동상을 받았다. 은상을 받은 인물의 소속은 다른 상을 받은 인물의 소속과 다르다고 했으니 해군일 수 없다. 다시 말해 육군 또는 공군이다. 그런데 육군인 군인의 수가 해군인 군인의 수보다 많다고 하니 육군인 군인의 수의 최솟값은 2가 된다. 따라서 은상은 공군이 탔다. 또한 해군이 2명이 되면 육군의 수와 같아지기 때문에 해군은 승준이 한 명이다. 금상과 장려상은 육군이 가져간다.

상	금상	은상	동상	장려상	장려상
소속	육군	공군	해군	육군	육군
인물			승준	민호	칠현

022. ③

간 주임의 왼쪽이며 인접 자리에 양 선임이 앉았다. 이를 통해 간 주임이 앉을 수 있는 자리는 1, 2, 5, 6이다. 하지만 1번 자리에 주임이 올 수 없기 때문에 2, 5, 6번 자리에 간 주임이 앉을 수 있다. 이를 기준으로 경우를 나눠보자. 또한 경우를 나누며 홍 선임과 연 책임이 마주 보는 자리에 앉았다는 정보도 기입해보자. 이때 유의해야 할 것은 같은 급끼리는 바로 옆에 앉지 않았다는 것이다.

연/홍	간	양
홍/연	5	6

Case 1

1	2	연/홍
양	간	홍/연

Case 2

홍	2	3
연	양	간

Case 3

채 수석은 4, 5, 6번 자리 중 한 자리에 앉는데 Case 2, 3의 경우 채 수석이 앉을 자리가 없다.

023. ①

첫 번째, 두 번째 조건을 통해 '하나 + 채림 = 강훈(2) + 광수 + 윤애'의 식을 구성한다.

세 번째 조건을 통해 '하나 〈 윤애'의 식을 구성한다.

두 정보를 통해 '채림 〉 강훈(2) + 광수'인 것을 알 수 있다.

광수가 1을 뽑았으면 채림이는 4를 뽑았다. 광수가 2를 뽑았으면 식이 구성되지 않는다. 따라서 광수는 1을 뽑았고 채림이는 4를 뽑았다. 이를 정리하면 채림: 4 / 강훈: 2 / 광수: 1이다.

따라서 '하나 + 4 = 윤애 + 3'의 식을 구성할 수 있다. 아직 숫자 3을 뽑은 인원이 없기 때문에 하나와 윤애 중 한 명은 숫자 3을 뽑았다. 윤애가 3이면 하나는 2를 뽑았고 하나가 3이면 윤애는 4를 뽑았다. 따라서 가능한 숫자는 12와 14이다.

024. ②

테이블에 대한 힌트를 얻어 보자. D, F, I가 같은 테이블에 앉았고 서로 인접하게 앉지 않았다. 따라서 D, F, I는 한 자리씩 띄고 앉았다. 또한 D와 인접한 자리에 아무도 앉지 않았다는 정보를 통해 해당 테이블에 4명이 앉는다는 것을 알 수 있다.

이어서 E와 J는 마주 보고 앉았다고 하니 D, F, I와 같은 테이블에 앉을 수 없다. E와 인접한 왼쪽에 H를 앉히고 E, J가 앉은 테이블이 6명이 앉은 테이블이라는 점과 함께 고민해보자.

B와 G 사이에는 1명이 앉았다고 한다. 자연스럽게 6인 테이블에 앉을 수 있고 J를 사이에 두고 B와 G가 앉는다.

A와 C는 같은 테이블에 앉지 않았기에 각 테이블에 남은 한 자리를 A 또는 C가 앉는다.

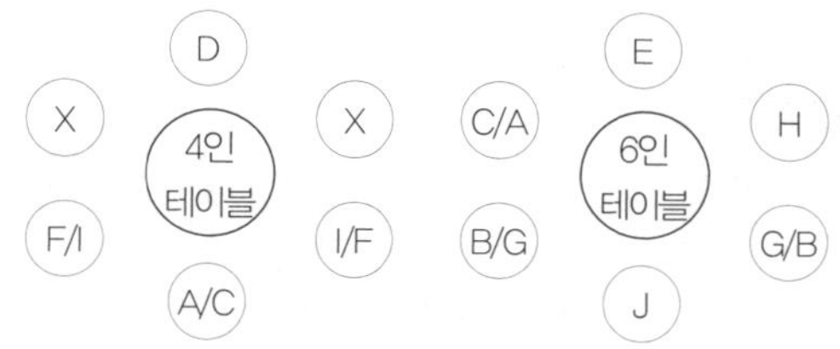

025. ③

뮤지컬을 기준으로 할당할 수 있는 학생 수를 고민해보자. 5명이 '캣츠'와 '오페라의 유령'을 봤다는 첫 번째 조건을 통해 '캣츠'와 '오페라의 유령'의 최솟값이 1인 것을 알 수 있다. 이후 '오페라의 유령'을 본 학생의 학년이 1, 2, 3학년이라는 정보를 통해 '오페라의 유령'을 본 학생 수는 3≤학생(오)≤4이고 '캣츠'를 본 학생 수는 1≤학생(캣)≤2인 것을 알 수 있다.

이어서 학년에 대해 고민해보자. 5명의 학년은 1, 2, 3학년이고 석진이가 유일한 1학년이라고 한다. 여기에 '오페라의 유령'을 본 학생 중 1학년이 있어야 하니 석진이는 '오페라의 유령'을 봤다.

지효와 동훈이는 같은 뮤지컬을 봤다고 했다. 변수에 따라 발생하는 경우가 여럿이기에 선택지를 넣어보며 판별해보자.

① 소민이와 재석이가 같은 뮤지컬을 봤다면 지효는 2학년이다.
   - 소민이와 재석이가 '오페라의 유령'을 봤다면 지효와 동훈이는 '캣츠'를 봤다. 하지만 '오페라의 유령'을 본 학생의 학년이 1, 2, 3학년이라는 조건을 만족하지 않는다. 소민이와 재석이가 '캣츠'를 봤다면 지효와 동훈이는 '오페라의 유령'을 본다. 하지만 지효가 2학년인지 3학년인지 확정할 수 없다.

② 재석이만 '캣츠'를 봤다면 소민이는 3학년이다.
   - 재석이를 제외한 4명이 '오페라의 유령'을 본다고 하여 소민이의 학년을 확정할 수 없다.

③ 지효와 동훈이의 학년이 같다면 '캣츠'를 본 학생은 1명이다.
   - 지효와 동훈이의 학년이 같고 소민이와 재석이의 학년이 같다. 그러면서 지효/동훈과 소민/재석의 학년은 다르다. '오페라의 유령'을 본 학생의 학년이 1, 2, 3학년이라는 조건을 만족하기 위해 지효와 동훈이는 '오페라의 유령'을 봤다고 이해할 수 있다. '캣츠'를 본 학생 수의 최솟값이 1이기에 이를 만족하기 위해 재석 또는 소민이가 '캣츠'를 봤다.

④ 동훈이가 3학년이라면 지효와 재석이가 본 뮤지컬은 다르다.
   - 동훈이의 학년을 정한다고 하여 재석이가 보는 뮤지컬을 확정할 수 없다.

⑤ 2명이 '캣츠'를 봤다면 재석이는 '오페라의 유령'을 봤다.
   - '캣츠'를 보는 2명이 지효와 동훈이일 수도 있고 소민이와 재석이일 수도 있다.

026. ④

진기 위에는 3명이 거주한다. 이를 기준으로 도식화할 수 있는 틀은 4가지가 나온다. 각 틀에 정보를 넣어보자. 진성이는 다른 한 명과 같은 층에 거주한다고 하니 2인 1층인 곳에 진성이를 넣자. 진실이와 진희 사이에 1명이 거주한다는 정보를 기반으로 진실이 또는 진희가 살 수 있는 곳을 A라고 표기하여 넣어보자.

진성	A
진기	
A	

Case 1

진성	
A	
진기	
A	

Case 2

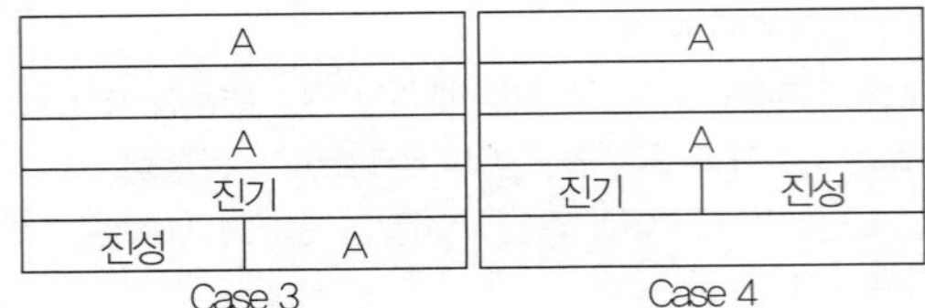

A
A
진기
진성 / A

Case 3

A	
A	
진기	진성

Case 4

이어서 아직 고려하지 않은 진수가 진호의 바로 위층에 거주한다는 정보를 고민해보자. Case 1, 2, 4는 진수와 진호가 들어갈 자리가 없다. Case 3의 경우 진수와 진호는 3, 4층 또는 4, 5층에 거주한다. 하지만 이들이 3, 4층에 거주하게 되면 진실이와 진희 사이에 1명이 거주한다는 조건을 만족할 수 없다. 따라서 진수와 진호는 4, 5층에 거주한다.

진수	
진호	
진실/진희	
진기	
진성	진희/진실

Case 3

027. ③

같은 직급의 인원끼리 인접한 호실을 사용하지 않는다고 한다. 대리 직급이 가장 많기에 대리 직급의 자리를 먼저 고정하는 것이 하나의 팁이다. 대리는 하나의 층의 1, 3호실과 다른 층의 2호실을 사용한다. 대리가 사용하는 2호실이 1층인 경우와 2층인 경우로 나누어 고민해보자.

Case 1. 대리가 사용하는 2호실이 1층인 경우
주 차장의 오른쪽에 성 대리가 있다. 따라서 주 차장은 1층 1호실 또는 2층 2호실에 배정할 수 있다. 이에 따라 틀을 2가지로 놓고 고민해보자. 이어서 방 과장과 기 대리는 상하로 인접하다. 따라서 주 차장, 성 대리가 차지하지 않은 열(호실)에 방 과장과 기 대리를 배치한다. 이후 남은 자리에 문 대리와 차 과장을 배치한다.

문 대리	차 과장	기 대리
주 차장	성 대리	방 과장

Case 1.1

기 대리	주 차장	성 대리
방 과장	문 대리	차 과장

Case 1.2

Case 2. 대리가 사용하는 2호실이 2층인 경우
Case 1과 마찬가지로 주 차장의 오른쪽에 성 대리가 있다는 정보를 기반으로 주 차장을 2층 1호실 또는 1층 2호실에 배정하자. 이후 Case 1과 같은 맥락으로 남은 인원을 배치할 수 있다. 열심히 정리했는데 아쉽게도 Case 1을 뒤집은 경우다.

주 차장	성 대리	방 과장
문 대리	차 과장	기 대리

Case 2.1

방 과장	문 대리	차 과장
기 대리	주 차장	성 대리

Case 2.2

028. ②

B팀이 창업지원금을 받지 못했다는 확정적인 정보부터 시작하자.(~B) 이후 B팀이 언급된 4번째 조건을 확인해보자. D팀이 창업지원금을 받지 못했다면 A팀과 B팀은 창업지원금을 받지 못했다고 한다.(D → (A∧B)) 이를 대우하면 A팀 또는 B팀이 창업지원금을 받지 못했다면 D팀은 창업지원금을 받지 못한다고 확인할 수 있다.(~(A∧B) → ~D 즉, (~A∨~B) → ~D) 조건부를 만족하기 때문에 D팀은 창업 지원금을 받지 못한다. D팀이 언급된 2번째 조건을 확인해보자. C팀 또는 D팀 중 한 팀만 창업지원금을 받았다.(C⊻D) 따라서 C팀은 창업지원금을 받았다. C팀이 언급된 1번째 조건을 통해 E팀은 창업지원금을 받지 못한 것을 알 수 있다.(C → ~E)
따라서 확정적으로 창업지원금을 받았다고 할 수 있는 팀은 C팀뿐이다. B팀, D팀, E팀은 창업지원금을 받지 못했고 A팀이 받았는지는 확정할 수 없다.

029. ④

이런 문제는 가능한 경우를 찾는 것보다 〈보기〉를 기준으로 선택지를 소거하는 편이 효율적이다.
진현이와 주연이 사이에 2명이 있으니 진현이와 주연이가 들어갈 수 있는 자리는 1, 4번째 자리(Case 1)와 2, 5번째 자리(Case 2)다. 송희와 성화의 경우 Case 1에서는 3, 5번째 자리에 들어가고 Case 2의 경우는 1, 3번째 자리에 들어간다. 현아는 성화보다 뒤에 줄을 서고 있다고 하니 Case 1은 조건을 만족하지 못하고 Case 2를 따른다.

1	2	3	4	5
송희/성화	진현/주연	성화/송희	현아	주연/진현

송희는 진현이보다 앞에 줄을 서고 있다. 이를 통해 가능한 경우는 다음과 같다.

1	2	3	4	5
송희	진현	성화	현아	주연
송희	주연	성화	현아	진현
성화	주연	송희	현아	진현

030. ③

조건을 통해 상황을 판단해보자. 금메달 1명, 은메달 1명, 동메달 1명이다. 또한 메달리스트를 배출하지 못한 팀이 없다고 하기에 각 팀에 메달리스트가 1명씩 있다. 한 팀에서 2명의 메달리스트를 배출하지 못했다. 그리고 한 팀당 최대 2명의 선수를 출전시켰다.
확정적인 정보를 도식에 넣으며 틀을 잡아보자. 충청도청에서 금메달을 거머쥐었고 민정이는 강원도청 소속이다.

	경기도청	강원도청	충청도청
메달			금메달
선수		민정	

정미는 은메달을 받았다. 따라서 경기도청 또는 강원도청에 소속된다. 정미가 경기도청에 소속되면 연아와 수현이가 한 팀이기에 충청도청에 소속된다. 정미가 강원도청에 소속되면 연아와 수현이는 경기도청 또는 충청도청에 소속된다.
Case 1.

	경기도청	강원도청	충청도청
메달	은메달	동메달	금메달
선수	정미	민정	연아 수현

진우가 경기도청 소속인지 강원도청 소속인지 확정할 수 없다.
Case 2.

	경기도청	강원도청	충청도청
메달	동메달	은메달	금메달
선수	연아 수현	민정, 정미	진우

Case 3.

	경기도청	강원도청	충청도청
메달	동메달	은메달	금메달
선수	진우	민정 정미	연아 수현

031. ①

퇴사자가 없는 팀이 없다고 하니 A, B, C팀의 퇴사자 최솟값은 1이다. 이 후 A팀 소속의 퇴사자가 C팀 소속의 퇴사자보다 많다고 하니 A팀 퇴사자의 최솟값은 2 또는 3이다. 이를 기준으로 경우를 나눠보자.
Case 1. A팀 2명, B팀 3명, C팀 1명
Case 2. A팀 3명, B팀 2명, C팀 1명
Case 3. A팀 3명, B팀 1명, C팀 2명

B팀인 성우는 퇴사하지 않았으니 Case 1은 불가하다. 즉 A팀 소속 전원 퇴사했다. 이를 기준으로 〈보기〉의 2, 5번째 조건을 고민해보자. 상수가 퇴사했으니 시우도 퇴사했다. 민수가 퇴사했으니 지희도 퇴사했다. 확정적인 정보를 정리해보자.
– A팀 퇴사자: 정수, 민수, 상수
– B팀 퇴사자: 시우, ~성우(성우 퇴사X)
– C팀 퇴사자: 지희

032. ④

'태식이와 승우 중 1명만 오므라이스를 시켰다.'와 '태식이 또는 승우가 돈까스정식을 시켰다면 예림이는 오므라이스를 시켰다.'를 통해 예림이가 오므라이스를 시킨 것을 알 수 있다. 태식이와 승우가 어떤 메뉴를 시켰는지는 모르겠지만 둘 중 1명은 오므라이스를 시킨다. 이어서 '미주가 오므라이스를 시켰다면 예림이는 돈까스정식을 시켰다.'는 내용을 통해 미주가 돈까스정식을 시킨 것을 알 수 있다.
– 오므라이스: 예림
– 돈까스정식: 미주

이어서 '병찬이가 오므라이스를 시켰다면 태식이와 미주는 오므라이스를 시켰다.'를 대우하면 태식이 또는 미주가 돈까스정식을 시켰다면(오므라이스를 시키지 않았다면) 병찬이가 돈까스정식을 시켰다.(오므라이스를 시키지 않았다.)를 알 수 있다. 따라서 병찬이는 돈까스정식을 시켰다.
– 오므라이스: 예림
– 돈까스정식: 미주, 병찬

태식이와 승우는 각자 시킨 메뉴가 다른 것은 알지만 누가 무엇을 시켰는지 확정할 수 없다.

033. ②

세로 축은 일자, 가로축은 역을 넣어 표를 그려보자. 이후 제약조건을 살펴보자. 같은 날 같은 역을 조사한 인원이 없다고 하니 행 단위로 데이터가 중복되지 않는다. 3명 모두 3개의 역을 모두 조사했고 하루에 1개의 역씩 조사했다고 하니 열 단위로 데이터가 중복되지 않는다. 남희가 2일차에 신도림역을 조사했다는 정보를 확인하며 선택지를 비교해보자.

① 가연이가 3일에 강남역을 조사했다면 달수는 1일에 왕십리역을 조사했다.

	강남역	신도림역	왕십리역
1일	남희	가연	달수
2일	달수	남희	가연
3일	가연	달수	남희

② 달수가 2일에 왕십리역을 조사했다면 남희는 1일에 강남역을 조사했다.

정답 및 해설

	강남역	신도림역	왕십리역
1일			
2일	가희	남희	달수
3일			

③ 달수가 1일에 강남역을 조사했다면 가연이는 1일에 신도림역을 조사했다.

	강남역	신도림역	왕십리역
1일	달수	가연	남희
2일	가연	남희	달수
3일	남희	달수	가연

④ 남희와 가연이가 3일에 왕십리역을 조사하지 않았다면 달수는 2일에 강남역을 조사했다.

	강남역	신도림역	왕십리역
1일	가연	달수	남희
2일	달수	남희	가연
3일	남희	가연	달수

⑤ 달수와 남희가 1일에 강남역을 조사하지 않았다면 남희는 3일에 강남역을 조사했다.

	강남역	신도림역	왕십리역
1일	가연	달수	남희
2일	달수	남희	가연
3일	남희	가연	달수

034. ②

3층에 5명이 거주하고 아무도 거주하지 않는 층은 없다고 하니 순서를 무시하고 각 층에 2명, 2명, 1명이 사는 경우와 3명, 1명, 1명이 사는 경우가 가능하다. 하지만 〈보기〉의 조건에 의해 3명, 1명, 1명은 불가하다.

희주가 수현이 바로 아래층에 거주한다고 하니 희주가 1층에 사는 경우와 2층에 사는 경우로 나누어 생각할 수 있다.

Case 1. 희주가 1층에 사는 경우

기수보다 위층에 현숙이가 살고 현숙이는 숙희와 같은 층에 거주한다. 현숙과 숙희는 3층에 산다. 기수는 1층에 사는지 2층에 사는지는 확정할 수 없다.

Case 2. 희주가 2층에 사는 경우

현숙과 숙희는 같은 층에 살고 2층 또는 3층에 배정이 가능하다. 하지만 이미 2층에는 희주 3층에는 수현이를 배정했다. 다시 말해 한 층에 3명이 거주할 수 없어 불가하다.

035. ①

민창이와 우준이 사이에 1명이 있고 연태와 정혁이의 점수 차이가 적으니 등수가 인접하다. 따라서 민창이와 우준이 사이에는 차훈이가 들어간다. 차훈이는 정혁이보다 점수가 높으니 2등이다.

1	2	3	4	5
민창/우준	차훈	우준/민창	연태/정혁	정혁/연태

036. ⑤

동성끼리 인접하지 않게 섰고 4번째인 서안이는 남성이다. 이를 기반으로 성별 정보를 알 수 있다.

1	2	3	4	5	6
여성	남성	여성	남성 (서안)	여성	남성

가람이와 리우 사이에는 1명만 줄을 섰다. 따라서 가람이와 리우는 동성이다. 아직 남성인지 여성인지 모르기에 A성이라 하겠다. 또한 주빈이는 리우와 인접하게 줄을 섰다. 리우와 주빈이는 이성이다. 편의를 위해 주빈이의 성별을 B성이라 하겠다. 유담이와 선민이는 각각 A성과 B성이다.

– A성: 가람, 리우, 유담(또는 선민)

– B성: 주빈, 선민(또는 유담)

여기서 남성과 여성의 수는 각각 3명이다. 이미 서안이 남성인 것을 알고 있기에 B성이 남성, A성이 여성이다.

– 여성: 가람, 리우, 유담(또는 선민)

– 남성: 서안, 주빈, 선민(또는 유담)

아직 고려하지 않은 조건을 확인해 보자. 유담이는 서안이보다 뒤에 줄을 섰다. 하지만 유담이의 성별은 확정할 수 없다. 유담이가 여성이라면 5번째, 남성이라면 6번째로 줄을 섰다. 경우를 나누어 생각해보자.

Case 1. 유담이가 여성인 경우

유담이는 5번째로 줄을 섰다. 주빈(남)이와 리우(여)는 인접하게 줄을 섰다. 리우의 위치가 1번째인지 3번째인지 확정할 수 없지만 주빈이가 2번째로 줄을 선 것을 알 수 있다. 자연스럽게 남은 남성인 선민이가 6번째로 줄을 선다. 하지만 선민이는 주빈이보다 앞에 줄을 섰으니 Case 1은 불가하다.

1	2	3	4	5	6
여성	남성	여성	남성	여성	남성
가람	주빈	리우	서안	유담	~~선민~~
리우	주빈	가람	서안	유담	~~선민~~

Case 2. 유담이가 남성인 경우

유담이는 6번째로 줄을 섰다. 남은 남성인 주빈이가 2번째로 줄을 섰다. 선민이는 주빈이보다 앞에 줄을 섰기에 1번째로 줄을 섰다. 리우는 주빈이와 인접하게 줄을 섰기에 3번째에 줄을 섰고 가람이는 5번째로 줄을 섰다.

1	2	3	4	5	6
여성	남성	여성	남성	여성	남성
선민	주빈	리우	서안	가람	유담

037. ①

고정할 수 있는 자리를 고민해 보자. A와 C는 마주 보고 앉았고, A와 H 사이에는 1자리가 비었다. C의 인접한 양측 자리 중 1자리에 H가 앉는다.
G와 E가 마주 보고 앉는다고 하는데 A가 앉은 테이블에 들어갈 자리가 없다. A와 다른 테이블에 앉았다. E와 인접한 양측 자리에는 F와 B가 앉았다.
D와 인접한 양측 자리는 비어있다. A가 앉은 테이블에 들어갈 자리가 없다. 마찬가지로 G가 앉은 테이블에 들어갈 자리가 없다.

038. ④

문제에서 1월부터 4월까지를 제시했지만 〈보기〉의 조건을 보면 '월'을 활용한 조건이 없다. 단순히 한 명당 4개의 산을 올랐다는 정보만 제공한다. 규연이는 한라산을 제외한 4개의 산을 올랐다. 시유와 세원이는 같은 산을 올랐다. 주왕산은 2명만 오를 수 있고 이미 규연이가 주왕산을 오른 것을 알기에 주왕산을 제외한 4개의 산을 올랐다. 따라서 서형이는 설악산, 북한산, 지리산, 한라산 중 어떤 산을 오르지 않았는지 알 수는 없지만 주왕산을 오른 것은 확실하게 알 수 있다.

	설악산	북한산	지리산	주왕산 (2)	한라산
세원	O	O	O	X	O
서형				O	
규연	O	O	O	O	X
시유	O	O	O	X	O

039. ②

확정적인 정보인 윤재가 4등이며 파란색의 자동차를 고정하자. 또한 현준이와 라온이 사이에 2명이 존재하니 현준이와 라온이는 각각 2등과 5등에 포진한다. 둘 중 누가 2등인지는 확정할 수 없다. 1, 4등은 왜? 라고 생각할 수도 있지만 이미 4등은 윤재다.

순위	1	2	3	4	5
색상				파랑	
인물	성빈/준범	현준/라온	준범/성빈	윤재	라온/현준

선택지를 확인해보자. 항상 참을 묻는 문제이기에 반례가 있는지 만들어보면 조금 더 편하게 선택지를 소거할 수 있어 보인다.

①, ③, ⑤의 반례

순위	1	2	3	4	5
색상	검정	빨강	검정	파랑	검정
인물	성빈	현준	준범	윤재	라온

① 현준이와 라온이의 자동차 색상은 동일하다.
③ 성빈이가 1등으로 들어왔다면 현준이는 5등이다.
⑤ 성빈이와 라온이의 자동차 색상은 다르다.

④의 반례

순위	1	2	3	4	5
색상	검정	빨강	검정	파랑	검정
인물	성빈	라온	준범	윤재	현준

④ 라온이의 자동차 색상이 빨간 색이라면 준범이는 3등이다.
② 라온이와 준범이의 자동차 색상이 같다면 현준이는 2등이다.
- 준범이는 1등 또는 3등이다. 같은 색상의 자동차는 등수가 인접하지 않는다고 하니 라온이는 2등 자리에 올 수 없다. 따라서 현준이가 2등이다.

040. ③

유희의 양측에는 연준이가 앉지 않았다. 현재와 승범이는 이웃하게 앉았고 민진이와 상훈이도 이웃하게 앉았다. 다만 차이가 있다면 민진이와 상훈이는 누가 왼쪽인지 정해진 점이다. 유희와 인접한 양측에는 2명, 2명이 세트로 온다. 따라서 유희와 연준이는 마주 보고 앉는다.

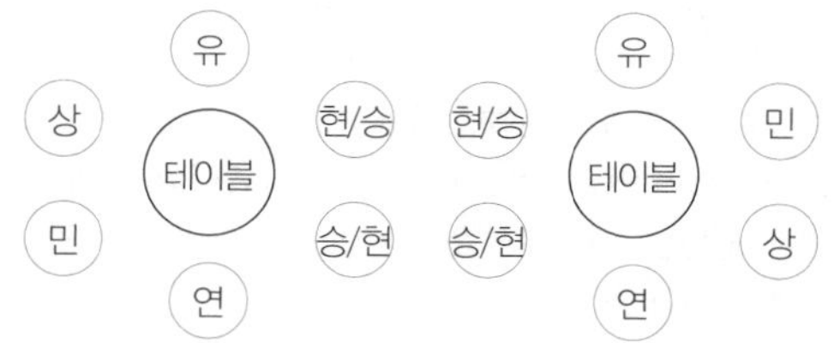

041. ⑤

확정적인 정보인 성찬이의 준비물을 먼저 기입하자. 자를 가져온 인원은 1명뿐이니 같은 준비물을 가져온 시후와 연지는 자를 가져오지 않았다.
색종이는 2명이 가져온다. 서로 다른 준비물을 가져온 윤혁이와 예담이 중 1명이 색종이를 가져온다면 색종이를 2명이 가져왔다는 조건을 만족할 수 없다. 따라서 색종이는 시후와 연지가 가져왔다.
〈보기〉의 조건을 보면 예담이가 칼을 가져왔다면 시후는

정답 및 해설

색종이를 가져오지 않았다. 그런데 시후는 색종이를 가져왔다. 다시 말해 예담이는 칼을 가져오지 않는다. 예담이와 윤혁이는 가위, 풀, 칼, 자 중 2종류씩 가져왔기 때문에 윤혁이는 칼을 가져왔다고 이해할 수 있다. 이를 대우로 이해해도 좋다.

	색종이(2)	가위	풀	칼	자(1)
성찬(2)	X	O	O	X	X
시후(2)	O				X
윤혁(2)	X			O	
예담(2)	X			X	
연지(2)	O				X

042. ⑤

제약조건을 먼저 확인해 보자. 4명이 4일간 4군데를 방문했으니 인원을 기준으로 방문 장소가 중복될 수 없다. 또한 같은 날 같은 장소를 방문한 인원은 없다.

이후 특정 칸을 기입할 수 있는 정보부터 넣어보자.(1)

조건에서 마곡은 유하, 승원, 해인과 연결되어 있다. 4칸짜리 표에서 3명의 정보가 모였으니 로열정보다. 승원이가 해인이보다 마곡을 먼저 방문했고, 승원이는 이미 1일차에 창원을 방문하여 1일차에 마곡을 방문할 수 없다. 따라서 승원이는 2일차, 해인이는 3일차에 마곡을 방문한다. 자연스럽게 우주는 1일차에 마곡을 방문한다.(2)

〈보기〉에서 남은 조건적인 진술을 살펴보자. 해인이가 1일차에 구미를 방문하지 않으면 우주는 2일차에 파주를 방문하지 않는다. 그런데 이미 우주는 2일차에 파주를 방문한다. 다시 말해 해인이는 1일차에 구미를 방문해야지만 표의 내용을 만족한다. 이 정보를 통해 1일차에 유하가 파주를 방문하는 것도 알 수 있다.(3)

2일차의 구미를 보면 정보가 3개가 모였다. 행을 기준으로 ~승원, ~우주이고, 열을 기준으로 ~해인이다. 따라서 2일차에 구미는 유하가 방문한다. 자연스럽게 2일차의 창원은 해인이가 방문한다.(4)

이와 같이 제약조건을 고민하며 칸을 채워나갈 수 있다.(5)

	마곡	창원	구미	파주
1일차	우주(2)	승원(1)	해인(3)	유하(3)
2일차	승원(2)	해인(4)	유하(4)	우주(1)
3일차	해인(2)	유하(5)	우주(5)	승원(5)
4일차	유하(1)	우주(5)	승원(5)	해인(5)

043. ⑤

칸을 기입할 수 있는 유진이와 대현이를 먼저 넣어보자. 같은 조인 규민이와 아인이는 2조 또는 4조에 들어갈 수 있다. 이를 기반으로 경우를 나누고 영재 바로 뒤에 도운이가 온다는 정보를 확인해 보자.

Case 1. 규민이와 아인이가 2조일 때

1조	2조	3조	4조
유진	규민	대현	
	아인	영재	도운

Case 2. 규민이와 아인이가 4조일 때

1조	2조	3조	4조
유진		대현	규민
영재	도운		아인

1조	2조	3조	4조
유진		대현	규민
	영재	도운	아인

아직 언급되지 않은 재우와 지현이의 조는 확정할 수 없다. 선택지의 조건에 따라 답을 찾아야 한다.

044. ①

먼저 주어진 상황을 통해 제약 조건을 확인해보자. 4명의 학교 소재지는 서로 다르며 거주지도 서로 다르다.

거주지와 학교 소재지가 다르다는 정보를 통해 거주지와 소재지를 비교해가며 푸는 것이 수월하겠다는 생각이 든다. 표를 2개 그려 비교하며 풀어보자. 먼저 확정적인 정보를 기입해보자.

수경이의 거주지는 관악구이니 수경이의 학교는 관악구가 아니다. 같은 맥락으로 로운이의 학교는 중랑구에 있으니 로운이의 거주지는 중랑구가 아니다. 재빈이는 강서구에 살기 때문에 학교 소재지는 강서구가 아니다.(1)

4명의 거주지가 각기 다르다는 정보를 통해 누군가가 중랑구에 거주한다면 나머지 3명은 중랑구에 거주하지 못하는 것을 알 수 있다. 마찬가지로 누군가의 거주지가 관악구라면 나머지 3명의 거주지는 관악구가 아니다. 이는 학교 소재지도 마찬가지다. 표가 눈에 잘 들어오지 않으니 'X' 정보도 추가로 기입해보자.(2)

위의 정리를 통해 상훈이가 중랑구에 거주하는 것을 알 수 있고 연쇄적으로 로운이가 광진구에 거주하는 것을 알 수 있다. 거주지에 'O'만 하지 말고 'X' 정보도 표현해보자.(3)

마지막으로 '~한다면'으로 제시하는 〈보기〉의 조건을 확인해보자. 로운이의 거주지가 광진구라면 상훈이의 학교 소재지가 광진구라고 한다. 로운이의 거주지가 광진구이기 때문에 상훈이의 학교 소재지는 광진구가 된다. 이 후 연쇄적으로 수경이와 재빈이의 학교 소재지를 확인할 수 있다.

	학교 소재지			
	강서구	관악구	광진구	중랑구
수경	O(4)	X(1)	X(4)	X(2)
로운	X(2)	X(2)	X(2)	O(1)
상훈	X(4)	X(4)	O(4)	X(2)
재빈	X(1)	O(4)	X(4)	X(2)

	거주지			
	강서구	관악구	광진구	중랑구
수경	X(2)	O(1)	X(2)	X(2)
로운	X(3)	X(3)	O(3)	X(1)
상훈	X(3)	X(3)	X(3)	O(3)
재빈	O(1)	X(2)	X(2)	X(2)

– 수경: 학교 소재지 – 강서구 / 거주지 – 관악구
– 로운: 학교 소재지 – 중랑구 / 거주지 – 광진구
– 상훈: 학교 소재지 – 광진구 / 거주지 – 중랑구
– 재빈: 학교 소재지 – 관악구 / 거주지 – 강서구

선택지가 'AND'로 묶여있기에 학교 소재지와 거주지 둘 다 맞는 것이 참이다. 또한 〈보기〉를 통해 쉽게 소거할 수 있는 선택지도 있었다.

045. ①

세윤이는 목도리를 만든다. 같은 작품을 만드는 인원이 최대 2명이기에 유빈이와 소예는 목도리를 만들지 않는다. 희선이와 인서가 만드는 작품은 다르다. 그러면서 둘이 만드는 작품은 유빈이와 소예가 만드는 작품과 다르다. 같은 작품을 최대 2명까지 만들기 때문이다. 따라서 희선이와 인서 중 한 명이 목도리를 만든다.

또한 위의 정보를 참조하면 '유빈이와 희선이가 만드는 작품이 다르다면 인서는 목도리를 만든다.'는 조건의 조건부를 만족하기 때문에 인서는 모자를 만든다. 자연스럽게 희선이가 목도리를 만든다.

따라서 유빈이와 소예는 조끼를 만든다. 그리고 ②번은 서비스다.

046. ④

확정적인 정보인 정현이와 영훈이만 놀래미를 잡았다는 정보를 표기한 후 고민해보자.

	우럭	놀래미	볼락	자리돔
정현		O		
동민		X		
병성		X	X	
영훈		O		

④ 볼락을 잡은 사람이 2명이라면 영훈이는 볼락을 잡았다.
 – 볼락을 잡은 사람이 2명이고 병성이는 볼락을 잡지 않았다. 그런데 정현이는 동민이가 잡은 물고기를 잡지 않았으니 둘 중 1명만 볼락을 잡았다. 따라서 영훈이가 볼락을 잡았다.

[오답체크]

① 자리돔을 잡은 사람이 2명이라면 동민이는 우럭을 잡았다.
 – 우럭에 대한 힌트가 아무것도 없기에 판단하기 어렵다.

② 영훈이가 동민이가 잡은 물고기를 잡지 않았다면 동민이는 볼락을 잡았다.
 – 볼락을 정현이와 영훈이가 잡고 동민이가 잡지 않는 경우도 존재한다.

③ 정현이가 볼락을 잡았다면 영훈이는 우럭을 잡았다.
 – 정현이가 볼락을 잡았다면 동민이는 볼락을 잡지 않는다. 하지만 이 정보로는 영훈이의 우럭까지는 알 수 없다.

⑤ 동민이가 영훈이가 잡은 물고기를 잡지 않았다면 정현이는 우럭을 잡았다.
 – 우럭에 대한 힌트가 아무것도 없기에 판단하기 어렵다.

047. ⑤

언어와 수리의 점수 차가 가장 크다. 따라서 언어와 수리는 1번째, 5번째로 높은 점수이다. 하지만 언어가 1번째인지 5번째인지 알 수 없다. 하지만 추리 점수가 언어 점수보다 낮다고 하니 외국어는 1번째, 수리는 5번째인 것을 알 수 있다.

시각 점수는 상식 점수보다 높다. 따라서 4번째는 될 수 없다. 2번째 또는 3번째이다.

	1번째	2번째	3번째	4번째	5번째
Case 1	언어	시각	추리	상식	수리
Case 2	언어	시각	상식	추리	수리
Case 3	언어	추리	시각	상식	수리

[오답체크]

〈보기〉의 점수가 '높다', '낮다'의 표현을 기준으로 공개 순서가 인접하다고 볼 수 없다.

048. ③

확정적인 정보를 먼저 기입해보자. 나원이와 도윤이만 개를 받았고, 도윤이는 모를 받지 않았다. 또한 은아는 윷을 받았으며 은아의 각각의 점수와 같은 점수를 받은 사람이

정답 및 해설

없기 때문에 은아를 제외한 4명은 윷을 받지 않았다.(1)
걸을 받은 인원과 모를 받은 인원의 수가 같다. 만약 은아가 걸 또는 모를 받았다면 걸과 모를 받은 인원이 1명씩이다. 그렇다면 개 2명, 걸 1명, 윷 1명, 모 1명이 되어 도를 받는 인원이 5명이 된다. (5명이 2번씩 던지기 때문에 O는 총 10개가 나와야 함) 이미 은아는 윷을 받았고 걸 또는 모를 받기 때문에 도에 3명이 될 수 없다. 결과적으로 은아는 도를 받는다. 은아가 도를 받는다면 걸과 모를 받는 인원은 3명이 된다.(2)
위의 고민을 통해 도윤이와 채민이가 받은 점수를 확정할 수 있고 인서, 도윤, 채민이 받은 점수를 확정할 수 있다.(3)
걸을 받은 인원은 3명이고 이미 알았기에 나원이는 모를 받는다.(4)

	도	개	걸	윷	모
인서	X(2)	X(1)	O(3)	X(1)	O(3)
도윤	X(2)	O(1)	O(3)	X(1)	X(1)
나원	X(2)	O(1)	X(4)	X(1)	O(4)
은아	O(2)	X(1)	X(2)	O(1)	X(2)
채민	X(2)	X(1)	O(3)	X(1)	O(3)

049. ③

산업용 로봇을 만든 인원의 수는 의료용 로봇의 수보다 많다. 따라서 산업용 로봇을 만든 인원이 2, 3명일 수 있다.

Case 1. 산업 : 가정 : 의료 = 2 : 3 : 1
창민이가 의료용 로봇을 만들었다. 시우와 인영이가 만든 로봇의 종류가 다르다고 하니 산업 또는 가정용 로봇을 만들었다. 다원이와 정환이가 만든 로봇의 종류가 같으니 가정용 로봇을 만들었다. 언급하지 않은 정원이는 산업용 로봇을 만들었다.
– 산업용 로봇: 시우(또는 인영), 정원
– 가정용 로봇: 인영(또는 시우), 다원, 정환
– 의료용 로봇: 창민

Case 2. 산업 : 가정 : 의료 = 3 : 1 : 2
창민이가 가정용 로봇을 만들었다. 배치하는 방식은 Case 1과 유사하다.
– 산업용 로봇: 인영(또는 시우), 다원, 정환
– 가정용 로봇: 창원
– 의료용 로봇: 시우(또는 인영), 정원

Case 3. 산업 : 가정 : 의료 = 3 : 2 : 1
창민이가 의료용 로봇을 만들었다. 배치하는 방식은 Case 1, 2와 유사하다.
– 산업용 로봇: 인영(또는 시우), 다원, 정환
– 가정용 로봇: 시우(또는 인영), 정원
– 의료용 로봇: 창원

050. ④

표를 2개를 그린 후 확정적인 정보를 넣어보자. 또한 선수와 취미로 하는 종목이 겹치지 않고, 인당 하나씩이기에 'X' 정보까지 넣으며 눈에 잘 들어오도록 만들어보자.(1)
재환이의 취미는 규원이가 선수로 뛰는 종목이라 한다. 재환이가 취미로 삼을 수 있는 것은 축구, 야구, 배구이고 규원이가 선수로 뛸 수 있는 종목은 배구와 정구이다. 따라서 규원이는 배구선수이고 재환이의 취미는 배구이다.(2)
세로로도 가로로도 'O'가 겹치지 않는다는 제약조건을 상기시키며 나머지 정보를 기입할 수 있다.(3)

	선수				
	농구	축구	야구	배구	정구
태빈	O(3)	X(1)	X(1)	X(2)	X(1)
재환	X(3)	X(1)	X(1)	X(2)	O(3)
찬우	X(1)	O(1)	X(1)	X(1)	X(1)
규원	X(1)	X(1)	X(1)	O(2)	X(2)
지호	X(1)	X(1)	O(1)	X(1)	X(1)

	취미				
	농구	축구	야구	배구	정구
태빈	X(1)	X(3)	X(3)	X(2)	O(1)
재환	X(1)	X(2)	X(2)	O(2)	X(1)
찬우	X(1)	X(1)	O(3)	X(2)	X(1)
규원	O(1)	X(1)	X(1)	X(1)	X(1)
지호	X(1)	O(3)	X(1)	X(2)	X(1)

051. ③

문제를 중심으로 제약조건이 있다. 어모어, 모모어, 모모모 순서대로 4명, 1명, 2명이 맞혔다.
우석이와 영재의 틀린 문제가 동일하다. 즉 우석이와 영재가 맞힌 문제도 동일하다. 어모어 문제의 경우 1명만 틀렸기에 우석이와 영재는 어모어 문제를 틀리지 않았다. 마찬가지로 가희와 지희가 맞힌 문제도 동일하다. 가희와 지희도 어모어 문제를 틀리지 않았다. 자연스럽게 채영이가 어모어 문제를 틀렸고 나머지가 맞혔다.
모모어 문제의 정답을 맞힌 사람은 1명이다. 우석이와 영재는 모모어 문제를 맞히지 못했다. 가희와 지희도 맞히지 못했다. 모모어 문제를 맞힌 사람은 채영이다.
모모모 문제를 맞힌 사람은 2명이다. 맞힌 문제를 기준으로 우석/영재가 세트이고 가희/지희가 세트이다. 즉 채영이가 모모모 문제를 맞히면 조건에 어긋나게 된다. 채영이는 모모모 문제를 맞히지 못했다.

	우석	지희	채영	영재	가희
어모어(4)	O	O	X	O	O
모모어(1)	X	X	O	X	X
모모모(2)			X		

① 우석이가 모모모 문제를 맞혔다면 영재도 모모모 문제를 맞혔다.
  – 우석이와 영재가 맞힌 문제는 동일하다.
② 영재가 1문제만 맞췄다면 가희는 모모모 문제를 맞혔다.
  – 영재와 우석이가 모모모 문제를 맞히지 못했다. 즉 가희가 모모모 문제를 맞혔다.
③ 채영이와 가희가 맞힌 문제의 수가 같다.
  – 가희와 지희가 모모모 문제를 맞힌 경우와 틀린 경우 2가지로 나온다. 참이기도 하고 거짓이기도 하다. 즉 항상 참이라 볼 수 없다.
④ 채영이는 모모모 문제를 맞히지 못했다.
  – 그렇다.
⑤ 지희와 우석이가 맞힌 문제의 수는 다르다.
  – 지희와 우석이 중 누가 모모모 문제를 맞혔는지 확정할 수 없지만 둘이 맞힌 문제의 수는 다르다.

052. ⑤

동규와 지안이의 정보를 확정적으로 알 수 있으니 바로 표에 채워보자.

	효원	동규	지안	찬서	우혁
물안경		O	O		
물갈퀴		O	X		
수영복		O	O		

물안경 + 물갈퀴 = 수영복이다. 동규와 지안이의 정보를 토대로 물안경과 물갈퀴의 최솟값이 각각 2와 1이기에 수영복의 최솟값은 3이다. 또한 찬서가 가져온 수영 도구를 효원이가 가져오지 않았기 때문에 5명 모두 수영복을 가져오는 경우는 없다. 따라서 최댓값은 4이다. 조금 더 생각해보면 3 ≤ 물안경 + 물갈퀴 ≤ 4인 것을 알 수 있다. 표를 기준으로 동그라미가 6개 또는 8개이어야 한다. 이미 찬서가 2개의 수영 도구를 가져왔으니 동그라미는 총 8개이고 수영복에 동그라미가 4개가 있어야 한다. 현재의 동그라미는 5개이기 때문에 3개를 추가할 수 있다. 추가할 수 있는 3개 중 2개는 수영복이다. 따라서 찬서가 가져온 수영 도구 중 하나는 수영복이다. 효원이는 찬서가 가져온 수영도구를 가져오지 않았기에 효원이는 수영복을 가져오지 않는다.

나머지 2개의 칸은 확정할 수 없다. 하지만 찬서가 물안경 또는 물갈퀴 중 하나를 가져오는 것은 알고 있다.(표에 A로 표기)

	효원	동규	지안	찬서	우혁
물안경	X	O	O	A	X
물갈퀴	X	O	X	A	X
수영복	X	O	O	O	O

① 물안경을 가져온 인원은 2명이다.
  – A에 의해 2명인지 3명인지 확정할 수 없다.
② 물갈퀴를 가져온 인원은 2명이다.
  – A에 의해 1명인지 2명인지 확정할 수 없다.
③ 수영 도구 가져오지 않은 인원은 2명이다.
  – 효원이 1명이다.
④ 1개의 수영 도구를 가져온 인원은 2명이다.
  – 우혁이 1명이다.
⑤ 2개의 수영 도구를 가져온 인원은 2명이다.
  – 찬서가 가져온 수영도구를 확정할 수는 없지만 지안이와 찬서 2명이다.

053. ③

확정적인 정보를 먼저 기입해보자. 혼란스러움을 줄이기 위해 미정인 칸을 두어 종족은 몰라도 학년을 아는 정보와 학년은 모르지만 종족을 아는 정보도 넣어보자. 1학년인 학생의 수가 3명이다. 1학년 학생은 2학년보다 많다고 한다. 또한 2학년의 최솟값은 1이기 때문에 1학년 : 2학년은 4 : 2 또는 5 : 1로 예상할 수 있다.(1)
프로토스를 고른 사람의 수는 저그 또는 테란을 고른 사람의 수와 같다. 따라서 프로토스는 3명이다. 하지만 저그와 테란의 수는 모른다. 또한 문제에서 종족을 프로토스, 저그, 테란 중 하나를 골랐다고 했기 때문에 저그와 테란을 고른 사람 수의 최솟값을 1로 보기 어렵다. 다시 본론으로 돌아와서 효원이와 초원이의 종족이 다르고 준현이와 성빈이의 종족이 같다. 프로토스를 고른 인원이 3명이어야 하니 준현이와 성빈이가 프로토스를 골랐고 효원이와 초원이는 각자 저그 또는 테란 중 하나를 골랐다.(2)

	프로토스	저그	테란	미정
1학년	준현, 성빈(2)		재경(1)	준현, 성빈(1)
2학년			X(1)	
미정	동욱(1)	효원/초원	초원/효원	

054. ⑤

이들이 푼 문제의 수를 모르기에 평균이라는 조건이 생각보다 매력적이지 않다. 따라서 틀을 어느 정도 고정하고 평균을 고민해보자. 맞힌 문제 수가 동일한 인원인 2명이고, 민주의 등수 뒤에 2명이 있다. 이를 기반으로 도식의 틀을 고민해보자. [1인 – 1인 – 민주(1인) – 2인], [2인 – 민주(1인) – 1인 – 1인], [1인 – 2인(민주 포함) – 1인 – 1인]과 같이 3가지의 틀이 나온다.

정호와 맞힌 문제의 수가 동일한 인물이 없다. 상진이와 맞힌 문제가 동일한 인물도 없다. 따라서 공동의 등수(2인)가 될 수 있는 인원은 민주, 지수, 중성이다. 경우를 나누어 고민해보자.

Case 1. [1인 – 1인 – 민주(1인) – 2인]

1등	2등	3등	5등
		민주	중성
			지수

5등 자리에 중성이와 지수가 들어간다. 하지만 중성이와 지수가 5등이면 중성이는 민주와 지수의 맞힌 문제 수의 평균보다 맞힌 문제가 적게 된다. 따라서 성립하지 않는다.

Case 2. [2인 – 민주(1인) – 1인 – 1인]

1등	3등	4등	5등
중성	민주	정호/상진	상진/정호
지수			

중성이와 지수를 1등에 배치한다. 하지만 정호와 상진이의 등수는 확정할 수 없다.

Case 3. [1인 – 2인(민주 포함) – 1인 - 1인]

민주와 같은 등수인 인원이 중성이인 경우와 지수인 경우로 고민해보자.

1등	2등	4등	5등
상진	민주	지수/정호	정호/지수
	중성		

민주와 중성이가 2등이라면 지수는 1등일 수 없다. 지수가 1등이 되면 지수와 민주의 평균이 중성이보다 높다. 따라서 지수는 3등 또는 4등이다. 정호는 1등이 아니다. 따라서 1등은 상진이다. 하지만 정호 역시 3등인지 4등인지 확정할 수 없다.

1등	2등	4등	5등
중성	민주	정호/상진	상진/정호
	지수		

민주와 지수가 2등이라면 중성이는 1등이어야 한다. 하지만 정호와 상진이의 등수는 확정할 수 없다.

055. ③

첨가물 변수와 출신 변수가 있다. 각 변수에 주목해보자. 먼저 첨가물은 설탕2, 소금3이다. 그러면서 예윤이와 다원이가 넣는 첨가물이 다르기 때문에 각자 설탕 또는 소금을 첨가물로 사용했다. 또한 한나와 정현이는 출신이 같다. 즉 넣는 첨가물이 같다. 따라서 한나와 정현이의 첨가물은 소금이다. 언급하지 않은 태하의 첨가물은 설탕이다.

– 소금: 한나, 정현, 예윤(또는 다원)
– 설탕: 태하, 다원(또는 예윤)

출신을 고민해보자. 전라도 출신의 인원은 경상도 출신의 인원보다 많다. 또한 5명의 출신이 전라도, 충청도, 경상도라 하니 각 출신 인원의 최솟값은 1이다. 이를 통해 2가지 경우를 고민해볼 수 있다. [전라도3, 충청도1, 경상도1], [전라도2, 충청도2, 경상도1]로 나뉜다. 전라도 출신 인원이 3명이면 전라도 출신은 소금을, 전라도 출신 인원이 2명이면 전라도 출신은 설탕을 첨가물로 사용했다.

태하가 전라도 출신이라 하니 전라도 출신은 총 2명이며 설탕을 선택했다. 하지만 다원이가 전라도 출신인지 예윤이가 전라도 출신인지 확정할 수 없다. 한나와 정현이는 출신지가 같기 때문에 충청도 출신이다.

056. ②

말만 어렵게 했지 일렬로 줄을 세운 후 특정 칸을 물어보는 문제다. 재무팀과 기획팀 사이에 2팀이 있다고 실수할 수도 있지만 우리 친구들은 그러지 않았을 것이다. 재무팀과 기획팀 사이에 1팀이 있으니 예약 시간이 붙어있는 법무팀과 홍보팀은 재무팀과 기획팀 사이에 들어가지 않는다. 따라서 재무팀과 기획팀 사이에 감사팀이 들어간다. 또한 감사팀은 홍보팀보다 먼저 회의를 진행했다는 정보를 통해 순서를 정할 수 있다. 14시부터 회의를 진행하기로 했던 팀은 감사팀이다.

[재무팀 – 감사팀 – 기획팀 – 법무팀 – 홍보팀]

057. ①

연주는 4번째로 줄을 섰고 S사, 에어콘의 구매를 희망한다. 구매를 희망하는 제조사가 같은 인원끼리 인접하지 않다고 한다. 4번째가 S사이기 때문에 S사는 2, 4, 6번째에 배치 후 나머지 자리는 L사를 배치한다.

원준이는 2번째로 줄을 섰다. 따라서 S사의 제품을 구매한다. 유라는 L사의 제품을 구매한다.

상민이와 지웅이가 구매를 희망하는 가전제품이 다르다. L사의 제품 중 청소기가 없으니 L사의 제품 구매를 희망하는 인원은 에어콘을 구매한다. 청소기를 구매하려면 S사의 제품을 구매해야 한다. 따라서 상민이와 지웅이가 구매를 희망하는 제조사는 다르다. 또한 2번째에 원준이가 줄을 서고 있으니 상민이와 지웅이는 5번째 또는 6번째로 줄을 섰다.

	1	2	3	4	5	6
제조	L	S	L	S	L	S
제품	에어콘		에어콘	에어콘	에어콘	청소기
인물	유라/재율	원준	재율/유라	연주	상민/지웅	

058. ③

시율이가 좋아하는 색은 파랑이고 윤설이가 좋아하는 색은 빨강이다. 화학과 학생은 빨강을 좋아하지 않는다. 윤설이는 화학과가 아니다. 서영이는 윤설이와 학과는 같고 좋아하는 색은 다르다. 서영이는 화학과가 아니고 노랑 또는 파랑을 좋아한다. 이미 파랑을 좋아하는 인물이 있으니 서영이는 노랑을 좋아한다. 아직 언급되지 않은 다예는 빨강을 좋아한다. 빨강을 좋아하는 인원이 2명이기 때문이다. 따라서 다예도 화학과가 아니다. 윤설, 서영, 다예가 화학과가 아니다. 따라서 시율이는 화학과다. 정리를 하면 다음과 같다.

- 서영: ~화학, 노랑
- 윤설: ~화학, 빨강
- 시율: 화학, 파랑
- 다예: ~화학, 빨강

서영이와 윤설이가 통계학과인 경우와 경제학과인 경우로 나눌 수 있다.

- 서영: 통계학, 노랑 – 서영: 경제학, 노랑
- 윤설: 통계학, 빨강 – 윤설: 경제학, 빨강
- 시율: 화학, 파랑 – 시율: 화학, 파랑
- 다예: 경제학, 빨강 – 다예: 통계학, 빨강

059. ⑤

선택지에서 가능한 경우를 묻는다. 가능한 경우의 수를 잡기 전에 어떤 것을 기준으로 할지 고민해보자. 찬빈이가 축구를 하지 않는다는 것은 배구, 야구, 농구를 한다는 가정으로 말할 수 있다. 가짓수가 많다. 승후가 2번 나왔고, 승후가 가능한 운동은 농구, 야구로 가짓수가 적다. 따라서 승후를 기준으로 고민해보자.

Case 1. 승후가 농구를 할 때
승후가 농구를 하니 찬빈이가 하는 운동은 야구 또는 배구이다. 이를 기준으로 더 고민해보자.

Case 1.1. 승후가 농구, 찬빈이가 야구를 할 때
우빈이와 유준이가 각각 축구, 배구를 하는 2가지 경우가 있다.

- 찬빈: 야구 – 승후: 농구
- 우빈: 축구/배구 – 유준: 배구/축구

Case 1.2. 승후가 농구, 찬빈이가 배구를 할 때, 우빈이와 유준이가 각각 축구, 야구를 하는 2가지 경우가 있다.

- 찬빈: 배구 – 승후: 농구
- 우빈: 축구/야구 – 유준: 야구/배구

Case 2. 승후가 야구를 할 때
승후가 야구를 하니 유준이는 배구를 한다. 찬빈이는 야구, 배구, 축구를 제외한 농구를 한다. 자연스럽게 우빈이는 축구를 한다.

- 찬빈: 농구 – 승후: 야구
- 우빈: 축구 – 유준: 배구

[다른풀이]
가지치기를 해보자. 승후는 농구 또는 야구를 하고 찬빈이는 축구를 하지 않는다.

승후	찬빈
농구	배구
	야구
야구	배구
	농구

승후가 야구를 하면 유준이는 배구를 한다. 승후가 배구를 하는 경우는 만족하지 않는다. 나머지 경우에 유준과 우빈에게 남은 경기를 배정하자.

승후	찬빈	유준	우빈
농구	배구	축구/야구	
	야구	축구/배구	
야구	~~배구~~	~~배구~~	
	농구	배구	축구

060. ③

제약조건을 확인해보자. 한 코스를 오를 수 있는 최대 인원이 2명이다. 코스는 모르겠지만 2, 2, 1명씩 코스를 오른다. 윤설이는 B코스를 오르지 않는다. 따라서 윤설이가 A코스를 올랐을 때와 C코스를 올랐을 때로 나눠 생각해보

자. 또한 시연이는 A코스를 오르지 않는다. 즉 시연이는 B 또는 C 코스를 오른다는 말이다. 윤설이에 따라 2가지, 시연이에 따라 2가지가 나온다. 이를 나누어 고민해보자.

Case 1. 윤설이가 A코스, 시연이가 B코스를 올랐을 때
지민이와 도준이가 같은 코스를 오른다. 따라서 C코스를 오른다. 남은 인원인 지온이는 시연이와 다른 코스를 오르기에 A코스를 오른다.

Case 2. 윤설이가 A코스, 시연이가 C코스를 올랐을 때
지민이와 도준이는 B코스를 오른다. 지온이는 A코스를 오른다.

Case 3. 윤설이가 C코스, 시연이가 B코스를 올랐을 때
지민이와 도준이가 A코스를 오른다. 지온이는 C코스를 오른다.

Case 4. 윤설이가 C코스, 시연이가 C코스를 올랐을 때
지민이와 도준이는 A 또는 B코스를 오른다. 이에 따라 경우를 나눌 수 있다.

Case 4.1. A코스: 지민, 도준, B코스: 지온, C코스: 윤설, 시연
Case 4.2. A코스: 지온, B코스: 지민, 도준, C코스: 윤설, 시연

[다른풀이]
59번의 해설과 같이 가지치기 방식으로 풀 수도 있다.

061. ②

말이 너무 복잡하다. 표를 잘 그려야겠다. 월 ~ 토까지 6일 사이에 출장을 가고 장소는 기흥, 화성, 평택 3곳이다. 이를 가로축, 세로축으로 삼자.

	월	화	수	목	금	토
기흥						
화성						
평택						

이후 제약조건을 확인해 보자. 같은 장소를 같은 날에 방문한 인원은 없다. 즉 표 안의 1개 칸에 들어가는 값이 1개씩이라는 말이다. D를 제외한 인원은 2곳씩 출장을 간다. 그럼 A, B, C, E는 각자 2곳씩 2일로 4칸을 차지하는 인원이 4명이란 말이다. 16개 칸을 차지한다. 자연스럽게 2칸이 남고 이는 D가 갈 칸이다. D는 1곳만 방문한다.
어느 정도 파악했으니 바로 넣을 수 있는 정보부터 넣어보자.(1)
이들은 한 장소를 연속 2일씩 출장을 가고 총 18칸을 차지한다. 즉 비는 공간이 없어야 한다. C를 기준으로 생각해보면 C는 화성을 수요일에 갈 수 없다. 수요일에 가게 되면 월요일이 빈 칸이 된다. 연속 2일을 갈 수 없기 때문이다. 따라서 C는 월요일에 화성을 간다. 이와 같은 추론으로 A는 수요일에 평택을, E는 금요일에 평택을 방문한다.(2)
자연스럽게 D는 월요일에 평택으로 출장을 간다. 평택의 월요일을 보면 A, E는 이미 평택을 방문했기에 월요일에 방문할 수 없다. 인당 2곳씩 출장을 가야하는데 장소가 1곳이 되기 때문이다. 또한 하루에 1곳만 방문한다는 조건에 따라 B와 C는 월요일에 평택을 가지 않는다.(3)

	월	화	수	목	금	토
기흥	B(1)	B(1)				
화성	C(2)	C(1)				
평택	D(3)	D(3)	A(2)	A(1)	E(2)	E(1)

B를 기준으로 들어갈 곳을 확인해보자. B는 이미 기흥을 방문했으니 화성을 수 또는 금요일에 방문한다. 도식을 조금 간단히 만들어 나올 수 있는 경우를 제시하겠다. 이미 제약조건에 따라 행, 또는 열로 값이 중복되지 않는 것을 알고 있다.

Case 1. B가 화성을 수요일에 방문했을 때

	월	화	수	목	금	토
기흥	B		E		C	
화성	C		B		A	
평택	D		A		E	

Case 2. B가 화성을 금요일에 방문했을 때

	월	화	수	목	금	토
기흥	B		C		A	
화성	C		E		B	
평택	D		A		E	

그런데 E는 화성을 방문하지 않는다. 따라서 Case 1만 가능하다.

062. ④

일차를 세로축, 인물을 가로축으로 봐보자. 제약조건을 보면 하루에 1곳씩 4곳을 다 조사했다고 하니 세로 기준으로 겹치는 값이 없다. 같은 일차에 조사지역이 같은 인원이 없다고 하니 가로 기준으로 겹치는 값이 없다.
확정적인 정보를 먼저 기입하자.(1)
1일차, 수빈(1행 3열)의 칸이 3가지 정보가 모였다. 가로 제

약으로 인해 ~A, ~D이고 세로 제약으로 인해 ~C이다. 따라서 수빈은 1일차에 B지역을 조사한다. 자연스럽게 시언은 1일차에 C를 조사한다.(2)

시언이가 B지역을 조사한 뒤 2일 뒤 환희가 B지역을 조사했다. 시언이가 2일차에 B를 조사한다는 말이다. 당연히 환희는 4일차에 B지역을 조사한다.(3)

2일차, 환희(2행 2열)의 칸이 3가지 정보가 모였다. 가로 제약으로 인해 ~B, ~C이고 세로 제약으로 인해 ~A, ~B이다. 따라서 환희는 2일차에 D지역을 조사한다. 주연이는 자연스럽게 2일차에 A지역을 조사하고 환희는 3일차에 C를 조사한다.(4)

주연이는 3일차, 4일차에 B와 C지역을 방문한다. 가로 제약으로 인해 환희와 겹치지 않게 방문지역을 확정할 수 있다.(5)

	시언	환희	수빈	주연
1일차	C(2)	A(1)	B(2)	D(1)
2일차	B(3)	D(4)	C(1)	A(4)
3일차		C(4)		B(5)
4일차		B(3)		C(5)

063. ④

총 4팀이 구성됐다. 남자들은 구슬은 빨강, 주황, 노랑, 초록 구슬을 골고루 뽑았다. 여자들이 뽑은 구슬도 마찬가지다.

확정적인 정보를 먼저 확인해보자.(1)

F와 G는 빨강 구슬을 뽑지 않았다. 여자 중 빨강 구슬을 뽑을 수 있는 인원은 H뿐이다. 또한 B는 H와 같은 조기에 H도 빨강 구슬을 뽑았다.(2)

D는 빨강 구슬 또는 초록 구슬을 뽑았다. 이미 남자 중 빨강 구슬을 뽑은 인원이 B이기에 D는 초록 구슬을 뽑았다. 자연스럽게 남자 중 남은 인원인 A가 노랑 구슬을 뽑았다.(3)

	빨강	주황	노랑	초록
남자	B(2)	C(1)	A(3)	D(3)
여자	H(2)		E(1)	

064. ①

완규는 'You' 또는 '사랑했지만'을 골랐는데 이미 혁건이가 '사랑했지만'을 골랐기 때문에 완규는 'You'를 골랐다. 이어서 길중이 또는 상민이가 'Blood'를 고른 경우를 기준으로 나눠보자.

Case 1. 길중이가 'Blood'를 골랐을 때

상민이는 'Blood'를 고르지 않았다. 따라서 경호는 '질풍가도'를 고를 수 없다. 남은 곡이 '형'과 '질풍가도'이기 때문에 경호는 '형'을 골랐고 상민이는 '질풍가도'를 골랐다.

길중	상민	혁건	경호	완규
Blood	질풍가도	사랑했지만	형	You

Case 2. 상민이가 'Blood'를 골랐을 때

상민이가 Blood를 골랐다고 하여 경호가 꼭 '질풍가도'를 골랐다고 볼 수 없다. 따라서 경호가 '질풍가도'를 골랐을 때와 '형'을 골랐을 때로 나눌 수 있다.

길중	상민	혁건	경호	완규
형	Blood	사랑했지만	질풍가도	You

길중	상민	혁건	경호	완규
질풍가도	Blood	사랑했지만	형	You

065. ③

누가 남성이고 누가 여성인지 모르겠다. 5명이 일렬로 줄을 서고 동성끼리 이웃하지 않으니 한 성(性)은 3명, 또 다른 성(性)은 2명이다. 편의상 A성, B성으로 지칭하겠다. 선우와 세영이의 성은 같고, 다율이와 규진이의 성은 다르다. 따라서 건우와 세영이는 A성, 다율이와 규진이 중 1명은 B성이다. 자연스럽게 은결이는 B성이다. B성은 2번째, 4번째로 줄을 선다. 은결이를 중심으로 경우가 나뉜다. 선택지를 하나씩 확인해보자.

① 다율이가 1번째로 줄을 선다면 세영이는 3번째로 줄을 섰다.
   – 참인 것을 찾으라 했으니 반례를 찾아보자.

다율	은결	선우	규진	세영

② 나올 수 있는 경우의 수는 4가지이다.
   – 은결이가 2번째인 경우와 4번째인 경우로 나뉘고 다율 또는 규진이가 B성인 경우로 나뉜다. 또한 남은 2자리는 A성인 2명이 배치되기 때문에 4가지 이상이다.

③ 규진이 바로 뒤에 세영이가 줄을 섰다면 다율이는 1번째로 줄을 섰다.
   – 은결이가 2번째인 경우와 4번째인 경우로 나눠 고민해보자.

Case 1. 은결이가 2번째로 줄을 설 때

은결이가 2번째, 선우가 3번째다. 따라서 규진이와 세영이는 4, 5번째로 줄을 섰다.

다율	은결	선우	규진	세영

정답 및 해설

Case 2. 은결이가 4번째로 줄을 설 때
은결이가 4번째, 선우가 5번째다. 규진이가 1번째로 줄을 섰다면 B성 자리인 2번째에 세영이가 줄을 서야하는데 이는 조건에 맞지 않는다. 세영이는 A성이다. 따라서 규진이가 2번째, 세영이가 3번째로 줄을 섰다.

다율	규진	세영	은결	선우

④ 선우가 3번째로 줄을 섰다면 나올 수 있는 경우의 수는 2가지이다.
- 선우가 3번째로 줄을 섰으니 은결이는 2번째로 줄을 섰다. 4번째 자리에 다율 또는 규진이 오는 경우와 남은 2자리에 세영이 4번째 자리에 오지 못한 1인(다율이가 4번째라면 규진이)의 자리를 확정하는 경우로 나뉘기에 2가지 이상이다.

⑤ 선우는 1번째로 줄을 설 수 있다.
- 은결이는 2번째 또는 4번째로 줄을 섰다. 따라서 선우는 3번째 또는 5번째 자리에만 줄을 설 수 있다.

[참고] '~할 수 있다.'의 표현은 가능성을 의미한다. 선우가 1번째에 줄을 설 수 있는 경우가 하나라도 있으면 ⑤번은 참이 된다.

066. ④

3명이 아이이고 아이끼리 인접하게 줄을 서지 않는다. 따라서 [아이 – 어른 – 아이 – 어른 – 아이] 순서로 줄을 섰다. 영호는 아이이고, 영호와 인접한 영수는 어른이다. 다시 말해 영수는 2번째 또는 4번째로 줄을 선다. 더 가공할 정보가 없으니 선택지의 정보를 추가해가며 판별해보자.

① 영지가 4번째로 줄을 서고 있다면, 영수가 제일 먼저 놀이기구를 탄다.
- 영수는 어른이다. 제일 먼저 놀이기구를 탈 수 없다.

② 영민이가 어른이라면, 영호는 제일 먼저 놀이기구를 탈 수 없다.
- 반례를 찾자. [영호 – 영수 – 영희 – 영민 – 영지] 순서로 영호는 놀이기구를 탈 수 있다.

③ 영호가 3번째로 줄을 서고 있다면 영희가 제일 먼저 놀이기구를 탄다.
- 반례를 찾자. [영민 – 영수 – 영호 – 영희 – 영지] 순서로 영희가 먼저 탄다고 볼 수 없다.

④ 영지가 4번째로 줄을 서고 있다면, 영민이는 제일 먼저 놀이기구를 탈 수 없다.
- 어른인 영수는 2번째로 줄을 선다. 영수와 인접하게 영호가 있어야 하고 영지 앞에는 영희가 있어야 한다. 순서는 확정할 수 없지만 1, 3번째 자리는 영호와 영지의 자리다. 따라서 영민이는 5번째로 줄을 섰다.

⑤ 영희가 어른이라면, 영호가 제일 먼저 놀이기구를 탄다.
- 반례로 [영민 – 영수 – 영호 – 영희– 영지]도 가능하기에 항상 참이라 볼 수 없다.

067. ①

정희는 2층에 거주한다. 따라서 1층에 인접하게 거주하는 진희와 도희는 살 수 없다. 초희가 미희보다 아래층에 거주하니 초희가 1층에 산다.

068. ③

재철이의 우측에 민희가 앉는다. 4자리가 비는데, 희정이와 정규는 인접하게 앉지 않는다. 또한 민정이와 소민이는 인접하게 앉는다. 희정이와 정규 사이에 민정이와 소민이가 앉는다.

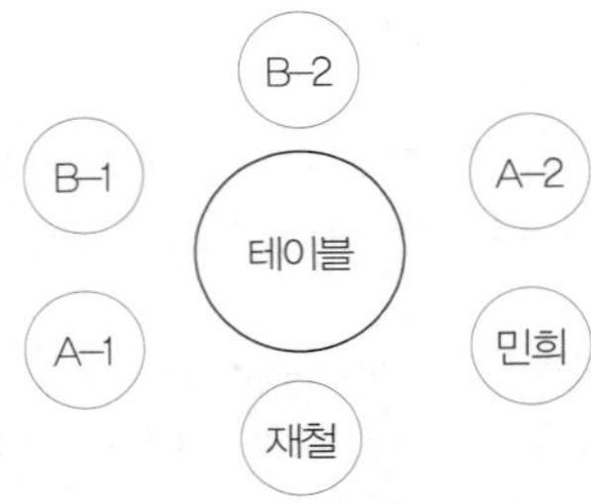

A자리에는 희정이와 정규가, B자리에는 민정이와 소민이가 앉는다.

① 민희와 민정이가 마주 보고 앉는다면 소민이는 희정이와 인접하게 앉는다.
- 민정이의 자리를 확정했다고 하여 희정이의 자리를 확정할 수 없다.

② 정규와 소민이가 인접하게 앉는다면 재철이와 희정이가 인접하게 앉는다.
- 정규가 A-1, 소민이가 B-1에 앉을 수 있다.

③ 민정이와 민희가 마주 보고 앉는다면 재철이와 소민이가 마주 보고 앉는다.
- 민정이가 B-1자리에 앉으니 자연스럽게 소민이는 B-2자리에 앉는다.

④ 재철이와 소민이가 마주 보고 앉는다면 민희와 희정이가 마주 보고 앉는다.
- 희정이는 민희와 마주 보는 자리에 앉지 못한다.

⑤ 희정이와 민희가 인접하게 앉는다면 정규와 민정이는 인접하게 앉는다.
- 희정이의 자리를 확정했다고 하여 민정이와 소민이의 자리를 확정할 수 없다. 민정이가 B-2자리에도 앉을 수 있다.

069. ④

제약조건을 확인해보자. 4명 모두 5년간 방문한 여행지는 매번 다르고 1년에 1번씩 여행을 갔다. 여행지를 기준으로 5년 중 언제인지는 모르지만 4명이 아무도 방문하지 않은 연도가 존재한다는 얘기다.
표를 그린 후 다음의 확정적인 정보를 기입해보자. '-효민이는 2016년에, 진호는 2018년에 프랑스를 방문했다. -2017년에 러시아를 방문한 사람은 없다.'(1)
태국을 연달아 영훈, 효민 진호가 연달아 방문했다. 영훈이가 15년에 태국을 방문하면 효민이의 16년 여행지가 겹친다. 영훈이가 16년에 태국을 방문하면 진호의 18년 여행지가 겹친다. 따라서 영훈이는 17년에 태국을 방문했다.
진호가 러시아를 방문한 다음 해에 영훈이가 러시아를 방문했다. 진호는 15, 16년에 러시아를 갈 수 있는데 진호가 16년에 러시아를 가면 영훈이가 17년에 러시아를 가야하는데 이미 태국을 간 것을 알 수 있다. 따라서 진호는 15년, 영훈이는 16년에 러시아를 방문했다.(3)
러시아를 효민이가 18년 또는 19년에 방문할 수 있다. 이미 효민이가 18년에 태국을 갔으니 19년에 러시아를 방문했다. 따라서 순영이는 18년에 러시아를 방문했다.(4)

	호주	칠레	태국	러시아	프랑스
15				진호(3)	
16				영훈(3)	효민(1)
17			영훈(2)	X(1)	
18			효민(2)		진호(1)
19			진호(2)	효민(4)	

[참고] 〈보기〉에 가장 자주 언급된 나라가 태국, 러시아다. 자주 언급된 지역을 위주로 살피면 쉽게 풀 수 있다.

070. ②

재빈이가 3번째다. 규만이 앞에는 민성이와 주희가 있다. 따라서 규만이는 4번째 또는 5번째다. 규만이가 4번째라면 수현이가 지각이다. 단 민성, 주희의 순서는 확정할 수 없다. 규만이가 5번째라면 당연히 규만이가 지각이다. 아쉽게도 민성, 주희, 수현의 순서를 정할 수 없다. 따라서 민성이가 재빈이보다 먼저 도착했다고 확정할 수 없다.

071. ⑤

남자와 여자가 이웃하게 줄을 선다. 즉 [남 - 여 - 남 - 여 - 남] 순서로 줄을 선다. 제훈이에 대한 정보가 3번이나 나온다. 주목해보자. 제훈이 앞에는 윤수와 제훈이가 있으니 제훈이는 5번째로 줄을 선다. 민서는 제훈이와 인접하게 줄을 서니 4번째로 줄을 선다. 2번째로 줄을 선 사람은 다희이다.

072. ①

선택지에 있는 정보를 넣었을 때 나오는 경우가 1가지인 것을 찾아보자. 〈보기〉의 조건과 선택지의 정보를 고려하여 정리하면 다음과 같다.
① 민 차장이 2층을 사용했다.
- 민 차장을 2층에 고정하자. 부장은 3층에 묵지 않는다. 따라서 임 부장은 1층에 묵는다. 정 대리는 고 과장보다 낮은 층에 묵으니 정 대리는 1층, 고 과장은 3층에 묵는다. 3층의 남은 자리는 김 대리의 자리다.

3층	고 과장	김 대리
2층	민 차장	X
1층	임 부장	정 대리

② 임 부장이 1층을 사용했다.
- 아래와 같이 정 대리와 고 과장의 위치를 확정하기 어렵다.

3층	고 과장	
2층	정 대리	X
1층	임 부장	

3층	고 과장	
2층		X
1층	임 부장	정 대리

3층		
2층	고 과장	X
1층	임 부장	정 대리

③ 김 대리가 3층을 사용했다.
- 김 대리가 3층이다. 하지만 정 대리와 고 과장의 위치를 확정하기 어렵다.

3층	김 대리	고 과장
2층	정 대리	X
1층		

3층	김 대리	고 과장
2층		X
1층	정 대리	

3층	김 대리	
2층	고 과장	X
1층		정 대리

④ 민 차장이 3층을 사용했다.

– 임 부장이 2층에 고정시켜보자. 정 대리는 고 과장보다 아래에 있기 때문에 정 대리는 1층을 사용하고 고 과장은 3층을 사용한다. 그런데 이미 3층의 한 자리는 민 부장의 자리이기 때문에 1층에 대리끼리 묶는 경우가 발생한다. 따라서 임 부장은 1층을 사용한다. 하지만 임 부장을 1층에 고정시킨다고 하더라도 정 대리, 고 과장의 자리를 확정하기 어렵다.

3층	민 차장	고 과장
2층	정 대리	X
1층	임 부장	김 대리

3층	민 차장	고 과장
2층	김 대리	X
1층	임 부장	정 대리

3층	민 차장	김 대리
2층	고 과장	X
1층	임 부장	정 대리

⑤ 고 과장이 3층을 사용했다.

– 고 과장이 3층을 사용하더라도 정 대리가 1층을 사용하는지 2층을 사용하는지 확정하기 어렵다.

3층	고 과장	
2층	정 대리	X
1층	임 부장	

3층	고 과장	
2층	임 부장	X
1층	정 대리	

073. ①

성준이는 동쪽으로 탐험을 떠났고 성준이와 반대의 방향으로 정배와 원빈이가 탐험을 떠났다. 영서와 윤수는 팀이기에 동쪽은 탐험할 수 없고 남쪽과 북쪽을 탐험할 수 있다. 주민이가 남쪽으로 떠났기에 북쪽으로는 영서와 윤수가 탐험을 떠났다. 자연스럽게 태희는 영서의 정반대인 남쪽으로 탐험을 떠났다. 태희와 같은 방향을 탐험한 인물은 주민이다.

– 동: 성준, 수빈 – 서: 정배, 원빈

– 남: 주민, 태희 – 북: 영서, 윤수

074. ④

제약조건부터 확인해 보자. 4명이 모두 일주일에 1권씩 책을 읽으며 4주를 보냈다. 또한 읽은 책은 4종류이다. 동아리에서 1권씩 도서를 보유하고 있으니 행과 열을 기준으로 값이 중복되지 않는다. 다시 말해 아래 틀을 기준으로 가로로도 세로로도 인물이 중복되지 않는다는 말이다.

확정적인 정보를 넣어보자. 아쉽게도 1번째 조건은 바로 사용할 수 없다. 아래 틀을 기준으로 선택지의 정보를 넣으며 확인해보자.

	햄릿	춘향전	백년의 고독	삼국지연의
1주차				
2주차				희정
3주차				
4주차	수지			

① 희라가 3주차에 햄릿을 읽었다면 수경이가 2주차에 햄릿을 읽었다.

	햄릿	춘향전	백년의 고독	삼국지연의
1주차				
2주차				희정
3주차	희라			
4주차	수지			

– 희라를 3주차 햄릿에 배정하면 2주차 햄릿 칸(1행 2열)에 정보가 3개나 모인다. 세로의 제약으로 인해 희라와 수지가 들어갈 수 없고 가로의 제약으로 인해 희정이가 들어갈 수 없다. 따라서 남은 인원인 수경이가 2주차에 햄릿을 읽었다.

② 수경이가 3주차에 햄릿을 읽었다면 희정이가 1주차에 햄릿을 읽었다.

	햄릿	춘향전	백년의 고독	삼국지연의
1주차				
2주차				희정
3주차	수경			
4주차	수지			

– ①번과 마찬가지로 2주차 햄릿 칸(1행 2열)에 정보가 3개나 모인다. 따라서 2주차 햄릿은 희라가 배정되고 희정이는 1주차에 햄릿을 읽었다.

③ 희라가 2주차에 백년의 고독을 읽었다면 희정이가 4주차에 백년의 고독을 읽었다.

	햄릿	춘향전	백년의 고독	삼국지연의
1주차			수경	
2주차			희라	희정
3주차			수지	
4주차	수지		희정	

– 희라가 2주차에 백년의 고독을 읽었다. 수경이가 수지보다 먼저 백년의 고독을 읽었기 때문에 수경이는 1주차, 3주차에 백년의 고독을 읽을 수 있다. 하지만 수경이가 3주차에 백년의 고독을 읽으면 수지는 4주차에 백년의 고독을 읽는데 이미 수지는 4주차에 햄릿을 읽었다. 따라서 수경이가 1주차, 수지가 3주차에 백년의 고독을 읽었다. 자연스럽게 희정이가 4주차에 백년의 고독을 읽었다.

④ 수경이가 2주차에 백년의 고독을 읽었다면 수지가 1주차에 삼국지연의를 읽었다.

	햄릿	춘향전	백년의 고독	삼국지연의
1주차				수지
2주차	희라	수지	수경	희정
3주차			수지	
4주차	수지			

– 수경이는 수지보다 먼저 백년의 고독을 읽었다. 수지는 3주차, 4주차에 백년의 고독을 읽을 수 있는데 이미 수지는 4주차에 햄릿을 읽었으니 3주차에 백년의 고독을 읽는다. 2주차의 햄릿을 주목해보자. 세로의 제약으로 ~수지, 가로의 제약으로 ~수경, ~희정이다. 따라서 2주차의 햄릿은 희라가 읽는다. 자연스럽게 2주차에 춘향전을 읽는 사람은 수지이다.
수지가 2, 3, 4주차에 읽는 책이 확정됐다. 수지는 1주차에 삼국지연의를 읽는다.

⑤ 수지, 수경이 1주차에 삼국지연의를 읽지 않았다면 희라가 1주차에 삼국지연의를 읽었다.

– 1주차에 수지, 수경, 희정은 삼국지연의를 읽지 않는다. 당연히 희라가 1주차에 삼국지연의를 읽는다.

075. ④

지원한 것과 합격한 것을 나누어 생각해야 한다. 지원은 4개 회사 중 3개까지 지원할 수 있다. 3개를 지원한 것이 아니라 최댓값이 3이라고 이해해보자. 또한 5명 모두 1개의 회사에만 합격했다.

확정적인 정보들을 먼저 기입해보자. 철민이와 상민이만 L디스플레이를 지원했고 합격했다. 다른 인원은 L디스플레이를 지원하지 않았다. 상민이와 규민이는 L화학을 지원했다. 다른 인원이 L화학을 지원했는지는 알 수 없다. 5명 모두 L전자를 지원했다. 이들 중 1명이 서류를 통과했는데 이는 아직 알 수 없으니 머릿속에 기억하자.

제약조건을 다시 확인해 보자. L전자의 서류 통과자는 1명, L건설의 지원자는 1명이다. 또한 상민, 성민은 3개의 회사, 나머지는 2개 회사를 지원했다. 5명 모두 1개의 회사만 서류전형을 통과했다.

	L전자		L디플		L화학		L건설	
	지원	합격(1)	지원	합격	지원	합격	지원(1)	합격
철민(2)	O	X	O	O	X	X	X	X
상민(3)	O	X	O	O	O	X	X	X
정민(2)	O		X	X	O		X	X
규민(2)	O		X	X	O		X	X
성민(3)	O		X	X	O		O	

제약을 참고하면 철민, 상민, 규민이는 추가로 지원한 회사가 없다는 것을 알 수 있다. 또한 상민이와 철민이는 1개 회사만 서류전형에 통과했다는 조건에 의해 L디스플레이의 서류를 합격했기 때문에 이외 회사의 서류는 합격하지 않았음을 알 수 있다.

성민이는 3개의 회사를 지원하는데 L디스플레이는 지원하지 않았다. 따라서 L화학과 L건설에 지원했다. L건설 지원자가 1명이기에 정민이는 L건설을 지원하지 않았다. 2개 회사를 지원했으니 L화학을 지원했다.

③ 정민이가 L화학의 서류전형에 합격했다면 규민이는 L화학을 붙었다.

– 정민의 L화학 합격 가정하에 규민이가 L전자를 붙었을 수 있다. 항상 참이라 볼 수 없다.

④ 규민이가 L전자의 서류전형에 합격했다면 정민이는 L화학을 붙었다.

– L전자의 합격자가 1명이기에 정민, 성민이는 L전자를 합격하지 못했다. 정민이는 지원한 회사 중 1개 회사의 서류전형을 통과했기 때문에 L화학의 서류전형을 통과했다.

⑤ 규민이가 L전자의 서류전형에 붙었다면 성민이는 L화학을 붙었다.

– 성민이가 L전자의 서류전형을 통과하지 못했지만 서류전형을 합격한 회사가 L화학인지, L 건설인지 확정할 수 없다.

076. ②

머릿속으로 문제를 풀어보자. 세융이와 찬용이가 마주 보고 있다. 고정하자. 세융이의 바로 옆 한 쪽에 설화를 배정한다. 그 옆에 조은을 배정한다. 조은이는 찬용이와 인접하게 앉았다. 찬용이와 수정이가 인접하지 않았으니 세융이와 수정이가 인접하다. 찬용이와 인접한 자리 중 빈자리는 주리의 자리다. 주리가 설화와 마주 보고 식사를 한다.

077. ④

문제의 관건은 보미가 참석하면 재린이가 참석한다는 조건을 어떻게 이해하느냐다. 보미가 참석하면 재린이가 참석하는 것은 맞지만 재린이가 참석했다고 해서 보미가 참석했다고 볼 수는 없다. ①번을 답으로 고를 수 없다.
예나와 초은이 중 한 명은 스터디에 참석한다. XOR이다. 이번 주 스터디에 예나가 참석하지 않았으니 초은이가 참석했다.

078. ④

덕만의 자리를 고정하고 1층에 ~명수인 것을 확인하자. 이후 명수의 세층 위에 영석이가 산다는 조건을 확인해보자. 명수가 2층에 살면 5층에 영석이가 살아야 하는데 덕만이가 이미 5층에 살고 있다. 명수는 6층, 7층도 살 수 없다. 따라서 명수가 3층 사는 경우와 명수가 4층 사는 경우로 나눌 수 있다. 이에 따라 영석의 자리가 정해진다. 또한 재석이는 덕만이보다 위층에 산다. 덕만이 보다 위의 층은 2개이고 그 중 하나는 영석이가 사는 층이니 나머지 층이 재석이가 사는 층이다.

Case 1. 명수가 3층에 살 때

1층	2층	3층	4층	5층	6층	7층
광희	지용	명수	홍철	덕만	영석	재석

광희의 바로 위층은 지용이가 산다. 따라서 광희는 1층, 지용이는 2층에 산다. 남은 인원인 홍철이가 4층에 산다.

Case 2. 명수가 4층에 살 때

1층	2층	3층	4층	5층	6층	7층
홍철	광희	지용	명수	덕만	재석	영석
광희	지용	홍철	명수	덕만	재석	영석

광희가 1층에 사는 경우와 2층에 사는 경우로 나눌 수 있다.

079. ③

롤러코스터의 자리에 왼쪽, 오른쪽의 구분이 없다. 편하게 기입하며 고민해보자. 진제는 맨 앞에 탑승했다. 정원이는 병수보다 앞 칸에 탔다. 따라서 정원이가 탈 수 있는 칸은 1칸, 2칸이다. 이에 따라 고민해보자.

Case 1. 정원이가 1칸에 탔을 때
병수는 2칸 또는 3칸에 탈 수 있다. 또한 같은 칸에 앉지 못하는 세진, 예진이의 자리도 확정할 수 없다.

1칸	2칸	3칸
진제	병수	예진/세진
정원	세진/예진	주현

1칸	2칸	3칸
진제	세진/예진	병수
정원	주현	예진/세진

Case 2. 정원이가 2칸에 탔을 때
병수는 3칸에 탄다. 이에 따라 주현이가 1칸, 2칸, 3칸에 타는 경우로 나눌 수 있다.

1칸	2칸	3칸
진제	정원	병수
주현	세진/예진	예진/세진

1칸	2칸	3칸
진제	정원	병수
세진/예진	주현	예진/세진

1칸	2칸	3칸
진제	정원	병수
세진/예진	예진/세진	주현

080. ④

제약을 확인해보자. 5개 도시를 5일간 방문한다. 하루에 하나의 도시를 방문하고 모든 도시를 방문한다. 따라서 인원을 기준으로 매번 다른 도시를 방문한다. 아래 표를 기준으로 값이 세로로 중복되지 않는다.

확정적인 정보를 기입해보자.(1)
첫 날 부산을 적어도 1명이 찾았다. 진솔이는 이미 5일차에 부산을 갔으니 충희가 1일차에 부산을 찾았다.(2)

	효진	충희	엘리아	진솔
1일차	춘천(1)	부산(2)	춘천(1)	
2일차				
3일차		전주(1)		전주(1)
4일차				
5일차	부산(1)			부산(1)

생각보다 간단하다. 지금까지 푼 문제들 대부분은 가로, 세로로 값이 중복되지 않아야 한다는 제약이 있었는데 이 문제는 세로로만 값이 중복되지 않아야 한다는 제약이 있다. 실수했다면 보다 꼼꼼하게 문제를 살피는 연습을 했으면 한다.

081. ②

인접하다는 조건을 보고 5개 덩어리를 3개 덩어리로 줄여보자. B, C를 한 덩어리로 묶고 A, D를 한 덩어리로 묶자. 다만 덩어리 안에서 B, C의 순서가 어떤지 A, D의 순서가 어떤지 확정할 수는 없다. 이를 간단하게 표현하여 BC 〉 AD로 표기하겠다.
D구슬은 제일 먼저 뽑히지 않았다. 따라서 A구슬과 E구슬이 인접해 있다. 따라서 E도 AD덩어리로 묶을 수 있다. EAD 덩어리가 E, A, D의 순서인지 D, A, E의 순서일지는 모른다.
하지만 우리가 파악해야하는 것은 제일 먼저 뽑은 구슬이다. 따라서 제일 먼저 뽑은 구슬의 후보는 B와 C이다. C구슬이 제일 먼저 뽑히지 않았기에 제일 먼저 뽑힌은 구슬은 B이다.

082. ③

개발1팀, 개발2팀을 개발팀이라 지칭할 수 있다. 〈보기〉에서 지원팀과 운영팀 사이에 개발팀이 있다고 한다. 이 사이에 개발1팀만 있을지, 개발2팀이 있을지, 개발1, 2팀이 있을지 확정할 수는 없다. 따라서 지원팀과 운영팀이 꼭 2층, 5층에 있어야 한다고 말할 수 없다.
운영팀, 지원팀이 2, 4층에 있을 수 있고 3, 5층에도 있을 수 있다. 다시 말하면 지원팀과 운영팀 사이에 개발팀 중 1개 팀이 있을 수 있다는 말이다. 따라서 ③번을 보면 개발2팀이 5층에 있으니 운영팀과 지원팀 사이에 개발1팀이 있다는 말이다. 운영팀이 2층인지, 지원팀이 2층인지는 모르겠지만 개발1팀은 3층에 위치한다.

083. ②

소희는 한솔이보다 왼쪽에 앉아 있다. 한솔이는 미정이보다 오른쪽에 앉아 있다. 따라서 한솔이는 좌측부터 1, 2, 3, 4, 5번째라 할 때 3, 4, 5번째로 앉았다. 소희와 미정이 중 누가 1번째인지는 알 수 없다. 하지만 주미와 미정이 사이에 1명이 있다는 것을 기준으로 고민해보자.

Case 1. 한솔이가 3번째인 경우
미정이는 1번째 또는 2번째로 앉을 수 있다. 미정이가 1번째로 앉게 되면 주미가 3번째로 앉게 된다. 따라서 미정이는 2번째, 주미는 4번째에 앉는다. 소희 / 미정 / 한솔 / 주미 / 정연의 순서로 앉는다.

Case 2. 한솔이가 4번째인 경우
미정이는 1번째, 2번째, 3번째 중 한자리에 앉는다. 하지만 미정이가 2번째로 앉으면 주미가 4번째로 앉게 되니 미정이는 2번째로 앉지 않는다. 이에 따라 미정이가 1, 3번째에 앉는 경우를 생각해보자.

Case 2.1. 한솔이가 4번째, 미정이가 1번째인 경우
주미는 3번째로 앉는다. 소희는 한솔이보다 왼쪽이니 2번째로 앉는다. 미정 / 소희 / 주미 / 한솔 / 정연 순서로 앉는다.

Case 2.2. 한솔이가 4번째, 미정이가 3번째인 경우
주미와 한솔이는 인접하게 앉았기 때문에 주미는 1번째에 앉지 않고 5번째로 앉는다. ? / ? / 미정 / 한솔 / 주미의 순서로 앉는다. 소희와 정연이의 자리는 확정할 수 없다. 따라서 경우가 2가지다.
- 소희 / 정연 / 미정 / 한솔 / 주미
- 정연 / 소희 / 미정 / 한솔 / 주미

Case 3. 한솔이가 5번째인 경우
한솔이와 주미가 인접하게 앉았기에 주미는 4번째로 앉는다. 미정이는 자연스럽게 2번째에 앉는다. ? / 미정 / ? / 주미 / 한솔의 순서로 앉는다. 소희와 정연이는 자리를 바꿀 수 있기에 2가지 경우가 나온다.
- 소희 / 미정 / 정연 / 주미 / 한솔
- 정연 / 미정 / 소희 / 주미 / 한솔

가능한 경우를 정리하면 아래와 같다. 경우를 묻는 선택지가 1~2개라면 선택지만을 판별하는 것이 좋지만 전체가 경우를 묻기에 정리한 후 고민하는 편이 더 좋다.
- 소희 / 미정 / 한솔 / 주미 / 정연
- 미정 / 소희 / 주미 / 한솔 / 정연
- 소희 / 정연 / 미정 / 한솔 / 주미
- 정연 / 소희 / 미정 / 한솔 / 주미
- 소희 / 미정 / 정연 / 주미 / 한솔
- 정연 / 미정 / 소희 / 주미 / 한솔

084. ⑤

간단한 문제이기에 도식을 그리지 않고 풀어보자. 상민이의 양쪽으로 영현이와 수호가 있다. 수호 옆에는 경애, 혜미 순서로 앉았다. 남은 자리는 영현이와 혜미 사이의 1자리이고 종민이가 앉았다. 따라서 종민이와 마주 보고 식사하는 인원은 수호다.

085. ④

종석이는 4등이다. 지성이의 기록은 종석이의 기록과 가장 근소한 차이를 보인다고 한다. 지성이는 3등 혹은 5등이다. 따라서 지성이는 금메달을 따지 못했고 하루가 은메달을 땄다. 종석, 지성, 하루를 제외한 남은 2자리는 1등, 5등 또는 1등 3등 자리이다. 재형이가 민수보다 먼저 도착했기에 재형이가 1등이다.

086. ①

사탕을 2명까지 줄 수 있고 사탕을 주지 않은 인원은 없다. 따라서 1~2명에게 사탕을 주며 호감을 표시했다. 세로축에 남학생, 가로축에 여학생을 놓고 칸 안에는 남자가 사탕을 준 경우 '남', 여자가 준 경우 '여'라고 표기하겠다.

	초아	수아	민아	지아
정서	남	남		
영웅	여	남, ~여	~여	
관호		남, ~여	~여	
지호	~여	~여	~여	~여

8명 모두 최소 1명에게 사탕을 주었다. 따라서 수아와 민아는 정서에게 사탕을 주었다. 이에 따라 정서, 수아가 커플이다. 이 외에도 커플이 더 있을 수 있지만 반드시 커플이 되는 수는 1 커플이다.

[다른풀이]
사랑의 작대기를 그려 보면 더 편하게 풀 수 있다.

087. ⑤

변수가 4가지나 된다. 성씨, 출신, 사업부에 입사 순서까지. 복잡해 보이지만 변수 중 어느 하나를 기준으로 표로 잘 정리해보자.

성씨	김	이	박
출신	~서울		
사업부		C	
입사 순서	2		

부산 출신의 신입사원이 가장 먼저 입사했다는 조건을 활용하지 않았다. 아무래도 선택지 중 조건을 다는 곳에 답이 있을 것으로 보인다. ⑤번을 살펴보자.

⑤ 이씨 성을 가진 신입사원이 부산 출신이라면 박씨 성을 가진 사원이 마지막으로 입사한다.

성씨	김	이	박
출신	~서울	부산	
사업부		C	
입사 순서	2	1	3

역시 ⑤번이 항상 참이다. 나머지 선택지는 〈보기〉의 조건으로 표를 채워도 변수 어느 하나 확정할 수 없었기에 참/거짓을 판단하기 어렵다.

088. ①

언뜻 보기에는 인물, 시험, 교시 변수가 있어 표를 그리면 될 것으로 보인다. 그런데 〈보기〉를 자세히 보면 인물의 자리 배치 순서 변수가 있다. 인물의 자리를 확정한 후 교시별로 정리해 보자.
황희와 몽주는 붙어있지 않고, 정철과 이이도 붙어있지 않다. 그러면서 이이가 가장 우측에 앉았다. A가 황희와 몽주의 자리라 할 때 A / 정철 / A / 이이의 순서로 앉았다. 황희는 몽주보다 좌측에 앉았다. 따라서 황희 / 정철 / 몽주 / 이이의 순서로 앉았다. 이를 토대로 표를 넣어보자.
제약사항을 확인해보면 인접한 자리끼리는 같은 과목을 풀지 않는다. 하위 표를 기준으로 가로 제약이다. 4명은 4과목 모두 응시한다. 시험이 1시간씩 1교시이기에 세로를 기준으로 값이 겹치지 않는다.
확정적인 정보를 넣어보자.(1)
정철의 2교시에 정보가 모였다. 세로 제약에 의해 ~추리, ~도형이고 가로 제약으로 ~수리이다. 따라서 정철은 2교시에 언어, 3교시에 수리를 응시했다.(2)

	황희	정철	몽주	이이
1교시		추리(1)		
2교시	수리(1)	언어(2)		
3교시		수리(2)		
4교시		도형(1)	~언어(1)	도형(1)

몽주는 추리를 언어보다 먼저 응시했다. 언어를 2교시 또는 3교시에 응시했다. 정철이 2교시에 언어에 응시했다. 가로 제약에 의해 몽주는 2교시에 언어를 응시하지 않았다. 3교시에 언어를 응시했다. 몽주는 추리를 1교시 또는 2교시에 응시했다. 정철이 1교시에 추리를 응시했으니 몽주는 2교시에 추리를 응시했다.(3)
몽주는 가로 제약에 의해 4교시에 도형을 응시하지 않았다. 따라서 몽주는 1교시에 도형, 4교시에 수리를 응시했다.(4)

	황희	정철	몽주	이이
1교시		추리(1)	도형(4)	
2교시	수리(1)	언어(2)	추리(3)	
3교시		수리(2)	언어(3)	
4교시		도형(1)	수리(4)	도형(1)

선택지를 소거해보자. 3교시에 수리를 푸는 사람을 고르라 했으니 정철은 꼭 있어야 하고 황희와 몽주는 없어야 한다. ①, ③번만 남는다. 이이가 3교시에 수리를 푸는지 아는지 확정해야 한다. 하지만 현재의 정보로는 더 이상 정리할 수 없다. 다시 말해 이이가 3교시에 반드시 수리를 응시했다고 할 수 없다.

089. ④

제약조건을 확인해보자. 4명이 취미, 주업으로 하는 외국어는 각기 다르다. 또한 1개의 언어만을 취미 또는 주업으로 한다. 따라서 서로의 취미 또는 주업이 중복되지 않는다. 그러면서 개인이 하는 취미 언어와 주업 외국어는 같지 않다. 취미와 주업을 나타내는 테이블을 각자 만들어보자. 아중이의 주업(A), 종채의 취미(J), 수정의 취미(C)를 먼저 기입해보자.(1)
표를 정리하다 보면 자연스럽게 아중, 준영의 취미를 확정할 수 있다.(2)
종채가 주업으로 삼는 외국어는 ABAP을 주업으로 하고 있는 사람의 취미인 언어와 같다고 한다. ABAP을 주업으로 하는 인물은 아중이고 아중이의 취미는 Python이다. 따라서 종채의 주업은 Python이다.(3)
표를 정리하여 준영, 수정이 주업으로 하는 언어를 확정할 수 있다.(4)

취미	아중	종채	준영	수정
Python	O(2)	X(1)	X(2)	X(1)
C	X(1)	X(1)	X(1)	O(1)
ABAP	X(1)	X(1)	O(2)	X(1)
Java	X(1)	O(1)	X(1)	X(1)

주업	아중	종채	준영	수정
Python	X(1)	O(3)	X(3)	X(3)
C	X(1)	X(3)	O(4)	X(1)
ABAP	O(1)	X(1)	X(1)	X(1)
Java	X(1)	X(1)	X(4)	O(4)

090. ④

사무실의 배치를 확인해보자. 복도를 기준으로 좌, 우측에 3개의 사무실이 있다. 또한 입구가 있다. 왼쪽 입구 가까운 자리에 재무처를 고정해보자. 인사처와 대외협력처는 오른쪽에 있다. 영업처와 기획처는 같은 쪽에 있으니 왼쪽이다. 하지만 두 처 중 어느 처가 입구에서부터 2번째인지는 모른다. 영업처가 2번째인 경우와 기획처가 2번째인 경우로 나눠 고민해보자. 그러면서 영업처가 감사처를 복도를 사이에 두고 가로로 나란하다는 정보를 확인해보자.

Case 1. 영업처가 입구에서부터 2번째에 위치할 때

<table>
<tr><td>기획처</td><td rowspan="3">복도</td><td>대외협력처 / 인사처</td></tr>
<tr><td>영업처</td><td>감사처</td></tr>
<tr><td>재무처</td><td>인사처 / 대외협력처</td></tr>
<tr><td></td><td>입구</td><td></td></tr>
</table>

Case 2. 영업처가 입구에서부터 3번째에 위치할 때

<table>
<tr><td>영업처</td><td rowspan="3">복도</td><td>감사처</td></tr>
<tr><td>기획처</td><td>인사처 / 대외협력처</td></tr>
<tr><td>재무처</td><td>대외렵력처 / 인사처</td></tr>
<tr><td></td><td>입구</td><td></td></tr>
</table>

Case별로 2가지씩 총 4가지 경우가 나온다.

091. ⑤

아시아, 남미팀이 2팀씩이다. 그런데 문제에서는 아시아팀, 남미팀으로 부른다. 아시아팀이라 부르고 아시아를 가는 2개 팀을 칭한다고 이해해보자. 편의를 위해 아시아 1팀, 2팀과 남미 1팀, 2팀으로 나누어 고민해보겠다.
제약사항을 확인해보면 하나의 프로그램은 2개의 팀이 선택할 수 있다고 한다. 각 팀은 1개의 프로그램을 선택한다. 또한 같은 지역으로 파견하는 팀은 같은 프로그램을 택하지 않았다. 이는 아시아, 남미팀에게만 적용되는 제약이다. 판소리는 1개 팀만 파견하는 지역에서 선택하기에 아시아팀과 남미팀은 판소리를 택하지 않았다. 구주팀은 사물놀이를 택하지 않았다. 그러면서 구주팀이 선정한 프로그램을 아시아팀 중 하나가 선택했다고 한다. 아시아1, 2팀은 판소리를 택하지 않았다. 다시 말해서 구주팀은 판소리를 택하지 않았다. 6팀 중 누군가는 판소리를 택했기에 미주팀이 판소리를 선택한 것을 알 수 있다.

	미주	구주	아시아 1	아시아 2	남미 1	남미2
사물놀이	X	X				
윷놀이	X					
제기차기	X					
판소리	O	X	X	X	X	X

정리를 한다고 했지만 선택지를 판별하기에는 충분하지 않다. 아무래도 선택지의 추가정보와 아직 고려하지 못한 아래 2가지 조건을 고려하여 답을 선별해야할 것으로 보인다.

- 구주팀이 선정한 프로그램을 아시아팀 중 하나가 선택한다.
- 같은 지역으로 파견하는 팀은 동일한 프로그램을 선택하지 않는다.

① 구주팀이 제기차기를 선택한다면 남미팀도 제기차기를 선택한다.
  - 구주팀이 제기차기를 선택하니 아시아 1팀 또는 2팀 중 한 팀이 제기차기를 선택한다. 프로그램은 최대 2개 팀이 선택한다는 제약에 의해 남미팀은 제기차기를 선택하지 않았다.

④ 아시아팀 중 하나가 제기차기를 선택한다면 구주팀은 제기차기를 선택한다.
  - 아시아팀 중 하나가 제기차기를 선택한다고 하여 구주팀이 선택한다고 볼 수 없다. 구주에서 윷놀이를 택하고 아시아 1, 2팀에서 윷놀이와 제기차기를 선택하는 경우를 고민해보자. 아시아팀 중 하나가 제기차기를 선택하지만 구주팀은 윷놀이를 선택한다.

정답 및 해설

⑤ 남미팀 중 하나가 윷놀이를 선택한다면 구주팀은 제기차기를 선택한다.

– 남미팀 중 하나가 윷놀이를 선택하면 구주팀은 윷놀이를 선택할 수 없다. 예를 들어 남미 1팀이 윷놀이를 선택한 가정 하에 구주팀이 윷놀이를 선택하면 윷놀이를 2개 팀이 선택하니 더 이상 윷놀이를 선택할 수 있는 팀이 없다. 그런데 구주팀이 선정한 프로그램을 아시아팀 중 하나가 선정해야 하니 조건을 만족시키지 못한다. 따라서 남미팀이 윷놀이를 택하면 구주팀은 윷놀이를 택하지 못하고 제기차기를 선택한다.

092. ②

남희를 3층에 고정하자. 인접하게 앉은 대훈이와 승재로 그룹을 만들고 그룹 1이라 지칭하겠다. 그룹 1은 남희 위 또는 아래에만 가능하다. 그런데 대훈이는 영은이보다 낮은 층에 거주하니 그룹 1은 1, 2층에 위치한다. 4층에는 영은, 소라가 가능한데 소라가 영은이보다 높은 층에 거주하니 4층에 거주하는 사람은 영은이다.

093. ①

'~할 수 있다.'의 가능성으로 표현한 선택지가 대부분이다. 아무래도 전체 경우를 따져봐야겠다. 자리를 확정할 수 있는 정보를 확인하면 D는 6층, B는 옥상에 가까운 7층이다. D매장과 G매장의 층이 인접하니 G는 자연스럽게 5층이다. 〈보기〉의 조건이 많아서 복잡해 보였지 4칸만 정하면 되는 문제였다.

A매장이 3층 이하에 입주하다고 했으니 A매장이 1층인 경우, 2층인 경우, 3층인 경우로 나눠 고민해봐야겠다.

Case 1. A매장이 1층에 입주할 때

C, F 매장 사이에 적어도 1개 이상의 매장이 입주한다. C, E, F매장의 입주를 확정해야하니 E매장은 3층이다. 하지만 C매장이 2층인지 4층인지 확정할 수 없다.

1층	2층	3층	4층	5층	6층	7층
A	C	E	F	G	D	B
A	F	E	C	G	D	B

Case 2. A매장이 2층에 입주할 때

C매장은 1층에 입주하지 않는다. 따라서 3층 또는 4층에 입주한다. C매장이 3층에 입주하는 경우 C, F 사이에 매장이 있어야하니 F매장은 1층에 입주한다.

C매장이 4층에 입주하는 경우 남은 E, F의 매장은 1층과 3층에 입주한다. 이 때 C매장과 F 매장 사이에 하나 이상의 매장이 입주하기 때문에 F매장은 1층에 입주한다.

1층	2층	3층	4층	5층	6층	7층
F	A	C	E	G	D	B
F	A	E	C	G	D	B

Case 3. A매장이 3층에 입주할 때

Case 2와 비슷하다. C매장은 1층에 입주할 수 없으니 2층 또는 4층에 입주한다. C매장이 2층에 입주하면 C, F 사이에 매장이 있어야 하니 F매장은 4층에 입주한다.

C매장이 4층에 입주하는 경우 E, F 매장은 1층과 2층에 입주한다. 하지만 어느 매장이 1층인지는 확정할 수 없다.

1층	2층	3층	4층	5층	6층	7층
E	C	A	F	G	D	B
E	F	A	C	G	D	B
F	E	A	C	G	D	B

가능한 경우를 정리하면 아래와 같다.

1층	2층	3층	4층	5층	6층	7층
A	C	E	F	G	D	B
A	F	E	C	G	D	B
F	A	C	E	G	D	B
F	A	E	C	G	D	B
E	C	A	F	G	D	B
E	F	A	C	G	D	B
F	E	A	C	G	D	B

이런 문제는 틀을 어느 정도 잡은 후 선택지 별로 답인지 아닌지 판단하는 것이 빠르다. 이 문제로 설명을 하자면 5, 6, 7층을 고정한 후 선택지가 답인지 아닌지 판별하는 것이 좋다.

094. ⑤

총원이 7명이고 3개 팀으로 나눈다. 유주가 속한 팀이 2명이니 나머지 2개 팀은 2명과 3명이다. 승현이와 영훈이는 같은 팀이다. 유주가 속한 팀이 2명이니 승현이와 영훈이는 유주와 같은 팀일 수 없다. 마찬가지로 도희와 광석이도 같은 팀이니 유주와 같은 팀일 수 없다. 더해서 도희/광석 팀은 승현/영훈과 같은 팀일 수 없다. 한 팀의 최대 정원이 3명이다. 누가 청이고 백이고 홍인지는 모르겠지만 팀의 덩어리는 승현, 영훈 / 도희, 광석 / 유주이다. 따라서 서정이 또는 은지가 유주와 팀일 수 있다.

095. ③

변수가 많아도 너무 많다. 바다전망, 흡연, 테라스, 금고까지. 천천히 정리해보자. 문제에서 201~204호는 바다전망이고 205, 206호는 바다가 보이지 않는다고 한다. 또한 〈보기〉에서 흡연이 가능한 객실은 바다가 보이지 않으니 205, 206호 중 하나가 흡연이 가능한 객실이다. 가능하다를 표기하는 것보다 201~204호는 흡연이 불가하다로 이해는 것이 보다 편리할 것 같다. 테라스는 바다전망의 객실에 있다. 즉 흡연 가능 객실에는 없다. 금고는 201~204호 중 하나, 205, 206호 중 하나의 객실에 있지만 어디에 있다고 확정할 수 없다.

	201	202	203	204	205	206
바다전망	O	O	O	O	X	X
흡연(1)	X	X	X	X		
테라스(3)					X	X
금고(2)						

인물들도 변수라 생각하고 이어서 넣어보자. 승길이는 202호에, 성균이와 상무 중 1명은 201호에 머문다. 즉 아무도 성균과 상무를 제외한 인원은 201호에 머물지 않는다. 지훈이는 흡연자이기에 201~204호에는 머무르지 않고 도혁이가 묵는 방에는 테라스가 있다고 하니 205~206호에는 도혁이가 묵지 않는다. 추가로 도혁이가 묵는 방에 금고가 있다는 정보를 기억해두자.

	201	202	203	204	205	206
바다전망	O	O	O	O	X	X
흡연(1)	X	X	X	X		
테라스(3)		O			X	X
금고(2)	X	X				
승길	X	O	X	X	X	X
지훈	X	X	X	X		
도혁	X	X			X	X

확실하게 어디에 누가 묵는지 정할 수 없다. 선택지를 살피며 답을 찾아보자. 우선 ①, ②번의 경우 금고가 있는지, 테라스가 없는지 확정적인 정보를 원한다. 하지만 현재로서는 판단할 수가 없다. 정보를 제공하는 ③, ④, ⑤번을 먼저 보다.

③ 승길이가 사용한 객실이 성균, 상무가 사용한 객실과 인접해 있다면 204호에 금고가 있다.
   - 승길이는 202호에 머문다. 성균과 상무가 어느 객실을 사용하는지는 몰라도 둘은 201호, 203호를 사용한다. 도혁이는 테라스와 금고가 있는 방에 머무니 204호에 머물고 204호에 금고가 있다.

④ 도혁이가 묵은 객실과 인접한 객실 중 하나라도 테라스가 없다면 201호에 테라스가 있다.
   - 반례를 찾아보자. 도혁이가 204호에 머문다면 205호는 테라스가 없다. 201~203호 중 두 곳에 테라스가 있겠지만 어디에 있는지 확정할 수 없다.

⑤ 상무가 금고가 없는 객실에 묵는다면 바다가 보이지 않는 객실에는 1명이 투숙한다.
   - 바다가 보이지 않는 객실이 205, 206호다. 지훈이는 바다가 보이지 않는 객실을 사용한다. 상무는 205 또는 206호에 머물 수 있다. 마찬가지로 성균도 205 또는 206호에 머물 수 있다. 꼭 1명이 투숙한다고 말할 수 없다.

096. ④

C는 3층에 거주하고 A, E는 인접하게 거주한다. C가 2층에 거주하지 않으니 B는 4층에 거주한다. A, E는 누가 1층인지는 모르겠지만 1, 2층에 거주한다. 남은 인원인 D가 5층에 거주한다.

097. ③

수석이와 정석이는 인접하며 수석이가 앞이다. 본석이와 민석이 사이에는 2명이 줄을 서고 있다. 이 두 정보를 조합하면 아래와 같이 도식을 그릴 수 있다.

1	2	3	4	5
본석	수석	정석	민석	진석
민석	수석	정석	본석	진석
진석	본석	수석	정석	민석
진석	민석	수석	정석	본석

이때 진석이는 수석이보다 먼저 도착하지 않았다는 정보에 의해 위의 3, 4번째 도식은 조건을 만족하지 못한다. 따라서 2번째로 도착한 사람은 수석이다.

098. ④

동성끼리 이웃하여 줄을 서지 않고 3명이 남성이고 2명이 여성이기 때문에 남, 여, 남, 여, 남의 순서로 줄을 선다. 또한 여성인 차영이와 예지 중 예지가 먼저 도착하였다는 정보를 통해 아래와 같이 도식을 그릴 수 있다.

	예지		차영	

각 선택지에 넣으며 답을 확인해보자.

① 병익이가 3번째로 도착했다면 의성이가 제일 먼저 도착했다.

	예지	병익	차영	

– 의성이가 먼저 도착했는지 하승이가 먼저인지 확정할 수 없다.

② 하승이가 차영이와 이웃하게 줄을 섰다면 병익이가 제일 먼저 도착했다.
– 하승이가 3번째일지 5번째일지 확정할 수 없다. 하승이의 자리를 확정하더라도 병익이가 1등이라고 보장할 수 없다.

③ 의성이가 예지와 이웃하게 줄을 섰다면 하승이가 제일 먼저 도착했다.
– 의성이가 1번째일지 3번째일지 확정할 수 없다. 의성이가 3번째라 하더라도 하승이가 먼저 도착했다고 확정할 수 없다.

④ 예지 바로 앞에 의성이가 줄을 섰다면 하승이는 차영이와 이웃하게 줄을 서고 있다.

의성	예지		차영	

– 하승이의 자리가 3번째인지 5번째인지 알 수 없다. 하지만 어디든 차영이와 인접하다.

⑤ 차영이와 인접하게 병익이가 줄을 섰다면 하승이는 예지와 인접하게 줄을 서고 있다.
– 병익이의 자리가 3번째일지 5번째일지 확정할 수 없다.

099. ②

각 팀에서 과장직급의 후보를 배출했으니 정연, 성훈, 준호는 다른 팀이다. C기술팀은 다른 팀보다 많이 후보를 배출했다고 했으니 대리인 희영과 한근은 C기술팀이다. 따라서 희영과 한근은 함께 T/F에 참여할 수 없다.

100. ②

'경영학을 전공하는 학생의 수와 물리학을 전공하는 학생의 수는 동일하다.'는 조건을 통해 전공 인원을 고민해보자. 전자공학이 2명이라면 말이 되지 않는다. 전자공학이 3명이라면 경영 물리는 1명씩이다. 전자공학이 1명이라면 경영 물리는 2명씩이다. 미숙이는 물리학을 전공이다. 따라서 A⁺를 받지 못한다. 참을 찾으라 했으니 〈보기〉의 조건에 유의하며 선택지의 반례를 찾아보자.

① 다영이만 전자공학을 전공한다면 하늘이는 경영학과 학생이 아니다.
– 전자공학을 전공한 학생이 1명이니 경영학, 물리학을 전공한 학생은 2명씩이다. 이때 하늘이가 경영학과를 전공할 수도 있다.

	다민	하늘	다영	명진	미숙
전공	물리	경영	전자	경영	물리
학점					~A⁺

② 하늘이와 명진이가 전자공학을 전공한다면 다영이는 A⁺를 받았다.
– 하늘이와 명진이가 전자공학을 전공했으니 전자공학과는 3명이고 경영학과, 물리학과는 1명이다. 미숙이가 물리학과이고, 다영이는 명진이와 전공이 다르기 때문에 경영학과이다. 따라서 다영이는 A⁺를 받았다.

	다민	하늘	다영	명진	미숙
전공	전자	전자	경영	전자	물리
학점			A⁺		~A⁺

③ 명진이가 A⁺를 받았다면 다영이는 A⁺를 받지 못했다.
– A⁺를 받을 수 있는 전공은 경영학과 전자공학이다. 다영이와 명진이의 전공이 다르다고 하여 둘 다 A⁺를 받지 못한다고 할 수 없다. 각자 경영학, 전자공학을 전공하며 A⁺를 받을 수 있다.

	다민	하늘	다영	명진	미숙
전공	전자	전자	경영	전자	물리
학점			A⁺	A⁺	~A⁺

④ 다민이와 다영이가 경영학을 전공한다면 하늘이는 전자공학을 전공한다.
– 경영학을 전공하는 학생이 2명(다민, 다영)이니 전자공학을 전공하는 학생은 1명이다. 하지만 하늘이와 명진이 중 누가 전자공학을 전공했는지는 확정할 수 없다.

	다민	하늘	다영	명진	미숙
전공	경영	전자/ 물리	경영	물리/ 전자	물리

⑤ 하늘이와 명진이가 A⁺를 받았다면 다민이는 다영이와 전공은 동일하다.
– 하늘이와 명진이가 A⁺를 받았으니 둘 중 1명은 경영학과이다. 전자공학이 3명인 경우는 다민이와 다영이의 전공이 동일하지만 전자공학이 1명이라면 다민이와 다영이의 전공이 다를 수 있다.

	다민	하늘	다영	명진	미숙
전공	경영	전자	물리	경영	물리
학점		A⁺		A⁺	

101. ①

식사를 한 인원을 정리해보면 중식>한식, 양식≥한식인 것을 알 수 있다. 한식을 먹은 인원이 2명이면 양식은 2명 또는 3명이 먹게 된다. 한식을 먹은 인원이 2명이라는 가정하에 양식을 2명이 먹었다면 중식도 2명이기에 조건에 위배되고, 양식을 3명이 먹었다면 중식은 1명이 되기에 마찬가지로 조건에 위배된다. 따라서 한식은 1명만 먹을 수 있다.

한식을 1명이 먹는다고 하면 양식은 1명 ~ 3명이 먹는다고 가정할 수 있다. 그런데 같은 메뉴를 고른 인원은 옆자리에 이웃하게 앉지 못한다고 하니 하나의 메뉴를 4명이 고르는 경우는 불가하다. 따라서 양식을 1명이 먹지 못한다. 양식도 1명이면 중식이 4명이 되는데 조건을 벗어나기 때문이다. 이에 따라 2가지 경우를 정리할 수 있다.

	한식	양식	중식
Case 1	1명	2명	3명
Case 2	1명	3명	2명

그런데 선택지를 보면 누가 한식인지 중식인지 양식인지 자체를 물어보지 않는다. 따라서 위와 같이 양식, 중식을 먹는 인원의 수를 나눠 경우를 따지는 것도 좋지만 2명 메뉴, 3명 메뉴로 나눠 고민하는 것도 좋겠다. 2명 메뉴 2메, 3명 메뉴를 3메라 지칭하겠다.

성수가 먹은 메뉴는 아무도 고르지 않았다. 성수는 한식을 먹는다. 민정이와 혜정이는 다른 메뉴를 먹었다. 그럼 민정이와 혜정이 중 누가 2메인지는 모르겠지만 둘이 먹는 메뉴는 2메와 3메다. 정혜와 수민이가 같은 메뉴를 먹었다. 3메다. 이들이 2메가 되면 2메가 민정 또는 혜정이 때문에 2명이라는 조건을 위반한다. 남은 인원인 민지는 2메를 먹는다. 정리하면 다음과 같다. 정리와 함께 선택지를 확인해보자.

– 한식: 성수

– 2메: 민지, 혜정(또는 민정)

– 3메: 정혜, 수민, 민정(또는 혜정)

① 정혜와 민지는 같은 메뉴를 선택했다.
  – 정혜와 민지는 서로 다른 메뉴를 선택했다.

② 혜정이와 정혜는 같은 메뉴를 선택했다.
  – 혜정이가 유동적이다.

③ 성수와 수민이는 마주 보고 식사를 했다.
  – 성수는 혼자서 한식, 수민이는 3메이다. 3메를 먹는 인원의 자리는 아래의 색칠된 부분과 같이 정할 수 있지만 성수가 수민이 앞인지는 확정할 수 없다.

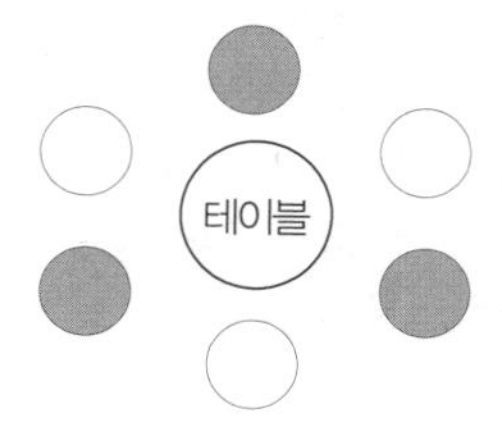

④ 민지는 수민이와 다른 메뉴를 선택했다.
  – 민지와 수민이는 같은 메뉴를 고를 수 없다. 선택지는 참이고 정답은 아니다.

⑤ 성수와 민정이는 옆자리에 이웃하게 앉았다.
  – 민정이가 어떤 메뉴를 먹는지 확정할 수 없다. 만약 민정이가 3메를 먹는다고 하더라도 확정할 수 없다.

102. ①

제약사항을 확인해보자. 같은 색상의 미니카의 등수는 인접하지 않는다. 변수를 고민해보자. 이륜구동/사륜구동, 색상, 등수가 있다. 조금 더 디테일하게는 이륜구동이 2대, 사륜구동이 3대이다. 사륜구동의 미니카가 1등, 5등으로 도착하였다. 따라서 나머지 한 대의 사륜구동이 2등, 3등, 4등 중 하나인데, 2등 또는 4등에 배치하면 노란색의 미니카(이륜구동)가 인접하게 된다. 따라서 아래와 같이 도식을 그릴 수 있다.

1등	2등	3등	4등	5등
사륜	이륜	사륜	이륜	사륜
	노란색		노란색	

3등과 5등의 색이 다르다는 조건만으로는 몇 등의 자동차가 빨간색이거나 검정색인지, 빨간색 또는 검정색의 미니카 개수가 몇 대인지는 확정할 수 없다.

103. ⑤

직급별 인원의 수를 산정해보자. '8명의 직급은 대리, 과장, 차장, 부장이다.'는 조건을 보고 각 직급별 인원의 최솟값이 1인 것을 알 수 있다. 과장은 대리보다 많기 때문에 최소한 2명 이상이다. 과장이 2명이라면 대리, 차장, 과장은 1명씩이고 총원은 5명이 되기 때문에 불가하다. 과장이 4명이라면 과장, 차장, 과장의 수가 8명이 되기 때문에 불가하다. 따라서 과장직급인 직원은 3명인 것을 알 수 있다. 차장과 부장의 합도 3명이기에 대리는 2명이다. 하지만 차장과 부장의 인원수는 어느 직급이 2명 또는 1명인지 확정할 수 없다. 다시 말해 차장이 2명이고 부장이 1명인 경우와 차장이 1명이고 부장이 2명인 경우 2가지로 볼 수 있다.

각 열의 자리 수를 고려해보자. F열은 E열의 자리보다 많기 때문에 E:F=1:7, E:F=2:6, E:F=3:5로 예상할 수 있다. 대리는 모두 E열에 앉았고 2명이기 때문에 E:F=1:7은 성립할 수 없다. 따라서 자리 수에 대한 경우는 E:F=2:6, E:F=3:5 2가지로 볼 수 있다.

⑤번을 보면 E열에 앉은 인원 중 과장이 있다고 하니 대리 2명과 과장 1명이 E열에 앉았다. 따라서 차장은 F열에 앉는다.

다음은 각 선택지에 대한 반례이다.

① 차장 직급의 인원 모두는 F열에 앉았다.
 – 차장이 1명이든 2명이든 E열에 차장 중 1명이 앉는 경우도 있다.

② 직급이 차장인 인원의 수는 부장인 직원의 수보다 많다.
 – 차장인 인원이 2명인지 1명인지 확정할 수 없다.

③ 직급이 부장인 인원 모두가 E열에 앉지 않았다.
 – 부장이 1명이든 2명이든 E열에 부장 중 1명이 앉는 경우도 있다.

④ 과장인 직급의 인원 모두가 F열에 앉았다면 E열에는 대리만 앉았다.
 – 차장 또는 부장 중 1명이 E열에 앉는 경우도 있다.

104. ②

〈보기〉의 조건을 기준으로 내용을 정리해보자.

팀	인사팀	홍보팀	감사팀
전공		~법학	
인물			지애

형진이가 회계학을 전공했다는 정보를 도식에 담을 수 없었다. 아무래도 선택지의 정보를 넣으며 답을 찾아야 할 것으로 보인다.

② 성익이가 홍보팀이라면 지애는 법학을 전공했다.
 – 성익이가 홍보팀이기 때문에 법학을 전공할 수 없다. 형진이가 회계학을 전공했으니 성익이는 경영학, 지애는 법학을 전공했다.

팀	인사팀	홍보팀	감사팀
전공	회계학	경영학(~법학)	법학
인물	형진	성익	지애

[오답체크]

다음은 반례이다. 항상 참을 찾으라고 하는 문제는 반례를 찾으며 답이 아니라는 걸 알 수 있다.

① 지애가 법학을 전공했다면 형진이는 홍보팀이다.

팀	인사팀	홍보팀	감사팀
전공	회계학	경영학(~법학)	법학
인물	형진	성익	지애

③ 형진이가 인사팀이 아니라면 성익이는 법학을 전공했다.

팀	인사팀	홍보팀	감사팀
전공	경영학	회계학(~법학)	법학
인물	성익	형진	지애

④ 성익이가 법학을 전공했다면 형진이는 인사팀이다.
 – ⑤의 반례와 동일

⑤ 지애가 경영학을 전공했다면 형진이는 인사팀이다.

팀	인사팀	홍보팀	감사팀
전공	법학	회계학(~법학)	경영학
인물	성익	형진	지애

105. ②

〈보기〉의 조건을 정리하면 다음과 같다. 비교적 간단한 문제이기에 선택지를 바로 판별해보자. 'A이면 B이다.' 형식의 선택지를 잘 이해했는지가 선택지 판별의 핵심이다. '애완견을 키우는 사람은 홀수 층에 거주한다.'는 조건을 보고 애완견을 키우는 사람은 홀수 층에 거주하지만 애완견을 키운다고 하여 홀수 층에 거주한다고 말할 수 없다.

1층	2층	3층	4층
만성	승연	지수	대진
만성	대진	지수	승연
승연	만성	대진	지수
대진	만성	승연	지수

② 대진이가 4층에 거주한다면 승연이는 애완견을 키운다.
 – 대진이가 4층에 거주하면 승연이는 2층에 거주한다. 애완견을 키우는 사람은 홀수 층에만 거주하기 때문에 승연이는 애완견을 키울 수 없다.

[오답체크]

하위는 답이 될 수 없는 이유이다.

① 만성이가 애완견을 키운다면 지수도 애완견을 키운다.
 – 애완견을 키우는 사람의 수가 1명인지 2명인지 확정할 수 없다.

③ 2층에 거주하는 사람이 만성이라면 대진이는 애완견을 키운다.
 – 만성이가 2층에 거주하면 대진이는 홀수 층에 거주한다. 하지만 애완견을 키우는지는 확정할 수 없다. 애완견을 키우는 사람이 홀수층에 거주하는 것이지 홀수층에 거주하는 사람이 애완견을 키운다고 볼 수 없다.

④ 승연이가 애완견을 키운다면 만성이는 애완견을 키우지 않는다.

– 승연이가 홀수 층에 거주하면 만성이는 2층에 거주한다. 항상 참이다.

⑤ 1층에 거주하는 사람이 애완견을 키운다면 지수는 애완견을 키우지 않는다.

– 지수가 3층에 거주한다고 하더라도 애완견을 키우는지는 확정할 수 없다.

106. ④

제약사항을 고민해보자. 4일간 하루에 한 곳씩 방문하여 4군데를 방문했다. 즉 중복으로 방문하는 장소가 없다는 말이다. 또한 '같은 날, 같은 장소를 방문한 인원은 없다.'는 조건도 제약사항으로 볼 수 있다. 도식에 바로 넣을 수 있는 민율이와 상미의 정보부터 기입해보면 아래와 같다.

	지숙	민율	상지	상미
1일차				
2일차				홍대
3일차		~강남		~강남
4일차				종로

모든 인원이 4군데를 다 방문하기 때문에 상미 역시 강남, 종로, 건대, 홍대를 방문한다. 이미 홍대와 종로는 확정이 되었고 강남과 건대를 언제 가는지 정하면 된다. 3일차에 강남을 방문하지 않았다고 하니 상미는 1일차에 강남을, 3일차에 건대를 방문한다.

또한 보기의 조건 중 '홍대를 상지가 1일차에 방문했다면, 지숙이는 2일차에 홍대를 찾았다.'를 살펴보며 상지는 1일차에 홍대를 방문하지 않는다는 것을 알 수 있다. 만약 상지가 1일차에 홍대를 방문한다면 지숙이가 2일차에 홍대를 방문하는데 이는 '같은 날, 같은 장소를 방문한 인원은 없다.'를 위반하기 때문이다. 해당 정보를 기입하면 다음과 같다.

	지숙	민율	상지	상미
1일차			~홍대	강남
2일차				홍대
3일차		~강남		건대
4일차				종로

〈보기〉의 조건 중 '지숙이는 민율이보다 건대를 늦게 방문했다.'를 도식에 넣지 못했다. 민율이가 건대를 방문할 수 있는 날이 1일차, 2일차라는 것을 기억하고 선택지를 비교해보자. 3일차에는 이미 상미가 건대를 방문하기 때문에 방문하지 못한다. 4일차에 민율이가 건대를 방문하면 지숙이는 방문할 곳이 없다.

① 지숙이가 3일차에 홍대를 방문했다면 상지는 1일차에 홍대를 방문했다.

– 상지는 1일차에 홍대를 방문하지 않는다.

② 민율이가 1일차에 종로를 방문했다면 지숙이는 3일차에 종로를 방문했다.

– 민율이가 1일차에 종로를 방문했다고 정보를 기입하고 지숙이가 3일차에 종로를 방문할 수밖에 없는지 판별해보자. 1일차를 기준으로 민율이는 종로를, 상미는 강남을 방문한다. 따라서 1일차에 지숙과 상지가 홍대와 건대를 방문한다. 이때 상지가 홍대를 방문하지 못한다고 하니 상지는 건대를, 지숙이는 홍대를 방문한다.

	지숙	민율	상지	상미
1일차	홍대	종로	건대	강남
2일차				홍대
3일차		~강남		건대
4일차				종로

이어서 민율이는 1일차 또는 2일차에 건대를 방문할 수 있는데 1일차에 종로를 찾았으니 자연스레 2일차에 건대를 방문하는 것을 알 수 있다. '지숙이는 민율이보다 건대를 늦게 방문했다.'는 조건으로 인해 지숙이는 4일차에 건대를 찾는다.

	지숙	민율	상지	상미
1일차	홍대	종로	건대	강남
2일차		건대		홍대
3일차		~강남		건대
4일차	건대			종로

민율이가 어디를 방문하는지 정보가 많이 모였으니 민율이의 방문 장소를 보니 강남과 홍대가 남았다. 3일차에 강남을 방문하지 못한다고 했으니 3일차에 홍대를, 4일차에 강남을 찾는다. 자연스럽게 상지는 4일차에 홍대를 찾는다.

	지숙	민율	상지	상미
1일차	홍대	종로	건대	강남
2일차		건대		홍대
3일차		홍대		건대
4일차	건대	강남	홍대	종로

도식을 신나게 완성시켰지만 3일차에 지숙이가 종로를 방문하는지 2일차에 지숙이가 종로를 방문하는지 확정할 수 없다.

③ 지숙이가 1일차에 홍대를 방문했다면 민율이는 2일차에 종로를 찾았다.

- 지숙이가 1일차에 홍대를 찾았다는 정보로 도식을 추가로 완성시키기 어렵다. 도식 자체가 4×4이기에 정보가 3개가 모인 곳이 있으면 정보를 가공할 수 있다. 하지만 정보가 3개가 모인 곳이 없다.

	지숙	민율	상지	상미
1일차	홍대		~홍대	강남
2일차				홍대
3일차		~강남		건대
4일차				종로

④ 상지가 2일차에 종로를 찾았다면 지숙이가 4일차에 건대를 방문했다.

- 상지가 2일차에 종로를 찾았다. 이를 통해 상지가 1일차에 종로를 방문하지 못하는 것을 알 수 있다. 이미 상지는 1일차에 홍대를 방문하지 못하는 것을 알 수 있고, 강남도 방문하지 못한다. 강남의 경우 이미 상미가 1일차에 방문했기 때문이다. 따라서 상지는 1일차에 건대를 방문한다.

  민율이는 '지숙이는 민율이보다 건대를 늦게 방문했다.'는 조건에 의해 1일차 또는 2일차에만 건대를 방문할 수 있다. 이미 상지가 1일차에 건대를 방문했으니 민율이는 2일차에 건대를 찾는다. 같은 맥락으로 지숙이는 4일차에 건대를 찾는다.

	지숙	민율	상지	상미
1일차			건대	강남
2일차		건대	종로	홍대
3일차		~강남		건대
4일차	건대			종로

⑤ 상지가 4일차에 강남을 방문했다면 민율이는 2일차에 종로를 방문했다.

- 상미는 1일차에, 상지는 4일차에 강남을 방문했으니 지숙이와 민율이가 2일차, 3일차에 강남을 방문한다. 민율이는 3일차에 강남을 방문하지 않으니 민율이가 2일차에 강남을, 지숙이가 3일차에 강남을 방문한다. 따라서 ⑤번 선택지는 거짓이다.

	지숙	민율	상지	상미
1일차			~홍대	강남
2일차		강남		홍대
3일차	강남	~강남		건대
4일차			강남	종로

[107~108]

〈보기〉의 조건을 토대로 정리해보자. B, D, E는 바로 넣을 수 있는 정보를 정리했다. 이때 B는 하나의 메뉴만 더 선택했으니 3개의 메뉴를 선택했다. 4개 메뉴를 선택한 사람이 한 명이다. 이미 D, E는 4개 메뉴를 먹지 않는다. A가 먹은 메뉴를 C도 먹으니 A가 선택한 메뉴의 수는 C보다 적거나 같다. 따라서 C는 4개 메뉴를 먹었고 A는 3개 이하의 메뉴를 먹었다.

	A (≤3)	B (3)	C (4)	D	E
제육볶음		O	O		
조기구이		O	O		O
돈가스			O		X
볶음김치			O	X	

107. ②

모든 사람이 3개 이상의 메뉴를 먹었다. D와 E는 이미 먹지 않는 음식이 하나씩 있다. 이에 따라 D와 E가 먹은 메뉴를 확정할 수 있다.

	A (≤3)	B (3)	C (4)	D	E
제육볶음		O	O	O	O
조기구이		O	O	O	O
돈가스			O	O	X
볶음김치			O	X	O

108. ②

'조기구이를 먹는 사람은 볶음김치도 먹는다.'는 조건이 추가됐다. 제시된 조건에 따라 B, E는 볶음김치를 먹는다. B가 먹는 메뉴는 3가지이기 때문에 B는 돈가스를 먹지 않는다.

	A (≤3)	B (3)	C (4)	D	E
제육볶음		O	O		
조기구이		O	O	X	O
돈가스		X	O		X
볶음김치		O	O	X	O

CHAPTER 04 진실게임 108번뇌 정답 및 해설

● 복습방법

1. 틀린 문제를 해설지를 보지 않고 다시 풀어보기
   - 처음부터 해설지를 보면 연습 불가
2. 다양한 풀이법으로 다시 풀어보기
   - (1) 진술관계 활용, (2) 선택지 소거, (3) 표 그리기 등
3. 전체 문제 다시 풀어보기
   - 같은 개념을 사용하여 문제를 외우기 어렵도록 만듦
   - 고수의 풀이방법을 익힌 후 반복하며 시간 단축 노력

001번	002번	003번	004번	005번	006번	007번	008번	009번	010번
①	④	②	⑤	②	④	②	③	⑤	③
011번	012번	013번	014번	015번	016번	017번	018번	019번	020번
②	⑤	①	②	③	③	④	④	④	⑤
021번	022번	023번	024번	025번	026번	027번	028번	029번	030번
②	⑤	③	②	①	⑤	①	⑤	②	⑤
031번	032번	033번	034번	035번	036번	037번	038번	039번	040번
⑤	①	③	④	②	④	④	④	②	②
041번	042번	043번	044번	045번	046번	047번	048번	049번	050번
④	②	③	②	④	⑤	①	①	③	①
051번	052번	053번	054번	055번	056번	057번	058번	059번	060번
③	③	③	④	②	⑤	④	①	④	①
061번	062번	063번	064번	065번	066번	067번	068번	069번	070번
③	④	①	①	③	②	④	②	②	①
071번	072번	073번	074번	075번	076번	077번	078번	079번	080번
④	②	②	⑤	②	⑤	②	③	①	④
081번	082번	083번	084번	085번	086번	087번	088번	089번	090번
⑤	②	⑤	②	⑤	②	④	②	④	④
091번	092번	093번	094번	095번	096번	097번	098번	099번	100번
⑤	⑤	①	⑤	②	⑤	①	③	④	⑤
101번	102번	103번	104번	105번	106번	107번	108번		
⑤	③	⑤	③	①	⑤	⑤	③		

*참고

해설 중 표에서 T는 True의 약자로 참을 뜻하고 F는 False의 약자로 거짓을 의미합니다

실제로 표를 그릴때 참을 O, 거짓을 X로 그리는 것이 더 편합니다.

001. ①

A와 E의 진술이 모순관계다. D와 E의 진술은 반대관계다. 거짓말을 하는 인원이 1명이기에 D와 E가 동시에 거짓을 말하는 경우는 답이 될 수 없다. 모순관계처럼 활용해보자. E가 거짓을 말한다. D의 진술에 따라 물건을 훔친 사람은 A이다.

002. ④

A의 진술이 참이면 D가 거짓이다. 반대로 D의 진술이 참이면 A의 진술이 거짓이다. 게다가 거짓을 말하는 인원이 1명이기에 A, D의 진술이 동시에 거짓일 수 없다. 즉 A, C, E 이외의 인물이 물건을 훔쳐 동시에 A, D의 진술을 거짓으로 만들 수 없다. 따라서 A, D의 진술은 반대관계다.
거짓을 말하는 인원이 1명이기에 C, D, E의 진술이 참이다. C의 진술이 참이기에 A는 물건을 훔치지 않았다. 따라서 D의 진술이 거짓이다.

003. ②

C, D의 진술이 모순관계다. C는 A와 동일 관계다. 1명만 참을 말한다고 했으니 D의 말이 참이다. 나머지 인물의 진술이 거짓이 된다. A의 진술이 거짓이니 B 또는 E가 물건을 훔쳤다. 마찬가지로 B 진술이 거짓이기 때문에 B 또는 D가 물건을 훔쳤다. 물건을 훔친 사람이 1명이기 때문에 B가 물건을 훔쳤다.

004. ⑤

C와 D의 진술이 모순관계다. D와 E의 진술은 동일관계다. 따라서 D, E가 거짓을 말하는 경우와 C가 거짓을 말하는 경우로 나눠 생각해볼 수 있다.
Case 1. D, E가 거짓을 말하는 경우
A, B, C의 진술이 참이라는 가정하에 A, B, C, D가 훔치지 않았다고 볼 수 있다.

Case 2. C가 거짓을 말하는 경우
2명이 거짓말을 하기 때문에 A, B 중 1명이 거짓을 말해야 한다. C의 말을 거짓으로 가정했기에 B 또는 D가 물건을 훔쳤다고 볼 수 있다. 그런데 B가 훔쳤다고 하더라도, D가 훔쳤다고 하더라도 A, B의 진술이 참이 된다. 따라서 C의 말은 거짓이 아니다.

D, E가 거짓을 말하기 때문에 E가 물건을 훔쳤다.

005. ②

C, D, E의 진술을 보면 E가 훔치지 않았다고 말하는 공통점이 있다. 또한 C, D의 진술은 AND로 묶였기에 E가 물건을 훔쳤다면 C, D, E는 거짓이 된다. 자연스럽게 A도 거짓이 된다. 남는 B가 참을 말한다.

006. ④

B와 C의 진술이 반대관계다. A와 B의 진술이 동일관계다. 거짓을 말하는 인원이 1명이기에 A, B가 참을 말한다. 즉 D가 물건을 훔쳤다.

007. ②

A, D의 진술이 동일관계다. 따라서 이 둘은 거짓이고 B 또는 D가 물건을 훔쳤다. B가 훔친 경우와 D가 훔친 경우를 기준으로 B, C, E의 진술을 살펴보자. 세 명 중 1명만 참으로 나오는 경우가 정답이다.

	B	C	E
B가 훔침	F	T	F
D가 훔침	T	F	T

008. ③

C, E의 진술이 모순관계이고 C, D의 진술이 모순관계이다. 또한 B와 E의 진술이 모순관계다. B, C가 거짓인 경우와 D, E가 거짓인 경우로 나눌 수 있다. (B, C vs D, E) 그런데 경우를 따지지 않아도 남은 인원인 A는 참을 말한다. 즉 C가 물건을 훔쳤다. 따라서 B의 말은 거짓이고 자연스럽게 C의 말도 거짓이다. 이해를 돕기 위해 표를 그려보면 다음과 같다.

	A	B	C	D	E
A가 훔침	F	T	T	F	F
B가 훔침	F	F	F	T	T
C가 훔침	T	F	F	T	T
D가 훔침	F	F	F	T	T
E가 훔침	F	F	F	T	T

009. ⑤

A, B의 진술이 모순관계다. C, E의 진술도 모순관계다. 또한 D, E의 진술은 동일관계다. A, B 중 1명이 거짓을 말하기에 D, E는 참을 말한다. D, E가 거짓을 말하면 거짓말을 하는 사람이 3명이 되기 때문이다. 따라서 C의 말은 거짓이 되고 E가 물건을 훔쳤다.

010. ③

B와 E의 진술이 동일관계다. 거짓말을 하는 사람이 1명이기에 B, E는 참을 말한다. 즉 A는 물건을 훔치지 않았다. A를 제외한 인원을 기준으로 A, C, D 중 거짓말을 하는 인원이 1명인 경우를 찾아보자.

	A	C	D
B가 훔침	F	T	F
C가 훔침	F	T	T
D가 훔침	F	F	T
E가 훔침	T	T	T

011. ②

B와 D의 진술이 모순관계다. D, E의 진술은 동일관계다. 따라서 B가 거짓을 말한다.

012. ⑤

D, E의 진술이 모순관계다. B, E의 진술이 모순관계다. B, D vs E의 구도를 보인다. A와 D의 진술이 동일관계다. A, B, D vs E의 구도를 보인다. 거짓말을 하는 인원이 2명이기에 A, B, D의 진술은 참이고 B의 진술을 토대로 E가 물건을 훔쳤다고 알 수 있다.

013. ①

C와 E의 진술이 모순관계다. 거짓말을 하는 인원이 1명이기에 A, B, D는 참을 말한다. 따라서 A가 물건을 훔쳤다.

014. ②

D와 E의 진술이 모순관계다. 거짓을 말하는 인원이 1명이기에 A, B, C는 참을 말한다. A의 진술에 의해 D는 물건을 훔치지 않았다. C의 진술을 보면 B 또는 D가 물건을 훔쳤다고 하는데 D가 물건을 훔치지 않았으니 B가 물건을 훔쳤다.

015. ③

A, C의 진술이 모순관계다. C, E의 진술도 모순관계다. 각 인물의 진술이 참과 거짓, 2가지로만 나뉘기에 편을 나눠보자. C vs A, E의 구도를 보인다. C가 참을 말하면 A, E의 진술은 거짓말이다. 그런데 거짓말은 1명이 하기 때문에 A, E의 말은 참이다. 즉 거짓을 말하는 인원은 C이다.

016. ③

A, B의 진술이 모순관계다. D, E의 진술은 동일관계다. A, B 중 1명이 참을 말하기 때문에 D, E는 참을 말할 수 없다. 참을 말하는 인원이 2명이기 때문이다. 따라서 D, E의 진술은 거짓이고 C가 물건을 훔쳤다.

017. ④

D, E의 진술이 모순관계다. 거짓을 말하는 인원이 1명이기에 A, B, C의 진술은 참이다. 즉 B, C, D, E는 물건을 훔치지 않았다. 이에 따라 E의 말은 참이 되고 D가 거짓을 말한다고 알 수 있다.

018. ④

B, E의 진술이 모순관계다. D, E의 진술은 동일관계다. 거짓말을 하는 인원이 1명이기에 B가 거짓을 말한다. A의 진술이 참이기에 D가 물건을 훔쳤다고 알 수 있다.

019. ④

A, C의 진술이 모순관계다. B, D, E의 진술은 참이다. E의 진술을 살펴보면 D가 물건을 훔쳤다고 알 수 있다.

020. ⑤

D와 E의 진술이 모순관계다. 거짓말을 1명이 하기에 A, B, C의 진술은 참이다. B의 진술에 의해 E가 물건을 훔쳤다는 정보를 알 수 있다.

021. ②

B와 E의 진술이 동일관계다. 거짓을 말하는 2명을 고르라고 하기에 선택지에 B, E 둘 중 1명만 있는 선택지인 ①, ③, ④, ⑤번을 소거할 수 있다.

022. ⑤

C와 E의 진술이 모순관계다. A, C의 진술은 동일관계이고 D, E의 진술도 동일관계다. 따라서 A, C vs D, E의 구도를 보인다. 자연스럽게 언급되지 않은 B가 참이다. 즉 E가 물건을 훔쳤다. 이를 통해 A, C가 참을 말하고 D, E가 거짓을 말하는 것을 알 수 있다.

023. ③

B, D의 진술이 모순관계이고 C, E의 진술도 모순관계이다. 아직 언급되지 않은 A는 참이다. 즉 물건을 훔친 사람은 C이다.

024. ②

물건을 훔친 사람이 1명이다. C의 진술이 참이면 E의 진술이 거짓이다. E의 진술이 참이면 C의 진술이 거짓이다. 하지만 거짓을 말하는 인원이 2명이기 때문에 C, E가 동시에 거짓을 말 할 수 있다. 이들이 언급한 B, C, E 이외의 인물이 물건을 훔치면 C, E의 진술 둘 다 거짓이 된다. 뾰족한 수가 보이지 않는다. 표를 그려보자.

	A	B	C	D	E
A가 훔침	T	F	F	T	F
B가 훔침	F	T	F	T	T
C가 훔침	T	T	F	T	T
D가 훔침	T	T	F	F	F
E가 훔침	T	T	T	T	F

025. ①

A와 D의 진술이 모순관계다. 거짓을 말하는 사람이 1명이기 때문에 B, C, E의 진술은 참이다. C의 진술에 의해 A가 물건을 훔쳤다고 알 수 있다.

다른 풀이로 1명만 거짓이고 A, C의 진술이 반대관계다. B, C, E의 진술은 참이고 D, E, B, C가 훔치지 않았다고 알 수 있다.

026. ⑤

A와 E의 진술이 모순관계다. 1명만 거짓을 말하기 때문에 A 또는 E 중 1명이 거짓을 말하고 B, C, D는 참을 말한다. D의 진술에 따라 E가 물건을 훔쳤다고 알 수 있고 이는 A의 말을 참으로 만든다. 따라서 E가 거짓을 말한다.

027. ①

A, B의 진술이 모순관계다. C, D, E의 진술은 참이다. 따라서 E의 진술에 의해 물건을 훔친 사람 중 1명은 C이고 남은 1명은 D의 진술에 의해 B 또는 E이다. 나올 수 있는 경우는 B, C가 훔친 경우와 C, E가 훔친 경우이다.

B가 훔쳤는지 E가 훔쳤는지는 모르겠지만 C가 훔친 것은 확실하다. 따라서 A의 진술이 거짓이다.

A, E의 진술도 모순관계인 것을 알았다면 위와 같이 고민하지 않고 바로 답을 찾을 수 있었다.

028. ⑤

A와 E의 진술이 모순관계다. 거짓말을 하는 사람이 1명이기 때문에 B, C, D의 진술은 참이다. D의 진술에 의해 E가 물건을 훔친 사람이라고 알 수 있다. 따라서 E가 거짓을 말한다.

또는 D, E의 진술이 반대관계이고 1명이 거짓을 말하는 상황이기에 모순처럼 쓸 수 있다. A, D vs E의 구도로 E가 거짓이다.

029. ②

B, D의 진술이 동일관계이고 A, E의 진술이 동일관계이다. 거짓을 말하는 인원이 1명이기에 남은 인원인 C의 진술이 거짓이다.

D의 말이 사실일 때 B가 물건을 훔치지 않았다고 볼 수 있다. B는 물건을 훔치지 않았다. B의 진술로 C, E도 물건을 훔치지 않았다. 따라서 물건을 훔친 인원은 A, D이다.

030. ⑤

B, D의 진술이 동일관계다. 또한 B, C의 진술도 동일관계다. 거짓을 말하는 인원이 3명이기에 B, C, D의 진술이 거짓이다. D의 진술을 보면 B 또는 E가 물건을 훔친 것을 알 수 있다.

A, E의 진술이 참이다. B가 물건을 훔친 경우 E의 진술이 거짓이 되기 때문에 E가 물건을 훔쳤다.

031. ⑤

C와 D의 진술이 동일관계다. 참을 말하는 인원이 1명이기에 C, D의 진술은 거짓이다. 즉 A는 물건을 훔치지 않았다. A가 물건을 훔치지 않았고 D의 말은 거짓이기에 B의 진술은 참이다.

	A	B	E
B가 훔침	F	T	T
C가 훔침	T	T	T
D가 훔침	T	T	F
E가 훔침	F	T	F

확인 차 A를 제외하고 다른 인물이 훔친 경우를 따져보면 표의 내용과 같다.

032. ①

B와 D의 진술이 모순관계다. 1명만 거짓을 말하기 때문에 A, C, E의 진술은 참이다. E의 진술에 의해 A가 물건을 훔쳤다고 알 수 있다. A는 B 또는 E가 물건을 훔쳤다고 말하고 C는 B 또는 D가 물건을 훔쳤다고 말한다. 공통으로 언급한 B가 물건을 훔쳤다.

다르게도 풀어보자. A, C, E의 진술이 참이고 각기 물건을 훔친 사람을 언급하고 있다. 이를 기준으로 선택지를 소거할 수 있다.

– A의 진술: ④번 소거
– C의 진술: ②, ⑤번 소거
– E의 진술: ③, ④, ⑤번 소거

033. ③

A, D의 진술이 동일관계다. 1명만 거짓을 말하기 때문에 A, D의 진술은 참이다. A의 진술에 의해 B와 D는 물건을 훔치지 않았다. 다시 말해서 물건을 훔친 후보가 A, C, E라는 말이다. 후보를 기준으로 3가지 경우가 나온다. '1. A, C가 훔쳤을 때 / 2. A, E가 훔쳤을 때 / 3. C, E가 훔쳤을 때'이다.

	B	C	E
A, C가 훔침	F	F	T
A, E가 훔침	T	F	F
C, E가 훔침	T	F	T

C, E가 물건을 훔쳤을 때 C의 진술만 거짓이다.

034. ④

선택지가 '~라면'의 형식으로 제시됐다. A와 C의 진술이 모순관계이긴 하지만 해당 정보만으로 문제를 풀기 어렵다. 표를 그려 보면 B, C, D가 각각 훔친 경우 2명이 거짓을 말한다는 조건을 만족한다. 만족하는 경우를 토대로 선택지가 항상 참인지 확인해 보자.

	A	B	C	D	E	X
A가 훔침	X	X	O	X	X	3
B가 훔침	O	O	X	O	X	2
C가 훔침	X	O	O	X	O	2
D가 훔침	X	O	O	O	X	2
E가 훔침	X	X	O	O	X	3

035. ②

A와 B의 진술이 모순관계다. B와 D의 진술도 모순관계다. 거짓을 말하는 인원이 1명이기 때문에 B의 진술이 거짓이다.

036. ④

D와 E의 진술이 모순관계다. B와 D의 진술이 동일관계다. 1명만 거짓을 말하기 때문에 B와 D는 참을 말한다. 따라서 E의 진술이 거짓이다.
A는 D 또는 E가 물건을 훔쳤다고 하는데 B의 진술을 보면 C와 E는 물건을 훔치지 않았다고 한다. 따라서 D가 물건을 훔쳤다.

037. ④

B와 D의 진술이 모순관계다. 이는 드모르간의 법칙을 떠올리면 모순관계라고 파악하기 편하다. 1명만 참을 말하기 때문에 A, C, E의 진술이 거짓이다. 각 진술을 거짓으로 만드는 정보를 파악하여 선택지를 소거하자. C와 E의 진술의 경우 XOR다. 언급한 둘 다 훔쳐도 거짓이고 둘 다 훔치지 않아도 거짓이다. 선택지에서 둘 중 1명만 언급하여 참으로 만드는 경우를 소거하자.
– A의 진술: ⑤번 소거
– C의 진술: ①, ③, ⑤번 소거
– E의 진술: ①, ②, ③, ⑤번 소거

038. ④

선택지가 '~라면'의 형식으로 제시됐다. A와 C의 진술이 동일관계이고 C와 E의 진술이 모순관계이긴 하지만 해당 정보만으로 문제를 풀기 어렵다. 표를 그려보면 C, D, E가 각각 훔친 경우 2명이 거짓을 말한다는 조건을 만족한다. 만족하는 경우를 토대로 선택지가 항상 참인지 확인해보자.

	A	B	C	D	E	O
A가 훔침	X	O	X	O	O	3
B가 훔침	O	O	O	X	X	3
C가 훔침	X	X	X	O	O	2
D가 훔침	X	O	X	X	O	2
E가 훔침	X	O	X	X	O	2

039. ②

A와 E의 진술이 모순관계다. 드모르간의 법칙을 생각해보자. 1명만 참을 말하기 때문에 B, C, D의 진술은 거짓이다. B, C, D를 거짓으로 만드는 정보는 다음과 같다.
– B의 진술이 거짓: A와 D는 훔치지 않음
– C의 진술이 거짓: C와 E는 훔치지 않음
– D의 진술이 거짓: C와 D는 훔치지 않음

따라서 B가 물건을 훔쳤다.

040. ②

진술관계도 잘 보이고 문제에서 2명의 거짓말쟁이를 고르라고 한다. 진술관계를 기준으로 선택지를 소거해보자.
B, C의 진술이 모순관계: ⑤번 소거
A, C의 진술이 동일관계: ①, ④번 소거
D, E의 진술이 동일관계: ③, ④번 소거

모순관계라면 둘 중 1명이 꼭 거짓을 말한다. 선택지에 둘

다 오거나 둘 다 오지 않은 선택지를 소거한다. 동일관계라면 둘이 동시에 참을 말하거나 거짓을 말한다. 둘 중 1명만 온 선택지를 소거한다.

041. ④

C와 E의 진술이 모순관계다. 둘 중 1명이 거짓을 말하고 A, B, D는 참을 말한다. B의 진술이 참이기에 D가 훔치거나 E가 훔치는 경우로 좁힐 수 있다. 이를 간략한 표로 나타내보자.

	A	B	C	D	E
D가 훔침	T	T	F	T	T
E가 훔침	F	T	T	F	F

D가 물건을 훔친 경우 1명만 거짓을 말한다.C와 E 중 1명이 거짓을 말하기 때문에 A, B, D 3명의 진술만 확인하는 표를 그려 모두 참이 나오는 경우를 찾는 것도 무방하다.

다른 방법으로도 풀어보자. C와 E가 모순관계이기 때문에 C가 참인 경우와 E가 참인 경우로 나누어보자.

Case 1. E가 거짓(=C가 참)
D의 진술에 의해 A가 물건을 훔쳤다고 알고 있다. 그런데 A가 물건을 훔치면 B의 진술을 거짓으로 만든다. 따라서 E는 거짓을 말하지 않는다.

Case 2. C가 거짓(=E가 참)
A의 진술에 의해 E가 물건을 훔치지 않았다고 알 수 있다. B는 D 또는 E가 물건을 훔쳤다고 말하기 때문에 D가 물건을 훔쳤다고 알 수 있다.

042. ②

A와 C의 진술이 동일관계고 B와 E의 진술도 동일관계다. 1명만 거짓을 말하기 때문에 A, C는 참을 말하고 B, E도 참을 말한다. 따라서 D의 말이 거짓이다. D가 거짓을 말하기 때문에 B가 물건을 훔쳤다고 알 수 있다.

043. ③

1명이 물건을 훔치고 1명이 거짓을 말하기에 반대관계인 C, E의 진술을 모순관계처럼 써보자. 또한 B와 C의 진술은 모순관계다. C vs B, E의 구도를 띄며 C가 거짓을 말한다고 알 수 있다.

044. ②

A, B의 진술이 모순관계다. A, C의 진술이 동일관계다. A, C vs B의 구도를 보인다. 참을 말하는 인원이 1명이기에 B가 참을 말한다.

045. ④

선택지가 '~라면'의 형식으로 제시됐다. A와 C의 진술이 동일관계이고 C와 E의 진술이 모순관계이긴 하지만 해당 정보만으로 문제를 풀기 어렵다. 표를 그려보면 B, C, E가 각각 훔친 경우 2명이 거짓을 말한다는 조건을 만족한다. 만족하는 경우를 토대로 선택지가 항상 참인지 확인해보자.

	A	B	C	D	E	X
A가 훔침	O	X	X	X	O	3
B가 훔침	X	X	O	O	O	2
C가 훔침	X	X	O	O	O	2
D가 훔침	O	X	X	O	X	3
E가 훔침	X	O	O	X	O	2

046. ⑤

B, C의 진술이 모순관계다. 거짓말을 하는 사람이 1명이다. 따라서 A, D, E의 진술은 참이고 A의 진술에 의해 A와 B가 물건을 훔치지 않는다고 알 수 있다. 즉 물건을 훔친 사람 후보는 C, D, E다.
그런데 D, E의 진술 중 조건부를 보면 C가 참, 거짓인지에 따라 달라진다.
C가 참이면 E의 진술에 의해 D가 물건을 훔친다. B의 진술은 거짓이기에 E가 물건을 훔치지 않는다. 즉 C, D가 물건을 훔친다.
C가 거짓이면 D의 진술에 의해 E가 물건을 훔친다. 그런데 이미 C가 거짓이라 가정했기에 B의 진술은 참이 되고 E가 물건을 훔쳤다고 판단한 가정과 충돌한다.

047. ①

A, B의 진술이 모순관계다. 거짓을 말하는 인원이 2명이기에 C, D, E 중 1명이 거짓을 말하는 경우를 찾아보자.

	C	D	E
A가 훔침	F	T	T
B가 훔침	F	F	F
C가 훔침	F	F	T
D가 훔침	T	F	F
E가 훔침	T	T	T

A가 물건을 훔친 경우 C, D, E 중 C만 거짓을 말한다. 따라서 물건을 훔친 사람은 A다.

048. ①

A, B의 진술이 모순관계다. 참을 말하는 인원이 1명이니 C, D, E의 진술이 거짓이다.
C의 진술이 거짓이니 D는 물건을 훔치지 않았다. D의 진술이 거짓이니 B는 물건을 훔치지 않았다. E의 진술이 거짓이니 C는 물건을 훔치지 않았고 B의 말은 거짓이다. B의 진술이 거짓이니 A의 진술은 참이고 C와 E는 물건을 훔치지 않았다.
따라서 B, C, D, E는 물건을 훔치지 않았다.

049. ③

C와 E의 진술이 모순관계다. 둘 중 1명이 참을 말하고 A, B, D 중 1명이 참을 말한다. B와 D의 진술이 동일관계다. 따라서 B와 D는 거짓을 말하고 A는 참을 말한다. A의 말이 참이기에 C가 물건을 훔쳤다고 알 수 있다.

050. ①

B, D, E의 진술이 동일관계다. 2명이 거짓을 말하기에 A, C의 진술이 거짓이다.

051. ③

1명이 거짓을 말하고 물건을 훔친 사람이 1명이기에 반대관계인 B, D의 진술을 모순관계처럼 써보자. 즉 A, C, E의 진술은 참이다. E의 진술을 보면 A 또는 C가 물건을 훔쳤다고 한다. 즉 B의 말이 거짓이다. 따라서 D의 말이 참이고 C가 물건을 훔쳤다.
다른 방법으로 거짓을 말하는 인원도 훔친 인원도 1명이기에 B, E의 진술을 반대관계로 봤을 수 있다. B, D의 진술도 반대관계다. 거짓을 말하는 인원이 1명이기에 모순관계처럼 쓸 수 있다. 따라서 B vs D, E의 구도를 보이며 B가 거짓을 말한다고 알 수 있다. 따라서 D의 진술에 따라 물건을 훔친 사람은 C이다.

052. ③

B, C의 진술이 동일관계다. 크게 B, C가 참을 말하는 경우와 B, C가 거짓을 말하는 경우로 나눠볼 수 있다.

Case 1. B, C가 참
B의 진술이 참이기에 C가 물건을 훔쳤다. 이에 따라 A, E의 진술이 거짓이다. D의 진술을 보면 조건부(A의 말이 사실)을 만족하지 않기에 참이다. 대우를 해봐도 참이다. 2명이 거짓이라는 문제의 조건을 만족한다.

Case 2. B, C가 거짓
B, C가 거짓이면 거짓을 말하는 2명이 참이기에 A, D, E의 진술이 참이어야 한다.
A, E의 진술을 종합해보면 B가 물건을 훔쳤다고 생각된다. 그런데 D의 진술을 보면 조건부(A의 말이 사실)를 만족한다고 이미 가정했으니 서술부(E가 물건을 훔쳤다.)도 참이어야한다. 그런데 이미 A, E의 진술을 종합하여 B가 물건을 훔쳤다고 판단했는데 E도 물건을 훔쳤다고 판단하면 1명이 물건을 훔쳤다는 문제의 조건에 어긋난다. 따라서 B, C의 진술은 거짓이 아니다.

위와 같은 사고가 복잡하거나 오래 걸린다면 표 그리기를 추천한다. 훔친 사람이 1명이기에 표 그리기 풀이법도 제법 빠르다.

053. ③

B와 E의 진술이 동일관계다. 1명만 거짓을 말하기에 이들의 진술은 참이다. E의 진술을 보면 A, E가 물건을 훔치지 않은 것을 알 수 있다.
선택지를 소거해보자. A, E가 없는 선택지는 ②B, C ③ B, D이다. 즉 B는 물건을 훔쳤다. 이와 동시에 A의 진술이 거짓이라고 알 수 있다. 따라서 C, D의 진술은 참이다. C의 진술이 참이기에 B, D가 물건을 훔쳤다고 알 수 있다.

054. ④

B, E의 진술이 동일관계다. 참을 말하는 2명을 고르는 문제이니 B, E가 동시에 선택지에 있거나 동시에 선택지에 없어야 한다. 이를 토대로 선택지를 소거하면 ④ B, E ⑤ C, D만 남는다.
선택지에 없는 A의 진술은 거짓이 된다. A의 진술을 거짓으로 만들려면 C와 D가 물건을 훔치지 않아야 한다. 그런데 D의 진술을 보면 C가 물건을 훔쳤다고 한다. 따라서 D의 진술이 거짓이고 참을 말하는 2명은 ④ B, E이다.

055. ②

A, D, E가 공통적으로 Action 대상으로 A를 언급했다. 그런데 D의 말이 참이면 A가 물건을 훔치는데 이는 A, E의 말을 거짓으로 만든다. 거짓을 말하는 인원은 1명이다. 즉 D의 말은 참일 수 없다.
C의 진술을 살펴보자. A의 말이 사실이라고 이미 알았다. C의 말도 사실이다. 따라서 B가 물건을 훔쳤다고 알 수 있다.
위와 같은 접근이 어렵거나 보이지 않을 수 있다. 이럴 땐 표 그리기를 추천한다.

056. ⑤

B, C의 진술이 동일관계다. 거짓을 말하는 인원이 1명이기에 B, C의 진술은 참이다. 즉 C의 진술에 따라 C, D는 물건을 훔친 사람이 아니다. 그런데 E의 진술을 보면 C가 물건을 훔쳤다고 한다. 따라서 E의 말이 거짓이다.

다른 풀이로 B, C의 진술이 동일관계라고 알 때 알아야 하는 정보만으로 추린 간략한 표로 접근해보자.
A, B, E 중 2명이 물건을 훔쳤다. 경우를 따져보면 3가지 (=$_3C_2$)이다. 간단하게 표를 그려 A, D, E 중 거짓을 말하는 인원이 1명인 경우를 찾아보자.

	A	D	E
A, B가 훔침	T	F	F
A, E가 훔침	T	T	F
B, E가 훔침	T	F	F

057. ④

B와 D의 진술이 모순관계다. 참을 말하는 인원이 1명이기에 A, C, E의 진술은 거짓이다.
E의 진술을 거짓으로 만들려면 C는 물건을 훔치지 않고 D의 말이 사실이어야 한다.
따라서 참을 말하는 인물은 D이다.

058. ①

B, E의 진술이 모순관계다. A, D의 진술은 동일관계다. B, E의 진술이 모순관계이고 거짓을 말하는 인원이 2명이다. B, E 중 1명이 거짓을 말하고 A, C, D 중 1명은 거짓을 말한다. 그런데 A, D의 진술이 동일관계이니 둘은 참을 말하고 C의 진술이 거짓이다.
E의 진술 중 서술부를 보면 D의 말이 사실이라고 한다. 이미 우리는 D의 말이 참인 것을 알고 있다. 조건부를 만족하든 만족하지 않든 E의 진술은 참이 된다. 따라서 E의 진술과 모순관계에 있는 B의 진술이 거짓이다.

059. ④

A, E의 진술이 동일관계고 B, D의 진술도 동일관계다. 2명이 거짓을 말하기 때문에 A, E가 거짓을 말하거나 B, D가 거짓을 말한다. 언급되지 않은 C는 사실을 말한다. C의 진술에 의해 B, D가 거짓을 말한다고 알 수 있다.
A의 진술에 의해 A, B가 물건을 훔치지 않았다고 알 수 있다. B의 진술은 거짓인데 A와 E가 둘 다 물건을 훔치거나 A와 E 둘 다 물건을 훔치지 않아야만 거짓이다. 이미 A가 물건을 훔치지 않았다는 것을 알기 때문에 A, E 둘 다 물건을 훔치지 않았다고 알 수 있다.
A, B, E가 물건을 훔치지 않았다. 즉 C, D가 물건을 훔쳤다.

060. ①

A, E의 진술이 모순관계다. 1명만 참을 말하기 때문에 B, C, D의 진술은 거짓이다.
D의 진술을 거짓으로 만들려면 C가 물건을 훔치지 않아야 한다.
B의 진술을 거짓으로 만들려면 C, E가 함께 물건을 훔치거나 C, E 둘 다 물건을 훔치지 않아야 한다. 그런데 D의 진술을 고려해본 결과 C는 물건을 훔치지 않았다. 따라서 E도 물건을 훔치지 않았다고 생각된다.
C, E가 물건을 훔치지 않았다. 따라서 A, B, D 중 2명이 물건을 훔쳤다. 그런데 E의 진술을 보면 A, D가 물건을 훔치지 않았다고 한다. 어떠한 경우라도 E의 말은 거짓이 된다. 따라서 A의 진술이 참이다.

또는 C의 말이 거짓이기에 C의 말을 거짓으로 만들기 위한 정보를 생각해보는 방법도 있다. E의 말이 거짓이고 B가 물건을 훔치지 않아야 C의 진술이 거짓이 된다. 따라서 E의 말은 거짓이 되고 A의 진술이 참이다.

061. ③

A, C의 진술이 동일관계다. 하지만 2명이 참을 말하기에 A, C가 참을 말하는지 거짓을 말하는지 확정할 수 없다. 하지만 A, C 중 1명만 선택지에 오는 경우는 소거할 수 있다. 소거하면 ③ B, D ④ B, E가 남는다. 따라서 B의 진술은 참이고 C 또는 D가 물건을 훔쳤다. 소거 후 선택지에 A, C가 없다. A, C의 진술은 거짓이다. C의 진술을 거짓으로 만들려면 D는 물건을 훔치지 않아야 한다. 따라서 C가 물건을 훔쳤다.
C가 물건을 훔쳤기에 D의 말은 참이고 E의 말은 거짓이다.

062. ④

B, C, E의 진술이 동일관계다. 거짓을 말하는 인원이 1명이기 때문에 이들의 진술은 참이다. B의 진술을 보면 A, B는 물건을 훔친 사람이 아니다. 따라서 D의 말은 참이 된다.
결과적으로 B, C, D, E의 말은 참이 되고 남은 A의 말은 거짓이다. A의 말을 거짓으로 만들려면 E는 물건을 훔치지 않아야 한다.
A, B, E가 물건을 훔치지 않았으니 물건을 훔친 사람은 C, D이다.

063. ①

A와 C의 진술이 모순관계다. A와 B의 진술도 모순관계다. A vs B, C의 구도를 보이며 A가 거짓을 말한다고 알 수 있다. A를 제외한 B, C, D, E의 진술이 참이다. D의 진술에 의해 A가 물건을 훔쳤다고 알 수 있다.

064. ①

A, E의 진술이 모순관계다. D, E의 진술이 동일관계다. A vs D, E의 구도를 보인다. 1명이 참을 말한다고 했으니 A의 진술이 참이다.

065. ③

D, E의 진술이 모순관계다. 1명만 거짓을 말하기 때문에 A, B, C의 진술은 참이다. A의 진술에 의해 C가 물건을 훔친 사람이라고 알 수 있다.

066. ②

A, E의 진술이 동일관계다. 거짓말을 하는 사람이 1명이기 때문에 A, E의 진술은 참이다. 즉 A의 진술에 의해 B와 C는 물건을 훔치지 않았다.
B, C가 있는 선택지를 소거하면 ② A, D만 남는다.

067. ④

B와 C의 진술이 모순관계다. D와 E의 진술이 동일관계다. 거짓을 말하는 인원이 2명이기에 B, C 중 1명이 거짓을 말하고 A, D, E 중 1명이 거짓을 말한다. 그런데 D, E의 진술이 동일관계이기 때문에 D, E는 참을 말하고 A는 거짓을 말한다.
E의 진술에 의해 C가 물건을 훔쳤다.
A의 진술을 거짓으로 만들려면 D가 물건을 훔치고 E는 사실을 말해야 한다. 즉 D가 물건을 훔쳤다.
따라서 C, D가 물건을 훔쳤다.

068. ②

A, B, D의 진술이 동일관계다. 거짓을 말하는 인원이 2명이기에 이들의 진술은 참이다. 따라서 C, E의 진술은 거짓이다.
C의 진술을 거짓으로 만들려면 B가 물건을 훔쳐야 한다. 따라서 물건을 훔친 사람은 B이다.

069. ②

C와 D의 진술이 모순관계다. 그러면서 D와 E의 진술이 동일관계다. 1명만 거짓을 말하기에 D와 E는 참을 말하고 C가 거짓을 말한다. 또는 C, D의 진술이 모순관계고 C, E의 진술이 모순관계이기 때문에 C가 거짓을 말한다고 볼 수도 있다. A와 D의 진술에 의해 B, C는 물건을 훔치지 않았고 C 또는 E가 물건을 훔쳤으니 E가 물건을 훔쳤다고 알 수 있다. 선택지 소거에 의해 정답이 ② A, E라고 알 수 있다.
또는 B의 진술을 보면 E의 말이 사실이고 B의 진술도 참이기 때문에 서술부(후건)도 만족해야하여 D가 물건을 훔치지 않았다고 알 수 있다. B, C, D가 물건을 훔치지 않았기 때문에 A, E가 물건을 훔쳤다.

070. ①

B, D의 진술이 동일관계다. C, E의 진술도 동일관계다. 참을 말하는 인원이 1명이기에 B, C, D, E의 진술은 거짓이다. 따라서 참을 말하는 사람은 A이다.

071. ④

D와 E의 진술이 모순관계다. 1명만 참을 말하기 때문에 D와 E 중 1명이 참을 말하고 나머지 A, B, C는 거짓을 말한다고 알 수 있다. B의 진술이 거짓이기 때문에 E가 물건을 훔쳤다고 알 수 있다. C의 진술이 거짓이기 때문에 C 또는 E가 물건을 훔쳤다고 알 수는 있지만 C가 물건을 훔쳤는지는 확정할 수 없다. A의 진술을 보자. A의 진술이 거짓이고 B의 진술도 거짓이라고 알 수 있다. A의 진술의 조건부(전건)를 만족한다. A의 진술에서 서술부(후건)가 만족하지 않아야 A의 진술이 거짓이 된다. 즉 C가 물건을 훔쳤다고 알 수 있다.
C, E가 물건을 훔쳤기 때문에 E의 진술이 거짓이고 D의 진술이 참이다.

072. ②

	A	B	C	D	E	X
A가 훔침	O	X	X	X	X	4
B가 훔침	O	X	X	O	X	3
C가 훔침	O	X	X	O	O	2
D가 훔침	X	O	O	X	O	2
E가 훔침	O	O	X	O	X	2

선택지가 '~라면'의 형식으로 제시됐다. A와 C의 진술이 모순관계이긴 하지만 해당 정보만으로 문제를 풀기 어렵

다. 표를 그려보면 C, D, E가 각각 훔친 경우 2명이 거짓을 말한다는 조건을 만족한다. 만족하는 경우를 토대로 선택지가 항상 참인지 확인해보자.

073. ②

A, B의 진술이 동일관계다. 참을 말하는 인원이 1명이기에 A, B의 진술은 거짓이다. A의 진술이 거짓이기에 B가 물건을 훔치지 않았다고 알 수 있다. 이를 기반으로 선택지를 소거해보자.

② A, E ⑤ D, E만 남는다. 남은 선택지를 E가 무조건 훔쳤다고 볼 수 있다. 또한 A, D가 물건을 훔친 사람 후보다. A와 B는 이미 거짓을 말한다고 알고 있다. A가 훔쳤을 때, D가 훔쳤을 때 C, D, E 중 1명이 참을 말하는지 확인해보자.

	C	D	E
A, E가 훔침	T	F	F
D, E가 훔침	F	F	F

A, E가 물건을 훔쳤을 때 1명이 참이 나온다.

074. ⑤

A, C의 진술이 모순관계다. A, B의 진술이 동일관계다. A, B vs C의 구도를 보인다. 거짓을 말하는 인원이 1명이기에 C의 진술이 거짓이다. 즉 A, B, D, E의 진술은 참이다.

A, D, E의 진술에 의해 A, B, C는 물건을 훔치지 않았다. 따라서 D, E가 물건을 훔친 2명이다.

075. ②

A, D의 진술이 동일관계다. B, C의 진술이 동일관계다. 2명이 거짓을 말하기에 A, D가 거짓을 말하거나 B, C가 거짓을 말한다. 선택지 중 ② A, D ③ B, C 중 하나가 답이다. 언급되지 않은 E의 진술은 참이다. 즉 C가 물건을 훔쳤다. 이에 따라 D의 진술이 거짓이라 판단하며 정답을 찾는다.

076. ⑤

A와 E의 진술이 모순관계다. 둘 중 1명이 참이기 때문에 A와 E 중 1명만 온 선택지를 살리고 나머지 선택지를 소거하자. ① A, C, ⑤ C, E가 남는다. 이에 따라 C의 진술이 참이고 E가 물건을 훔치지 않았다고 알 수 있다.

또한 남은 선택지에 언급되지 않은 B, D의 진술은 거짓이다. B의 진술이 거짓이기 때문에 A와 E가 물건을 훔치지 않았다고 알 수 있고 D의 진술이 거짓이기 때문에 A 또는 C가 물건을 훔쳤다고 알 수 있다. 이를 종합하여 C가 물건을 훔쳤다고 알 수 있다.

C가 물건을 훔쳤기 때문에 A의 진술이 거짓이고 E의 진술이 참이다. ① A, C를 소거하며 풀이를 마치자.

077. ②

B가 참이면 C가 거짓이고 C가 참이면 B가 거짓이다. B와 C가 동시에 거짓을 말할 수 있지만 1명만 거짓을 말한다는 조건을 벗어난다. 따라서 B와 C를 모순관계처럼 활용할 수 있다.

A의 진술에 따라 B와 E는 물건을 훔친 사람이 아니다. 마찬가지로 E의 진술에 따라 C와 E는 물건을 훔친 사람이 아니다. 따라서 물건을 훔친 사람은 A와 D다.

편의에 따라 선택지를 지우는 방식으로 풀었어도 무방하다.

078. ③

B, C의 진술이 동일관계다. 1명만 거짓을 말하고 있으니 B, C의 진술은 참이다. A, E의 진술도 동일관계로 A, E의 진술도 참이다. 남은 인원인 D의 진술이 거짓이다.

D의 진술을 거짓으로 만들려면 B가 물건을 훔쳐야 한다. 선택지 중 B가 있는 ① A, B ③ B, C만 남기고 소거한다. B의 진술이 참이기에 C가 물건을 훔쳤다. 물건을 훔친 사람은 B, C이다. (③ B, C)

079. ①

A, B의 진술이 동일관계다. B, C의 진술이 모순관계다. A, B vs C의 구도를 보인다.

C와 D의 진술도 모순관계다. 이에 따라 A, B, D vs C의 구도를 보인다. 결과적으로 거짓을 말하는 사람이 2명이기 때문에 A, B, D는 참을 말하고 C, E가 거짓을 말한다.

D의 진술이 참이기에 A 또는 E가 물건을 훔쳤다. E의 진술이 거짓이기 때문에 A 또는 C가 물건을 훔쳤다.

공통적으로 A가 물건을 훔쳤다고 지목하기 때문에 물건을 훔친 사람은 A다.

E가 물건을 훔쳤다면 D의 진술은 참이고 E의 진술도 참이기에 E가 물건을 훔쳤다고 볼 수 없다. 같은 맥락으로 C가 물건을 훔쳤다면 E의 진술을 거짓으로 만들고 D의 진술도 거짓으로 만든다.

080. ④

A, C, D의 진술이 동일관계다. 1명만 참을 말하기 때문에 이들의 진술은 거짓이다. C의 진술을 거짓으로 만들려면 B 또는 E가 물건을 훔쳐야 한다. 이를 통해 ① A, C를 소거할 수 있다.

남은 인원인 B와 E 중 한 명의 진술만 참이다. 이를 토대로 경우를 나눠 고민해보자.

Case 1. B의 진술이 참, E의 진술이 거짓
B의 진술이 참이기에 A 또는 C가 물건을 훔쳤다. 물건을 훔친 사람이 2명이기에 B, E 중 1명, A, C 중 1명이 물건을 훔쳐야 B의 진술이 참이고 나머지가 거짓이라고 성립된다. 자연스럽게 D는 물건을 훔친 사람이 아니다. 그런데 E의 진술을 거짓으로 만들기 위해서는 D가 물건을 훔쳐야 한다. B의 진술이 참이라는 가정이 잘못됐다.

Case 2. E의 진술이 참, B의 진술이 거짓
E의 진술이 참이기에 D는 물건을 훔치지 않았다. 또한 B의 진술을 거짓으로 만들려면 A와 C는 물건을 훔치지 않았다. 언급되지 않은 B, E가 물건을 훔쳤다. 이는 C의 진술을 거짓으로 만들 조건인 'B 또는 E가 물건을 훔쳐야 한다.'를 만족한다. 따라서 E의 진술이 참이고 B, E가 물건을 훔쳤다.

081. ⑤

A와 E의 진술이 모순관계고 B와 C의 진술이 동일관계다. 2명이 거짓을 말하기 때문에 A, E 중 1명이 거짓을 말하고 B, C, D 중 1명이 거짓을 말한다. B와 C는 동일관계기 때문에 동시에 참을 말하거나 거짓을 말하는데 거짓을 말한다면 B, C, D 중 2명 이상이 거짓을 말하게 된다. 따라서 B, C는 참을 말하고 D가 거짓을 말한다고 알 수 있다.
C의 진술이 참이기 때문에 B와 C가 물건을 훔치지 않았다고 알 수 있다. D의 진술이 거짓이다. D의 진술이 거짓인 경우는 A, C 둘 다 물건을 훔치거나 A, C 둘 다 물건을 훔치지 않은 경우로 나뉜다. 이미 C의 진술에 의해 C가 물건을 훔치지 않았다고 알고 있으니 A, C 둘 다 물건을 훔치지 않았다고 알 수 있다.
결과적으로 A, B, C가 물건을 훔치지 않았고 D, E가 물건을 훔쳤다고 알 수 있다.

082. ②

D, E의 진술이 모순관계다. 참을 말하는 인원이 1명이기 때문에 A, B, C의 진술은 거짓이다.
A의 정보를 거짓으로 만들려면 C는 물건을 훔치지 않아야 한다. 선택지에서 ④ C, D ⑤ C, E를 소거한다.
C의 정보를 거짓으로 만들려면 B와 D는 물건을 훔치지 않아야 한다. 남은 선택지 중 ① A, B ③ B, D를 소거한다.

083. ⑤

C와 E의 진술이 모순관계다. B와 E의 진술이 모순관계다. A와 B의 진술이 동일관계다. 복잡하지만 잘 정리해보면 A, B, C vs E의 구도를 보인다. 2명이 거짓을 말하기에 E의 진술이 거짓이다. 언급되지 않은 D의 진술도 거짓이다.

084. ②

D, E의 진술이 모순관계다. 1명만 거짓을 말하기 때문에 A, B, C의 진술은 참이다. A, B, C의 진술에 의해 B, C, D는 물건을 훔치지 않았다.

085. ⑤

B, E의 진술이 모순관계다. 참을 말하는 인원이 1명이기에 A, C, D의 진술이 거짓이다.
A의 진술을 거짓으로 만들려면 B와 D는 물건을 훔치지 않아야 한다.
C의 진술을 거짓으로 만들려면 B 또는 C가 물건을 훔쳐야 한다. 이미 B가 물건을 훔치지 않은 것을 알기 때문에 C가 물건을 훔쳤다. 이에 따라 B의 진술이 거짓이 되고 참을 말하는 인원은 E이다.

086. ②

A와 B의 진술이 모순관계고 B와 D의 진술도 모순관계다. A, D vs B의 구도를 보이며 B가 사실을 말한다고 알 수 있다. A, C의 진술이 거짓이기 때문에 C와 D가 물건을 훔치지 않았다고 알 수 있다. E의 진술도 거짓이기 때문에 A가 물건을 훔치지 않았다고 알 수 있다. A, C, D가 물건을 훔치지 않았으니 B, E가 물건을 훔쳤다고 알 수 있다.
또는 선택지 소거를 통해 ② B, E가 정답이라고 알 수 있다. 운이 좋게 바로 정답이 나오는 문제였지만 선택지에 정보가 많으면 소거를 계속 시도하며 시간 단축할 수 있는 문제인지 확인하며 풀어봤으면 좋겠다. 해설을 만드는 것보다 답을 찾는 것이 중요하다.

087. ④

B, C의 진술이 모순관계다. 1명만 거짓을 말하기에 A, D, E의 진술은 참이다.
A의 진술에 의해 B는 물건을 훔치지 않았고 선택지 중 ④ C, D ⑤ C, E만 남긴다.
E의 진술에 의해 ④ C, D를 정답으로 고른다. B 또는 D가 물건을 훔쳤다. 이미 B는 물건을 훔치지 않았다고 알고 있으니 D가 물건을 훔쳤다.

088. ②

A와 C의 진술이 동일관계다. 1명만 거짓을 말하기 때문에 A, C의 진술이 참이라고 알 수 있다. C의 진술에 의해 A, D가 물건을 훔치지 않았다고 알 수 있다. 하지만 이 정보만으로는 더 문제를 풀 수 없다. 훔친 사람 후보인 B, C, E 중 2명이 물건을 훔치는 경우로 나누어 표를 간략하게 그려보자.

	A	B	C	D	E
B, C가 훔침	T	F	T	F	F
B, E가 훔침	T	F	T	T	T
C, E가 훔침	T	F	T	T	F

이미 A, C의 진술이 참이라고 알고 있는 상황이기에 A, C의 진술을 판별할 필요는 없었다. B, E가 훔치는 경우 1명만 거짓을 말하고 거짓을 말하는 사람은 B다.

089. ④

C와 E의 진술이 모순관계다. 거짓을 말하는 인원이 2명이기에 모순관계 밖의 인물인 A, B, D 중 1명이 거짓을 말한다. 그런데 B와 D의 진술이 동일관계다. 따라서 A가 거짓을 말하고 B, D는 참을 말한다.
A의 진술을 거짓으로 만들려면 B, E가 둘 다 물건을 훔치거나 훔치지 않아야 한다. 선택지를 보면 ① A, B ③ B, D ⑤ C, E는 A의 진술을 참으로 만든다. 따라서 소거한다. 남은 선택지를 기준으로 5명의 진술의 참/거짓 여부를 파악해보자.

	A	B	C	D	E
A, C가 훔침	F	F	T	F	F
B, E가 훔침	F	T	F	T	T

B, E가 물건을 훔쳤을 때 거짓을 말하는 인원이 2명이다.

090. ④

D와 E의 진술이 모순관계다. 이는 드모르간의 법칙을 생각하면 이해하기 편하다. D와 E 중 1명이 참을 말하고 전체 인원 중 1명이 참을 말한다고 하니 A, B, C는 거짓을 말한다. C의 진술을 거짓으로 만드는 정보를 고민해보면 D가 물건을 훔쳤다고 알 수 있다.

091. ⑤

A, E의 진술이 모순관계다. B, C의 진술이 동일관계다. 거짓을 말하는 인원이 2명이다. A, E 중 1명이 거짓을 말한다. 남은 인원인 B, C, D 중 1명이 거짓을 말하는데 B, C의 진술이 동일관계이기 때문에 B, C는 참을 말하고 D는 거짓을 말한다.
C의 진술이 참이기 때문에 A, C가 물건을 훔치지 않았다. 선택지를 소거하면 ③ B, D ⑤ D, E만 남는다. 자동으로 D가 물건을 훔쳤다고 알 수 있다.
D의 진술이 거짓이다. D의 진술을 거짓으로 만들려면 A와 B는 물건을 훔치지 않아야 한다. 따라서 남은 선택지 중 ③ B, D를 소거한다.

092. ⑤

A, C, E의 진술이 동일관계다. 거짓을 말하는 인원이 1명이기 때문에 이들의 진술은 참이다. 남은 인원인 B, D 중 1명이 거짓을 말한다.
B의 진술을 주목해보자. C 또는 D가 물건을 훔쳤을 때 참이다. 그런데 C가 훔치든 D가 훔치든 D의 진술도 참이 된다. B의 진술이 거짓이어야 할 것으로 보인다. B의 진술을 거짓으로 만들려면 C와 D는 물건을 훔치지 않아야 한다. B의 진술이 거짓이라는 가정 하에 D의 진술은 참이다. 즉 B는 물건을 훔치지 않았다. 이미 E의 진술이 참인 것을 알고 있다. 즉 A가 물건을 훔치지 않은 것을 알고 있다. 따라서 A, B, C, D는 물건을 훔친 사람이 아니다.

093. ①

A, C의 진술이 모순관계다. 참을 말하는 인원이 1명이기 때문에 B, D, E의 진술은 거짓이다.
B의 진술을 거짓으로 만들려면 D, E 둘 다 물건을 훔치거나 훔치지 않아야 한다. ② A, D ④ C, D는 B의 진술을 참으로 만들기 때문에 소거한다.
D의 진술을 거짓으로 만들려면 B는 물건을 훔치지 않아야 한다. 남은 선택지 중 D의 진술을 참으로 만드는 ③ B, C을 소거한다.
E의 진술을 거짓으로 만들려면 A 또는 B가 물건을 훔쳐야 한다. 즉 ① A, C가 정답이다. 같은 맥락으로는 남은 선택지 중 E의 진술을 참으로 만드는 ⑤ D, E를 소거하는 방법도 있다.

094. ⑤

A, B, C의 진술이 동일관계다. 거짓을 말하는 인원이 2명이기 때문에 이들은 참을 말한다. 언급되지 않은 D, E가 거짓을 말한다.

095. ②

A와 D의 진술이 동일관계다. 하지만 2명이 참을 말하기 때문에 이들이 참을 말하는지 거짓을 말하는지 알 수 없다. 표를 그려 접근하자. 이 때 5명 중 2명이 물건을 훔치는 10가지 경우를 고려하지 않고 선택지에서 제시한 5가지 경우만 추려보자.

	A	B	C	D	E
A, D가 훔침	T	T	F	T	T
A, E가 훔침	F	T	F	F	T
B, C가 훔침	T	F	T	T	T
B, D가 훔침	T	T	F	T	F
C, E가 훔침	F	F	F	F	T

096. ⑤

C, E의 진술이 모순관계다. 거짓을 말하는 인원이 1명이기에 A, B, D의 진술이 참이다. B, D의 진술에 의해 A, B, D는 물건을 훔치지 않았다.

097. ①

B, D의 진술이 모순관계다. A, D의 진술이 동일관계다. B vs A, D의 구도를 보인다. 또한 C, E의 진술이 동일관계다. 만약 B가 거짓을 말하면 거짓을 말하는 인원이 2명이기 때문에 C, E 중 1명이 거짓을 말해야 한다. 하지만 C, E의 진술이 동일관계이기에 둘은 동시에 참 또는 거짓을 말한다. 따라서 B는 참을 말하고 A, D가 거짓을 말한다.

098. ③

B, C의 진술이 동일관계다. A, E의 진술이 동일관계다. 참을 말하는 인원이 2명이다. B, C의 진술이 참이거나 A, E의 진술이 참이다. 자연스럽게 D의 진술은 거짓이 된다.
D의 진술이 거짓이니 B가 물건을 훔쳤다. 또한 B가 물건을 훔쳤으니 C의 진술을 거짓으로 만든다. 따라서 B, C의 진술은 거짓이고 A, E의 진술이 참이다. A의 진술에 의해 C가 물건을 훔쳤다.
따라서 물건을 훔친 사람은 B, C이다.

099. ④

A, D의 진술이 모순관계다. A, C의 진술이 동일관계다. A, C vs D의 구도를 보인다. 1명이 거짓을 말하기에 D의 진술이 거짓이다.

100. ⑤

C, D의 진술이 모순관계다. 1명이 거짓을 말하기에 A, B, E의 진술은 참이다.
B의 진술에 의해 D가 물건을 훔쳤다. 또한 A와 E의 진술을 종합해보면 E의 진술에 의해 B와 C는 물건을 훔치지 않았다. A의 진술을 보면 B 또는 E가 물건을 훔쳤다고 하니 E가 물건을 훔쳤다고 알 수 있다.

101. ⑤

B와 C의 진술이 모순관계다. 1명이 거짓을 말하기 때문에 A, D, E의 진술은 참이다. A, D의 진술에 의해 C, E가 물건을 훔쳤다.

102. ③

B, C의 진술이 모순관계다. 참을 말하는 인원이 2명이기 때문에 모순관계 밖의 인물은 A, D, E 중 1명이 참을 말한다. 그런데 D, E의 진술이 동일관계다. 즉 A의 진술이 참이고 D, E의 진술이 거짓이다.
A의 진술에 의해 ① A, B ③ B, E만 남긴다. 운 좋게 B가 물건을 훔쳤다고 알 수 있지만 보기에는 활용하기 어려워 보인다.
E의 진술은 거짓이다. 그런데 남은 선택지 중 ① A, B는 E의 진술을 참으로 만들기에 소거한다.

103. ⑤

B, D의 진술이 모순관계다. 따라서 A, C, E의 진술이 참이다. A의 진술이 참이기에 E가 물건을 훔쳤다.

104. ③

A와 B의 진술이 동일관계다. 1명만 거짓을 말하기 때문에 A와 B는 참을 말하고 A의 진술에 의해 D가 물건을 훔쳤다고 알 수 있다. 이는 E의 진술을 참으로 만드는 정보다.
남은 C와 D 중 1명의 진술이 거짓이고 나머지 1명의 진술이 참이다. C의 진술을 참으로 만드는 정보는 B, D가 물건을 훔침, D, E가 물건을 훔침으로 2가지 경우인데 D, E가 훔친 경우 D의 진술도 참으로 만든다. 따라서 B, D가 물건을 훔쳤다고 알 수 있다.

105. ①

A, C의 진술이 모순관계다. C, E의 진술이 동일관계다. A vs C, E의 구도를 보인다. 1명이 참을 말한다고 하니 A가 참을 말한다.

106. ⑤

B와 E의 진술이 모순관계다. B와 C의 진술이 동일관계다. B, C vs E의 구도를 보인다. 1명이 거짓을 말하기 때문에 E의 진술이 거짓이다.

107. ⑤

A, E의 진술이 모순관계다. 따라서 선택지에 둘 중 1명이 있어야 하고 둘 다 올 수는 없다. ① A, C ③ B, E ⑤ D, E만 남는다.
또한 B, E의 진술이 모순관계다. B와 E가 동시에 오는 ③ B, E를 소거한다. ① A, C ⑤ D, E만 남는다. 즉 B의 진술은 참이다. B의 진술에 따라 E가 거짓을 말하는 사람이고 정답은 ⑤ D, E이다.

108. ③

물건을 훔친 사람이 1명이고 거짓을 말하는 인원도 1명이기에 B와 C의 진술은 반대관계다. 1명이 거짓을 말하기에 모순관계처럼 써보자.
A, D, E의 진술은 참이기 때문에 B, C, D는 물건을 훔치지 않았다. A가 훔친 경우와 E가 훔친 경우로 나눌 수 있다. E가 물건을 훔친 경우 B, C의 진술을 동시에 거짓으로 만든다. 따라서 물건을 훔친 사람은 A이고 C가 거짓을 말한다.

memo

memo